Geulnuri
2022-B-01

정부조달계약법의 새로운 이해

| 미국 법제와의 비교를 중심으로 |

A New Understanding of Government Procurement Contracts Law

전현철 저

글누리
HNU

정부조달계약법의 새로운 이해
-미국 법제와의 비교를 중심으로-

A New Understanding of Government Procurement Contracts Law
-Focused on Comparison of the Legal Systems in the U.S.-

전 현 철 저

Jun, Hyun cheol

이 저서는 2018년 대한민국 교육부와 한국연구재단의 지원을 받아 수행된 연구임

(NRF-2018S1A6A4A01035512)

This work was supported by the Ministry of Education of the Republic of Korea and the National Research Foundation of Korea(NRF-2018S1A6A4A01035512)

머리말

저는 짧지 않은 기간 동안 정부조달에 뜻을 두고 연구를 해 왔습니다. 우리나라 정부조달의 발전에 작은 힘이라도 보태기 위해 그동안 연구했던 성과를 바탕으로 이렇듯 책을 내게 되었습니다. 감개무량합니다. 저는 이 책에서 정부조달계약을 절차적인 면과 법적인 면으로 나누어 미국 법제와의 비교연구를 통해 정부조달의 계약절차와 법적 구제절차의 효율성을 제고할 수 있는 방안을 찾아 제시하고자 하였습니다. 이 책에서 언급한 내용이 정부조달계약법을 새롭게 이해하는 계기가 되고 우리나라 정부조달의 발전에 조금이나마 도움이 되었으면 하는 바람입니다. 이 책이 나오기까지 수고해 주신 모든 분들에게 진심으로 감사드립니다. 여러분과 여러분의 가정에 주님의 은총이 항상 함께 하시길 기도합니다.

2022. 3.

저자 올림

| 차 | 례 |

01 Part

서론

01 서론
Chapter

정부조달이란 정부가 공적인 수요에 따른 필요한 물자를 획득하여 공급하는 활동을 말한다. 정부의 개념은 협의(狹義)로는 국가의 통치기구 중 행정부(executive)만을 가리키고, 광의(廣義)로는 행정부는 물론이고 입법부, 사법부를 이루는 국가의 통치기구 전체(government)를 의미한다. 「헌법」이나 「정부조직법」에서 말하는 정부는 협의의 개념이다. 여기에서의 정부는 대통령과 행정부만을 가리킨다(헌법 제66조 내지 제110조, 정부조직법 제1조). 광의의 개념인 정부는 법적인 주체로서 국가를 의미한다. 그런데 정부의 개념은 최광의(最廣義)로는 중앙정부와 지방정부, 즉 법적으로 국가와 지방자치단체를 포함하는 의미로 사용된다. 「정부조달협정(GPA, Agreement on Government Procurement)」에서는 중앙정부의 조달기관뿐만 아니라 지방정부의 조달기관, 나아가 일정한 공공기관의 조달에 관하여 동 협정이 적용됨을 명시하고 있다(동 협정 제1조).

종래 우리나라에서 정부조달이라고 하면, 관행적으로 국가뿐만 아니라 지방자치단체가 공적인 수요에 따른 물자를 획득하여 공급하는 것까지 포함하는 의미로 넓게 이해되어 왔다. 그리하여 본서에서는 정부조달의 주체를 국가에 한정하지 않고 지방자치단체까지 포함하는 최광의의 개념으로 사용하고자 한다. 따라서 정부조달이란 국가 또는 지방자치단체가 공공의 필요에 따른 수요를 충족시키기 위하여 필요한 물자를 획득하여 공급하는 활동이라고 정의할 수 있다. 그런데 정부조달에 있어서 정부가 직접 필요한 물자를 제조 내지 생산하여 공급할 수도 있지만, 이보다는 전문적인 사업자를 선정하여 그로부터 물자를 구입하여 공급하는 경우가 일반적이다. 그리하여 정부는 필요한 물자를 전문사업자인 사인(私人)으로부터 구입하게 되는데, 그 방식은 주로 계약을 통하여 이루어진다. 이와 같이 정부조달을 위하여 정부와 사인 간에 체결되는 계약이 정부조달계약이다.[1)]

정부조달계약은 국가나 지방자치단체 등 행정주체가 당사자가 되어 공적인 수요의 충족을 목적으로 하는 계약이다. 국가 등 행정주체는 공적인 수요에 대한 급부를 권력적 행정작용을 통하여 달성할 수 있으나, 사인(私人)과의 계약체결이라는 방식을 통하여 달성할 수도 있다. 국가 등 행정주체는 그 목적 달성을 위한 다양한 행위형식을 채택할 수 있는데, 정부조달계약도 그러한 행위형식 중 하나를 이루고 있다. 현대 복지행정국가에서는 비권력적 행정작용이 차지하는 비중이 점점 커지고 있고, 그에 따라 국가의 적극적 개입이 요구되는 영역이 더욱 확대되고 있다. 그리하여 종래 비권력적 행정작용 가운데 사법적(私法的) 법률관계로 이해되었던 영역에 대하여 공법적(公法的)인 통제의 필요성이 강조되면서 공법적 규율영역으로 새

1) 전현철, 정부조달계약에 있어서 행정적 분쟁해결절차의 활성화를 위한 연구, 한양대 법학논총, 제32집 제4호, 2015. 12, 101면 및 102면.

롭게 이해하려는 노력이 행해지고 있다. 그러한 대표적인 예(例)가 바로 정부조달계약이다.

정부조달계약은 공적인 수요에 따른 필요한 물자의 공급을 통하여 공공복리를 추구하는 계약으로서 공익(公益)의 실현을 목적으로 하는 계약이다. 이러한 점에서 사인(私人)들 간에 체결되는 일반 거래계약과 구별된다. 이러한 정부조달계약의 특성으로 인하여 정부조달계약에 있어서 국가 또는 지방자치단체는 사인으로부터 물자나 용역 등을 구매하는 고객(customer)으로서의 지위를 갖는 동시에 공익을 도모해야 하는 정치적 존재(political entity)라는 이중적 지위를 갖게 되고, 이러한 두 가지 지위 사이의 적절한 균형을 달성하기 위하여 일반 거래계약에서보다 좀 더 조직적이고 통제된 환경이 요구된다.[2] 그에 따라 정부조달계약에 관하여는 「국가를 당사자로 하는 계약에 관한 법률」(이하 '국가계약법'이라 한다), 「지방자치단체를 당사자로 하는 계약에 관한 법률」(이하 '지방계약법'이라 한다) 등 별도의 법률이 마련되어 있으며, 동 법률에 근거한 시행령 및 시행규칙을 비롯하여 각종 계약예규, 고시 등 방대한 양의 행정입법에 의하여 규율되고 있다.[3]

정부조달계약은 경제적 이익의 추구만을 목적으로 하는 계약이 아니라 공익의 실현을 목적으로 하는 계약이다. 그리하여 정부조달계약에서는 일반 거래계약에서와는 달리 효율성만을 추구할 수는 없으며, 그와 함께 투명성, 공정성 등의 가치 실현이 요구된다. 이것이 정부조달계약에 있어서 투명한 절차를 통한 입찰참가기회의 균등, 지역 간의 균형 발전이나 중소기업 육성 등이 요구되는 이유이기도

---

2) Worthington, Margaret M, Contracting with the Federal Government(4th ed.), John Wiley & Sons, Inc., 1998. at 8–9.

3) 전현철, 앞의 논문, 102면.

하다. 그런데 효율성의 가치와 투명성, 공정성 등의 가치는 일치하기도 하고 상충되기도 한다. 투명성이나 공정성 등이 강조되면 공정한 경쟁이 이루어져 효율성이 제고될 수 있지만, 투명성과 공정성 등의 제고를 위하여 절차를 지나치게 엄격히 운영하는 경우 오히려 효율성이 저해될 수 있기 때문이다.[4] 따라서 정부조달계약에 있어서 최적의 가치를 달성하기 위해서는 투명성이나 공정성 등의 가치와 효율성의 가치 가운데 어느 일방에 치중할 것이 아니라 양자의 적절한 조화를 도모할 필요가 있다.[5]

그런데 현행 국가계약법령 등 조달법령에서는 효율성보다는 계약의 투명성과 공정성 등을 지나치게 강조하여 계약담당공무원의 부패와 비리의 위험을 줄이기 위한 경직적이고 획일적 규율에 치중하고 있다. 정부조달계약의 특성상 투명성, 공정성이 강조되어야 하지만, 그것 못지않게 효율성 역시 강조되어야 한다. 효율성이란 최소의 수단으로 최대의 효과를 거두어 전체적으로 최적의 자원배분이 이루어지도록 하는 결정원칙이다. 비효율적인 계약제도의 운용은 결국 공적 수요의 최종 소비자인 국민 다수에게 그 불이익이 귀결될 수밖에 없다. 이는 계약담당공무원의 부패나 비리로 인한 세금 낭비 못지않게 심각한 사회적 부담을 초래한다. 행정편의적인 기계적이고 획일적인 계약제도에서 수요 중심의 효율적인 계약제도로 탈바꿈하기 위한 노력이 절실히 요구된다.[6] 효율성이 발휘되지 않고서는 공익의 실현이라는 정부조달계약의 목적이 제대로 달성될 수 없다. 그리하여 본서에서는 정부조달계약절차에서의 효율성을 제고하기 위한 개선방안을

---

4) 김대인, 정부조달계약에 있어서 투명성의 법적 의미, 행정법연구, 제13호, 2005, 195면 및 196면.

5) 전현철, 정부시설공사 계약제도의 효율성 제고방안 연구, 공법연구, 제42집 제2호, 2013. 12, 333면.

6) 위의 논문, 333면 및 334면.

미국 법제와의 비교연구를 통하여 찾아 제시함으로써 공적 수요에 충실한 정부조달계약절차를 확립하는데 기여하고자 한다.

한편, 우리나라에서는 정부조달계약의 법적 성격을 사법(私法)상 계약으로 이해하고 있는 것이 일반적이다. 정부가 사경제(私經濟)의 주체로서 상대방과 대등한 위치에서 체결하는 계약이므로, 이는 사법상의 계약일 뿐 공권력을 행사하는 것이거나 권력 작용과 일체성을 가진 것으로 볼 수 없다는 점을 그 논거로 들고 있다.[7] 그리하여 정부조달계약과 관련된 분쟁은 민사소송의 대상이 된다고 한다.[8] 그런데 이에 대하여 정부조달계약이 갖는 사법상 계약과 구별되는 법적 특성에 주목하여 그 법적 성격을 공법(公法)상 계약으로 이해함이 타당하다는 반론이 제기되고 있다. 정부조달계약은 공익의 실현을 목적으로 하고 있는 점, 그 소요 재원(財源)에 대한 부담이 국민에게 귀결됨에도 계약담당공무원은 반드시 최선의 계약 체결이라는 동기를 갖지 못하기 때문에 부패 및 비리의 위험성이 상대적으로 크고, 그에 따라 엄격한 법적 규율이 요구된다는 점 등으로 인하여 사법상 계약과 다른 여러 법적 특성이 인정되고 있다고 한다.[9] 이 견해에 의하면, 정부조달계약 관련 분쟁은 행정소송에 의하게 된다. 그리하여 처분성이 인정되면 항고소송의 대상이 되고 그렇지 않으면 당사자소송의 대상이 된다고 한다.

---

7) 대법원 2006. 6. 19. 선고 2006마117 판결; 1996. 12. 20. 선고 96누14708 판결; 1983. 12. 27. 선고 81누366 판결; 홍성필 외 3인, 민간투자사업에 있어 국가계약법의 적용에 관한 연구, KDI 공공투자관리센터, 2008, 9면 및 72면; 이순우, 민간투자사업관리법제 개선방안에 관한 연구[Ⅳ]-민관협력[PFI], 한국법제연구원, 2009, 118면 내지 121면.

8) 대법원 2006. 6. 19. 자 2006마117 결정; 1996. 12. 20. 선고 96누14708 판결; 1983. 12. 27. 선고 81누366 판결

9) 김대인, 민간투자사업관리법제 개선방안에 관한 연구[Ⅰ]-정부계약법과의 관계정립을 중심으로, 한국법제연구원, 2009, 39면 내지 48면; 박정훈, 「행정법의 체계와 방법론(행정법연구 Ⅰ)」, 박영사, 2005, 227면.

우리나라에서 정부조달계약의 법적 성격을 사법상 계약으로 이해하고 그에 대응한 사법적(司法的) 구제절차로 민사소송에 의하여야 한다고 보는 이론적 근거는 독일의 국고이론(Fiskustheorie)과 종속설(Subordinationstheorie)에서 찾을 수 있다. 이에 대하여 공법상 계약으로 이해하는 견해에서는 독일의 국고이론과 종속설에 근거하여 권력적 요소를 기준으로 공법관계와 사법관계를 구별하는 것은 오늘날의 시대적 상황과 맞지 않는다고 비판한다. 오늘날 정부의 기능이 전통적인 질서유지작용에 한정되지 않고 급부행정작용 등으로 확대됨에 따라 이를 수행하기 위한 행정수단 역시 전통적인 행정행위 이외에 행정계약 등으로 다양화되어 있고, 법치주의가 전면적으로 실시되고 있는 상황에서 근대 독일의 입헌군주정을 배경으로 탄생한 국고이론과 종속설은 더 이상 그 이론적 타당성을 유지하기 어렵다고 한다. 그리하여 기능적이고 실질적인 관점에서 정부조달계약의 공법적 성격을 긍정함이 타당하다고 한다.[10)]

정부조달계약의 법적 성격에 관한 논의는 국가의 비권력적 행정작용에 대한 법치국가적 통제를 위한 논의로 이해할 필요가 있다. 우리나라는 독일, 프랑스 등과 같이 공법과 사법을 구별하는 이원적(二元的) 법체계를 취하고 있다. 따라서 해당 법률관계의 법적 성격이 공법적인지 사법적인지의 구별은 필연적인 요구라고 할 수 있다. 공법관계인지 사법관계인지 여부에 따라 각기 다른 법원칙이 적용되고, 그에 대응하여 각기 다른 법적 구제절차가 주어지기 때문이다. 이러한 공법관계와 사법관계의 구별실익에 비추어, 정부조달계약의 법적 성격에 관한 논의는 정부조달계약에 관한 법적 규율로서

10) 전현철, 미국 연방정부 조달계약에 관한 법적 고찰, 미국헌법연구, 제23권 제1호, 2012. 4, 263면.

공법상 또는 사법상 원리 중 어느 법리에 의하는 것이 정부조달계약의 특성에 부합하는 것인지, 나아가 법적 구제절차로써 공법적(公法的) 구제절차와 사법적(私法的) 구제절차 중 어느 것이 정부조달계약에 있어서 보다 효율적인 권리구제절차로 기능할 수 있는지 하는 관점에서 접근할 필요가 있다.[11)]

그리하여 본서에서는 미국 법제와의 비교연구를 통하여 정부조달계약의 법적 특성을 살펴보고 그에 따른 효율적인 권리구제절차를 찾아 제시하고자 한다. 정부조달계약은 공익(公益)의 실현을 그 목적으로 한다는 점에서 사인(私人)들 사이에 체결되는 일반 거래계약과 구별된다. 그에 따라 정부조달계약에서는 공익의 실현 내지 보호를 위하여 사인들 사이의 일반 거래계약에서와는 다른 여러 가지 법적 특성이 인정되고 있다. 이것은 우리나라만이 아니라 미국의 정부조달계약에 있어서도 마찬가지이다. 미국의 정부조달계약에서도 정부재정(public fisc) 내지 납세자(taxpayer)를 보호하기 위하여 사인들 사이의 일반 거래계약에서와는 다른 여러 가지 법적 특성이 인정되고 있다. 이러한 법적 특성은 공익의 실현이라는 정부조달계약의 특성에 따른 것으로서 공법과 사법을 구별하는 대륙법계 국가의 입장에서 보면, 공익을 보호하기 위한 공법상 계약의 특성에 해당되는 것이다. 주지하는 바와 같이 미국은 공법과 사법을 구별하지 않는 일원적(一元的) 법체계를 취하고 있다. 그럼에도 미국의 정부조달계약에 있어서 대륙법계의 공법적 특성에 해당하는 법적 특성이 인정되고 있는 것은 매우 흥미로운 일이라고 하겠다. 정부조달계약의 법적 특성을 살펴봄으로써 정부조달계약의 법적 성격을 명확히 규명할 수 있을 것이다.

---

11) 전현철, 행정조달계약에 있어서 법적 구제수단에 관한 고찰-입찰단계에서의 분쟁을 중심으로, 공법학연구, 제14권 제1호, 2013. 2, 406면.

정부조달계약의 법적 특성을 살펴보는 것, 즉 법적 성격을 명확히 하는 것은 그에 대응한 효율적인 법적 구제절차를 마련하기 위한 전제가 된다. 정부조달계약의 법적 성격을 어떻게 이해하는가에 따라 그에 따른 법적 구제절차가 달리 주어진다. 정부조달계약의 법적 성격을 사법상 계약으로 이해하게 되면 그에 따른 법적 구제절차는 민사소송에 의하게 되고, 공법상 계약으로 이해하게 되면 행정소송에 의하게 된다. 그런데 법적 구제절차는 심판주체에 따라 법원이 심판주체인 사법적(司法的) 구제절차와 행정기관이 심판주체인 행정적(行政的) 구체절차로 나누어진다. 행정적 구제절차는 사법적(司法的) 구제절차에 비하여 분쟁 해결에 소요되는 시간이나 비용 면에서 경제적이고, 그리하여 신속한 권리구제가 가능하다는 장점을 갖고 있다. 따라서 신속하고 경제적인, 즉 효율적인 분쟁해결을 위해서는 행정적 구제절차가 활성화될 필요가 있다.[12)]

우리나라에서 정부조달계약 관련 분쟁에 대한 사법적(司法的) 구제절차는 민사소송에 의하고 있다. 이는 우리나라의 다수 학설과 판례가 정부조달계약의 법적 성격을 사법(私法)상 계약으로 이해하는데 기인한다. 그러나 정부조달계약의 법적 성격을 공법상 계약으로 이해하는 견해에서는 행정소송에 의하여야 한다고 한다. 행정소송에 의하는 것이 민사소송에 의하는 것보다 원고적격이나 소의 이익의 인정범위가 넓어지고 위법성 인정이 용이하다는 점에서 보다 효율적이고 폭 넓은 권리구제가 가능하다고 한다. 한편 우리나라에서 정부조달계약에 특유한 행정적(行政的) 구제절차로는 발주기관에 대한 이의신청, 국가계약분쟁조정위원회 또는 지방자치단체 계약분쟁조정위원회에 대한 심사·조정청구(국가계약법 제28조 내지 제31조, 지방계약법 제34조 내지 제35조의2) 등이 있다. 그러나 유감스럽게도 후

12) 전현철, 정부조달계약에 있어서 행정적 분쟁해결절차의 활성화를 위한 연구, 102면 및 103면.

술하는 바와 같이 이러한 행정적 구제절차는 그다지 활용되고 있지 않다.[13)]

미국의 경우 정부조달계약에 특유한 법적 구제절차로 입찰이의신청(bid protest)과 「계약분쟁법(CDA, Contract Disputes Act)」에 따른 계약분쟁(contracts disputes)절차가 있다. 입찰이의신청은 입찰단계에서의 구제절절차이고, 계약분쟁절차는 계약이행단계에서의 구제절차이다.[14)] 입찰이의신청은 발주기관(contracting agency), 감사원장(Comptroller General of the Government Accountability Office) 또는 연방청구법원(U.S. Court of Federal Claims) 중 하나 이상의 기관에 제기될 수 있다.[15)] 계약분쟁법에 따른 계약분쟁절차에서는 먼저 계약관(contracting officer)을 상대로 클레임(claims)[16)]를 제기하여야 하고,[17)] 이에 대한 계약관의 최종 결정(final decision)에 대하여 계약소청심사위원회(Boards of Contract Appeals)[18)] 또는 연방청구법원 중 어느 하나

---

13) 기획재정부 홈페이시(http://www.mosf.go.kr)에 게재된 '기획재정부 소관 정부위원회 운영현황 및 활동내역서' 참조.

14) Kelleher Jr., Thomas J. etc., Federal Government Construction Contracts(2nd ed.), John Wiley & Son, Inc., 2010. at 571.

15) Id. at 124-127.

16) 'claim'을 '계약상 청구' 또는 '계약상 요구'라고 번역하기도 한다. 그러나 계약상 청구나 요구가 모두 클레임이 되는 것은 아니다. 후술하는 바와 같이 비일상적인 의견개진으로서 최종 결정에 대한 명시적인 요구가 있거나 당사자들 사이의 협상이 교착(impasse)상태에 이르렀을 때에만 클레임이 될 수 있다. 따라서 계약상 청구 또는 계약상 요구라고 번역하는 것은 클레임을 정확히 표현하는 것으로 볼 수 없다. 그리하여 본서에서 'claim'을 계약상 청구 또는 계약상 요구라고 번역하기 보다는 클레임이라고 원어발음 그대로 사용하기로 한다. 다만, 'U.S. Court of Federal Claims'은 관례적으로 '연방청구법원'이라고 번역되어 사용되고 있으므로 그에 따르기로 한다.

17) 41 U.S.C.A. § 7103.

18) 'Board of Contract Appeals'을 '계약분쟁심사위원회' 또는 '계약분쟁조정위원회' 등으로 번역하기도 하나, 계약상대자(contractor)의 클레임(claim) 제기에 대한 계약관(contracting officer)의 최종 결정(final decision)에 불복(appeal)하여 다투는 심판구조를 취하고 있다는 점에서 '계약소청심사위원회'로 번역하고자 한다.

의 기관을 선택하여 불복할 수 있다.[19] 그런데 입찰이의신청에 있어서 연방청구법원보다 감사원에 대한 이의신청 건수가 월등히 더 많고 최근 증가하는 추세에 있으며, 계약분쟁절차에 있어서도 연방청구법원보다 계약소청심사위원회가 더 선호되고 있다고 한다. 우리나라의 행정적 구제절차의 이용 현황과 비교해 보면 매우 대조적인 모습이다. 미국에서 정부조달계약 관련 분쟁의 해결기구로 법원보다 감사원 또는 계약소청심사위원회 등 행정적 구제기관이 더 선호되는 이유는 후술하는 바와 같이 신속하고 경제적인 권리구제, 즉 효율적인 권리구제가 가능하기 때문이다.

본서에서는 미국 법제와의 비교연구를 통하여 우리나라 정부조달계약제도의 문제점을 지적하고 그에 대한 개선방안을 찾아 제시하고자 한다. 이하에서 정부조달계약의 절차적인 면과 법적인 면을 구분하여 살펴보기로 한다. 그리하여 먼저 우리나라 정부조달계약절차를 살펴보고 미국 연방정부 조달계약절차와 비교하여 우리나라 정부조달계약절차의 효율성을 제고할 수 있는 개선방안을 찾아보고자 한다. 그 다음 우리나라 정부조달계약에서 인정되고 있는 일반 거래계약과 구별되는 법적 특성과 법적 구제절차를 살펴보고 미국 정부조달계약의 법적 특성과 정부조달계약에 특유한 미국의 법적 구제절차와 비교함으로써 우리나라 정부조달계약의 법적 성격을 명확히 하고 그에 대응하는 효율적인 법적 구제절차를 찾아 제시하고자 한다.

---

19) 41 U.S.C.A. § 7104(a).

02 Part

정부조달계약의 절차

01 Chapter 우리나라 정부조달계약의 절차

1절 법적 근거

I. 헌법적 근거

정부조달계약의 당사자인 정부와 계약상대방을 구분하여 그 헌법적 근거를 살펴볼 필요가 있다. 정부의 경우에는 그 헌법적 근거를 먼저 헌법 전문 및 헌법 제1조에 규정된 민주주의원리로부터 구할 수 있다. 민주주의원리는 대의민주주의뿐만 아니라 참여민주주의도 포함하는 의미이고, 정부조달계약 등 행정계약 역시 참여민주주의원리의 실현수단이 될 수 있기 때문이다.[20] 또한 재정에 관한 국회의 자율권을 규정한 헌법 제64조 제1항, 행정권은 대통령을 수반으로 한 정부에 속한다고 규정한 헌법 제66조 제4항, 사법권[21]에 관

---

20) 김대인, 「행정계약법의 이해」, 경인문화사, 2007, 97면 내지 99면.

21) 여기의 사법권에는 재판권은 물론이고 대법원규칙제정권 등 사법입법권 및 사법행정권을 포함한 의미이다(양건, 「헌법강의(제2판)」, 법문사, 2011, 1010면 내지 1013면).

한 헌법 제101조 등에서 구할 수 있을 것이다.[22] 한편 계약상대방인 사인의 경우에는 재산권 보장에 관한 헌법 제23조 제1항과 헌법상 경제조항인 제119조 제1항에서 그 헌법적 근거를 구할 수 있다. 또한 입찰이나 계약이행의 과정에서 피해를 입은 계약상대자의 구제에 관하여는 헌법 제27조 제1항 국민의 재판청구권, 제29조 국가배상청구권 등에서 그 헌법적 근거를 구할 수 있다.

정부조달계약에 대하여 법치행정의 원리가 적용되는지 논의가 있다. 즉, 정부조달계약을 체결하거나 이행하기 위하여 법률의 근거가 있어야 하는지, 계약의 체결 및 이행이 정부조달계약의 근거 법령에 위반하는 경우 그것만으로 바로 위법하다는 판단이 내려지는지 여부가 문제되고 있다. 정부조달계약의 법적 성격을 사법상 계약으로 보는 입장에서는 법률유보의 원칙이 적용되지 않으므로 법률의 근거가 없더라도 정부조달계약의 체결 및 이행이 가능하다고 한다. 이에 대하여 정부조달계약의 법적 성격을 공법상 계약으로 보는 입장에서는 정부조달계약의 체결 및 이행은 행정작용의 하나이므로 법률유보원칙의 적용 범위에 관한 행정법상의 일반적인 논의가 그대로 적용된다고 한다. 정부조달계약의 체결 및 이행은 비권력적 행정작용에 해당하고 비권력적 행정작용의 경우 원칙적으로 법적 근거를 요하지 않지만, 국민의 기본권실현과 관련하여 중요하거나 국가공동체와 그 구성원에게 기본적이고도 중요한 의미를 갖는 경우에는 예외적으로 법적 근거가 필요한 것으로 보는 것이 일반적이다.[23] 하지만 정부조달계약의 경우에는 국가계약법이나 지방계약법 등의 개별법적 근거가 이미 마련되어 있으므로 법률유보원칙의 적용 여부가 문제될 여지는 거의 없다.

---

22) 홍성필 외 3인, 앞의 논문, 53면.

23) 헌법재판소 2013. 7. 25. 선고 2012헌바54 결정; 1999. 5. 27. 선고 98헌바70 결정; 대법원 2015. 8. 20. 선고 2012두23808 판결

한편 법치행정의 원리 가운데 법률우위의 원칙과 관련하여 정부조달계약의 근거법령인 국가계약법령이나 지방계약법령 등이 법규(法規)로서의 효력을 갖는지 논란이 있다. 정부조달계약의 법적 성격을 사법상 계약으로 보고, 그 근거법령의 법적 성질을 계약담당공무원이 지켜야 할 계약사무처리에 필요한 사항을 정한 국가의 내부규범에 불과한 것으로 이해하는 경우에는 법규성을 인정하기 어렵다. 따라서 낙찰자 결정 등 계약담당공무원의 행위가 정부조달계약의 근거법령에 위반하더라도 그것만으로 위법한 것으로 되지 않는다.[24] 그러나 근거법령의 법규성을 인정하는 경우에는 동 법령에 위반한 낙찰자 결정 등 계약담당공무원의 행위는 바로 위법하다는 판단을 받게 된다.[25]

Ⅱ. 개별법적 근거

1. 국가계약법령

1-1. 국가계약법령

정부조달계약 등 국가가 일방 당사자가 되는 계약에는 국가계약법이 적용된다(국가계약법 제2조). 정부조달계약을 비롯한 국가가 당사자가 되는 계약에 관하여 국가계약법 제정 이전에는 구(舊) 「예산회계법」에서 규율하고 있었다. 국가계약법은 「정부조달협정(AGP,

24) 대법원 2006. 6. 19. 선고 2006마117 판결; 2006. 4. 28. 선고 2004다50129 판결; 2001. 11. 21. 선고 2001다33604 판결; 1996. 4. 26. 선고 95다11436 판결.

25) 조달법령의 법규성에 관한 논의는 후술하는 제3편 제1장 제1절 중 'Ⅱ. 쟁송절차상의 법적 특성' 참조.

Agreement on Government Procurement)」에 따른 정부조달시장의 개방을 앞두고 1995. 1. 5. 제정되었다. 국가계약법은 국가계약에 관한 기본법으로 계약상대자의 선정, 계약의 체결, 계약의 이행, 계약목적물 완성 이후의 하자관리 및 부정당업자제재 등 국가가 당사자가 되는 계약에 관한 전반적인 사항을 규율하고 있다.

1-2. 정부조달협정

정부조달협정은 1994. 4. 15. 모로코의 마라케쉬에서 서명된 「세계무역기구(WTO, World Trade Organization) 설립협정」에 부속된 「복수국간 무역협정(PTA, Plurilateral Trade Agreements)」 중의 하나이다. 복수국간 무역협정은 모든 회원국을 구속하는 다른 부속협정들과는 달리 이를 수락한 회원국에 대해서만 적용되고, 이들에 대해서만 세계무역기구(WTO) 설립협정의 일부가 된다. 따라서 정부조달협정은 세계무역기구(WTO) 설립협정을 서명하고 비준한 국가 모두에 대하여 유효한 것이 아니라 동 협정의 적용을 받겠다는 의사를 별도로 표시한 국가들에 대하여만 적용된다. 우리나라는 1994년 이를 서명·비준하였고, 1997. 1. 1.부터 그 적용을 받고 있다.

정부조달협정에서는 내국민대우와 무차별원칙을 기본으로 하고 있다. 따라서 정부조달에 관한 법률, 규정, 절차 그리고 관행이 자국의 공급자를 보호하기 위한 목적으로 제정되거나 적용되어서는 안 되고, 외국의 공급자에 대하여 차별을 두어서도 안 된다(정부조달협정 제3조). 또한 정부조달에 관한 법률, 규정, 절차, 관행의 투명성을 강조하여 조달기관은 기술규격을 국제표준이 존재하는 경우에는 국제표준에 근거하여 작성하고(동 협정 제6조), 조달기관은 공급자 자격심사과정에서 외국의 공급자들 사이에 또는 국내 공급자와 외국의 공급자 사이에 차별을 두지 않아야 한다(동 협정 제8조). 입찰공고는 입찰서를 준비하여 제출하는데 충분한 기간을 두고 하여야 하고(동 협정 제11조), 세계무역기구(WTO) 공용어의 하나로 요약공고를 해야 한다(동 협정 제9조).

국가계약법에서는 정부조달협정이 적용되는 국제입찰에 의한 정부조달계약의 범위에 관한 근거규정을 두고 있으며(동법 제4조), 정부조달협정이 적용되는 국제입찰을 실시함에 있어서 필요한 사항을 규율하기 위하여 「특정조달을 위한 국가를 당사자로 하는 계약에 관한 법률 시행령 특례규정」(이하 '국가계약법 특례규정'이라 한다)과 「특정조달을 위한 국가를 당사자로 하는 계약에 관한 법률 시행 특례규칙」(이하 '국가계약법 특례규칙'이라 한다)을 두고 있다. 정부조달협정이 모든 정부조달에 대하여 전면적으로 적용되는 것은 아니고, 동 협정이 적용되는 정부조달의 범위는 조달기관, 조달품목, 계약금액 등을 기준으로 제한되어 있다(동법 제4조 및 동법 특례규정 제3조).[26]

1-3. 기획재정부 계약예규

국가계약법령에서는 많은 경우 입찰 및 계약과 관련하여 필요한 사항을 기획재정부장관으로 하여금 정하도록 위임하고 있다. 그에 따라 기획재정부장관은 계약예규, 고시 등의 형식으로 입찰 및 계약과 관련하여 필요한 사항을 규율하고 있다. 주요 계약예규로는 「정부 입찰·계약 집행기준」, 「입찰참가자격사전심사요령」, 「적격심사기준」, 「일괄입찰 등에 의한 낙찰자 결정기준」, 「물품구매(제조)입찰유

---

26) 현재 우리나라에서 정부조달협정이 적용되는 정부조달, 즉 국제입찰에 의하는 정부조달의 범위는 금액기준으로 공사는 81억원 이상, 용역은 2억 1천만원 이상이다(기획재정부 고시 제2020-39호, 국가를 당사자로 하는 계약에 관한 법률 제4조 제1항의 규정에 의한 기획재정부장관이 정하는 고시금액).

의서」, 「용역입찰유의서」, 「공사입찰유의서」, 「물품구매(제조)계약일반조건」, 「용역계약일반조건」, 「공사계약일반조건」 등이 있고, 고시로는 「국가를 당사자로 하는 계약에 관한 법률 등의 기획재정부 장관이 정하는 고시금액」 등이 있다.

1-4. 조달청 집행기준

기획재정부 계약예규에서는 발주기관으로 하여금 계약예규로 정하지 않은 사항이나 계약예규의 시행에 필요한 사항에 관하여 세부적인 집행기준을 작성하여 집행하도록 규정하고 있다(국가계약법 시행령 제42조 제6항 등).[27] 그런데 정부조달업무의 대부분은 「조달사업에 관한 법률」(이하 '조달사업법'이라고 한다)에 의하여 조달청을 통하여 수행되고 있으므로 정부조달에 있어서 발주기관이 작성한 세부 집행기준이란 조달청에서 작성한 집행기준을 말한다고 할 수 있다. 설사 조달청을 통하지 않고 국가기관이 직접 계약을 체결하는 경우에도 해당 국가기관에서 별도로 집행기준을 작성하기보다는 조달청 집행기준을 그대로 사용하는 것이 일반적이다. 주요 집행기준으로는 「조달청 입찰참가자격사전심사세부기준」, 「조달청 시설공사 적격심사세부기준」, 「물품구매(제조)입찰특별유의서」, 「용역입찰특별유의서」, 「공사입찰특별유의서」, 「물품구매(제조)계약특수조건」, 「용역계약특수조건」, 「공사계약특수조건」 등이 있다.

그런데 공사입찰유의서, 공사계약일반조건 등 기획재정부 계약예규와 공사입찰특별유의서, 공사계약특수조건 등 조달청 집행기준이 충돌하는 경우에 어느 것이 우선하여 적용되는지 논란이 있다. 먼저

27) 입찰참가자격사전심사요령 제16조, 적격심사기준 제11조, 최저가낙찰제의 입찰금액 적정성 심사기준 제7조 제2항 및 제20조 제2항, 공사입찰유의서 제25조, 공사계약일반조건 제3조 제2항 등.

계약예규에서 명시적으로 정하고 있는 경우에는 그에 따라야 할 것이다. 예를 들어, 계약예규에서 명시적으로 계약예규에 반하는 내용의 집행기준은 효력이 없다고 규정하고 있는 경우[28]에는 그러한 내용의 집행기준은 무효가 될 것이다. 그러나 만일 계약예규에서 집행기준과 동등한 효력을 인정하고 있다면,[29] 양자는 동등한 효력을 가진다. 따라서 이 경우에는 마치 동일한 계약서에서 상호 모순되는 계약조건을 규정한 경우처럼 어느 기준에 의하는 것이 당사자의 진정한 의사에 부합하는 것인지 살펴서 판단하여야 할 것이다.

그러나 문제는 아무런 규정이 없는 경우이다. 실무에서는 양자 사이에는 우선순위가 없는 것으로 보고, 양자 모두 동등한 계약조건으로 당사자를 구속하는 것으로 보고 있다. 그리하여 앞서 언급한 계약예규에서 집행기준과 동등한 효력을 인정하고 있는 경우와 같이 어느 기준에 의하는 것이 당사자의 의사에 부합하는지 살펴서 판단하여야 한다고 한다. 생각건대, 비록 집행기준에서 '특별', '특수'라는 용어를 사용하고 있으나, 이는 계약예규에서 정한 일반적인 사항 이외의 세부적인 사항을 규정하고 있다는 의미를 갖는데 불과하고 계약예규에 우선하여 적용된다는 의미는 아니다. 오히려 집행기준은 계약예규로 정하지 않은 세부적인 사항 또는 계약예규를 시행하기 위해 필요한 사항을 그 내용으로 하는 것이므로 계약예규와 충돌하는 사항을 정할 수는 없다. 따라서 원칙적으로 계약예규가 우선하여 적용된다고 할 것이다. 다만, 해당 계약예규가 상위 법령에 위반

28) 예를 들어, 기획재정부 계약예규 공사계약일반조건에서는 "국가계약법령, 공사 관련 법령 및 공사계약일반조건에 의한 계약상대자의 계약상 이익을 제한하는 내용의 공사계약특수조건은 효력이 없다(제3조 제3항)."고 규정하고 있다.

29) 기획재정부 계약예규 공사계약일반조건에서는 "계약문서는 계약서, 설계서, 유의서, 공사계약일반조건, 공사계약특수조건 및 산출내역서로 구성되며 상호보완의 효력을 가진다(제3조 제1항)."고 규정하고 있다.

하여 효력이 없는 때에는 집행기준에 의하여야 할 것이다.

2. 지방계약법령

2-1. 지방계약법

지방자치단체가 당사자가 되는 계약에는 지방계약법이 적용된다(지방계약법 제2조). 따라서 지방자치단체가 당사자가 되는 정부조달계약에 대하여도 지방계약법이 적용된다. 지방계약법이 제정되기 이전에는 지방자치단체가 계약당사자가 되는 경우 「지방재정법」에 의하여 국가계약법이 준용되었다. 이후 지방계약법이 제정되어 2006. 1. 1.부터 지방자치단체가 당사자가 되는 계약에는 동법이 직접 적용되고 있다. 지방계약법에서는 계약상대자의 선정, 계약의 체결, 계약의 이행, 계약목적물 완성 이후의 하자관리 및 부정당업자제재 등 지방자치단체가 당사자가 되는 계약에 관한 전반적인 사항을 규율하고 있다. 지방계약법의 주요 내용은 국가계약법과 거의 동일하다. 다만, 지방자치단체의 특성을 반영하여 국가계약법에서와는 차별되는 규정을 일부 두고 있다. 주민감독관제, 지방자치단체의 장 및 지방의회의원의 영리목적의 입찰 및 계약체결의 제한 등이 그것이다.

주민감독관제란 상·하수도 사업, 마을 진입로 개설 등 주민생활과 관련이 있는 공사에 대하여 그 공사와 관련된 주민대표자 또는 주민대표자가 추천하는 사람을 감독자로 위촉하여 감독하게 하는 제도를 말한다(지방계약법 제16조 제2항). 주민대표자는 감독 대상 공사 현장을 관할하는 통장·이장으로서 지방자치단체의 장 또는 계약담당자가 위촉하는 사람으로 한다(동법 시행령 제57조 제1항). 주민대표자 또는 주민대표자가 추천하는 사람으로서 감독자로 위촉된 사람을 주민참여감독자라고 하는데, 주민참여감독자는 해당 지방자치단체의 장 또는 계약담당자에게 공사계약의 이행과정에서 그 공사와 관련하여 지역 주민들의 건의사항을 전달하거나 공사계약 이행상의 불법·부당 행위 등에 대하여 시정을 요구할 수 있다(동법 제16조 제3항). 한편 지방자치단체의 장 또는 지방의회의원은 그 지방자치단체와 영리를 목적으로 하는 계약을 체결할 수 없고(지방계약법 제33조 제1항), 지방자치단체의 장 또는 지방의회의원의 배우자, 그 배우자의 직계 존속·비속, 지방자치단체의 장 또는 지방의회의원과 일정한 관계에 있는 사업자[30]는 그 지방자치단체와 영리를 목적으로 하는 수의계약을 체결할 수 없다(동조 제2항).

2-2. 행정안전부 예규

지방계약법령에서는 많은 경우 입찰 및 계약과 관련하여 필요한 사항을 행정안전부장관으로 하여금 정하도록 위임하고 있고, 그에 따라 행정안전부장관은 예규, 고시 등의 형식으로 입찰 및 계약과 관련하여 필요한 사항을 규율하고 있다. 주요 예규로는 「지방자치단체 입찰 및 계약 집행기준」, 「지방자치단체 입찰시 낙찰자 결정기준」, 「입찰유의서」, 「물품계약일반조건」, 「용역계약일반조건」, 「공사계약일반조건」 등이 있다.

---

30) 지방자치단체의 장 또는 지방의회의원과 일정한 관계에 있는 사업자(법인을 포함)란 지방자치단체의 장 또는 지방의회의원과 계열회사의 관계에 있는 사업자, 지방자치단체의 장 또는 지방의회의원 소유하는 재산이 자본금 총액의 50퍼센트 이상인 사업자, 지방자치단체의 장 또는 지방의회의원과 그 배우자 또는 그 배우자의 직계 존속 · 비속, 일정한 관계에 있는 사업자가 소유하는 자본금 합산금액이 자본금 총액의 50퍼센트 이상인 사업자를 말한다(지방계약법 제33조 제2항 제5호 내지 제7호).

3. 조달사업법령

3-1. 조달청이 수행하는 조달사업의 범위

정부조달업무의 대부분은 조달사업법에 의하여 중앙조달기관인 조달청을 통하여 수행되고 있다. 조달청이 수행하는 조달사업의 범위는 조달물자의 구매·물류관리·공급 및 그에 따른 사업, 수요기관의 공사계약 및 그에 따른 사업, 수요기관의 시설물 관리·운영 및 그에 따른 사업, 조달물자 및 안전관리물자의 품질관리, 국제조달 협력 및 해외 조달시장 진출 지원, 그 밖에 다른 법령에서 조달청장이 할 수 있거나 하도록 규정한 사업이다(조달사업법 제3조). 여기서 수요기관은 조달물자, 공사계약의 체결 또는 시설물의 관리가 필요한 기관으로서 국가기관, 지방자치단체, 국가기관 또는 지방자치단체가 투자·출연한 기관이나 그 밖에 이에 준하는 기관으로서 해당 기관이 수요기관의 지정을 요청하여 조달청장이 수요기관으로 지정하는 기관을 말한다(동법 제2조 제5호 및 동법 시행령 제4조 제1항).

3-2. 계약체결의 요청

조달사업법에서는 국가기관이 발주하는 추정가격[31] 1억원 이상인 물자구매계약, 추정가격 30억원(전문공사, 전기공사, 정보통신공사, 소방시설공사의 경우에는 3억원) 이상인 공사계약 등은 반드시 조달

31) 국가계약법에서는 공사규모를 표시하는 단위로 '추정가격'이라는 용어를 사용하고 있다. '추정가격'이란 물품 · 용역 · 공사 등의 조달계약을 체결함에 있어서 예정가격의 결정 또는 입찰공고에 앞서 예산에 계상된 금액 등으로 추산하여 산정한 가격을 말한다(국가계약법 시행령 제2조 제1호). 예정가격은 입찰방법 결정 및 입찰공고 후 입찰 또는 계약체결 전에 작성되는 것이므로, 이보다 앞서 국제입찰의 대상이 되는지 여부와 적격심사낙찰제 등의 대상인지의 여부를 알기 위해서는 예정가격을 결정하기 전에 가격을 미리 추산해 보아야 한다. 이러한 필요성 때문에 추정가격제도가 도입되었다.

청장에게 계약의 체결을 요청하도록 규정하고 있다(조달사업법 제11조 제1항 본문 및 동법 시행령 제11조 제1항). 다만, 천재지변이나 긴급한 행사 기타 이에 준하는 경우, 재해 또는 긴급복구 및 기술의 특수성으로 계약체결을 요청하는 것이 부적절한 경우, 국방목적수행과 관련이 있거나 국가기관의 행위를 비밀히 하여야 하는 경우 등에는 수요기관에서 직접 계약을 체결할 수 있다(동법 제11조 제1항 단서 및 동법 시행령 제11조 제2항). 수요기관이란 조달물자, 공사계약의 체결 또는 시설물의 관리가 필요한 국가기관, 지방자치단체, 국가 또는 지방자치단체의 소속 기관이나 투자·출연한 기관 등을 말한다(동법 제2조 제4호 및 동법 시행령 제4조). 수요기관의 장이 직접 계약을 체결할 수 있는 경우에도 필요하다고 인정할 때에는 그 계약의 체결을 조달청장에게 요청할 수 있다(동법 제11조 제2항).

3-3. 조달청이 체결한 계약의 당사자

조달청이 수요기관의 요청에 따라 체결한 정부조달계약의 당사자가 누구인지 문제된다. 조달청은 국가에 소속된 행정기관에 불과하므로 조달청이 체결한 정부조달계약의 법적인 귀속주체는 국가이다. 수요기관이 국가기관인 경우에는 국가가 권리의무의 귀속주체가 되므로 문제가 없으나, 국가와는 별개의 독립된 법인격이 인정되는 지방자치단체나 공공기관 등이 수요기관일 경우에는 누구를 정부조달계약의 당사자로 보아야 할지 문제가 된다. 판례는 조달청이 체결한 정부조달계약의 법적 성질을 제3자를 위한 계약으로 보아 계약의 당사자는 국가이고 수요기관은 제3자인 수익자에 불과하다고 한다.[32)]

32) 대법원 1994. 8. 12. 선고 92다41559 판결.

계약의 목적인 급부가 수요기관의 사업으로서 해당 계약의 체결을 제외한 계약의 집행이나 계약내용의 변경 등 모든 것이 실질적으로 수요기관에 의하여 이루어졌을 뿐만 아니라 계약의 목적물이 수요기관에 귀속된다고 하더라도 수요기관이 계약의 당사자가 되는 것은 아니라고 한다.[33)]

조달청이 수요기관의 요청에 따라 체결한 정부조달계약은 수요기관을 위하여 조달청, 즉 국가가 체결하는 계약이므로 계약의 당사자는 국가로 보아야 할 것이다. 따라서 당해 정부조달계약은 국가가 당사자가 되는 계약이므로 국가계약법이 적용된다(국가계약법 제2조). 그러나 지방계약법에서는 국가계약법의 적용을 받는 중앙행정기관의 장 또는 전문기관에 계약사무를 위임 또는 위탁하는 경우 계약담당자는 지방계약법에 따라 계약사무를 처리하여야 한다고 규정하고 있다(동법 제7조 제2항). 따라서 수요기관이 지방자치단체인 경우에는 비록 계약의 당사자가 국가라고 하더라도 지방계약법이 적용된다.

조달청이 체결한 정부조달계약의 당사자는 국가이므로 계약체결과 관련된 낙찰자지위침해금지가처분, 낙찰자지위확인소송, 입찰무효소송 등도 국가를 상대방으로 하여야 한다. 또한 계약의 해제나 해지 또는 이를 원인으로 한 원상회복청구도 수요기관이 아닌 계약당사자인 국가가 행사하여야 한다(조달사업법 시행규칙 제9조 제1항).[34)] 그러나 제3자를 위한 계약에 있어서 수익의 의사표시를 한 수익자는 낙약자에게 직접 그 이행을 청구할 수 있고, 계약의 해제 또는

---

33) 대법원 2019. 1. 17. 선고 2016다242228 판결.

34) 수요기관의 장은 계약상대자의 의무불이행 등의 사유로 공사계약을 해제할 필요가 있을 때에는 공사계약 해제요청서에 공사계약의 해제사유를 증명하는 서류 등을 첨부하여 조달청장에게 공사계약의 해제를 요청하여야 하고, 조달청장은 필요한 조치를 한 후 그 내용을 수요기관의 장에게 통보하여야 한다(조달사업법 시행규칙 제9조).

완성된 목적물의 하자로 인하여 손해를 입은 수익자는 낙약자에게 자기가 입은 손해의 배상을 청구할 수 있다. 따라서 수요기관은 계약상대자에게 직접 계약의 이행을 청구할 수 있고, 완성된 목적물의 하자로 인하여 유지관리비 상당의 손해를 입었다면 계약상대자에게 그로 인한 손해의 배상을 청구할 수 있다.[35)]

조달청 집행기준인 「물품구매(제조)계약 특수조건」, 「공사계약특수조건」, 「일괄입찰 등의 공사계약특수조건」 등에서는 물품구매(제작)의 감독, 공사의 감독, 설계도서의 심의, 공사의 착공, 대가의 지급, 기성 및 준공검사, 시험, 인수, 하자관리, 변경계약 등 계약의 이행에 관련된 사항에 대하여는 수요기관의 장을 계약담당공무원으로 본다고 규정하고 있다(물품구매(제조)계약 특수조건 제2조 제7호, 공사계약특수조건 제2조 제2항, 일괄입찰 등의 공사계약특수조건 제2조 제2호 단서). 따라서 비록 수요기관은 계약당사자는 아니지만 계약이행의 검사 및 감독, 변경계약의 체결 등의 권한을 갖고 있으며, 계약의 이행에 따른 대가를 계약상대자에게 지급할 의무를 부담한다.[36)] 수요기관의 장은 설계변경 등으로 인하여 계약내용을 변경하는 경우에는 변경계약을 체결하고 이를 조달청장에게 통보하여야 한다. 다만, 수요기관에서 변경계약을 체결하기 곤란한 경우에는 조달청장에게 변경계약의 체결을 요청하여야 한다(조달사업법 시행규칙 제8조 제1항). 대가의 지급의무도 수요기관에서 부담하는 것이 원칙이지만, 조달청에서 대가를 지급하는 것이 효율적이라고 법령으로 정한 경우에는 수

---

35) 대법원 1994. 8. 12. 선고 92다41559 판결.

36) 조달청장은 수요기관의 소관에 속하는 공사계약의 적정한 체결을 도모하기 위하여 수요기관의 요청을 받아 공사예정가격을 결정한 다음 그를 대행하여 공사계약을 체결하여 줄 뿐이고 그 공사의 집행이나 대금의 지급은 수요기관에서 하도록 되어 있다 할 것이므로 공사의 수요기관은 비록 그 도급계약의 당사자가 아니라 하더라도 위 공사대금을 지급할 의무가 있다(서울고등법원 1989. 6. 9. 선고 89나13365 판결).

요기관에 대신하여 조달청에서 대가를 지급하여야 한다(조달사업법 제15조 제1항). 조달청에서 대신 대가를 지급하여야 하는 경우로는 단가계약(제3자를 위한 단가계약, 다수공급자계약을 포함)에 따른 납품대금을 지급하는 경우, 교통이 불편한 지역에 있는 군부대 등 조달업체의 접근이 제한되는 수요기관의 납품대금을 지급하는 경우, 천재지변이나 이에 준하는 사유가 있거나 또는 재해·사고로 인한 복구공사를 하는 경우로서 수요기관의 장이 지급을 요청한 납품대금을 지급하는 경우 등이 있다(동법 시행령 제18조 제1항). 이 경우 조달청이 대신 지급하지 않는 때에는 수요기관에서 그 대가를 계약상대자에게 직접 지급하여야 하고, 대가를 지급한 후 즉시 그 내용을 조달청장에게 알려야 한다(동법 제15조 제2항).

4. 민법 등

정부조달계약에 대하여도 「민법」 등 사법의 규정이 적용 내지 유추적용될 수 있다. 정부조달계약의 법적 성격을 사법상 계약으로 보게 되면, 국가계약법 등에 별도의 규정이 없는 한 민법 등 사법의 규정이 당연히 적용된다고 할 것이다. 그런데 정부조달계약의 법적 성격을 공법상 계약으로 보는 경우에도 민법 등 사법 규정의 유추적용을 긍정함이 일반적이다. 민법 등 사법의 규정 가운데 일반법원리적 규정[37]은 공법관계에도 유추적용되고, 특히 공법상 계약 등 비권력적 행정작용의 경우에는 행정목적의 달성과 밀접한 관련을 갖는 점을 제외하고 사법관계와 본질적인 차이가 없으므로 일반법원리적 규

37) 사법규정 중 일반법원리적 규정으로는 신의성실의 원칙, 권리남용의 금지, 의사표시, 대리, 부관, 무효, 취소, 기간, 시효, 불법행위, 사무관리, 부당이득 등에 관한 규정이 있다.

정 이외에 이해조절적 규정도 유추적용되는 것으로 보는 것이 일반적이다.[38] 따라서 정부조달계약에 대하여는 민법 등 사법의 규정이 유추적용되고, 일반법원리적 규정뿐만 아니라 이해조절적 규정도 유추적용될 수 있다. 특히, 민법상 도급계약이나 위임계약에 관한 규정은 정부조달계약에 대하여 유추적용될 여지가 크다고 할 것이다.

2절 정부조달계약의 종류

정부조달계약을 계약목적물, 계약체결형태, 계약체결방법, 입찰내용에 따라 분류하면 다음과 같이 구분할 수 있다.

I. 계약목적물에 따른 분류

정부조달계약을 계약목적물에 따라 분류하면 공사계약, 물품의 제조·구매계약, 용역계약으로 구분할 수 있다.

1. 공사계약

공사계약은 공사를 위하여 체결하는 계약을 말한다. 공사계약은

38) 박균성, 「행정법강의(제14판)」, 박영사, 2017, 10면; 하명호, 「행정법」, 박영사, 2019, 68면 및 69면; 홍정선, 「행정법특강(제13판)」, 박영사, 2014, 55면.

그 목적물에 따라 건설공사계약, 전기공사계약, 정보통신공사계약, 소방공사계약, 문화재수리공사계약으로 구분할 수 있다. 이처럼 계약목적물에 따라 건설공사계약, 전기공사계약 등으로 구분하는 실제적인 이유는 각 공사별 적용 법률이 다르다는 데 있다. 건설공사에 대하여는 「건설산업기본법」이 적용되고, 전기공사는 「전기공사업법」, 정보통신공사는 「정보통신공사업법」, 소방시설공사는 「소방시설공사업법」, 문화재수리공사는 「문화재 수리 등에 관한 법률」이 각각 적용된다.

2. 물품의 제조 · 구매계약

물품의 제조·구매계약은 물품을 제조하거나 구매하는 계약을 말한다. 물품의 제조·구매계약에는 단순구매계약과 제조구매계약이 있다. 단순구매계약에서는 거래실례가격 등에 의하여 예정가격을 작성하고 제조업자가 아니더라도 입찰참가가 가능하지만, 제조구매계약에서는 규격서에 따른 물량산출 등 원가계산에 의한 방법으로 예정가격을 작성하고 제조업을 영위하는 사람만이 입찰참가가 가능하다는 점에서 차이가 있다.

3. 용역계약

용역계약은 물질적인 재화 이외에 생산이나 소비에 필요한 역무(service)를 제공하는 계약을 말한다. 용역에는 일반용역과 기술용역이 있다. 일반용역은 다시 학술연구용역과 단순용역으로 구분된다. 단순용역은 일반용역 중 학술연구용역을 제외한 용역으로서 시설물관리용역, 청소용역, 행사관리용역, 경비용역, 폐기물처리용역 등이 여기에 해당한다. 기술용역은 과학기술의 지식을 응용하여 사업이나 시설물을 설계하거나 감리하는 등의 기술을 제공하는 용역을 말한다. 「엔지니어링산업 진흥법」상 엔지니어링활동, 「건설기술 진흥법」상 건설기술, 「전력기술관리법」상 전력기술, 「소방시설공사업법」상 소방시설설계 또는 소방공사감리 등을 제공하는 용역이 여기에 해당한다.

Ⅱ. 계약체결형태에 따른 분류

정부조달계약을 계약체결형태에 따라 분류하면 다음과 같이 구분할 수 있다.

1. 확정계약과 개산계약, 사후원가검토조건부 계약

확정계약은 예정가격을 미리 작성하고 낙찰자를 결정해서 계약금액을 확정하여 체결하는 계약을 말한다. 일반적인 계약체결의 형태이다. 이에 비하여 개산계약은 미리 예정가격을 정할 수 없는 경우에 개략적인 금액으로 계약을 체결하고 계약의 이행이 완료된 후에 정산하는 계약을 말한다(국가계약법 제23조 및 동법 시행령 제70조, 지방계약법 제27조 제1항 및 동법 시행령 제81조, 제86조). 개발시제품의 제조계약, 시험·조사·연구 용역계약, 시간적 여유가 없는 긴급한 재해복구를 위한 계약, 공공기관 등과의 관련 법령에 따른 위탁 또는 대행계약으로서 미리 예정가격을 정할 수 없는 때에는 개산계약에 의할 수 있다(국가계약법 제23조 제1항, 지방계약법 제27조 제1항 및 제2항). 개산계약을 체결하고자 하는 경우에는 입찰 전에 사후정산 기준 및 절차 등을 정하여야 하고, 이를 입찰에 참가하고자 하는 사람이 열람할 수 있도록 하여야 한다(국가계약법 시행령 제70조 제2항, 지방계약법 시행령 제81조 제2항).

사후원가검토조건부 계약은 입찰 전에 예정가격을 구성하는 일부 비목별 금액을 결정할 수 없는 경우에 사후에 원가를 검토하는 조건부로 체결하는 계약을 말한다. 사후원가검토조건부 계약을 체결하고자 할 때에는 입찰 전에 계약목적물의 특성, 계약 수량 및 이행기간 등을 고려하여 사후원가검토에 필요한 기준 및 절차 등을 정하여야 하고, 이를 입찰에 참가하고자 하는 사람이 열람할 수 있도록 하여야 한다. 계약의 이행이 완료된 후에 예정가격결정기준 및 입찰 전에 정한 사후원가검토기준에 따라 원가를 검토하여 정산하여야 한다(국가계약법 시행령 제73조, 지방계약법 시행령 제89조).

2. 총액계약과 단가계약

총액계약은 당해 계약목적물 전체에 대하여 총액으로 체결하는 계약을 말한다. 일반적인 계약체결의 형태이다. 이에 비하여 단가계약이란 일정 기간 계속하여 제조, 수리, 가공, 매매, 공급, 사용 등의 계약을 할 필요가 있을 경우 해당 연도 예산의 범위에서 단가에 대하여 체결하는 계약을 말한다(국가계약법 제22조, 지방계약법 제25조 제1항).

조달청에서는 단가계약의 일종으로 제3자를 위한 단가계약과 다수공급자계약을 운용하고 있다. 제3자를 위한 단가계약이란 조달청에서 수요기관이 필요로 하는 수요물자를 제조·구매 및 가공하는 계약을 체결할 때 미리 단가만을 정하여 체결하는 계약을 말한다(조달사업법 제12조 제1항). 조달청은 제3자를 위한 단가계약을 체결한 때에 그 내용을 수요기관에 통보하여야 하고(동법 시행령 제12조 제4항 본문), 수요기관은 제3자를 위한 단가계약이 체결된 물품의 납품을 요구하거나 대금을 지급한 때에 그 내용을 조달청장에게 통보하여야 한다(동조 제5항). 한편 다수공급자계약이란 조달청에서 수요기관이 필요로 하는 수요물자를 구매하기 위하여 품질·성능 또는 효율 등이 같거나 비슷한 종류의 수요물자를 수요기관이 선택할 수 있도록 2인 이상을 계약상대자로 하여 체결하는 제3자를 위한 단가계약을 말한다(동법 제13조 제1항). 제3자를 위한 단가계약의 경우 계약상대자가 1인이지만, 다수공급자계약은 계약상대자가 2인 이상이라는 점에서 차이가 있다.

3. 단년도계약, 장기계속계약, 계속비계약

단년도계약은 이행 기간이 1회계연도인 경우로서 당해 회계연도에 계상된 예산을 재원으로 체결하는 계약을 말한다. 다만, 지출원인행위가 이루어진 경우에는 다음 연도까지 예외적으로 이행을 완료하게 할 수 있으므로 비록 계약의 이행이 2개 연도에 걸쳐 이루어졌더라도 예산을 이월하여 1회계연도에 편성된 예산을 재원으로 하였다면 단년도계약에 해당한다.

장기계속계약은 임차, 운송, 보관, 전기·가스·수도의 공급 등 그 성질상 수년간 계속하여 존속할 필요가 있거나 또는 계약의 이행에 수년이 걸리는 경우에 체결하는 계약을 말한다(국가계약법 제21조 제2항, 지방계약법 제24조 제1항 제1호). 이 경우 수년간이라 함은 당해 사업예산이 2회계연도 이상에 걸쳐 편성된 경우를 말한다. 장기계속계약은 총액으로 입찰하여 각 회계연도 예산의 범위 안에서 낙찰된 금액의 일부에 대하여 연차별로 계약을 체결한다. 장기계속공사의 경우 낙찰 등에 의하여 결정된 총공사금액을 덧붙여 적고 당해 연도의 예산의 범위에서 제1차 공사를 이행하도록 계약을 체결하여야 한다. 이 경우 제2차 공사 이후의 계약은 부기된 총공사금액에서 이미 계약된 금액을 공제한 금액의 범위 안에서 계약을 체결할 것을 부관으로 약정하여야 한다(국가계약법 시행령 제69조 제2항, 지방계약법 시행령 제78조 제2항). 장기물품제조 및 정보시스템 구축사업의 장기계속계약을 체결하는 경우에도 마찬가지이다(국가계약법 시행령 제69조 제3항, 지방계약법 시행령 제78조 제3항).

계속비계약이란 계속비 예산으로 체결하는 계약을 말한다. 완성에 수년을 필요로 하는 공사나 제조 및 연구개발사업은 그 경비의 총액과 연부액(年賦額)을 정하여 미리 국회의 의결을 얻으면 매 회계연도마다 국회의 의결을 얻을 필요 없이 수년에 걸쳐 지출할 수 있는데, 이를 계속비라고 한다(국가재정법 제23조 제1항). 계속비는 예산의 이월과는 달리 다음 연도에만 한정되지 않고 일단 성립되면 승인받은 연한까지 사용할 수 있다. 국가의 세출은 회계연도 독립의 원칙에 따라 매 회계연도마다 예산으로 편성하여 해마다 국회의 의결을 얻는 것이 원칙이지만, 계속비는 그 예외를 이루고 있다. 계속비계약은 장기계속계약과는 달리 차수별 계약이 아닌 단 1회의 계약으로 이루어진다. 그리하여 계속비계약을 체결할 때에는 총액과 연부액을 명시하여 체결하여야 한다(국가계약법 제21조 제1항). 이 점에서 차수별 계약을 하면서 총액을 부기하는 장기계속계약과 구별된다. 계속비계약은 총액과 연부액에 대한 예산을 확보하여 낙찰된 금액의 총액으로 계약을 체결하고 이행한다(지방계약법 제24조 제1항 제2호). 이에 대하여 장기계속계약은 우선 1차 연도의 예산만 확보하고 전체 예산은 확보하지 못한 상태에서 낙찰된 금액의 총액 중에서 각 회계연도 예산 범위 안에서 계약을 체결하고 이행한다는 점에서 또한 차이가 있다.

| 단년도계약, 장기계속계약, 계속비계약의 비교 |

구분	단년도계약	장기계속계약	계속비계약
사업 내용	확정	확정	확정
예산 확보	확보	미확보 (당해 연도분 확보)	확보
입찰 방법	총액으로 입찰	총액으로 입찰	총액으로 입찰
계약 체결	당해 연도 예산 범위 내에서 계약 체결 및 이행	각 회계연도 예산범위 안에서 계약 체결 및 이행(총액 부기)	총액으로 계약 체결 및 이행 (연부액 부기)

자료 : 조달청 시설공사계약기본 과정 교재

4. 단년도계약, 장기계속계약, 계속비계약

단독계약은 계약상대자가 1인인 계약이고, 공동계약은 계약상대자가 2인 이상인 계약을 말한다. 공사계약·제조계약 또는 그 밖의 계약에서 필요한 경우 공동계약을 체결할 수 있다(국가계약법 제25조 제1항). 기획재정부 계약예규인 「공동계약운용요령」에서는 공동계약을 공사·제조·기타의 계약에서 발주기관과 공동수급체가 체결하는 계약이라고 정의하고 있다(동 요령 제2조 제1호). 공동수급체란 구성원을 2인 이상으로 하여 수급인이 해당 계약을 공동으로 수행하기 위하여 잠정적으로 결성한 실체를 말한다(동조 제2호). 공동계약을 체결하는 때에 공동수급체 구성원 전원이 계약서에 연명으로 기명날인 또는 서명하여야 한다(동 요령 제6조).

공동계약은 공동수급체가 도급받아 이행하는 방식에 따라 공동이행방식, 분담이행방식, 주계약자관리방식으로 구분된다. 공동이행방식은 공동수급체 구성원이 일정 출자비율에 따라 연대하여 공동으로 계약을 이행하는 공동계약을 말하고, 분담이행방식은 공동수급체 구성원이 일정 분담내용에 따라 나누어 공동으로 계약을 이행하는 공동계약을 말하며, 주계약자관리방식은 건설공사를 시행하기 위한 공동수급체의 구성원 중에서 선정한 주계약자가 전체 건설공사 계약의 수행에 관하여 종합적인 계획·관리 및 조정을 하는 공동계약을 말한다(공동계약운용요령 제2조의2). 공동이행방식에서는 구성원이 연대하여 계약이행의 책임을 지고, 분담이행방식에서는 구성원이 분담내용에 따라 각자 책임을 지며, 주계약자관리방식에서는 구성원이 각자 자신이 분담한 부분에 대하여 책임을 지되 주계약자가 최종적으로 전체 계약에 대하여 책임을 진다(동 요령 제7조 제1항).

판례는 공동이행방식의 공동수급체의 법적 성격을 민법상 조합에 해당하는 것으로 보고 있다. 그리하여 공동수급체가 계약을 이행함에 있어서 도급인에 대하여 가지는 채권은 공동수급체 구성원에게 합유적으로 귀속하는 것이어서 구성원 중 1인이 임의로 도급인에 대하여 출자지분에 따른 대가의 지급을 청구할 수 없고 구성원 중 1인에 대한 채권으로 그 구성원 개인을 집행채무자로 하여 도급인에 대한 채권에 대하여 강제집행을 할 수도 없다고 한다.[39] 도급인에 대하여 대가의 지급을 구하는 소송은 공동수급체 구성원 전원이 당사자가 되어야 하는 필수적 공동소송이 된다. 다만, 공동이행방식의 공동수급체라도 그 개별 구성원이 각자의 지분비율에 따라 직접 도급인에게 대가의 지급을 청구할 수 있도록 하는 별도의 약정을 한 경우에는 도급인에 대한 채권이 조합체로서의 공동수급체가 아니라 구성원 각자에게 지분비율에 따라 구분·귀속될 수 있다고 한다.[40] 그

39) 대법원 2012. 5. 17. 선고 2009다105406 전원합의체 판결.
40) 대법원 2013. 7. 11. 선고 2011다60759 판결.
41) 대법원 2012. 5. 17. 선고 2009다105406 전원합의체 판결.

런데 기획재정부 계약예규인 공동계약운용요령에서는 계약담당공무원으로 하여금 선금·대가 등을 공동수급체 구성원 각자에게 그 출자비율 또는 분담내용에 따라 지급하도록 하고 있다(동 요령 제11조 제2항). 판례는 이러한 내용이 담긴 공동수급협정서를 입찰참가신청서류와 함께 제출하고 도급인과 공동도급계약을 체결하였다면 공동수급체와 도급인 사이에 대가를 공동수급체 구성원 각자의 지분비율에 따라 직접 지급받기로 하는 묵시적 약정이 이루어진 것으로 보고 있다.[41] 따라서 이러한 공동계약운용요령에 따라 공동계약을 체결한 경우에는 공동이행방식에 해당하더라도 공동수급체 구성원은 각자 자신의 지분비율에 따라 직접 그 대가의 지급을 청구할 수 있다.

Ⅲ. 계약체결방법에 따른 분류

정부조달계약을 계약체결방법에 따라 분류하면 경쟁입찰에 의한 계약과 수의계약으로 구분될 수 있다. 경쟁입찰에 의한 계약은 다시 일반경쟁입찰에 의한 계약, 제한경쟁입찰에 의한 계약, 지명경쟁입찰에 의한 계약으로 구분된다.

1. 경쟁입찰에 의한 계약

1-1. 일반경쟁입찰에 의한 계약

일반경쟁입찰은 정부조달계약의 원칙적인 계약체결방법이다. 따라서 정부조달계약은 원칙적으로 일반경쟁입찰의 방법에 의하여 계약을 체결하여야 한다. 다만, 계약의 목적, 성질, 규모 등을 고려하여 필요하다고 인정하면 법령에서 정하는 바에 따라 제한경쟁입찰, 지명경쟁입찰 또는 수의계약에 의할 수 있다(국가계약법 제7조 제1항, 지방계약법 제9조 제1항). 일반경쟁입찰은 계약의 이행에 필요한 최소한의 자격요건을 갖춘 사람은 모두 입찰에 참가하도록 하는 계약체결 방법이다. 최소한의 자격요건이란 제한경쟁입찰이나 수의계약에서도 기본적으로 요구되는 요건으로 법령의 규정에 의하여 요구되는 인가·허가·면허·등록 등을 갖추고 입찰참가자격을 등록하는 등의 요건을 말한다(국가계약법 시행령 제12조 제1항 및 동법 시행규칙 제14조 내지 제18조, 지방계약법 시행령 제13조 및 동법 시행규칙 제14조 내지 제18조).

1-2. 제한경쟁입찰에 의한 계약

정부조달계약은 일반경쟁입찰에 의하여 체결하는 것이 원칙이지만, 계약의 목적, 성질, 규모 등에 비추어 필요한 경우에는 입찰참가자격을 이행실적, 시공능력, 기술보유상황, 재무상태 등으로 제한하여 입찰에 참가하도록 하는 제한경쟁입찰에 의할 수 있다(국가계약법 제7조 제1항 단서, 지방계약법 제9조 제1항 단서). 제한경쟁입찰은 일정한 자격을 갖춘 사람에 한하여 입찰에 참가하도록 함으로써 입찰업무의 효율성을 제고하고 계약의 부실한 이행을 방지하고자 하는데 그 의의가 있다.

입찰참가자격을 제한하는 사유로는 시공능력, 공사·제조 또는 용역의 실적, 기술의 보유상황, 품질 인증 등을 받은 물품,[42] 법인등기부상 본점 소재지(개인사업자의 경우에는 사업자등록증 또는 허가·인가·면허·등록 등에 관련된 서류에 기재된 사업장 소재지), 중소기업자 또는 소기업·소상공인,[43] 공사의 성질별·규모별 제한 등이 있다(국가계약법 시행령 제21조 제1항 및 제22조, 지방계약법 시행령 제20조 제1항 및 제21조). 국가계약법 시행령 또는 지방계약법 시행령에 규정된 입찰참가자격 제한사유 이외의 사유로 입찰참가자격을 제한할 수 없다. 또한 제한사유를 중복적으로 적용하여 제한할 수 없다. 다만, 본점 소재지를 기준으로 제한하는 경우에는 기술의 보유상황 또는 공사실적에 의하여 중복하여 제한할 수 있다(국가계약법 시행규칙 제25조 제5항, 지방계약법 시행규칙 제25조 제6항).

특수한 기술이 요구되는 경우에는 기술의 보유상황에 의하여 입찰참가자격을 제한할 수 있다(국가계약법 시행령 제21조 제1항 제2호, 제3호 및 제5호). 여기서 기술의 보유상황이란 「엔지니어링 산업진흥법」에 의한 엔지니어링 활동주체 또는 「기술사법」에 의한 기술사사무소로 개설등록을 한 기술사의 경우, 기술도입 또는 외국업체와의 기술제휴의 방법으로 해당 공사수행 또는 물품제조에 필요한 기술을 보유하고 있음이 객관적으로 인정되는 경우, 기타 해당 공사수행 또는 물품제조에 필요한 기술·공법을 개발 또는 보유하고 있음이 객관적으로 인정되는 경우를 말한다(기획재정부 계약예규 「정부 입찰·계약 집행기준」 제5조 제2항).

법인등기부상 본점 소재지를 기준으로 제한입찰을 하는 경우에는 법인등기부상 본점 소재지가 해당 공사 등의 현장·납품지 등이 소재하는 특별시·광역시·특별자치시·도 또는 특별자치도의 관할구역 안에 있는 사람으로 제한하여야 하고(국가계약법 시행규칙 제25조 제3항

42) 특수한 성능 또는 품질이 요구되는 품질 인증 등을 받은 물품을 구매하려는 경우에는 그 품질 인증 등을 받은 물품인지 여부를 기준으로 제한할 수 있다(국가계약법 시행령 제21조 제1항 제4호).

43) 「중소기업제품 구매촉진 및 판로지원에 관한 법률」에 따라 물품의 제조 · 구매계약 또는 용역계약을 체결하는 경우에는 입찰참가자격을 중소기업자 또는 소기업이나 소상공인으로 제한할 수 있고(국가계약법 시행령 제21조 제1항 제8호), 추정가격이 1억원 미만인 물품의 제조 · 구매계약 또는 용역계약을 체결하는 경우에는 소기업, 소상공인, 벤처기업 또는 중소기업 창업자로 제한할 수 있으며, 추정가격이 1억원 이상인 물품의 제조 · 구매계약 또는 용역계약을 체결하는 경우에는 중소기업자로 제한할 수 있다(동항 제10호).

본문, 지방계약법 시행규칙 제25조 제3항 본문), 시·군·자치구의 관할구역 안에 있는 사람으로 제한할 수 없다. 예를 들어, 천안시에서 공사를 발주하면서 지역제한경쟁입찰에 부치는 경우 충청남도 소재 업체로 제한하는 것은 무방하나, 천안시 소재 업체로 제한할 수는 없다. 그런데 공사 등의 현장·납품지 등이 인접 특별시·광역시·도 등에 걸쳐 있거나 공사 등의 현장·납품지 등이 있는 특별시·광역시·도 등에 사업 이행에 필요한 자격을 갖춘 사람이 10인 미만인 경우에는 인접한 특별시·광역시·도 등의 관할구역 안에 있는 사람을 포함하여 제한할 수 있다(국가계약법 시행규칙 제25조 제3항 단서, 지방계약법 시행규칙 제25조 제3항 단서). 예를 들어, 위의 사례에서 충청남도 또는 대전광역시 중 어느 하나에 소재하는 업체, 충청남도·대전광역시 또는 충청북도 중 어느 하나에 소재하는 업체로 제한하는 것이 가능하다. 지역제한경쟁입찰은 해당 지역 업체의 계약수주활동을 지원함으로써 해당 지역의 고용증대, 하도급 및 자재납품 활성화 등 지방경제 발전에 기여한다는 긍정적인 면도 있으나, 자유경쟁원리에 반하고 지역이기주의 조장으로 지역 간의 갈등을 초래하게 되는 등의 부정적인 면도 있다.

공사를 성질별·규모별로 유형화하여 정한 경쟁제한기준에 해당하는 경쟁참가적격자에 한하여 입찰참가신청을 하도록 하는 방식으로 입찰참가자격을 제한할 수 있다. 먼저 공사를 성질별·규모별로 유형화하여 이에 상응하는 경쟁제한기준을 정하여 미리 공고하고 입찰에 참가하고자 하는 사람으로 하여금 등록신청을 하도록 한다. 그 다음 입찰에 참가하고자 하는 사람이 등록신청을 하면 이를 심사하여 유형별·등급별로 경쟁참가적격자를 선정하여 등록을 하고, 공사입찰시마다 해당 경쟁참가적격자에게 입찰참가신청을 하게 할 수 있다(국가계약법 시행령 제22조, 지방계약법 시행령 제21조). 이에 따라 조달청에서는 일정 기간마다 건설사업자를 시공능력평가액 순위에 의하여 등급별 유자격자명부에 등록하게 하고, 발주할 공사에 대해서도 추정금액을 기준으로 규모별로 유형화하여 공사규모에 따라 등급별 또는 해당 등급 이상 등록자에게 입찰참가자격을 부여하는 등급별 유자격명부를 운용하고 있다. 조달청에서 운용하는 등급별 유자격자명부는 건설산업기본법에 의하여 토건, 토목 또는 건축공사업의 등록을 마친 건설사업자 중에서 입찰공고일 현재 시공능력평가액이 고시금액 이상인 사업자를 그 등록대상자로 하고, 추정금액이 고시금액 이상인 토목 및 건축공사를 대상으로 운용하고 있다.[44)]

| 조달청 등급별 유자격자명부 |

(단위 : 미만 ~ 이상)

등급	공사배정규모(추정금액 기준)		시공능력평가액 (토건, 토목, 건축)
	토목공사	건축공사	
1	1700억원 이상	1200억원 이상	6000억원 이상
2	1700억원 ~ 950억원	1200억원 ~ 950억원	6000억원 ~ 1200억원
등급	공시배정규모(추정금액 기준)		시공능력평가액 (토건, 토목, 건축)
	토목공사	건축공사	
3	950억원 ~ 550억원	950억원 ~ 550억원	1200억원 ~ 600억원
4	550억원 ~ 400억원	550억원 ~ 400억원	600억원 ~ 330억원
5	400억원 ~ 220억원	400억원 ~ 220억원	330억원 ~ 200억원
6	220억원 ~ 140억원	220억원 ~ 130억원	200억원 ~ 120억원
7	140억원 ~ 고시금액	130억원 ~ 고시금액	120억원 ~ 고시금액

자료 : 조달청 등급별 유자격자명부 등록 및 운용기준

44) 조달청 집행기준 「조달청 등급별 유자격자명부 등록 및 운용기준」 참조.

1-3. 지명경쟁입찰에 의한 계약

계약의 성질 또는 목적에 비추어 필요한 경우 특정 다수인을 지명하여 지명된 사람들에 한하여 입찰에 참가하도록 하는 계약체결방법이다(국가계약법 제7조 제1항 단서 및 동법 시행령 제23조, 지방계약법 제9조 제1항 단서 및 동법 시행령 제22조). 지명경쟁입찰에 의할 수 있는 경우는 ① 계약의 성질 또는 목적에 비추어 특수한 설비, 기술, 자재 또는 실적이 있는 사람이 아니면 계약목적을 달성하기 곤란한 경우로서 입찰대상자가 10인 이내인 경우, ② 추정가격이 3억원(전문공사, 건설산업기본법 이외의 공사 관련 법령에 의한 공사의 경우에는 1억원) 이하인 공사를 하거나 추정가격 1억원 이하인 물품을 제조할 경우, ③ 추정가격 5천만원 이하인 재산을 매입하는 경우, ④ 예정임차료의 연간 총액이 5천만원 이하인 물건을 임차하는 경우, ⑤ 수의계약에 의할 수 있는 경우 등이다(국가계약법 시행령 제23조 제1항, 지방계약법 시행령 제22조). 5인 이상의 입찰대상자를 지명하여 2인 이상의 입찰참가신청이 있어야 하고, 지명대상자가 5인 미만인 때에는 대상자를 모두 지명하여야 한다(국가계약법 시행령 제24조 제1항, 지방계약법 시행령 제23조 제1항).

2. 수의계약

수의계약은 경쟁입찰의 방법에 의하지 않고 임의로 특정의 사람을 선정하여 계약을 체결하는 방법을 말한다. 수의계약은 예외적인 계약체결방법이므로 법령에 열거된 수의계약사유에 해당하는 경우에만 할 수 있고, 그 이외의 사유로는 수의계약을 할 수 없다. 수의계약에 의할 수 있는 사유로는 ① 천재지변·감염병의 발생 및 유행·작전상의 병력이동·원자재의 가격급등 기타 이에 준하는 경우로서 경쟁에 부칠 여유가 없을 경우, ② 입찰에 부칠 여유가 없는 긴급복구가 필요한 재난 등 재난 복구의 경우, ③ 특정인의 기술용역 또는 특정한 위치·구조·품질·성능·효율 등으로 인하여 경쟁을 할 수 없는 경우, ④ 다른 법률에 따라 특정사업자로 하여금 특수한 물품·재산 등을 매입하거나 제조하도록 하는 경우, ⑤ 국가유공자 또는 장애인 등에게 일자리나 보훈·복지서비스 등을 제공하기 위한 경우, ⑥ 일정 금액 이하의 소규모 계약 등이 있다(국가계약법 시행령 제26조 제1항, 지방계약법 시행령 25조 제1항).

경쟁입찰을 실시하였으나 입찰자가 1인뿐인 경우로서 재공고입찰을 실시하더라도 입찰참가자격을 갖춘 사람이 1인밖에 없음이 명백하다고 인정되는 경우, 재공고입찰을 하였으나 입찰이 성립하지 않거나 낙찰자가 없는 경우, 계약상대자가 계약을 체결한 후 계약상의 의무를 이행하지 않아 계약을 해제하거나 해지한 경우에도 수의계약에 의할 수 있다. 다만, 이 경우의 수의계약은 보증금과 기한을 제외하고 최초 입찰에 부칠 때 정한 가격과 그 밖의 조건을 변경할 수 없다(국가계약법 시행령 제27조 및 제28조 제2항, 지방계약법 제26조 및 제27조).

수의계약에 의할 수 있는 소규모 계약, 즉 소액수의계약의 범위에 대하여 국가계약법령과 지방계약법령에서 각기 달리 정하고 있다. 국가계약법령에 의하면 공사계약의 경우 추정가격 4억원(전문공사는 2억원, 건설산업기본법 이외의 공사 관련 법령에 따른 공사는 1억6천만원) 이하인 계약, 물품제조·구매계약 또는 용역계약의 경우 추정가격 2천만원 이하인 계약은 수의계약에 의할 수 있다. 다만, 소기업이나 소상공인 또는 여성기업·장애인기업·사회적기업 등과 체결하는 물품제조·구매계약 또는 용역계약, 학술연구·원가계산·건설기술 등과 관련하여 체결된 물품제조·구매계약 또는 용역계약의 경우에는 추정가격이 2천만원을 초과하더라도 1억원 이하이면 수의계약에 의할 수 있다(국가계약법 시행령 제26조 제1항 제5호 가목). 그런데 지방계약법령에 의하면 공사계약의 경우 추정가격 2억원(전문공사는 1억원, 건설산업기본법 이외의 공사 관련 법령에 따른 공사는 8천만원) 이하인 계약, 물품제조·구매계약 또는 용역계약의 경우 추정가격 2천만원 이하인 계약은 수의계약에 의할 수 있다. 다만, 소기업이나 소상공인 또는 여성기업·장애인기업·사회적기업 등과 체결하는 물품제조·구매계약 또는 용역계약, 학술연구·원가계산·건설기술 등과 관련하여 체결된 물품제조·구매계약 또는 용역계약의 경우에는 추정가격이 2천만원을 초과하더라도 5천만원 이하이면 수의계약에 의할 수 있다(지방계약법 시행령 제25조 제1항 제5호).

Ⅳ. 입찰방법에 따른 분류

경쟁입찰에 의한 공사계약을 그 입찰의 방법에 따라 분류하면 총액입찰공사계약, 내역입찰공사계약, 대안입찰공사계약, 일괄입찰공사계약, 기술제안입찰공사계약으로 구분할 수 있다.

1. 총액입찰공사계약

추정가격이 100억원 미만인 공사와 재입찰[45]에 부치는 공사의 경우에는 입찰시 총액을 기재한 입찰서만 제출하고 산출내역서를 함께 제출하지 않는다(국가계약법 시행령 제14조 제6항, 지방계약법 시행령 제15조 제6항). 입찰시 총액을 기재한 입찰서만 제출한다고 하여 총액입찰이라고 한다. 산출내역서는 낙찰자로 결정된 후 착공신고서를 제출하는 때에 제출한다(국가계약법 시행령 제14조 제6항 단서, 지방계약법 시행령 제15조 제6항 단서). 산출내역서는 계약담당공무원이 미리 작성하여 교부한 물량내역서에 단가를 기재하여 작성한다(국가계약법 시행령 제14조 제7항 본문, 지방계약법 시행령 제15조 제7항 제1호). 물량내역서에는 계약목적물의 품목 또는 비목과 동 품목 또는 비목의 규격, 수량, 단위만이 기재되어 있고 단가가 기재되지 않은 채 공란으로 되어 있다고 하여 이른바 공(空)내역서라고 불린다. 산출내역서는 물량내역서에 입찰자가 단가를 기재하여 제출한 문서로서 물량내역서는 설계서에 포함되지만, 산출내역서는 원칙적으로 설계서에 포함되지 않는다. 다만, 총액입찰공사의 산출내역서는 설계서에 포함된다.[46] 따라서 물량내역서 또는 총액입찰공사의 산출내역서의 누락이나 오류 등으로 인하여 공사량의 증감이 발생한 때에는 설계변경으로 인한 계약금액의 조정이 가능하다.

2. 내역입찰공사계약

추정가격이 100억원 이상인 공사는 입찰시 입찰서와 함께 산출내역서를 제출하여야 한다(국가계약법 시행령 제14조 제6항 본문, 지방계약법 시행령 제15조 제6항 본문). 입찰시 총액을 기재한 입찰서와 함께 입찰금액의 산출기준이 되는 산출내역서를 첨부하여 제출하는 방법으로 하는 입찰이라고 하여 내역입찰이라고 한다. 계약담당공무원은

45) 경쟁입찰을 할 때 2인 이상의 유효한 입찰자가 없거나 낙찰자가 없을 경우 재입찰에 부칠 수 있다. 이 경우 재입찰은 새로운 입찰로 보지 않으며, 입찰자 또는 입찰횟수의 제한을 받지 않는다(국가계약법 시행령 제20조 제1항).

46) 일괄입찰공사와 대안입찰공사(대안이 채택된 부분에 한함)의 산출내역서, 기술제안입찰공사의 산출내역서, 수의계약으로 체결된 공사의 산출내역서는 설계서에 포함되지 않는다(공사계약일반조건 제2조 제4호).

공사를 입찰에 부치려는 때에는 설계서, 물량내역서 등 입찰 관련 서류를 작성하여 입찰에 참가하고자 하는 사람에게 열람하게 하고 교부하여야 한다(국가계약법 시행령 제14조 제1항 및 제2항, 지방계약법 시행령 제15조 제1항). 입찰자는 계약담당공무원으로부터 교부받은 물량내역서에 단가를 기재하여 산출내역서를 작성하고, 입찰시 입찰서와 함께 산출내역서를 제출한다. 내역입찰에서 입찰서와 함께 산출내역서를 제출하지 않거나 입찰서상의 금액과 산출내역서상의 금액이 일치하지 않는 경우에는 그 입찰은 무효가 된다(국가계약법 시행규칙 제44조 제1항 제5호, 지방계약법 시행규칙 제42조 제7호).

내역입찰에서 물량내역서는 계약담당공무원이 미리 작성하여 교부하는 것이 원칙이지만, 일정한 경우에는 입찰자가 직접 물량내역서를 작성하거나 또는 계약담당공무원이 교부한 물량내역의 기초자료를 참고하여 입찰자가 물량을 수정하여 물량내역서를 작성할 수 있다. 입찰자가 직접 물량을 산출하여 물량내역서를 작성하고 여기에 단가를 기재한 산출내역서를 입찰시 입찰서와 함께 제출하는 입찰을 '순수내역입찰'이라고 하고, 계약담당공무원이 교부한 물량내역서를 입찰자가 수정하거나 또는 계약담당공무원이 교부한 물량내역의 기초자료를 참고하여 입찰자가 물량을 수정해서 물량내역서를 작성하고 여기에 단가를 기재한 산출내역서를 입찰시 입찰서와 함께 제출하는 입찰을 '물량내역수정입찰'이라고 한다. 순수내역입찰과 물량내역수정입찰에서 입찰자가 작성하거나 수정한 물량내역서도 계약담당공무원이 미리 작성하여 교부한 물량내역서와 마찬가지로 설계서에 포함된다. 다만, 입찰자가 자신의 책임 아래 작성한 물량내역서에 누락이나 오류 등이 있다고 하여 물량내역의 변경을 이유로 계약금액의 증액을 청구하는 것은 부당하므로 허용되지 않는다(국가계약법 시행령 제65조 제1항 단서, 지방계약법 시행령 제74조 제2항). 그러나 발주기관의 필요에 의한 설계변경으로 인하여 물량내역이 변경된 경

우에는 계약금액의 조정이 허용된다.[47]

순수내역입찰공사와 물량내역수정입찰공사의 허용범위에 대하여 국가계약법령과 지방계약법령에서 각기 달리 정하고 있다. 국가계약법령에서는 추정가격 100억원 이상인 공사와 문화재수리공사의 경우 계약담당공무원은 입찰자에게 물량내역서를 직접 작성하게 하거나 또는 계약담당공무원이 교부한 물량내역의 기초자료를 참고하여 물량을 수정해서 물량내역서를 작성하게 할 수 있다(국가계약법 시행령 제14조 제1항). 그런데 지방계약법령에서는 물량내역서가 열람·교부되지 않은 공사의 경우 입찰자가 직접 물량내역서를 작성하여 여기에 단가를 적어 산출내역서를 작성하게 할 수 있고, 물량내역서가 열람·교부된 공사라고 하더라도 추정가격 300억원 이상인 경우 발주기관이 수정을 허용한 부분에 대하여 입찰자가 물량내역서를 수정하여 작성하게 할 수 있다(지방계약법 시행령 제15조 제7항 제1호 나목 및 제2호).

3. 대안입찰공사계약

대안입찰공사계약이란 추정가격 300억원 이상인 신규복합공종공사[48]중 중앙건설기술심의위원회 또는 지방건설기술심의위원회[49]에서 대형공사 입찰방법을 심의하면서 대안입찰방법에 의하도록 결정함

---

47) 서울고등법원 2018. 9. 21. 선고 2017나2063390 판결.
48) 복합공종공사란 두 가지 이상의 공종이 복합적으로 이루어진 공사를 말한다. 예를 들어 토목교량, 터널공사가 함께 이루어진 공사 등이 여기에 해당된다.
49) 대안입찰, 일괄입찰, 기술제안입찰에 있어서 입찰방법의 결정, 낙찰자 또는 실시설계적격자의 결정방법, 설계서 또는 기술제안서의 심의 및 점수평가 등은 국가계약법령에 의하는 경우에는 중앙건설기술심의위원회에서, 지방계약법령에 의하는 경우에는 지방건설기술심의위원에서 각각 담당한다.

에 따라 대안입찰을 실시하여 체결된 공사계약을 말한다(국가계약법 시행령 제79조 제1항 및 제80조, 지방계약법 시행령 제95조 제1항 및 제96조). 대안입찰이란 원안입찰과 함께 입찰자의 의사에 따라 대안이 허용된 공사의 입찰을 말한다(국가계약법 시행령 제79조 제1항 제4호, 지방계약법 시행령 제95조 제1항 제4호). 여기서 대안은 정부가 작성한 실시설계서상의 공종 중에서 대체가 가능한 공종에 대하여 기본방침의 변동없이 정부가 작성한 설계에 대체될 수 있는 동등 이상의 기능 및 효과를 가진 신공법·신기술·공기단축 등이 반영된 설계로서 해당 실시설계서상의 가격이 정부가 작성한 실시설계서상의 가격보다 낮고 공사기간이 정부가 작성한 실시설계서상의 기간을 초과하지 않는 방법으로 시공할 수 있는 설계를 말한다(국가계약법 시행령 제79조 제1항 제3호, 지방계약법 시행령 제95조 제1항 제3호).

대안입찰에 참가하고자 하는 사람은 원안입찰과 함께 대안을 제출할 수 있고, 대안을 제출하지 않고 원안입찰만 할 수도 있다. 원안입찰만 하는 경우에는 내역입찰방법과 동일하게 발주기관이 교부한 물량내역서에 단가를 기재하여 산출내역서를 작성하고 입찰시 입찰서와 함께 산출내역서를 제출하게 된다. 원안입찰과 함께 대안을 제출하는 경우에는 입찰시 입찰서와 함께 대안설계서, 원안부분 및 대안부분에 대한 산출내역서 및 대안설계에 대한 구체적인 설명서 등을 제출하여야 한다. 동시에 2개 이상의 대안을 제출할 수 없다(국가계약법 시행령 제85조 제2항, 지방계약법 시행령 제98조 제2항).

계약담당공무원은 대안입찰서의 대안입찰가격이 입찰자 자신의 원안입찰가격보다 낮고 총공사 예정가격 이하로서 대안공종에 대한 입찰가격이 대안공종에 대한 예정가격 이하인 경우에는 낙찰적격입찰로 선정한다(국가계약법 시행령 제86조 제1항, 지방계약법 시행령 제99조 제1항). 선정된 낙찰적격입찰의 대안입찰서에 대하여 설계의 적격여부 및 설계점수를 통지받은 때에는 적격으로 통지된 대안입찰서 중

설계점수가 높은 순으로 최대 6개의 대안(적격으로 통지된 대안이 6개 미만인 경우에는 적격으로 통지된 모든 대안)을 선정한 후 대안설계점수가 원안설계점수보다 높은 것을 대안으로 채택한다(국가계약법 시행령 제86조 제2항, 지방계약법 시행령 제99조 제2항). 원안입찰자와 채택된 대안을 제출한 입찰자를 대상으로 중앙건설기술심의위원회[50] 또는 지방건설기술심의위원회에서 해당 공사에 가장 적합하다고 선택한 낙찰자 결정방법을 적용하여 낙찰자를 결정한다(국가계약법 시행령 제85조의2 제2항, 지방계약법 시행령 제98조의2 제2항).

4. 일괄입찰공사계약

일괄입찰공사계약이란 추정가격 300억원 이상인 신규복합공종공사 중 중앙건설기술심의위원회 또는 지방건설기술심의위원회에서 대형공사 입찰방법을 심의하면서 일괄입찰방법에 의하도록 결정함에 따라 일괄입찰을 실시하여 체결된 공사계약을 말한다(국가계약법 시행령 제79조 제1항 및 제80조, 지방계약법 시행령 제95조 제1항 및 제96조). 일괄입찰이란 정부가 제시하는 공사일괄입찰기본계획 및 지침에 따라 입찰시 그 공사의 설계서 기타 시공에 필요한 도면 및 서류를 작성하여 입찰서와 함께 제출하는 설계·시공일괄입찰을 말한다(국가계약법 시행령 제79조 제1항 제5호, 지방계약법 시행령 제95조 제1항 제5호). 흔히 일괄입찰공사를 턴키(Turn-Key) 공사라고 부른다. 그러나 양자는 엄밀히 말하면 다른 개념이다. 턴키공사는 수급인이 건설공사의 자금 조달, 토지 구매, 설계와 시공, 시운전 등 모든 서비스를 제공

---

50) 대안입찰이나 일괄입찰에 있어서 설계심의에 대하여는 기술자문위원회의 심의로 갈음할 수 있다(국가계약법 시행령 제85조 제5항).

한 후 시설물을 완전한 상태로 도급인에게 인계하는 공사를 말한다. 그런데 일괄입찰공사는 이보다 좁은 의미의 것으로서 설계와 시공을 일괄적으로 도급받아 수행하는 공사, 즉 디자인 빌드(Design-Build) 공사를 의미한다.

일괄입찰공사에서는 발주기관이 예정가격, 설계서 등을 작성하지 않으며 전적으로 입찰자가 자신의 책임 아래 작성하여 제출하게 된다. 일괄입찰공사에서는 예정가격이 작성되지 않으므로 낙찰률이 없고, 발주기관에서 설계서를 작성하여 열람·교부하지 않는다는 점에서 일반공사와 구별된다. 일괄입찰공사에서는 설계에 대한 책임이 계약상대자에게 있으므로 설계변경으로 계약내용이 변경되는 경우에도 발주기관에 책임 있는 사유 또는 천재지변 등 불가항력의 사유[51]로 인한 경우를 제외하고는 계약금액을 증액할 수 없다. 대안입찰공사 중 대안이 채택된 공종의 경우에도 설계에 대한 책임은 계약상대자에게 있으므로 동일하게 적용된다(국가계약법 시행령 제91조 제1항, 지방계약법 시행령 제103조 제1항).

일괄입찰에서는 기본설계입찰을 실시하여 실시설계적격자로 선정된 사람에 한하여 실시설계서를 제출하게 하여야 한다(국가계약법 시행령 제85조 제1항, 지방계약법 시행령 제98조 제1항). 기본설계입찰이란

51) 발주기관에 책임 있는 사유 또는 불가항력의 사유란 ① 사업계획 변경 등 발주기관의 필요에 의한 경우, ② 당해 공사와 관련된 인허가 기관 등의 요구를 발주기관이 수용하는 경우, ③ 공사 관련 법령(표준시방서, 전문시방서, 설계기준 및 지침 등 포함)의 제 · 개정으로 인한 경우, ④ 공사 관련 법령에 정한 바에 따라 시공하였음에도 불구하고 발생되는 민원에 의한 경 우, ⑤ 발주기관 또는 공사 관련기관이 교부한 지하매설 지장물 도면과 현장 상태가 상이하거나 계약이후 신규로 매설된 지장물에 의한 경우, ⑥ 토지 · 건물소유자의 반대, 지장물의 존치, 관련기관의 인허가 불허 등으로 지질조사가 불가능했던 부분의 경우, ⑦ 태풍 · 홍수 기타 악천후, 전쟁 또는 사변, 지진, 화재, 전염병, 폭동 기타 계약당사자의 통제범위를 벗어난 사태의 발생 등의 사유로 인하여 공사이행에 직접적인 영향을 미친 경우로서 계약당사자 누구의 책임에도 속하지 않는 사유에 의한 경우를 말한다(공사계약일반조건 제21조 제5항).

일괄입찰의 기본계획 및 지침에 따라 실시설계에 앞서 기본설계와 그에 따른 도서를 작성하여 입찰서와 함께 제출하는 입찰이다(국가계약법 시행령 제79조 제1항 제6호, 지방계약법 시행령 제95조 제1항 제6호). 실시설계서는 기본계획 및 지침과 기본설계에 따라 세부적으로 작성한 시공에 필요한 설계서(설계서에 부수되는 도서를 포함)를 말한다(국가계약법 시행령 제79조 제1항 제8호, 지방계약법 시행령 제95조 제1항 제8호). 일괄입찰자는 기본설계입찰서를 제출하는 경우 기본설계에 대한 설명서 등을 첨부하여 제출하여야 하고, 실시설계서를 제출하는 경우에는 실시설계에 대한 구체적인 설명서, 단가 및 수량을 명백히 한 산출내역서 등을 첨부하여 제출하여야 한다(국가계약법 시행령 제85조 제3항, 지방계약법 시행령 제98조 제3항). 기본설계입찰에서 입찰자 중 설계점수가 높은 순으로 최대 6인(적격으로 통지된 입찰자가 6인 미만인 경우에는 적격으로 통지된 모든 입찰자)을 선정한 후 중앙건설기술심의위원회 또는 지방건설기술심의위원회에서 해당 공사에 가장 적합하다고 선택한 실시설계적격자 결정방법을 적용하여 실시설계적격자를 결정하고, 중앙건설기술심의위원회 또는 지방건설기술심의위원회로부터 당해 실시설계의 적격통지를 받은 때에는 그 실시설계서를 제출한 사람을 낙찰자로 결정한다(국가계약법 시행령 제87조 제1항 및 제2항, 지방계약법 시행령 제100조 제1항 및 제2항).

| 일반공사, 일괄입찰공사, 대안입찰공사의 비교 |

구분	일반공사	일괄입찰공사	대안입찰공사
설계서	발주기관 작성	입찰자 작성	발주기관이 작성하지만(원안), 입찰자가 대안 설계 제출 가능

| 일반공사, 일괄입찰공사, 대안입찰공사의 비교 |

구분	일반공사	일괄입찰공사	대안입찰공사
예정가격	작성	작성하지 않음	원안, 대안공종에 대하여 예정가격 작성
계약금액 조정	설계변경이 있는 경우 계약금액 조정	설계변경이 있어도 계약금액 증액 불가(발주기관의 귀책 또는 불가항력 예외)	좌동

자료 : 조달청 시설공사계약기본 과정 교재

5. 기술제안입찰공사계약

상징성·기념성·예술성 등이 필요하다고 인정되거나 난이도가 높은 기술이 필요한 시설물 공사에 대하여는 중앙건설기술심의위원회 또는 지방건설기술심의위원회의 심의를 거쳐 기술제안입찰에 의한 계약을 체결할 수 있다(국가계약법 시행령 제97조 및 제99조 제1항, 지방계약법 제126조 제1항 및 제128조 제1항). 기술제안입찰에는 실시설계 기술제안입찰과 기본설계 기술제안입찰이 있다. 실시설계 기술제안입찰은 발주기관이 교부한 실시설계서 및 입찰안내서에 따라 입찰자가 기술제안서를 작성하여 입찰서와 함께 제출하는 입찰을 말하고(국가계약법 시행령 제98조 제2호, 지방계약법 시행령 제127조 제2호), 기본설계 기술제안입찰은 발주기관이 작성하여 교부한 기본설계서와 입찰안내서에 따라 입찰자가 기술제안서를 작성하여 입찰서와 함께 제출하는 입찰을 말한다(국가계약법 시행령 제98조 제3호, 지방계약법 시행령 제127조 제3호).

실시설계 기술제안입찰을 하는 경우 입찰자는 시공 효율성의 검토 등을 통한 공사비 절감방안, 생애주기비용 개선방안, 공기단축방안, 공사관리방안 등의 내용이 포함된 기술제안서를 제출하여야 하고, 계약담당공무원은 중앙건설기술심의위원회[52] 또는 지방건설기술심의위원회에 해당 기술제안서의 적격여부에 대한 심의 및 점수 평가를 의뢰한다(국가계약법 시행령 제103조 제1항 및 제3항, 지방계약법 시행령 제132조 제1항 및 제2항). 중앙건설기술심의위원회 또는 지방건설기술심의위원회로부터 기술제안서의 적격 여부 및 평가점수를 통지받은 때에는 예정가격 이하로 입찰한 입찰자 중 기술제안점수가 높은 순으로 최대 6명(적격으로 통지된 입찰자가 6명 미만인 경우에는 적격으로 통지된 모든 입찰자)을 선정한 후 중앙건설기술심의위원회 또는 지방건설기술심의위원회에서 해당 공사에 가장 적합하다고 심의하여 선택한 낙찰자 결정방법을 적용하여 낙찰자를 결정한다(국가계약법 시행령 제104조, 지방계약법 시행령 제133조).

기본설계 기술제안입찰을 하는 경우 입찰자는 시공 효율성의 검토 등을 통한 공사비 절감방안, 생애주기비용 개선방안, 공기단축방안, 공사관리방안 등의 내용이 포함된 기술제안서를 제출하여야 하고, 계약담당공무원은 중앙건설기술심의위원회 또는 지방건설기술심의위원회에 해당 기술제안서의 적격여부에 대한 심의 및 점수 평가를 의뢰한다(국가계약법 시행령 제105조 제1항 및 제4항, 지방계약법 시행령 제134조 제1항 및 제3항). 중앙건설기술심의위원회 또는 지방건설기술심의위원회로부터 기술제안서의 적격 여부 및 평가점수를 통지받은 때에는 예정가격 이하로 입찰한 입찰자 중 기술제안점수가 높은 순으로 최대 6명(적격으로 통지된 입찰자가 6명 미만인 경우에는 적격으로 통지된 모든 입찰자)을 선정한 후 중앙건설기술심의위원회 또는 지방건설

52) 기술제안입찰에 있어서 기술제안서 또는 실시설계서 심의 및 점수평가에 대하여는 기술자문위원회의 심의 및 점수평가로 갈음할 수 있다(국가계약법 시행령 제103조 제4항 및 제105조 제5항).

기술심의위원회에서 해당 공사에 가장 적합하다고 심의하여 선택한 실시설계적격자 결정방법을 적용하여 실시설계적격자를 결정한다(국가계약법 시행령 제106조 제1항, 지방계약법 시행령 제135조 제1항). 실시설계 적격자로 선정된 사람에 한정하여 실시설계서를 제출하여야 하고, 실시설계서와 함께 실시설계에 대한 구체적인 설명서, 단가 및 수량을 명백히 한 산출내역서 등 도서를 첨부하여 제출하여야 한다(국가계약법 시행령 제105조 제3항, 지방계약법 시행령 제134조 제2항). 계약담당공무원은 중앙건설기술심의위원회 또는 지방건설기술심의위원회에 해당 실시설계서의 적격여부에 대한 심의 및 점수 평가를 의뢰하고(국가계약법 시행령 제105조 제4항, 지방계약법 시행령 제134조 제3항), 중앙건설기술심의위원회 또는 지방건설기술심의위원회로부터 해당 실시설계의 적격통지를 받은 때에는 그 실시설계서를 제출한 사람을 낙찰자로 선정한다(국가계약법 시행령 제106조 제2항, 지방계약법 시행령 제135조 제2항).

3절 정부조달계약의 체결 및 이행

I. 계약상대자의 선정

1. 계약체결방법의 선택

정부조달계약에서 계약상대자를 선정함에 있어서는 자격과 능력

있는 계약상대자의 선정을 통한 계약이행의 품질확보라는 측면뿐만 아니라 공정하고 투명한 기준 및 절차를 통하여 자격과 능력이 있는 사람에게 입찰참여기회를 보장하여야 한다는 입찰참가의 기회균등이라는 측면이 함께 고려될 것이 요구된다. 그에 따라 국가계약법령 등에서는 계약상대자를 선정하기 위한 계약체결방법으로 원칙적으로 경쟁입찰에 의하도록 하고, 예외적으로 법정된 사유가 발생한 경우에 한하여 수의계약에 의하도록 하고 있다(국가계약법 제7조 제1항 및 동법 시행령 제26조, 지방계약법 제9조 제1항 및 동법 시행령 제25조). 또한 경쟁입찰에 의하는 경우에도 일반경쟁입찰이 원칙이고, 계약의 목적·성질·규모 등을 고려하여 필요한 경우에 법령이 정하는 바에 의하여 제한경쟁입찰 또는 지명경쟁입찰에 의하도록 하고 있다(국가계약법 제7조 및 동법 시행령 제21조 내지 제24조, 지방계약법 제9조 및 동법 시행령 제20조 내지 제22조). 2020년 조달청에서 체결한 정부조달계약실적 가운데 계약체결방법별로 차지하는 비중을 살펴보면 다음의 표와 같다.

| 계약체결방법의 비중 |

구 분		2020년
경쟁입찰	일반경쟁입찰(비율)	171,659억원 (35.1%)
	지명경쟁입찰(비율)	905억원 (0.2%)
	제한경쟁입찰(비율)	206,633억원 (42.3%)
	합계(비율)	379,197억원 (77.6%)
수의계약	금액(비율)	109,707억원 (22.4%)
전체 계약실적의 합계		488,904억원 (100%)

자료 : 조달사업통계(2020. 12. 31. 기준)

2. 수의계약에 의하는 경우

수의계약은 예외적인 계약체결방법으로서 국가계약법령 등에서는 수의계약사유를 제한적으로 열거하고 있다(국가계약법 제7조 단서 및 동법 시행령 제26조 내지 제28조, 지방계약법 제9조 및 동법 시행령 제25조 내지 제32조). 따라서 국가계약법령 등에 규정된 수의계약사유에 해당하는 경우에는 수의계약이 가능하고 그 이외의 사유로는 수의계약을 체결할 수 없다.

수의계약에 의하는 경우 원칙적으로 2인 이상으로부터 견적서를 받아 계약상대자를 선정하여야 한다. 다만, 천재지변·긴급한 행사·긴급복구가 필요한 수해 등 비상재해 등의 사유가 있거나 또는 국가안전보장 등 보안상 필요가 있어 경쟁에 부칠 여유가 없거나 경쟁에 부쳐서는 계약의 목적을 달성하기 곤란한 경우, 특정인의 기술이 필요하거나 해당 물품의 생산자가 1인뿐인 경우 등 경쟁이 성립될 수 없는 경우, 추정가격이 2천만원 이하인 경우, 국가종합전자조달시스템(이하 '전자조달시스템'이라고 한다)을 이용하여 견적서를 제출받았으나 견적서 제출자가 1인뿐인 경우로서 다시 견적서를 제출받더라도 견적서 제출자가 1인밖에 없을 것으로 명백히 예상되는 경우에는 1인으로부터 받은 견적서에 의할 수 있다(국가계약법 시행령 제30조 제1항, 지방계약법 시행령 제30조 제1항). 그러나 전기·가스·수도 등의 공급계약, 추정가격이 100만원(지방계약법령에서는 200만원) 미만인 물품의 제조·구매·임차 및 용역계약의 경우에는 아예 견적서의 제출을 생략할 수 있다(국가계약법 시행령 제30조 제7항 및 동법 시행규칙 제33조 제3항, 지방계약법 시행령 제30조 제4항 및 동법 시행규칙 제33조).

지방계약법령에서는 2인 이상으로부터 견적서를 제출받는 경우 지정정보처리장치를 이용하여 제출하도록 하고 있다(지방계약법 시행령 제30조 제2항 본문). 그런데 국가계약법령에서는 소액수의계약 중 추정가격 2천만원(여성기업·장애인기업·사회적기업 등과 계약을 체결하는 경우에는 5천만원)을 초과하는 경우 전자조달시스템을 이용하여 견적서를 제출하도록 하고 있다(국가계약법 시행령 제30조 제2항 본문). 다만, 전문적인 학술연구용역의 경우, 농·수산물 및 음식물(그 재료를 포함)의 구입 등 신선도와 품질을 우선적으로 고려하여야 하는 경우 등 계약의 목적이나 특성상 전자조달시스템에 의한 견적서제출이 곤란한 경우에는 그렇지 않다(국가계약법 시행령 제30조 제2항 단서 및 동법 시행규칙 제33조 제1항, 지방계약법 시행령 제30조 제2항 단서).

전자조달시스템(www.g2b.go.kr)이란 「전자조달의 이용 및 촉진에 관한 법률」에 따라 조달청장이 조달업무를 전자적으로 처리하기 위하여 구축·운용하는 정보시스템을 말한다(동법 제2조 제4호). 전자조달시스템은 '나라장터(G2B, Government to Business)'라는 명칭으로 불리고 있다. 수요기관에서 조달청장에게 조달물자의 구매·공급계약 또는 시설공사계약의 체결을 요청하고자 하는 경우에는 전자조달시스템을 이용하여야 한다(동법 제13조). 그러나 전자조달시스템은 수요기관에서만 이용하는 시스템은 아니며 수요기관 이외의 기관에서도 조달청장의 승인을 받아 전자입찰을 실시하거나 전자조달시스템을 활용하여 새로운 서비스를 개발·제공하는 등 전자조달시스템을 이용 또는 활용할 수 있다(제15조 제1항). 행정안전부장관이 지정한 정보처리장치로는 단체급식 식재료 입찰을 위한 「단체급식 식재료 전자조달시스템(www.eat.co.kr)」과 2천만원 이하 소액계약의 입찰을 위한 「교육기관 전자조달시스템(www. s2b.kr)」이 있다.[53]

계약담당공무원은 전자조달시스템을 이용하여 견적서를 제출하게

53) 지방계약법 시행령 제15조 제1항 등의 규정에 의한 지정정보처리장치 관리 · 운영지침(행정안전부 예규 제365호, 2011. 6. 29. 제정).

하는 경우 그 견적서의 제출에 관한 사항은 전자조달시스템을 이용하여 안내공고를 하여야 한다(국가계약법 시행령 제30조 제3항). 계약담당공무원은 계약이행의 용이성 및 효율성 등을 고려하여 필요하다고 인정되는 경우에는 견적서를 제출할 수 있는 사람을 법인등기부상 본점소재지를 기준으로 하여 제한할 수 있다. 이 경우 안내공고에 그 제한사항과 제한기준을 명시하여야 한다(국가계약법 시행령 제30조 제4항). 제출받은 견적서에 기재된 견적가격이 예정가격의 범위에 포함되지 않는 경우 등 계약상대자를 결정할 수 없는 때에는 다시 견적서를 제출받아 계약금액을 결정하여야 한다(국가계약법 시행령 제30조 제6항, 지방계약법 시행령 제30조 제3항).

수의계약에서는 견적서를 제출받아 예정가격 이하에서 수의시담(隨意示談), 즉 협상을 통하여 가격을 정하고 계약을 체결한다. 그러나 반드시 협상을 하여야 하는 것은 아니며 예정가격 이하로 견적서를 제출한 사람 중 최저가격을 제출한 사람을 계약상대자로 결정할 수 있다. 다만, 소액수의계약 중 추정가격 2천만원(여성기업·장애인기업·사회적기업 등과 계약을 체결하는 경우에는 5천만원)을 초과하는 경우에는 전자조달시스템을 이용하여 견적서를 제출한 사람 중 일정한 범위[54]내에서 최저가격으로 견적서를 제출한 사람을 계약

54) 기획재정부 계약예규「정부입찰 · 계약 집행기준」에서는 추정가격 2천만원을 초과하는 소액수의계약에 대하여 공사계약의 경우에는 적격심사기준에서 정한 추정가격 10억원 미만인 공사의 낙찰하한율 이상으로 견적서를 제출한 사람 중 최저가격으로 견적서를 제출한 사람을, 물품 · 용역계약의 경우에는 예정가격 88퍼센트(용역계약은 90퍼센트) 이상으로 견적서를 제출한 사람 중 최저가격으로 견적서를 제출한 사람을 각각 계약상대자로 결정하도록 하고 하고 있다(동 집행기준 제10조의2). 한편 행정안전부 예규「지방자치단체입찰및계약집행기준」제3절 수의계약 대상과 운영요령에서는 예정가격 대비 견적가격을 공사는 87.745퍼센트, 용역 · 물품은 88퍼센트(추정가격 2천만원 이하인 용역 · 물품은 90퍼센트) 이상으로 제출한 사람 중 최저가격을 제출한 사람를 계약상대자로 결정하도록 하고 있다(제3절 수의계약 대상과 운영요령 I –나–9).

상대자로 결정하여야 한다(동조 제2항 본문, 기획재정부 계약예규 「정부입찰·계약 집행기준」 제10조의2 제1항). 수의계약은 본질적으로 비경쟁절차에 의한 조달임에도 불구하고 절차의 투명성과 공정성 등을 강조하여 2인 이상으로부터 견적서를 제출받아 그 가운데 일정한 범위 내에서 최저가격으로 견적서를 제출한 사람을 계약상대자로 결정하도록 하고 있다.

3. 경쟁입찰에 의하는 경우

3-1. 입찰공고

입찰공고는 입찰서 제출마감일의 전일부터 기산하여 7일전에 하여야 한다(국가계약법 시행령 제35조 제1항, 지방계약법 시행령 제35조 제1항). 공사입찰의 경우에는 현장설명일의 전일부터 기산하여 7일 전에 하여야 하고, 입찰참가자격사전심사(PQ, Pre-Qualification) 공사입찰의 경우에는 현장설명일의 전일부터 기산하여 10일 전에 하여야 한다(국가계약법 시행령 제35조 제2항, 지방계약법 시행령 제35조 제2항). 공사입찰로서 현장설명을 실시하지 않는 경우에는 입찰서 제출마감일 전일부터 기산하여 추정가격 10억원 미만은 7일 전에, 추정가격 10억원 이상 50억원 미만은 15일 전에, 추정가격 50억원 이상은 40일 전에 각각 공고하여야 한다(국가계약법 시행령 제35조 제3항, 지방계약법 시행령 제35조 제3항). 재공고입찰이나 긴급한 행사 또는 긴급한 재해예방복구 등을 위하여 필요한 경우 등에는 입찰서 제출마감일의 전날부터 기산하여 5일 전까지 공고하여야 한다(긴급입찰공고, 국가계약법 시행령 제35조 제4항, 지방계약법 시행령 제35조 제4항). 협상에 의한 계약 또는 경쟁적 대화에 의한 계약의 경우에는 제안서 제출마감일의 전날부터 기산하여 40일 전에 공고하여야 한다(국가계약법 시행령 제

35조 제5항). 지방계약법령에서는 협상에 의한 계약 또는 경쟁적 대화에 의한 계약의 경우 추정가격 1억원 미만은 10일 전에, 추정가격 1억원 이상 10억원 미만은 20일 전에, 추정가격 10억원 이상은 40일 전에 각각 공고하도록 하고 있다(지방계약법 시행령 제35조 제5항).

입찰공고에는 입찰에 부치는 사항, 입찰 또는 개찰의 장소와 일시, 입찰참가자의 자격에 관한 사항, 입찰참가등록 및 입찰 관련 서류에 관한 사항, 입찰 및 계약의 조건, 낙찰자결정방법, 계약의 착수일 및 완료일, 그 밖에 입찰에 필요한 사항을 명시하여야 한다(국가계약법 시행령 제36조, 지방계약법 시행령 제36조). 입찰의 참가 여부를 결정하는 데 영향을 미치는 중요한 사항은 반드시 입찰공고에 명시되어야 한다. 판례도 입찰의 참가 여부를 결정하는 데 중요하게 고려하였을 것임이 경험칙상 명백한 사항은 신의성실의 원칙상 국가가 입찰공고 등을 통하여 미리 고지할 의무가 있다고 한다.[55] 입찰의 참가 여부를 결정하는 데 영향을 미치는 중요한 사항인지 여부는 해당 거래계에 속하는 이성적인 일반인을 기준으로 객관적으로 판단하여야 한다. 따라서 해당 입찰의 참가자들이 이미 여러 차례 동일한 내용의 입찰에 참가한 경험이 있어 잘 알고 있는 사항이라고 하더라도 입찰의 참가 여부를 결정하는 데 영향을 미치는 중요한 사항은 입찰공고에 명시하여 종전의 입찰에 참가한 경험이 없는 사람들을 포함한 입찰에 참가하고자 하는 사람들 모두에게 공개하여야 한다.

입찰공고는 전자조달시스템을 이용하여 하여야 한다(국가계약법 시행령 제33조 제1항, 지방계약법 제33조 제1항). 계약담당공무원은 전자조달시스템을 이용하여 입찰공고를 하여야 하고, 입찰 관련 서류를 전

55) 대법원 2016. 11. 10. 선고 2013다23617 판결.

자조달시스템에 게재하여 열람할 수 있게 하여야 하며, 전자조달시스템을 이용하여 입찰서를 제출할 수 있게 하여야 한다. 입찰공고에는 입찰에 부치는 사항, 입찰 또는 개찰의 장소와 일시, 공사입찰의 경우에는 현장설명의 장소·일시 및 참가자격에 관한 사항, 협상에 의한 계약체결의 경우로서 제안요청서에 대한 설명을 실시하는 경우에는 그 장소 및 일시에 관한 사항, 입찰참가자의 자격에 관한 사항, 입찰참가등록 및 입찰관련서류에 관한 사항, 입찰보증금과 국고귀속에 관한 사항, 낙찰자결정방법, 계약의 착수일 및 완료일 등의 사항을 명시하여야 한다(국가계약법 시행령 제36조, 지방계약법 시행령 제36조).

일괄입찰, 대안입찰 또는 기술제안입찰에서는 입찰공고 전에 발주기관은 공사의 규모, 설계·시공기준, 품질 및 공정관리 기타 입찰 또는 계약이행에 관한 기본계획 및 지침 등을 기재한 입찰안내서를 작성하여 입찰참가자에게 교부하거나 열람하게 하여야 한다(국가계약법 시행령 제79조 제1항 제7호, 지방계약법 시행령 제95조 제1항 제7호). 입찰안내서는 대개 현장설명을 할 때 열람 또는 교부되고 있으며, 입찰안내서를 교부받은 때에는 일정 금액을 납부하도록 하고 있다. 또한 일괄입찰 등에서는 입찰공고에서 법령에 정해진 실시설계적격자 결정방법 또는 낙찰자 결정방법 중 어느 하나를 선택하여 명시하여야 한다(국가계약법 시행령 제85조의2 제3항 및 제102조 제3항, 지방계약법 시행령 제98조의2 제3항).

입찰공고 중 내용의 오류나 법령위반사항이 발견되어 공고사항의 정정이 필요한 경우에는 남은 공고기간에 5일 이상을 더하여 공고하여야 한다(국가계약법 시행령 제33조 제2항, 지방계약법 시행령 제33조 제2항 단서). 입찰공고를 한 후 사업내용, 예정가격, 입찰참가자격, 입찰 및 계약의 조건 등을 변경하려는 경우에는 계약담당자는 원래의 입찰공고를 취소하고 새로 공고를 하여야 한다(지방계약법 시행령 제33조

제2항 본문). 입찰절차의 투명성과 공정성을 위하여 입찰에 관한 정보는 입찰에 참가하고자 하는 사람 모두에게 공개하여야 하므로 입찰에 부치는 사항, 입찰 및 계약의 조건, 기초금액 등 예정가격의 결정기준 등을 수정하고자 하는 경우에는 입찰참가자들이나 낙찰자만을 대상으로 수정사항을 고지하는 데 그쳐서는 안 되며 정정공고를 하든지 원래의 입찰공고를 취소한 후 새로 입찰공고를 하여야 한다.[56)]

3-2. 입찰참가자격사전심사(PQ, Pre-Qualification)

입찰참가자격사전심사(PQ)란 입찰에 참가하고자 하는 사람에 대하여 입찰 전에 이행실적, 기술능력, 경영상태 및 신인도 등을 종합적으로 평가하여 계약수행능력이 있다고 인정될 경우에 입찰참가자격을 부여하는 제도를 말한다(국가계약법 제7조 제2항 및 동법 시행령 제13조, 지방계약법 제9조 제2항 및 동법 시행령 제14조). 입찰참가자격사전심사제도는 일정한 계약수행능력을 갖춘 적격자에 한하여 입찰에 참가하도록 함으로써 당해 계약의 적정한 이행을 확보하고자 하는 데 그 목적이 있다.

입찰참가자격사전심사를 실시할지 여부는 계약담당공무원의 재량이다(국가계약법 시행령 제13조 제1항 본문, 지방계약법 시행령 제14조 제1항 본문). 다만, 지방계약법령에서는 추정가격 300억원 이상인 공사계약의 경우에는 반드시 입찰참가자격사전심사를 실시하도록 하고 있다(지방계약법 시행령 제14조 제1항 단서). 따라서 입찰참가자격사전심사

56) 재정경제부 질의회신에서도 입찰공고 등 입찰에 관한 서류에서 정한 조건을 변경하여야 할 필요가 있는 경우에는 정정공고 등의 방법에 의하여 입찰 전에 입찰에 참가하고자 하는 자에게 공지하여야 할 것이고, 따라서 입찰가격, 입찰참가 여부 등에 중대한 영향을 미칠 수 있는 입찰조건을 입찰실시 후 계약을 체결할 낙찰자만을 대상으로 변경하는 것은 타당하지 못하다고 한다(회제 41301-1935, 98. 7. 15.).

의 실시 여부는 재량행위이지만, 지방계약법령에 의하는 경우 추정가격 300억원 이상인 공사계약에 있어서는 기속행위에 해당된다.

입찰참가자격사전심사는 2단계(Pass or Fail) 심사방식에 의한다. 즉, 입찰참가자격사전심사는 경영상태부문과 기술적 공사이행능력부문으로 구분하여 심사하며, 경영상태부문의 적격요건을 충족한 사람을 대상으로 기술적 공사이행능력부문을 심사한다(기획재정부 계약예규 「입찰참가자격사전심사요령」 제6조 제2항). 경영상태부문은 신용정보업자가 평가한 회사채(또는 기업어음) 또는 기업신용평가등급에 의하여 심사한다(위 심사요령 제6조 제3항). 기술적 공사이행능력부문은 시공경험, 기술능력, 시공평가결과, 지역업체 참여도, 신인도를 종합적으로 심사하고, 적격요건은 평점 90점 이상으로 한다(위 심사요령 제6조 제4항).

3-3. 입찰보증금의 납부

입찰에 참가하고자 하는 사람은 입찰신청마감일까지 입찰금액의 5퍼센트 이상에 해당하는 입찰보증금을 현금[57] 또는 보증기관으로부터 발급받은 보증서 등으로 발주기관에 납부하여야 한다(국가계약법 제9조 제1항 및 동법 시행령 제37조 제1항과 제2항, 지방계약법 제12조 제1항 및 동법 시행령 제37조 제1항과 제2항). 그런데 입찰참가자가 국가, 지방자치단체, 공공기관이거나 또는 입찰참가신청마감일 현재 1년 이상 해당 물품·용역 및 공사 관련 법령에 의하여 등록·면허·허가 등을 받아 사업을 영위하고 있는 법인인 경우 등에는 입찰보증금의 납부가 면제된다(국가계약법 제9조 제1항 단서 및 동법 시행령 제37조 제3항,

57) 보증금은 현금이외에도 상장증권(주권이나 국채증권, 지방채증권, 사채증권 등), 정기예금증서, 수익증권으로 납부할 수 있다(국가계약법 시행령 제37조 제2항).

지방계약법 제12조 제1항 단서, 동법 시행령 제37조 제3항). 이와 같이 입찰보증금에 대하여는 납부 면제가 광범위하게 인정되고 있어, 오히려 입찰보증금을 납부하는 경우가 이례적이다. 입찰보증금의 납부를 면제받은 사람은 입찰보증금에 해당하는 금액의 지급을 확약하는 내용의 문서를 입찰참가신청서 또는 입찰서와 함께 제출하여야 한다(국가계약법 시행령 제37조 제4항, 지방계약법 시행령 제37조 제4항).[58]

입찰보증금을 납부한 경우 낙찰되지 않은 입찰자의 입찰보증금은 낙찰자가 선정된 후 즉시 반환되고, 낙찰자의 입찰보증금은 계약체결 후 즉시 반환된다(기획재정부 계약예규 「공사입찰유의서」 제7조 제3항, 「물품구매(제조)입찰유의서」 제6조 제3항, 「용역입찰유의서」 제6조 제3항 등). 낙찰자에게 입찰보증금을 반환하지 않고 낙찰자가 납부해야 하는 계약보증금으로 대체할 수도 있다. 이 경우 입찰보증금액과 계약보증금액에 차이가 있으면 그 차액을 추가로 납부하여야 한다(공사입찰유의서 제21조 제2항, 물품구매(제조)입찰유의서 제19조, 용역입찰유의서 제18조 등). 낙찰자로 선정된 사람이 정당한 이유없이 계약을 체결하지 않을 때에는 입찰보증금은 발주기관에 귀속된다(국가계약법 제9조 제3항, 지방계약법 제12조 제3항). 입찰보증금을 현금 등으로 예치하는 대신 보증기관으로부터 발급받은 보증서의 제출로 갈음한 경우에는 발주기관은 보증기관을 상대로 보증금의 지급을 청구할 수 있다. 입찰보증금 귀속사유는 낙찰자가 정당한 이유없이 계약을 체결하지 않는 경우이다. 따라서 발주자의 귀책사유로 계약을 체결하지 못한 경우에는 계약을 체결하지 않은 데 정당한 이유가 있으므로 입찰보증금 귀속사유에 해당되지 않는다. 또한 입찰보증금 귀속사유는 낙찰자가 계약을 체결하지 않는 경우이어야 한다. 따라서 입찰참가자격

58) 전현철, 건설보증의 종류와 법률관계, 법학논총, 제22집, 2009. 8., 6면 및 7면.

이 없는 사람이 입찰에 참가하여 낙찰받은 경우에는 그러한 입찰은 당초부터 무효이어서 낙찰자가 존재하지 않으므로 역시 입찰보증금 귀속사유에 해당되지 않는다.[59)]

3-4. 입찰서의 제출

입찰은 입찰서의 제출방법에 따라 직접입찰, 우편입찰, 전자입찰 등으로 구분된다. 직접입찰은 입찰장에서 입찰참가자가 직접 입찰서를 작성하여 제출하는 입찰을 말하고, 우편입찰은 발주기관이 지정하는 기간 내에 우편으로 입찰서를 제출하는 입찰이다. 우편입찰에 의하는 경우 입찰서 제출마감일 전일까지 발주기관에 도착된 입찰서에 한하여 효력이 있고, 우송 중의 분실이나 훼손 또는 지연에 대하여 발주기관은 책임을 지지 않는다(공사입찰유의서 제10조 제2항, 물품구매(제조)입찰유의서 제9조, 용역입찰유의서 제9조 제2항). 전자입찰은 전자조달시스템을 이용하여 입찰서를 제출하는 입찰을 말한다. 입찰서는 전자조달시스템을 이용하여 제출하는 것이 원칙이다. 즉, 전자입찰이 원칙이다. 일괄입찰이나 대안입찰, 기술제안입찰에서는 종전에 직접입찰에 의하였지만 지금은 전자입찰에 의하고 있다. 다만, 일괄입찰 등에서 설계도서 또는 기술제안서는 그 양이 방대하고 이를 전자문서화하여 입력하는데 어려움이 많아 직접 제출할 수 있도록 하고 있다.

전자입찰에서는 전자조달시스템을 이용하여 입찰서를 제출하여야 하고 다른 방식으로 제출한 입찰은 무효이다(국가계약법 시행규칙 제44조 제7조의2호, 지방계약법 시행규칙 제42조 제8호). 전자입찰서의 제출

59) 위의 논문, 7면.

은 전자조달시스템을 이용하여 입찰서를 송신함으로써 완료되며, 입찰자는 입찰 후 보낸 문서함에서 입찰서가 이상 없이 제출되었음을 확인하여야 한다. 다만, 동일한 사항에 대하여 같은 IP(Internet Protocol)주소에서는 1통의 입찰서만 제출할 수 있다(조달청고시 「국가종합전자조달시스템 전자입찰특별유의서」 제7조 제1항 제3호). 동일한 사항에 대하여 같은 IP주소에서 2통 이상의 입찰서를 제출한 경우 그 입찰은 무효이다(국가계약법 시행규칙 제44조 제1항 제4호, 지방계약법 시행규칙 제42조 제4호).

경쟁입찰은 2인 이상의 유효한 입찰로 성립한다(국가계약법 시행령 제11조). 입찰이 성립하지 않거나 낙찰자가 없는 경우 재입찰에 부칠 수 있다. 재입찰은 별도의 공고절차 없이 다시 입찰에 부치는 것을 말한다. 재입찰은 새로운 입찰로 보지 않으며 입찰자 또는 입찰횟수의 제한을 받지 않는다(국가계약법 시행령 제20조 제1항, 지방계약법 시행령 제19조 제1항). 재입찰사유가 있는 경우 또는 낙찰자가 계약을 체결하지 않는 경우에 재공고입찰에 부칠 수 있다(국가계약법 시행령 제20조 제2항, 지방계약법 시행령 제19조 제2항). 재공고입찰에서 입찰공고는 입찰서 제출마감일 전일부터 기산하여 5일 전까지 하여야 한다(국가계약법 시행령 제35조 제4항 제1호, 지방계약법 시행령 제35조 제4항 제1호). 최초 입찰에 참여하였던 사람은 참가신청서만 제출하고 첨부서류는 종전 서류로 대체할 수 있다. 재입찰 또는 재공고입찰은 새로운 입찰이 아니므로 기한을 제외하고는 최초의 입찰에 부칠 때에 정한 가격 및 기타 조건을 변경할 수 없다(국가계약법 시행령 제20조 제3항, 지방계약법 시행령 제19조 제3항). 재공고입찰에 부쳤으나 입찰이 성립하지 않거나 낙찰자가 없는 경우에는 수의계약에 의할 수 있다(국가계약법 시행령 제27조 제1항 제2호, 지방계약법 시행령 제26조 제1항).

경쟁입찰에서 입찰자의 입찰은 청약에 해당한다. 따라서 입찰자는 자신이 한 입찰을 변경하거나 취소할 수 없고(공사입찰유의서 제10조

제4항, 물품구매(제조)입찰유의서 제9조 제4항, 용역입찰유의서 제9조 제4항), 입찰자의 입찰에 대하여 계약담당공무원은 입찰공고에서 정한 낙찰자결정방법을 적용하여 낙찰자를 결정해야 할 의무가 있다. 그리고 낙찰자는 자신이 투찰한 가격을 계약금액으로 하여 계약을 체결한다. 즉, 원칙적으로 낙찰가격이 계약금액이 된다[60] 그러나 수의계약이나 협상에 의한 계약 등에서는 당사자 사이의 협상을 통하여 당초 제시한 가격이나 계약목적물의 세부내용을 조정할 수 있으므로 수의계약이나 협상에 의한 계약 등에서 견적서 또는 제안서의 제출은 청약의 유인에 불과하다. 청약은 그에 응하는 승낙만 있으면 곧 계약이 성립하는 구체적이고 확정적인 의사표시이어야 하는데,[61] 견적서 또는 제안서의 제출만으로는 이에 대한 상대방의 승낙이 있더라도 바로 계약이 성립되는 확정적인 것이라고 보기 어렵기 때문이다. 다만, 소액수의계약 중 추정가격 2천만원(여성기업·장애인기업·사회적기업 등과 계약을 체결하는 경우에는 5천만원)을 초과하는 경우에는 전자조달시스템을 이용하여 2인 이상으로부터 견적서를 제출받아 최저가격으로 견적서를 제출한 사람을 계약상대자로 결정하도록 하고 있는데(국가계약법 시행령 제30조 제2항, 정부입찰계약 집행기준 제10조의2 제1항), 이 경우의 견적서의 제출은 다른 수의계약의 경우와는 달리 청약에 해당하는 것으로 볼 수 있을 것이다.

---

60) 조달청 해석사례에서도 국가기관이 집행하는 입찰 및 계약에 있어 일반적인 경우(협상계약시 일부 예외 있음) 낙찰자의 낙찰금액 그대로 계약금액으로 하여 계약서를 작성하고 체결하는 것이 원칙이고 낙찰금액과 계약금액, 산출내역서상 금액이 모두 일치하여야 할 것이라고 한다(공개번호 1809050016, 회신일자 2018. 9. 5.). 조달청 해석사례는 조달청 홈페이지에서 확인할 수 있다.

61) 대법원 2017. 10. 26. 선고 2017다242867 판결; 2003. 4. 11. 선고 2001다53059 판결.

3-5. 낙찰자 결정

낙찰자 결정방법은 계약목적물에 따라 구분되어 운용되고 있다. 공사계약과 물품 또는 용역계약에서 낙찰자 결정방법을 살펴보면 다음과 같다.

(1) 공사계약

공사계약의 입찰에서는 적격심사제와 종합심사낙찰제에 의하여 낙찰자를 결정한다. 일괄입찰공사, 대안입찰공사, 기술제안입찰공사(이하 '일괄입찰 등 공사'라고 한다)의 경우에는 낙찰자 결정방법이 별도로 정해져 있다. 국가계약법에서는 예정가격 100억원 미만인 공사의 경우 재료비·노무비·경비, 부가가치세를 포함한 비용의 합계액의 98퍼센트 미만으로 입찰한 사람은 낙찰자로 결정하지 못하게 규정하고 있다(동법 제10조 제3항).

1) 적격심사제

적격심사제는 예정가격 이하로서 최저가격으로 입찰한 사람의 순으로 공사수행능력과 입찰가격 등을 종합심사하여 일정한 점수 이상을 획득하면 낙찰자로 결정하는 방법이다(국가계약법 시행령 제42조 제1항 및 제5항, 지방계약법 시행령 제42조 제1항 본문). 공사수행능력 평가를 위한 세부심사항목으로는 시공경험, 기술능력, 경영상태, 신인도, 하도급관리계획의 적정성 등이 있다(기획재정부 회계예규 「적격심사기준」 제5조 제1항). 낙찰자가 되기 위한 적격통과점수는 95점 이상이다(적격심사기준 제8조 제1항). 다만, 지방자치단체 발주 공사의 경우 적격통과점수는 추정가격 100억원 이상인 공사는 92점 이상, 추정가격 100억원 미만인 공사는 95점 이상이다(행정안전부 예규 「시설공사 적격심사 세부기준」 제6절).

2) 종합심사낙찰제

종합심사낙찰제는 예정가격 이하로 입찰한 입찰자 중에서 입찰가격, 공사수행능력, 사회적 책임 등에 대한 종합심사를 거쳐 최고점수를 획득한 사람을 낙찰자로 결정하는 방법이다. 종합심사낙찰제가 적용되는 공사는 문화재수리공사와 공사금액을 기준으로 국가 발주공사는 추정가격 100억원 이상인 공사, 지방자치단체 발주 공사는 추정가격 300억원 이상인 공사이다(국가계약법 시행령 제42조 제4항 및 제6항, 지방계약법 시행령 제42조의3 제1항 및 제2항). 공사금액을 기준으로 추정가격 100억원(지방자치단체 발주 공사는 300억원) 미만인 공사에 대하여는 적격심사제가 적용되고, 그 이상인 공사는 종합심사낙찰제가 적용된다.

적격심사제는 최저가격으로 입찰한 사람의 순으로 적격심사를 실시하여 낙찰자를 결정하는 방법으로서 가격 중심의 낙찰자 결정방법이라고 할 수 있다. 그 결과 적격심사제에 대하여는 적격통과점수를 획득할 수 있는 최저가격 맞추기에 급급하여 '복권당첨식 낙찰제', '운찰제(運札制)'라는 비판이 줄곧 제기되어 왔다. 이에 비하여 종합심사낙찰제는 가격과 공사수행능력을 균형 있게 평가하여 낙찰자를 결정하는 방법이라고 할 수 있다. 종합심사낙찰제는 종전에 시행되었던 최저가 낙찰제의 문제점, 즉 저가낙찰로 인한 계약변경의 빈발, 부실시공 등의 문제를 해소하기 위하여 도입된 낙찰 방법이다. 그러나 실제 운영과정에서 공사수행능력 평가에서 만점을 받는 입찰참가자의 비율이 과도하게 높게 나오고 그로 말미암은 저가 투찰이 만연하여 사실상 최저가 낙찰제로 회귀했다는 비판이 제기되고 있다. 종합심사낙찰제가 당초의 취지에 좇아 기능할 수 있도록 평가항목이나 평가방식의 개선이 이루어져야 할 것이다.

3) 대형공사에서의 낙찰자 결정

일괄입찰 등 공사에서는 입찰자 중 실시설계적격자 결정대상자, 낙찰자 결정대상자 또는 기술제안적격자로 선정된 사람을 대상으로 (설계적합) 최저가방식, 입찰가격 조정방식, 설계점수(또는 기술제안점수) 조정방식, 가중치 기준방식, 확정가격 최상설계방식 가운데 어느 하나를 적용하여 실시설계적격자 또는 낙찰자를 결정한다. 이 가운데 (설계적합) 최저가방식이 가장 많이 사용되고 있다. 중앙건설기술심의위원회 또는 지방건설기술심의위원회는 일괄입찰 등 공사에 의하는 경우 공사의 목적이나 특성 등을 고려하여 해당 공사에 가장 적합하다고 심의한 실시설계적격자 또는 낙찰자 결정방법을 선택하여야 하고, 이렇게 선택된 실시설계적격자 또는 낙찰자 결정방법은 입찰공고를 할 때 명시하여야 한다(국가계약법 시행령 제85조의2 제4항 및 제102조 제3항, 지방계약법 시행령 제98조의2 제3항 및 제131조 제3항). 국가계약법령 등에 규정된 실시설계적격자 또는 낙찰자 결정방법을 살펴보면 다음과 같다.

① **(설계적합) 최저가방식** : 설계점수가 일정한 기준을 초과한 사람으로서 최저가격으로 입찰한 사람을 실시설계적격자 또는 낙찰자로 결정하는 방법이다(국가계약법시행령 제85조의2 제1항 제1호, 제2항 제1호 및 제102조 제1항 제1호, 지방계약법 시행령 제98조의2 제1항 제1호, 제2항 제1호 및 제131조 제1항 제1호).

② **입찰가격 조정방식** : 입찰가격을 설계점수(또는 기술제안점수)로 나누어 조정된 수치가 가장 낮은 사람을 실시설계적격자 또는 낙찰자로 결정하는 방법이다(국가계약법시행령 제85조의2 제1항 제2호, 제2항 제2호 및 제102조 제1항 제2호, 지방계약법 시행령 제98조의2 제1항 제2호, 제2항 제2호 및 제131조 제1항 제2호).

③ 설계점수(또는 기술제안점수) 조정방식 : 설계점수(또는 기술제안점수)조정방식은 설계점수(또는 기술제안점수)를 입찰가격으로 나누어 조정된 점수가 가장 높은 사람을 실시설계적격자 또는 낙찰자로 결정하는 방법이다(국가계약법시행령 제85조의2 제1항 제2호, 제2항 제2호 및 제102조 제1항 제2호, 지방계약법 시행령 제98조의2 제1항 제2호, 제2항 제2호 및 제131조 제1항 제2호).

④ 가중치 기준방식 : 설계점수(또는 기술제안점수)에 가중치를 반영한 점수와 가격점수를 합산한 종합점수가 가장 높은 사람을 실시설계적격자 또는 낙찰자로 결정하는 방법이다(국가계약법시행령 제85조의2 제1항 제3호, 제2항 제3호 및 제102조 제1항 제3호, 지방계약법 시행령 제98조의2 제1항 제3호, 제2항 제3호 및 제131조 제1항 제3호).

⑤ 확정가격 최상설계방식 : 일괄입찰에서 계약금액을 확정하고 기본설계서만 제출하도록 하여 이 중에서 설계점수가 가장 높은 입찰자를 실시설계적격자로 선정하는 방식이다(국가계약법시행령 제85조의2 제1항 제4호, 지방계약법 시행령 제98조의2 제1항 제4호).

(2) 물품 또는 용역계약

물품 또는 용역계약의 입찰에서는 원칙적으로 적격심사제를 적용하여 낙찰자를 결정하고, 일정한 범위의 용역입찰에서는 종합심사낙찰제를 적용하여 낙찰자를 결정한다. 또한 2단계 경쟁입찰, 협상에 의한 계약, 경쟁적 대화에 의한 계약에 의하여 계약상대자를 선정하기도 한다.

1) 적격심사제

물품 또는 용역입찰에 있어서의 적격심사낙찰제는 공사입찰에서와 마찬가지로 예정가격 이하로서 최저가격으로 입찰한 사람의 순으로 계약수행능력과 입찰가격 등을 종합심사하여 일정한 점수 이상을 획득한 입찰자를 낙찰자로 결정한다(국가계약법 시행령 제42조 제1항 및 제5항, 지방계약법 시행령 제42조 제1항 본문). 계약수행능력 평가를 위한 세부심사항목에는 납품실적 또는 용역의 이행실적, 기술능력, 경영상태, 신인도 등이 있다(조달청 집행기준 「물품구매적격심사 세부기준」 제4조 제1항 및 「일반용역적격심사 세부기준」 제5조 제1항). 낙찰자가 되기 위한 적격통과점수는 92점 이상이다(적격심사기준 제8조 제1항 본문). 다만, 지방계약법령에 의하는 경우 물품의 제조·구매입찰에서 적격통과점수는 85점 이상이고(행정안전부 예규 「물품 적격심사 세부기준」 제7절), 기술용역입찰에서는 추정가격 10억원 미만은 95점 이상, 추정가격 10억원 이상은 92점 이상이다(행정안전부 예규 「기술용역 적격심사 세부기준」 제6절).

2) 종합심사낙찰제

「건설기술 진흥법」에 따른 건설기술용역 가운데 추정가격 20억원 이상인 건설사업관리용역, 추정가격 15억원 이상인 건설공사기본계획용역 또는 기본설계용역, 추정가격 25억원 이상인 실시설계용역에 대한 입찰에서는 종합심사낙찰제를 적용하여 낙찰자를 결정하여야 한다(국가계약법 시행령 제42조 제4항 제3호 내지 제5호). 그런데 지방계약법령에서는 추정가격 10억원 이상인 물품의 제조 또는 용역의 입찰에 대하여 종합심사낙찰제를 적용하여 낙찰자를 결정할 수 있게 하고 있다(지방계약법 시행령 제42조의3 제1항 본문). 지방계약법령에 의하는 경우 종합심사낙찰제를 적용할지 여부는 계약담당공무원의 재량행위에 속한다. 입찰자는 입찰서와 함께 종합기술제안서, 기술적 이행능력 평가서 등을 함께 제출하여야 한다(기획재정부 계약예규 「용역계약 종합심사낙찰제 심사기준」 제6조 제1항). 종합기술제안서는 입찰자가 용역 수행을 위한 제안내용 등에 대하여 입찰공고에 따라 작성하여 제출하는 서류를 말한다(위 심사기준 제2조 제1호). 기술역량 및 유사용역 수행 경험 등 기술적 이행능력을 평가하여 선정된 평가적격자에 한하여 기술제안서 평가를 실시한다(위 심사기준 제8조 제1항). 종합기술제안서 평가와 가격평가를 실시하고 각 점수를 합산하여 종합심사점수를 산정한다(위 심사기준 제9조 제1항). 입찰가격이 예정가격 이하인 입찰자로서 종합심사 점수가 최고점인 사람을 낙찰자로 결정한다(위 심사기준 제10조 제1항).

3) 2단계 경쟁입찰에 의한 계약

2단계 경쟁입찰에 의한 계약은 물품의 제조·구매 또는 용역계약(청소, 경비 등 단순한 노무에 의한 용역[62]은 제외)에 있어서 미리 적절한 규격 등의 작성이 곤란하거나 기타 계약의 특성상 필요하다고 인정되는 경우에 먼저 규격 또는 기술입찰을 실시한 후 가격입찰을 실시하여 낙찰자를 결정하는 방법이다(국가계약법 시행령 제18조 제1항, 지방계약법 시행령 제18조 제1항). 2단계 경쟁입찰에 의한 계약에서는 먼저 규격 또는 기술입찰을 실시하고 그 개찰결과 적격자로 평가받은 적격입찰자에 한하여 가격입찰에 참여하도록 하여 낙찰자를 결정하여야 한다(국가계약법 시행령 제18조 제2항, 지방계약법 시행령 제18조 제2항). 그러나 경우에 따라서는 규격 또는 기술입찰과 가격입찰을 동시에 실시할 수도 있다. 이 경우에도 먼저 규격 또는 기술입찰을 개찰하여 적격자로 평가받은 적격입찰자에 한하여 가격입찰을 개찰하여 낙찰자를 결정하여야 한다(국가계약법 시행령 제18조 제3항, 지방계약법 시행령 제18조 제3항). 가격입찰에서는 예정가격 이하로

---

62) 2단계 경쟁입찰에 의한 계약이 배제되는 단순한 노무에 의한 용역에는 청소용역, 검침용역, 경비시스템 등에 의하지 않는 단순경비 또는 관리용역, 행사보조 등 인력지원용역 등이 있다(국가계약법 시행규칙 제23조의3).

서 최저가격으로 입찰한 사람을 낙찰자로 결정한다(국가계약법 시행령 제42조 제3항, 지방계약법 시행령 제42조 제1항 제3호).

4) 협상에 의한 계약

협상에 의한 계약은 물품(단순 물품구매는 제외) 또는 용역(청소, 경비 등 단순한 노무를 제공하는 용역은 제외)계약에 있어서 계약이행의 전문성·기술성·긴급성, 공공시설물의 안전성 및 그 밖에 국가안보목적 등의 이유로 필요하다고 인정되는 경우에는 다수의 공급자들로부터 제안서를 제출받아 평가하여 협상적격자를 선정한 후 협상절차를 통해 정부에 가장 유리하다고 인정되는 사람과 계약을 체결하는 방법이다(국가계약법 시행령 제43조 제2항 전단, 지방계약법 시행령 제43조 제1항).

계약담당공무원은 협상에 의한 계약을 체결하려는 경우 해당 계약을 체결하려는 사람의 이행실적, 기술능력, 사업수행계획, 재무상태 및 입찰가격 등을 평가하여 그 점수가 높은 순으로 협상적격자를 선정한다(기획재정부 계약예규 「협상에 의한 계약체결기준」 제8조). 선순위 협상적격자와 협상을 하여 협상이 성립되지 않으면, 순차적으로 차순위 협상적격자와 협상을 실시한다(위 계약체결기준 제10조). 계약담당공무원은 사업내용, 이행방법, 이행일정 등에 대하여 협상을 실시하며 협상대상자와 협상을 통해 그 내용의 일부를 조정할 수 있다(위 계약체결기준 제11조). 가격의 협상에서 기준가격은 예정가격(예정가격을 작성하지 않은 경우에는 해당 사업의 예산) 이하로서 협상대상자가 제안한 가격으로 한다(위 계약체결기준 제12조 제1항). 예정가격은 제안서 제출 전까지 작성하여야 하며 입찰에 참가한 사람의 제안가격 등을 기준으로 작성해서는 안 된다(위 계약체결기준 제12조 제3항).

5) 경쟁적 대화에 의한 계약

경쟁적 대화에 의한 계약은 전문성·기술성이 요구되는 물품 또는 용역계약으로서 기술적 요구 사항이나 최종 계약목적물의 세부내용을 미리 정하기 어려운 경우, 물품·용역 등의 대안이 다양하여 최적의 대안을 선정하기 어려운 경우, 상용화되지 않은 물품을 구매하려는 경우, 그 밖에 계약목적물의 내용이 복잡하거나 난이도가 높은 경우 등의 사유가 있는 때에는 입찰대상자들과 계약목적물의 세부내용 등에 관한 경쟁적·기술적 대화를 통하여 계약목적물의 세부내용 및 계약이행방안 등을 조정·확정한 후 제안서를 제출받고 이를 평가하여 정부에 가장 유리하다고 인정되는 사람과 계약을 체결하는 방법이다(국가계약법 시행령 제43조의3 제1항, 지방계약법 제44조의2 제1항).

기존의 계약방법은 상용품 중심으로 구성되어 사전에 제품의 규격이 정해져야 계약절차를 진행할 수 있으므로 혁신적인 기술을 수용하는데 한계가 있었다. 경쟁적 대화에 의한 계약은 상용화되지 않은 혁신적인 제품이나 서비스 등 계약목적물의 세부 사항을 미리 정하기 어려운 경우에 참여자들과의 경쟁적·기술적 대화를 통하여 과업의 내용을 확정하는 계약방법이다. 혁신적인 기술이나 아이디어를 가진 참여자들과의 협의와 경쟁을 통하여 최적의 대안을 찾아내는 문제해결형 계약방법이라고 할 수 있다.

경쟁적 대화에 의한 계약에 참가하고자 하는 사람은 기본제안서를 작성하여 계약담당공무원에게 제출하고(기획재정부 계약예규 「경쟁적 대화에 의한 계약체결기준」 제6조), 계약담당공무원은 기본제안서를 평가하여 경쟁적 대화과정에 참여할 사람을 2인 이상 선정한다(위 계약체결기준 제7조). 계약담당공무원은 경쟁적 대화과정에 참여한 사람들과 각각 2회 이상 과업에 대한 기술적·재무적 요구내용에 대하여 대화하여야 하고(위 계약체결기준 제8조 제1항), 경쟁적 대화과정에 참여한 사람은 최종 제안서를 작성하여 계약담당공무원에게 제출하여야 한다(위 계약체결기준 제10조 제1항). 계약담당공무원은 최종 제안서 제출자 중에서 기술능력평가와 입찰가격 평가를 합산한 점수가 가장 높은 사람을 낙찰자로 선정한다(위 계약체결기준 제13조 제1항).

Ⅱ. 계약의 체결 및 이행

1. 계약서의 작성

계약담당공무원은 계약상대자를 결정한 때에는 지체없이 계약을 체결하여야 한다(국가계약법 시행규칙 제49조 제1항). 입찰의 경우 낙찰자는 계약담당공무원으로부터 낙찰통지를 받은 후 10일 이내에 계약을 체결하여야 한다(공사입찰유의서 제19조 제1항 본문, 용역입찰유의서 제16조 제1항, 물품구매(제조)입찰유의서 제17조 제1항). 다만, 불가항력의 사유로 인하여 계약을 체결할 수 없는 경우에는 불가항력의 사유가 존속하는 기간은 이를 산입하지 않는다(공사입찰유의서 제19조 제1항 단서, 용역입찰유의서 제16조 제2항, 물품구매(제조)입찰유의서 제17조 제2항). 낙찰자가 정당한 이유없이 계약을 체결하지 않는 경우에는 낙찰을 취소할 수 있고(공사계약일반조건 제19조 제2항, 용역입찰유의서 제16조 제4항, 물품구매(제조)입찰유의서 제17조 제4항), 입찰보증금은 국고에 귀속된다(국가계약법 제9조 제3항, 지방계약법 제12조 제3항). 또한 부정당업자로서 입찰참가자격이 제한된다(국가계약법 제27조 제1항 제9호 나목, 지방계약법 제31조 제1항 제9호 나목).

정부조달계약을 체결하고자 할 때에는 계약의 목적, 계약금액, 이행기간, 계약보증금, 위험부담, 지체상금 기타 필요한 사항을 명백히 기재한 계약서를 작성하여야 한다(국가계약법 제11조 제1항 본문, 지방계약법 제14조 제1항 본문). 다만, 계약금액이 3천만원(지방계약법이 적용되는 경우 5천만원) 이하인 경우, 경매에 부치는 경우, 물품을 매각할 때 매수인이 즉시 대금을 내고 그 물품을 인수하는 경우, 다른 국가기관 또는 지방자치단체와 계약을 체결하는 경우, 전기·가스·수도의 공급 계약 등 그 계약의 성질상 계약서를 작성할 필요가 없는 경우에는 계약서의 작성을 생략할 수 있다(국가계약법 제11조 제1항 단서 및 동법 시행령 제49조, 지방계약법 제14조 제1항 단서 및 동법 시행령 제50조). 계약서는 법정된 서식의 표준계약서를 사용한다. 국가계약법 시행규칙 등에서는 공사도급표준계약서, 물품(제조)구매표준계약서, 용역표준계약서의 서식을 정해 놓고 있다(국가계약법 시행규칙 제49조 제1항, 지방계약법 시행규칙 제47조 제1항). 그러나 계약담당공무원은 법정된 서식을 사용하기 곤란하다고 인정될 때에는 다른 양식의 계약서를 사용할 수 있다(국가계약법 시행규칙 제49조 제3항, 지방계약법 시행규칙 제47조 제3항).

정부조달계약은 계약담당공무원과 계약상대자가 계약서를 작성하고, 작성된 계약서에 기명·날인하거나 서명함으로써 계약이 확정된다(국가계약법 제11조 제2항, 지방계약법 제14조 제3항). 따라서 정부조달계약은 계약서의 작성 및 기명날인 또는 서명을 성립요건으로 하는 요식계약이다. 이는 정부가 일방당사자가 되어 체결하는 계약의 내용을 명확히 하여 분쟁의 소지를 줄이고 적법한 절차에 따른 계약체결을 담보하려는 취지이다. 설령 정부와 사인 사이에 계약이 체결되었다고 하더라도 이러한 요건을 갖추지 못한 경우에는 그러한 계약은 효력이 없다.[63] 판례는 낙찰자의 결정만으로 바로 계약이 성립하는 것이 아니어서 낙찰자는 정부에 대하여 계약의 체결을 청구할 수 있는 권리를 갖는데 그치므로 낙찰자 결정의 법적 성질은 입찰과

---

63) 대법원 2015. 1. 15. 선고 2013다215133 판결; 2009. 12. 24. 선고 2009다51288 판결; 2006. 6. 29. 선고 2005다41603 판결; 2005. 5. 27. 선고 2004다30811,30828 판결.

낙찰행위가 있은 후에 더 나아가 본 계약을 따로 체결한다는 취지로서 계약의 편무예약에 해당한다고 한다. 그러나 비록 낙찰자의 결정으로는 예약이 성립한데 불과하더라도 계약의 주요한 내용이나 조건은 정부의 입찰공고와 입찰자의 입찰에 의하여 당사자의 의사가 합치됨으로써 낙찰자를 결정할 때에 이미 확정되었으므로 정부가 계약의 세부사항을 조정하는 정도를 넘어서서 계약의 주요한 내용 내지 조건을 입찰공고와 달리 변경하거나 새로운 조건을 추가하는 것은 이미 성립된 예약에 대한 승낙의무에 반하는 것으로서 특별한 사정이 없는 한 허용될 수 없다고 한다.[64)]

전자입찰에 의하는 경우 입찰공고문, 입찰참가신청서·입찰서 및 계약서 서식, 입찰유의서, 계약일반조건 및 계약특수조건, 설계서, 물량내역서 등 입찰 관련 서류를 서면으로 작성하여 열람 또는 교부할 필요가 없으며, 전자조달시스템에 게재함으로써 열람 또는 교부에 갈음할 수 있다(국가계약법 시행령 제13조 제4항, 제14조 제3항, 제16조 제2항 및 제22조 제2항, 지방계약법 시행령 제14조 제3항, 제15조 제1항, 제16조 제1항 및 제21조 제1항). 또한 입찰자도 전자조달시스템을 이용하여 입찰서를 제출하여야 한다(국가계약법 시행령 제39조 제1항, 지방계약법 시행령 제39조 제2항). 따라서 낙찰자와 계약을 체결함에 있어서도 별도로 계약서라는 서면을 작성할 필요가 없으며, 전자조달시스템에 전자문서를 입력함으로써 그에 갈음한다. 기명날인이나 서명도 전자문서에 전자서명이 있는 때에는 이를 충족한 것으로 본다(전자서명법 제3조). 그러므로 전자입찰에 의하는 경우에는 전자조달시스템에 전자문서를 입력함으로써 입찰, 계약의 체결 등의 효력이 발생하고, 별도

64) 대법원 2006. 6. 29. 선고 2005다41603 판결.

로 입찰서나 계약서 등 서면을 출력하여야 하는 것은 아니다.[65)]

2. 설계변경 등으로 인한 계약금액의 조정

설계변경, 물가변동, 기타 계약내용의 변경으로 인하여 계약금액을 조정할 필요가 있을 때에는 계약금액조정이 이루어진다. 천재지변 등 불가항력적 사유로 인하여 계약금액을 조정할 필요가 있을 때에도 마찬가지이다(국가계약법 제19조, 지방계약법 제22조).

2-1. 설계변경으로 인한 계약금액조정

설계변경이란 일정한 사유로 설계서의 내용이 변경되는 경우를 말한다(공사계약일반조건 제19조 제1항). 설계서란 공사시방서, 설계도면, 현장설명서, 공사기간의 산정근거, 물량내역서를 말하고, 일괄입찰 등 공사 또는 수의계약으로 체결된 공사의 산출내역서 등은 설계서에 포함되지 않는다(공사계약일반조건 제2조 제4호). 설계변경의 사유에는 설계서의 내용이 불분명하거나 누락·오류 또는 설계서 간에 상호모순이 있는 경우, 현장의 상태와 설계서가 상이한 경우, 새로운 기술·공법사용으로 공사비의 절감 및 시공기간의 단축 등의 효과가 현저할 경우, 발주기관이 필요하다고 인정한 경우 등이 있다(공사계약일반조건 제19조의1 내지 제19조의6). 발주기관이 필요하다고 인정하는 경우란 주로 기본계획이 변경되었거나 민원이 제기된 경우 등이 여기에 해당될 것이다. 구체적으로 어떤 경우가 여기에 해당되는지 여

65) 전현철, 정부시설공사 계약제도의 효율성 제고방안 연구, 338면.

부에 관하여 계약담당공무원에게 재량 내지 판단여지가 인정된다.

설계변경으로 공사량의 증감이 발생하는 경우에는 계약금액을 조정하여야 한다(국가계약법 시행령 제65조 제1항 본문, 지방계약법 시행령 제74조 제1항). 증감된 공사량의 단가는 계약단가로 하고, 산출내역서에 없는 신규비목의 단가는 설계변경 당시를 기준으로 산정한 단가에 낙찰율을 곱한 금액으로 한다. 다만, 발주기관이 설계변경을 요구한 경우(계약상대자의 책임없는 사유로 인한 경우 포함)에는 설계변경 당시의 단가와 동 단가에 낙착률을 곱한 금액의 범위 안에서 당사자가 협의한 금액에 의하는 것이 원칙이나, 협의가 이루어지지 않는 경우에는 설계변경 당시의 단가와 동 단가에 낙착률을 곱한 금액을 합한 금액의 50퍼센트에 해당하는 금액으로 한다(국가계약법 시행령 제65조 제3항, 지방계약법 시행령 제74조 제4항). 계약상대자가 새로운 기술·공법 등을 사용함으로써 공사비의 절감, 시공기간의 단축 등에 효과가 현저할 것으로 인정되어 계약상대자의 요청에 의하여 필요한 설계변경을 한 때에는 계약금액의 조정에 있어서 당해 절감액의 30퍼센트에 해당하는 금액을 감액한다(국가계약법 시행령 제65조 제4항, 지방계약법 시행령 제74조 제5항). 계약상대자의 설계변경으로 인한 계약금액조정 청구는 준공대가의 수령 전까지 하여야 한다(공사계약 일반조건 제20조 제10항).

일괄입찰, 대안입찰(대안이 채택된 부분에 한함), 기본설계 기술제안입찰 및 실시설계 기술제안입찰(기술제안이 채택된 부분에 한함)을 실시하여 체결된 공사계약에서는 설계변경으로 계약내용을 변경하는 경우에도 정부에 책임있는 사유 또는 천재지변 등 불가항력의 사유로 인한 경우를 제외하고는 계약금액을 증액할 수 없다(국가계약법 시행령 제91조 제1항 및 제108조, 지방계약법 시행령 제103조 제1항 및 제137조). 또한 순수내역입찰 또는 물량변경수정입찰에서 물량내역서의 누락이나 오류 등으로 설계변경을 하는 경우에도 계약금액을 변경할 수 없다

(국가계약법 시행령 제65조 제1항 단서, 지방계약법 시행령 제74조 제2항).

용역계약에서 계약담당공무원은 계약의 목적상 필요하다고 인정될 경우에는 계약상대자에게 과업내용의 변경을 지시할 수 있다. 다만, 과업내용을 추가할 경우에는 계약상대자와 사전에 협의하여야 한다(용역계약일반조건 제16조 제1항). 계약상대자도 계약의 기본방침에 대한 변동 없이 과업내용서상의 용역항목을 변경하는 것이 발주기관에 유리하다고 판단될 경우에는 과업내용의 변경을 제안할 수 있다(용역계약일반조건 제16조 제3항). 과업내용의 변경으로 인한 계약금액조정은 설계변경으로 인한 계약금액조정에 관한 규정을 준용한다. 물품의 구매·제조계약에서 계약담당공무원은 필요에 따라 계약된 물품의 수량을 10퍼센트 범위 내에서 변경할 수 있다. 다만, 계약담당공무원이 해당 물품의 수급상황 등을 고려하여 부득이하다고 판단하는 경우 계약상대자의 동의를 얻어 10퍼센트의 범위를 초과하여 계약수량을 변경시킬 수 있다(물품구매(제조)계약일반조건 제9조).

2-2. 물가변동으로 인한 계약금액조정

물가변동으로 인한 계약금액조정이란 입찰 이후 계약금액을 구성하는 각종 품목 또는 비목의 가격이 상승 또는 하락한 경우에 그에 따라 계약금액을 조정하는 것을 말한다. 경제적 사정이나 여건의 변화로 인하여 가격이 상승 또는 하락한 경우에 계약금액을 조정함으로써 계약당사자의 원활한 계약이행을 도모하고자 하는 것이다. 조정방법에는 품목조정률에 의한 방법과 지수조정률에 의한 방법이 있다. 전자는 계약금액을 구성하는 모든 품목 또는 비목을 대상으로 등락을 개별적으로 계산하여 품목조정률을 산정한 후 이를 물가변동적용대가에 곱하여 조정금액을 산출하는 방식으로 계약금액을 조정하는 방법이고, 후자는 계약금액을 구성하는 비목을 비목군

(群)으로 분류하고 각 비목군의 순 공사금액(내역서상의 재료비, 노무비, 경비의 합계액을 말함)에 대한 가중치를 산정하여 지수조정률을 산정 후 이를 물가변동적용대가에 곱하여 조정금액을 산정하는 방식으로 계약금액을 조정하는 방법이다. 물가변동적용대가란 계약금액 중 조정기준일 이후에 이행되어야 할 부분의 금액을 말한다. 두 가지 방법을 동시에 적용할 수는 없으며 계약을 체결할 때에 계약상대자가 지수조정률에 의한 방법을 원하는 경우 이외에는 품목조정률에 의한 방법으로 조정하도록 계약서에 명시하여야 한다(공사계약일반조건 제22조 제2항, 물품구매(제조)계약일반조건 제11조 제2항, 용역계약일반조건 제15조 제2항).

물가변동으로 인한 계약금액조정은 계약체결일로부터 90일 이상 경과하고, 입찰일(수의계약의 경우에는 계약체결일을, 2차 이후의 계약금액조정에 있어서는 직전 조정기준일을 말함)을 기준으로 품목조정률 또는 지수조정률이 3퍼센트 이상 증감된 때에 이루어진다. 이 경우 조정기준일로부터 90일 이내에는 다시 조정하지 못한다(국가계약법 시행령 제64조 제1항, 지방계약법 시행령 제73조 제1항). 조정기준일이란 물가변동으로 인한 계약금액조정의 요건이 충족된 날을 말하고, 계약상대자가 조정을 신청한 날이라든가 발주기관의 조정승인일 등을 조정기준일로 임의로 설정할 수 없다. 물가변동으로 인하여 계약금액을 증액하는 경우에는 계약상대자의 청구에 의하여야 하고, 계약상대자는 준공대가 수령 전까지 청구를 하여야 조정금액을 지급받을 수 있다(공사계약일반조건 제22조 제3항, 물품구매(제조)계약일반조건 제11조 제3항, 용역계약일반조건 제15조 제3항).

판례는 국가계약법령상 물가변동으로 인한 계약금액조정 조항(국가계약법 제19조 및 동법 시행령 제64조, 동법 시행규칙 제74조)은 강행규정이 아니며 계약자유의 원칙이 적용되므로 계약담당공무원은 계약상대자와 물가변동에 따른 계약금액조정 조항의 적용을 배제하는 합의를 할 수 있다고 한다.[66] 그러나 물가변동으로 인한 계약금액조정 조항은 계약을 체결하고 일정한 기간이 경과한 후에 물가변동으로 인하여 계약금액을 구성하는 각종 품목 또는 비목의 가격이 일정한 수준 이상으로 상승하거나 하락하는 경우 계약의 목적을 원활하게 달성하도록 하고 예산의 낭비를 방지하고자 하는 공익적 목적을 위하여 마련된 것이다. 계약의 체결 후 계약금액을 구성하는 각종 품목 등의 가격이 물가변동으로 일정한 수준 이상 상승하는 경우 계약상대자가 경제적 어려움으로 계약의 이행을 포기하여 계약의 목적을 달성할 수 없거나 부실하게 이행될 우려가 있고 반대로 하락하는 경우에는 국민의 세금을 재원으로 하는 정부조달계약의 대가가 불필요하게 과다 지급됨으로써 예산이 낭비될 우려가 있기 때문이다. 이처럼 물가변동으로 인한 계약금액조정 조항은 계약을 통해서 달성하고자 하는 목적이 좌절되지 않고 적정 예산이 집행되도록 하려는 공익적 목적에서 마련된 것이므로 강행규정으로 보아야 한다. 그리하여 물가변동으로 인한 계약금액조정의 요건이 충족되는 경우 정부와 계약상대자는 그에 따른 계약금액을 조정하여야 하고, 이를 배제하는 당사자 사이의 합의는 효력이 없다고 할 것이다. 설계변경 또는 공사기간·운반거리 등 기타 계약내용의 변경으로 인한 계약금액조정 조항 역시 마찬가지로 보아야 한다. 정부조달법령에 규정된 물가변동, 설계변경 및 기타 계약내용의 변경으로 인한 계약금액조정 조항은 공익의 실현이라는 정부조달계약의 목적을 원활하게 달성하기 위하여 마련된 것이므로 강행규정으로 이해함이 타당하다.

66) 대법원 2018. 10. 25. 선고 2015다221958 판결; 2017. 12. 21. 선고 2012다74076 전원합의체 판결.

2-3. 기타 계약내용의 변경으로 인한 계약금액조정

설계변경이나 물가변동 이외에 공사기간이나 운반거리의 변경 등 계약내용의 변경으로 인하여 계약금액을 조정할 필요가 있는 때에는 그 변경된 내용에 따라 실비를 초과하지 않는 범위 안에서 계약금액조정이 이루어진다(국가계약법 시행령 제66조 제1항, 지방계약법 시행령 제75조 제1항). 단순한 노무에 의한 용역계약에 있어서 「최저임금법」에 따른 최저임금액이 변동되어 당초 계약금액으로는 최저임금의 지급이 곤란하다고 인정되는 경우 또는 용역계약에 있어서 「최저임금법」에 따른 최저임금을 시간당 노무비 단가로 정하였는데 최저임금이 변경된 경우에도 계약금액을 조정한다(국가계약법 시행령 제66조 제2항 및 지방계약법 시행령 제75조 제2항, 용역계약일반조건 제17조 제1항 제1호). 계약상대자의 계약금액조정 청구는 준공대가 또는 완성대가의 수령 전까지 하여야 한다(공사계약일반조건 제23조 제5항, 물품구매(제조)계약일반조건 제11조의2 제5항, 용역계약일반조건 제17조 제3항).

3. 계약의 해제 또는 해지

정부조달계약의 해제 또는 해지에 관하여 국가계약법이나 지방계약법에서는 아무런 규정을 두고 있지 않으며, 기획재정부 계약예규 또는 행정자치부의 예규인 공사계약일반조건, 물품구매(제조)계약일반조건, 용역계약일반조건 등에서 규정하고 있다.

3-1. 계약상대자의 귀책사유로 인한 계약의 해제 또는 해지

계약상대자가 정당한 이유없이 약정한 이행시기가 도래하였음에도 이행에 착수하지 않을 경우, 계약상대자의 책임있는 사유로 인하여 이행기한까지 이행을 완료하지 못하거나 완료할 가능성이 없다고 인정될 경우, 기타 계약조건을 위반하고 그 위반으로 인하여 계약의 목적을 달성할 수 없다고 인정될 경우에는 계약담당공무원은 해당 계약의 전부 또는 일부를 해제 또는 해지할 수 있다(공사계약일반조건 제44조 제1항, 물품구매(제조)계약일반조건 제26조 제1항, 용역계약일반조건 제29조 제1항). 나아가 계약상대자가 입찰에 관한 서류 등을 허위 또는 부정한 방법으로 제출하여 계약이 체결된 경우, 계약의 수행 중 뇌물수수 또는 정상적인 계약관리를 방해하는 불법·부정행위가 있는 경우, 용역계약에서는 해당 계약이행과 관련하여 계약상대자가 「최저임금법」 또는 「근로기준법」을 위반하여 처벌을 받은 경우에도 계약조건의 위반 여부 및 계약이행의 가능성 여부를 불문하고 계약담당공무원은 계약을 해제 또는 해지할 수 있다(공사계약일반조건 제44조 제1항 제5호 및 제7호, 물품구매(제조)계약일반조건 제26조 제1항 제5호 및 제6호, 용역계약일반조건 제29조 제1항 제5호 내지 제7호).

계약담당공무원은 계약을 해제 또는 해지한 때에는 그 사실을 계약상대자에게 통지하여야 한다(공사계약일반조건 제44조 제2항, 물품구매(제조)계약일반조건 제26조 제2항, 용역계약일반조건 제29조 제2항). 공사계약의 경우 계약의 해제 또는 해지 통지를 받은 계약상대자는 해당 공사를 즉시 중지하고 모든 공사자재 및 기구 등을 공사장으로부터 철거하여야 하며, 대여품이나 남은 관급재료가 있는 경우에는 지체없이 발주기관에 반환하여야 한다. 만일 해당 대여품이나 관급재료가 계약상대자의 고의 또는 과실로 인하여 멸실 또는 파손되었을 때에는 원상회복 또는 그 손해를 배상하여야 한다(공사계약일반조건 제44조 제3항). 이에 대하여 계약담당공무원은 기성부분을 검사하여 인수한 경우 그 기성부분에 대한 미지급 대가를 계약상대자에게 지급해 주어야 한다(공사계약일반조건 제44조 제5항, 물품구매(제조)계약일반조건 제26조 제2항, 용역계약일반조건 제29조 제3항).

계약상대자의 계약상 의무이행을 담보하는 계약보증금은 국고에 귀속하고(공사계약일반조건 제8조 제1항, 물품구매(제조)계약일반조건 제8조 제1항, 용역계약일반조건 제9조 제1항), 계약상대자가 지급받은 선금 중에 미정산 잔액이 있는 경우에는 그 잔액에 대한 약정이자상당액[사유발생 시점의 금융기관 대출평균금리(한국은행 통계월보상의 대출평균금리를 말함)에 의하여 산출한 금액]을 가산하여 발주기관에 상환하여야 한다(공사계약일반조건 제44조 제5항, 물품구매(제조)계약일반조건 제26조 제4항, 용역계약일반조건 제29조 제4항). 선금잔액과 기성부분에 대한 미지급액은 상계할 수 있지만(공사계약일반조건 제44조 제6항, 용역계약일반조건 제29조 제4항), 계약보증금은 기성부분에 대한 미지급액과 상계할 수 없다(공사계약일반조건 제8조 제4항, 물품구매(제조)계약일반조건 제8조 제4항, 용역계약일반조건 제9조 제4항).

3-2. 발주기관의 사정변경으로 인한 계약의 해제 또는 해지

발주기관은 객관적으로 명백한 불가피한 사정이 발생한 때에는 계약을 해제 또는 해지할 수 있다(공사계약일반조건 제45조 제1항, 물품구매(제조)계약일반조건 제27조 제1항, 용역계약일반조건 제30조 제1항). 객관적으로 명백한 불가피한 사정이 없음에도 자의적으로 계약을 해지하는 것은 허용되지 않으며, 객관적으로 명백한 불가피한 사정이 있는지 여부는 구체적인 경우 계약담당공무원이 관련 법령, 계약목적물의 특성, 계약의 이행상황 등을 고려하여 판단하게 된다.[67]

계약담당공무원은 계약을 해제 또는 해지한 때에는 그 사실을 계약상대자에게 통지하여야 하고, 통지를 받은 계약상대자는 공사계약

---

67) 회신일자 2002. 4. 30. 및 2003. 10. 10. 자 재정경제부 질의회신.

의 경우 해당 공사를 즉시 중지하여야 하며, 공사자재 및 기구 등을 철거하고 대여품이나 남아 있는 관급재료를 반환하여야 한다(공사계약일반조건 제45조 제2항). 계약담당공무원은 계약상대자에게 이미 이행한 부분의 대가 중 지급하지 않은 금액, 계약목적물의 완성을 위하여 계약의 해제 또는 해지일 이전에 투입된 계약상대자의 인력·자재 및 장비의 철수비용을 지급하여야 하고, 계약보증금을 계약상대자에게 반환하여야 한다(공사계약일반조건 제45조 제3항, 물품구매(제조)계약일반조건 제27조 제2항, 용역계약일반조건 제30조 제2항). 계약상대자는 선금에 대한 미정산 잔액이 있는 경우에는 이를 발주기관에 상환하여야 한다. 이 경우 미정산 잔액에 대한 이자는 가산하지 않는다(공사계약일반조건 제45조 제4항, 물품구매(제조)계약일반조건 제27조 제32항, 용역계약일반조건 제30조 제4항).

3-3. 계약상대자에 의한 계약의 해제 또는 해지

계약상대자는 발주기관의 필요에 의한 설계변경으로 계약금액이 40퍼센트 이상 감소되었을 경우, 공사감독관에 의한 공사정지기간이 공기의 50퍼센트를 초과한 경우에는 해당 계약을 해제 또는 해지할 수 있다(공사계약일반조건 제46조 제1항, 용역계약일반조건 제31조 제1항). 이 경우는 계약상대자의 귀책사유 없이 계약이 해제 또는 해지된 경우이므로 발주기관의 사정변경으로 인하여 계약이 해제 또는 해지된 경우와 동일하게 규율된다(공사계약일반조건 제46조 제2항, 용역계약일반조건 제31조 제2항).

3-4. 계약이행의 일시정지

계약담당공무원 또는 공사감독관(공사계약의 경우)은 계약의 이행이 계약내용과 일치하지 않는 경우, 안전을 위하여 계약이행의 정지가 필요한 경우, 기타 발주기관의 필요에 의하여 계약담당공무원이 지시한 경우에는 계약 또는 공사의 전부나 일부의 이행을 정지시킬 수 있다. 이 경우 계약상대자는 정지기간 중 선량한 관리자의 주의의무를 게을리 하여서는 안 된다(공사계약일반조건 제47조 제1항, 용역계약일반조건 제32조 제1항).

계약담당공무원이 계약의 이행을 정지시킨 경우에는 지체없이 계약상대자에게 정지사유 및 정지기간을 통지하여야 하고(용역계약일반조건 제32조 제2항), 공사감독관이 공사를 정지시킨 경우에는 지체없이 계약상대자 및 계약담당공무원에게 정지사유 및 정지기간을 통지하여야 한다(공사계약일반조건 제47조 제2항). 계약의 이행이 정지된 경우 계약상대자는 계약기간의 연장 또는 추가금액을 청구할 수 없다. 다만, 계약상대자의 책임있는 사유로 인한 정지가 아닌 때에는 그렇지 않다(공사계약일반조건 제47조 제5항, 용역계약일반조건 제32조 제3항). 발주기관의 책임있는 사유에 의한 계약이행의 정지기간이 60일을 초과한 경우에 발주기관은 그 초과된 기간에 대하여 잔여계약금액에 초과일수 매 1일마다 지연발생 시점의 한국은행 통계월보상의 금융기관 대출평균금리를 곱하여 산출한 금액을 준공대가 지급시 계약상대자에게 지급하여야 한다(공사계약일반조건 제47조 제6항, 용역계약일반조건 제32조 제4항).

부정당업자란 국가 또는 지방자치단체와 계약을 체결하거나 이행하는 과정에서 경쟁의 공정한 집행이나 계약의 적정한 이행을 해칠 염려가 있거나 기타 입찰에 참가시키는 것이 부적합하다고 인정되는 사람을 말한다. 이러한 부정당업자에 대하여는 일정기간 동안 입찰 참가자격이 제한되거나 일정금액 이하의 과징금이 부과되는 제재가 가해진다(국가계약법 제27조 및 제27조의2, 지방계약법 제31조 및 제31조의 2). 이를 부정당업자제재라고 한다. 이러한 부정당업자제재는 부정당업자에 대한 제재를 통하여 공정한 경쟁의 집행과 계약의 적정한 이행을 확보하려는 데 그 목적을 두고 있다.

I. 제재사유 및 제재수단

1. 제재사유

국가계약법령과 지방계약법령에서는 경쟁의 공정한 집행 또는 계약의 적정한 이행을 해칠 염려가 있거나 기타 입찰에 참가시키는 것이 부적합한 사유를 부정당업자제재사유로 규정하고 있다(국가계약법 제27조 제1항, 제27조의5 및 동법 시행령 제76조, 지방계약법 제31조 제1항 및 동법 시행령 제92조). 부정당업자제재는 입찰자 또는 계약상대자의 권리나 이익을 제한하거나 금전납부의무를 부과하는 침해적 행정처분이므로 법치행정의 원리상 엄격한 법적 근거가 요구된다. 따라서 위 각 법령에 규정된 제재사유는 예시적인 것이 아니라 제한적인 열거

사항으로 보아야 한다. 또한 법정된 제재사유의 해석에 있어서도 엄격성이 요구되어 유추해석이 허용되지 않는다.[68)]

국가계약법령과 지방계약법령에 규정된 제재사유를 그 성격에 따라 분류하면, 크게 의무불이행과 거래질서 침해행위로 나눌 수 있다. 의무불이행은 입찰 또는 계약상의 의무를 불이행한 경우를 말하고, 거래질서 침해행위는 입찰 또는 계약상 의무를 불이행한 것은 아니지만 거래질서의 공정성과 투명성을 침해하였거나 침해할 우려가 있는 경우를 말한다. 의무불이행은 다시 단순 의무불이행과 악의적 의무불이행으로 구분할 수 있다. 단순 의무불이행의 경우로는 '정당한 이유없이 계약을 체결 또는 이행 관련 행위를 하지 않은 경우' 등이 있고, 악의적 의무불이행의 경우로는 '입찰·계약 관련 서류를 위조 또는 변조하거나 입찰·계약을 방해하는 경우', '사기 그 밖의 부정한 행위로 입찰·낙찰 또는 계약의 체결·이행 과정에서 국가에 손해를 끼친 경우' 등이 있다. 한편 거래질서 침해행위에는 거래질서의 공정성을 침해한 경우와 거래질서의 투명성을 침해한 경우가 있다. 거래질서의 공정성을 침해한 경우로는 '「건설산업기본법」 등 다른 법률에 위반하여 하도급한 경우', '「독점규제 및 공정거래에 관한 법률」이나 「하도급거래 공정화에 관한 법률」 또는 「대·중소기업 상생협력 촉진에 관한 법률」 등을 위반하여 입찰참가자격 제한의 요청이 있는 경우' 등이 있고, 거래질서의 투명성을 침해한 경우로는 '입찰담합', '뇌물 공여', '조세포탈' 등이 있다.[69)]

---

68) 대법원 2000. 10. 13. 선고 99두3201 판결 등 참조.
69) 전현철, 부정당업자제재제도의 적정한 운영을 위한 연구, 공법학연구, 제18권 제8호, 2017. 8., 344면 및 345면.

2. 제재수단

부정당업자에 대한 제재수단으로는 일정기간 입찰참가자격을 제한하는 것과 과징금을 부과하는 것이 있다. 부정당업자에 대하여는 원칙적으로 입찰참가자격이 제한되는 제재가 가해진다. 입찰참가자격의 제한기간은 제재사유별로 최소 1월부터 최대 2년까지 법정되어 있다(국가계약법 제27조 제1항 및 동법 시행규칙 제76조, 지방계약법 제31조 제1항 및 동법 시행규칙 제76조 제5항).

과징금이 부과되는 제재는 부정당업자의 책임이 경미한 경우 또는 입찰참가자격의 제한으로 유효한 경쟁입찰이 명백히 성립되지 않는 경우에 한하여 입찰참가자격의 제한에 갈음하여 가해지는 제재수단이다(국가계약법 제27조의2 제1항, 지방계약법 제31조의2 제1항). 부정당업자의 책임이 경미한 경우란 천재지변이나 국내외의 급격한 경제 여건의 변화 또는 발주자에 의한 주된 계약 내용의 변경이나 발주자로부터 받은 자료의 오류 등으로 인하여 위반행위를 한 경우, 공동계약자나 하수급인 등 관련 업체에도 공동의 책임이 있는 경우, 금액의 오기 등 명백한 단순착오로 가격을 잘못 제시했거나 입찰금액의 과소 산정으로 계약의 체결·이행이 곤란한 경우, 입찰의 공정성과 계약이행의 적정성이 현저히 훼손되지 않는 경우로서 부정당업자의 책임이 경미하여 다시 위반행위를 할 위험성이 낮은 경우 등을 말한다(국가계약법 시행령 제76조의2 제1항, 지방계약법 시행령 제92조의2 제1항). 입찰참가자격의 제한으로 유효한 경쟁입찰이 명백히 성립되지 않는 경우란 입찰자가 2인 미만이 될 것으로 예상되는 경우를 말한다(국가계약법 시행령 제76조의2 제2항, 지방계약법 시행령 제92조의2 제2항).

과징금의 액수는 계약금액(계약을 체결하지 않은 경우에는 추정가격)의 일정 비율에 해당하는 금액 이하로서 국가계약법령과 지방계약법령에 규정되어 있다. 부정당업자의 책임이 경미한 경우에는 제재사유별로 계약금액의 0.5퍼센트에서 10퍼센트에 해당하는 금액이 과징금으로 부과되고, 입찰참가자격의 제한으로 유효한 경쟁입찰이 명백히 성립하지 않는 경우에는 제재사유별로 1.5퍼센트에서 30퍼센트에 해당하는 금액이 과징금으로 부과된다(국가계약법 제27조의2 제1항 및 동법 시행규칙 제77조의2 제1항, 지방계약법 제31조의2 제1항 및 동법 시행규칙 제77조의2 제1항).

국가계약법령 또는 지방계약법령에 따른 입찰참가자격제한은 기속행위이므로 법령에 규정된 제한사유에 해당되는 경우에는 해당 입찰을 집행하거나 계약을 체결한 국가기관 또는 지방자치단체의 장은 반드시 입찰참가자격을 제한하여야 한다(국가계약법 제27조, 지방계약법 제31조). 다만, 국가기관이나 지방자치단체의 장은 일정한 경우 입찰참가자격제한에 갈음하여 과징금을 부과할 수 있는데(국가계약법 제27조의2, 지방계약법 제31조의2), 과징금부과처분은 재량행위로서의 성질을 갖는다.[70)]

Ⅱ. 제재의 당사자 및 절차

1. 제재의 당사자

1-1. 제재의 주체

제재의 주체는 해당 입찰을 집행하거나 계약을 체결한 행정기관

70) 위의 논문, 346면 및 347면.
71) 대법원 2019. 12. 27. 선고 2017두48307 판결.

의 장이다. 그런데 정부조달사업의 대부분은 중앙조달기관인 조달청을 통하여 수행되고 있다. 조달청에서 조달사업법에 따라 수요기관으로부터 계약체결을 요청받아 집행한 입찰이나 체결한 계약에서 부정당업자제재사유가 발생한 경우 조달청장이 부정당업자제재처분을 할 권한을 갖는다. 수요기관의 계약체결의 요청은 계약사무를 위임 또는 위탁한 것으로 볼 수 있고, 이러한 계약사무의 위임 또는 위탁에는 부정당업자제재처분을 할 권한도 당연히 포함된 것으로 보아야 하기 때문이다.[71] 따라서 조달청에서 집행한 입찰이나 체결한 계약에서 부정당업자제재사유가 발생한 경우 조달청장이 제재의 주체가 된다. 지방자치단체단체로부터 계약체결을 요청받아 집행한 입찰이나 체결한 계약의 경우에도 제재의 주체는 조달청장이 되지만, 제재의 근거 법령은 지방계약법령에 의한다(지방계약법 제7조 제2항 및 제31조 제4항).

1-2. 제재의 상대방

제재의 상대방은 계약상대자, 입찰자 또는 전자조달시스템을 이용하여 견적서를 제출하는 사람(이하 '계약상대자 등'이라고 한다)으로서 위반행위를 한 사람이다. 계약상대자 등의 대리인, 지배인 또는 그 밖의 사용인도 제재의 상대방이 될 수 있다. 대리인, 지배인, 그 밖의 사용인이 제재의 상대방이 되는 경우에는 계약상대자 등도 함께 제재의 상대방이 된다(국가계약법 시행령 제76조 제3항 본문, 지방계약법 시행령 제92조 제3항 본문). 부정당업자제재처분은 침해적 행정처분으로서 행위자 개별책임의 원칙이 적용되므로 위반행위를 한 사람만이 제재의 상대방이 되는 것이 원칙이지만, 국가계약법령과 지방계약법령에서는 행위자 개별책임 원칙의 예외로서 계약상대자 등으로 하여금 자신의 대리인, 지배인, 그 밖의 사용인의 위반행위에 대하여 함께 책임을 지도록 규정하고 있다. 그러나 계약상대자 등의 대리인,

지배인, 그 밖의 사용인이 위반행위를 하였으나 계약상대자 등이 그 행위를 방지하기 위하여 상당한 주의와 감독을 게을리 하지 않은 경우에는 계약상대자 등은 제재의 상대방이 되지 않는다(국가계약법 시행령 제76조 제3항 단서, 지방계약법 시행령 제92조 제3항 본문 괄호). 계약상대자 등이 위반행위를 방지하기 위한 주의의무를 다하였다면 책임이 면제되지만, 실무상 계약상대자 등을 면책한 사례는 거의 없다.

계약상대자 등이 법인 또는 단체인 경우에는 법인 또는 단체와 함께 그 대표자도 제재의 상대방이 된다. 대표자가 여러 명인 경우에는 해당 입찰 및 계약에 관한 업무를 소관하는 대표자가 제재의 상대방이 된다. 계약상대자 등이 「중소기업협동조합법」에 따른 중소기업협동조합인 경우에는 해당 조합과 함께 제재의 원인을 제공한 조합원도 함께 제재한다(국가계약법 시행령 제76조 제6항, 지방계약법 시행령 제92조 제6항). 공동계약의 공동수급체가 위반행위를 한 경우에는 제재의 원인을 제공한 구성원에 대해서만 제재를 한다(국가계약법 시행령 제76조 제5항, 지방계약법 시행령 제92조 제5항).

2. 제재의 시기

제재의 시기에 대하여 법령에서는 제재사유가 발생한 경우 '즉시' 또는 '지체없이' 입찰참가자격을 제한하도록 규정하고 있다(국가계약법 시행령 제76조 제3항, 지방계약법 시행령 제92조 제3항). 제재사유 발생일로부터 어느 정도의 기간이 '즉시' 또는 '지체없이'에 해당되는지에 관하여는 경과기간, 그 기간 동안 제재를 하지 않은 구체적인 사유, 법의 일반원칙 등을 종합적으로 고려하여 판단하여야 할 것이다.[72]

72) 전현철, 부정당업자제재제도의 적정한 운영을 위한 연구, 348면.

3. 제재의 절차

3-1. 부정당업자 보고

계약담당공무원은 부정당업자제재사유가 발생한 경우 지체없이 그 소속 행정기관의 장에게 보고하여야 한다(국가계약법 시행규칙 제77조 제1항, 지방계약법 시행규칙 제77조 제1항).

3-2. 의견제출 및 청문

부정당업자제재는 침해적 행정처분이므로 제재를 하기에 앞서 상대방에게 청문 등 의견제출의 기회를 부여하여야 한다(행정절차법 제22조 제1항 및 제3항). 지방계약법령에서는 입찰참가자격을 제한하는 경우에는 청문을 실시하도록 규정하고 있다(지방계약법 시행규칙 제76조의2). 의견제출의 기회를 부여하지 않은 채 이루어진 제재처분은 위법하다. 계약상대자 등은 서면이나 말 또는 정보통신망을 이용하여 의견제출을 할 수 있다(행정절차법 제27조 제1항).

3-3. 위원회의 심의

입찰참가자격을 제한하는 경우 계약심의위원회의 심의를 거쳐야 하고(국가계약법 시행령 제94조 제1항, 지방계약법 시행령 제92조 제3항), 과징금을 부과하려면 과징금부과심의위원회의 심의를 거쳐야 한다(국가계약법 제27조의2 제2항, 지방계약법 시행령 제31조의2 제3항). 과징금부과심의위원회는 과징금 부과 여부 및 과징금 금액의 적정성을 심의하기 위하여 기획재정부 또는 행정안전부에 설치한 위원회이다.

3-4. 제재처분의 송달

입찰참가자격을 제한하는 제재를 하는 경우 제한사유, 제한의 법적 근거, 제한기간 등을 명확히 기재한 서면으로 하여야 한다(행정절차법 제23조 및 제24조). 과징금을 부과하는 경우에도 위반행위의 종류와 과징금의 금액을 분명하게 적은 서면으로 하여야 한다(국가계약법 시행령 제76조의3 제1항, 지방계약법 시행령 제92조의3 제1항). 또한 제재에 대하여 행정심판을 제기할 수 있는지 여부, 그 밖에 불복을 할 수 있는지 여부, 청구절차 및 청구기간 등도 함께 알려야 한다(행정절차법 제26조).

제재처분의 상대방에 대한 송달은 우편, 교부 또는 정보통신망 이용 등의 방법에 의한다. 송달받을 사람의 주소, 거소, 영업소 또는 사무소로 우편이나 교부에 의하여 송달하거나 또는 전자우편주소로 송달할 수 있다. 다만, 송달받을 사람이 동의하는 경우에는 그를 만나는 장소에서 송달할 수 있다(행정절차법 제14조 제1항). 정보통신망을 이용한 송달은 송달받을 사람이 동의하는 경우에 한한다. 이 경우 송달받을 사람은 송달받을 전자우편주소 등을 지정하여야 한다(동조 제3항). 송달받을 사람의 주소 등을 통상의 방법으로 확인할 수 없는 경우, 송달이 불가능한 경우에는 송달받을 사람이 알기 쉽도록 관보, 공보, 게시판 또는 일간신문 중에 하나 이상에 공고하고 인터넷에도 공고하여야 한다(동조 제4항).

3-5. 전자조달시스템 게재

입찰참가자격을 제한하는 경우 해당 행정기관의 장은 다른 행정기관의 장 또는 계약담당공무원이 알 수 있도록 입찰참가자격제한기간의 개시일 전까지 제제대상자의 인적 사항, 제한기간, 제재사유 등을 전자조달시스템에 게재하여야 한다.(국가계약법 시행령 제76조 제10항, 지방계약법 시행령 제92조 제7항).

Ⅲ. 제재의 효력

1. 입찰참가자격의 제한

입찰참가자격을 제한받은 사람은 그 제한기간 동안 제한처분을 한 해당 기관에서 집행하는 모든 입찰에 참가할 수 없고, 해당 기관과 수의계약도 체결할 수 없다(국가계약법 제27조 제3항, 지방계약법 제31조 제5항). 또한 경쟁입찰에서 낙찰된 사람이 계약체결 전에 입찰참가자격을 제한받은 경우 해당 기관은 그 낙찰자와 계약을 체결할 수 없다. 다만, 장기계속계약을 이행하기 위하여 연차별계약을 체결하는 경우에는 그렇지 않다(국가계약법 시행령 제76조 제8항, 지방계약법 시행령 제92조 제9항).

입찰참가자격제한의 효력은 제한처분을 한 해당 기관 또는 해당 지방자치단체에서 집행하는 입찰에만 미치는 것이 원칙이다(국가계약법 시행령 제76조 제7항, 지방계약법 시행령 제92조 제8항). 그러나 국가계약법령과 지방계약법령에서는 입찰참가자격제한의 효력이 미치는 범위를 광범위하게 규정하고 있다. 그리하여 국가기관의 장이 입찰참가자격을 제한하는 경우 그 사실을 다른 국가기관의 장에게 통보하여야 하고, 그러면 다른 국가기관의 장도 해당 부정당업자의 입찰참가자격을 제한하여야 한다(국가계약법 제27조 제1항). 또한 지방자치단체의 장[73]에 의하여 입찰참가자격을 제한받은 사람도 그 제한기간 동안 각 지방자치단체에서 시행하는 모든 입찰에 대하여 참가자격이 제한된다(지방

73) 지방자치단체의 장이 다른 지방자치단체의 장 또는 국가기관의 장에게 계약사무를 위임하거나 위탁한 경우 그 위임 또는 위탁받은 지방자치단체의 장 또는 국가기관의 장을 포함한다(지방계약법 제31조 제4항).

계약법 제31조 제4항). 나아가 국가기관의 장은 지방계약법 또는 「공공기관의 운영에 관한 법률」(이하 '공공기관운영법'이라고 한다) 등 다른 법령에 의하여 입찰참가자격이 제한된 사실을 통보받거나 전자조달시스템에 게재된 경우에는 입찰참가자격을 제한하여야 한다(국가계약법 시행령 제76조 제12항). 지방자치단체의 경우에도 마찬가지이다. 국가계약법 또는 공공기관운영법 등 다른 법령에 의하여 입찰참가자격이 제한된 사람은 각 지방자치단체에서 시행하는 모든 입찰에 대하여 참가자격이 제한된다(지방계약법 제31조 제4항). 공공기관운영법과 「지방공기업법」에서도 각각 공기업과 준정부기관, 지방공사로 하여금 공정한 경쟁이나 적정한 이행을 해칠 것이 명백하다고 판단되는 사람에 대하여 2년 이내의 범위에서 입찰참가자격을 제한하도록 규정하고 있다(공공기관운영법 제39조 제2항, 지방공기업법 제64조의2 제4항). 공공기관운영법과 지방공기업법에서는 입찰참가자격의 제한사유, 제한절차, 제한의 효력 등에 관하여 별도의 규정을 두지 않은 채 각각 국가계약법령과 지방계약법령상 입찰참가자격제한에 관한 규정을 광범위하게 준용하고 있다(공기업·준정부기관 계약사무규칙 제15조, 지방공기업법 시행령 제57조의8). 결국 국가, 지방자치단체, 공기업·준정부기관, 지방공사 중 어느 한 기관으로부터 입찰참가자격제한을 받게 되면, 사실상 모든 공공조달계약의 입찰참가가 금지된다고 할 수 있다.[74]

입찰참가자격이 제한되는 제재를 받은 후 상호나 대표자 등을 변경하더라도 동일인 또는 동일한 법인으로 인정되면 제재의 효과가 승계되어 입찰참가가 제한된다. 동일인 또는 동일한 법인인지 여부는 주민등록번호, 법인등록번호 또는 법령상 면허번호나 등록번호의 변경 여부로 판단한다. 그리하여 주민등록번호 또는 법인등록번호

74) 전현철, 부정당업자제재제도의 적정한 운영을 위한 연구, 349면.

가 동일한 경우, 법령상 면허번호나 등록번호가 동일한 경우에는 동일인 또는 동일한 법인으로 보아 제재효과가 승계된다. 입찰참가자격을 제한받은 사람이 상호나 대표자 등을 변경하여 입찰에 참가하는 것을 방지하기 위하여 계약담당공무원은 입찰참가자의 주민등록번호 또는 법인등록번호, 관계 법령상의 면허번호 또는 등록번호 등을 확인하여야 하고, 부정당업자제재확인서에도 이를 기재하여야 한다(국가계약법시행령 제76조 제13항 및 동법 시행규칙 제77조 제3항, 지방계약법 시행령 제92조 제11항 및 동법 시행규칙 제77조 제2항).

2. 과징금의 부과

과징금 부과통지를 받은 사람은 통지를 받은 날부터 60일 이내에 부과권자가 정하는 수납기관에 납부하여야 한다. 다만, 천재지변이나 그 밖의 부득이한 사유로 그 기간 내에 과징금을 납부할 수 없을 때에는 그 사유가 해소된 날부터 30일 이내에 납부하여야 한다(국가계약법 시행령 제76조의3 제2항, 지방계약법 시행령 제92조의3 제2항). 과징금 부과를 받은 사람이 납부기한까지 납부하지 않으면 국세징수법 또는 지방세징수법에 따라 강제징수된다(국가계약법 제27조의2 제4항, 지방계약법 제31조의2 제5항). 지방자치단체로부터 계약사무를 위임 또는 위탁받은 조달청장이 부정당업자제재로서 과징금을 부과하는 경우 특별시·광역시·도에 설치된 계약심의위원회의 심의를 거쳐야 하고(지방계약법 제31조의2 제2항), 조달청이 부과·징수한 과징금은 위임 또는 위탁을 한 지방자치단체의 수입으로 한다(동조 제6항).

납부하여야 할 과징금이 계약금액의 10퍼센트를 초과하는 경우 또는 「중소기업기본법」에 따른 중소기업자에게 10억원을 초과하여 과징금을 부과하는 경우로서 재해나 도난 등으로 재산에 현저한 손실을 입었거나 사업 여건의 악화로 사업이 중대한 위기에 처하는 등의 사유로 인하여 과징금 전액을 일시에 납부하기 어려운 때에는 그 납부기한을 연장하거나 분할하여 납부하게 할 수 있다(국가계약법 시행령 제76조의4 제1항, 지방계약법 시행령 제92조의4 제1항). 납부기한의 연장은 그 납부기한의 다음 날부터 1년을 초과할 수 없고(국가계약법 시행령 제76조의4 제3항, 지방계약법 시행령 제92조의4 제3항), 분할납부를 하는 경우 분할된 납부기한 간의 간격은 3개월 이내로 하여야 하며 분할 횟수는 3회를 초과할 수 없다(국가계약법 시행령 제76조의4 제4항, 지방계약법 시행령 제92조의4 제4항).

3. 제척기간

제재사유에 해당하는 행위가 종료된 때부터 5년이 경과한 후에는 입찰참가자격을 제한할 수 없다. 다만, 입찰담합과 뇌물공여로 인한 제재의 경우에는 7년으로 한다(국가계약법 제27조 제4항, 지방계약법 제31조 제6항). 제척기간의 기산점은 제재사유에 해당하는 행위를 개시한 때가 아니라 해당 행위를 종료한 때이다. 위반행위가 계속되는 경우에는 그 행위가 모두 종료한 때를 기준으로 한다. 제재사유가 「독점규제 및 공정거래에 관한 법률」이나 「하도급거래 공정화에 관한 법률」에 위반하여 공정거래위원회로부터 입찰참가자격제한의 요청이 있거나 또는 「대·중소기업 상생협력 촉진에 관한 법률」 등을 위반하여 중소벤처기업부장관으로부터 입찰참가자격 제한의 요청이 있는 때인 경우에는 그러한 요청이 있었던 때로부터 기산한다. 제척기간을 둔 이유는 제재사유에 해당하는 행위가 있은 후 상당한 기간이 도과되어 제재의 필요성이 사실상 소멸되었음에도 불구하고 제재처분을 부과하는 것은 법적 안정성을 침해할 뿐만 아니라 경쟁의 공정한 집행과 계약의 적정한 이행의 확보라는 부정당업자제재의 목적에도 부합하지 않기 때문이다.[75)]

5절 계약담당공무원의 권한과 책임

I. 계약담당공무원의 개념 및 자격

1. 계약담당공무원의 개념

계약담당공무원이란 정부조달계약에서 계약사무의 처리를 위임 또는 위탁받은 공무원을 말한다. 국가계약법과 지방계약법에서는 계약담당공무원의 명칭을 달리 부르고 있다. 국가계약법에서는 각 중앙관서의 장으로부터 그 소관에 속하는 계약사무의 처리를 위임 또는 위탁받은 공무원을 '계약관'이라고 하고(국가계약법 제6조 제1항), 지방계약법에서는 지방자치단체의 장으로부터 그 소관에 속하는 계약사무의 처리를 위임 또는 위탁받은 사람을 '계약담당자'라고 한다(지방계약법 제5조 제3항). 각 중앙관서의 장은 소속 공무원에게 계약관의 사무를 대리하게 하거나 그 사무의 일부를 분장할 수 있는데, 계약관의 사무의 전부를 대리하는 공무원을 대리계약관, 그 사무의 일부를 분장하는 공무원을 분임계약관, 분임계약관의 사무를 대리하는 공무원을 대리분임계약관이라고 한다(국가계약법 시행령 제5조 제2항). 지방자치단체의 장으로부터 계약사무의 위임을 받은 계약담당자는 계약사무의 특성을 고려하여 계약사무의 일부를 그 소속 공무원을 지정하여 처리하게 할 수 있다(지방계약법 시행령 제6조 제1항 후단).

---

75) 전현철, 부정당업자제재제도의 적정한 운영을 위한 연구, 349면 및 350면.

지방자치단체의 장은 소속 공무원은 물론이고 중앙행정기관의 장, 다른 지방자치단체의 장 또는 전문기관에 계약사무의 처리를 위임하거나 위탁할 수 있다(지방계약법 제7조 제1항). 지방자치단체의 장으로부터 계약사무의 처리를 위임 또는 위탁받은 중앙행정기관, 다른 지방자치단체, 전문기관에서 계약사무를 담당하는 사람은 지방계약법상 계약담당자가 된다(동법 시행규칙 제2조 제1호). 따라서 국가계약법의 적용을 받는 중앙행정기관의 장 또는 전문기관에 계약사무를 위임 또는 위탁하는 경우 해당 기관의 계약담당자는 지방계약법에 따라 계약사무를 처리하여야 한다(동법 제7조 제2항). 지방자치단체의 장으로부터 계약사무를 위임 또는 위탁받는 중앙행정기관으로는 조달청이 있고, 전문기관으로는 계약이나 회계 등 관련 분야에 전문성을 갖춘 기관으로서 공기업, 준정부기관, 지방공사와 지방공단, 감사원의 회계감사를 받는 기관 또는 비영리법인, 지방자치단체가 출자·출연한 기관 등이 있다(동법 시행령 제6조 제2항).

2. 계약담당공무원의 자격

계약담당공무원이 계약사무를 적정하게 처리하기 위해서는 그에 걸맞은 전문성과 자질을 갖추고 있어야 한다. 계약담당공무원의 전문성을 확보하고 자질을 향상시키기 위해서는 지속적이고 체계적인 교육시스템이 마련되어 운영되어야 하고, 계약담당공무원의 전문성과 자질을 객관적으로 검증할 수 있는 자격증제제도가 구비되어야 한다.

국가계약법과 지방계약법에서는 계약담당공무원의 자격에 관한 규정을 두고 있지 않으며, 계약담당공무원의 자질향상을 위하여 교육을 할 수 있다는 규정을 두고 있을 뿐이다(국가계약법 제32조, 지방계약법 제39조 제1항). 나아가 지방계약법에서는 계약담당공무원의 자질을 높이기 위하여 필요한 교육을 지방계약전문기관에 위탁하여 실시할 수 있도록 규정하고 있다(지방계약법 제39조 제3항). 지방계약전문기관은 계약 및 회계에 관한 전문인력 보유 현황과 업무의 전문성 등을 고려하여 행정안전부장관이 지정하는 기관으로서 지방계약에 관한 교육, 연구, 자문 등의 업무를 수행할 조직과 인력을 갖춘 기관이어야 한다(동법 제39조 제2항 및 동법 시행령 제123조의2).

정부조달계약에 관한 교육기관으로는 조달교육원과 한국지방재정공제회가 있다. 조달교육원은 조달청에서 운영하는 교육기관으로서 수요기관이나 조달업체의 직원, 조달청 직원을 대상으로 전문조달인력을 양성하기 위한 교육을 실시하고 있다.[76] 조달교육원에서는 국가가 당사자가 되는 계약에 초점을 맞추어 교육을 실시하고 있으며, 교육의 방식은 주로 집합교육에 의하고 있으나 온라인교육도 함께 실시하고 있다. 한국지방재정공제회는 지방계약법에 따라 행정안전부장관으로부터 지방계약전문기관으로 지정된 교육기관이다.[77] 한국지방재정공제회에서도 집합교육과 온라인교육의 방식으로 교육을 실시하고 있으며, 집합교육에 참여하기 어려운 계약담당공무원을 대상으로 현장교육도 실시하고 있다. 그러나 조달교육원과 한국지방재정공제회에서 실시하고 있는 교육은 실무위주의 단편적인 교육에 그치고 있으며, 전문성을 확보하기 위한 지속적이고 체계적인 교육은 이루어지고 있지 못한 실정이다.

자격증제도로는 조달청의 계약전문인 및 원가분석전문인 자격제도와 한국조달연구원의 조달사(PCA, Procurement Contract Agent) 자격증이 있다. 조달청에서 운영하고 있는 계약전문인 및 원가분석전문인 자격은 조달전문인 1급, 계약전문인 2급, 원가분석전

76) https://www.pps.go.kr/hrd/index.do(last visited August 2, 2021).
77) 지방계약 전문기관 지정고시(행정안전부 고시 제2019-45호, 2019. 5. 23.)

문인 2급으로 구분된다(조달청 훈령 「조달청 계약전문인 및 원가분석전문인 자격관리 규정」 제2조). 계약전문인 2급 및 원가분석전문인 2급의 자격은 조달청 직원, 정부 계약업무관련자 및 조달업체 종사자로서 최근 3년 이내에 관련분야 교육과정을 이수하거나 최근 5년 이내에 12개월 이상 자격 관련 해당 분야에 종사한 경력이 있는 사람 또는 2급 자격시험에 합격한 사람에게 부여하고, 조달전문인 1급의 자격은 계약전문인 2급 또는 원가분석전문인 2급의 자격을 취득한 사람으로서 1급 자격시험에 합격한 사람에게 부여한다(위 규정 제6조). 자격의 유효기간은 자격증 발급일(자격을 갱신한 경우에는 자격증 갱신등록일)로부터 5년이고(위 규정 제8조), 자격의 유효기간 내에 보수교육을 받은 사람은 자격증을 갱신 등록할 수 있다(위 규정 제19조).

한국조달연구원에서 운영하는 조달사(PCA) 자격에는 1급 조달사(Master PCA)와 2급 조달사(Professional PCA)가 있다. 2급조달사 자격은 구매계약, 공사계약, 국제계약, 구매원가분석, 공사원가분석의 분야별 2급 자격검정시험에 합격한 사람에게 부여되고, 1급 조달사 자격은 2급 분야별 자격을 최소 1개 이상 보유한 사람으로서 1급 자격검정시험에 합격한 사람에게 부여한다. 자격의 유효기간은 자격을 취득한 날로부터 3년이고, 자격의 유효기간 내에 보수교육을 이수하거나 또는 최근 3년 이내에 한국조달연구원에서 인정하는 업무수행 실적이나 연구수행 실적이 있는 사람은 자격을 갱신할 수 있다.[78]

조달청의 계약전문인 및 원가분석전문인 자격은 주로 조달청 직원을 대상으로 운용되고 있으며, 한국조달연구원은 민간기관으로서 여기서 운영하는 조달사 자격증은 민간자격증에 불과하다. 조달청의

78) http://www.kip.re.kr/mall/business/professionalDevelopment1.asp(last visited August 2, 2021).

계약전문인 및 원가분석전문인 자격을 취득하거나 한국조달연구원의 조달사 자격증을 취득하여야 계약담당공무원이 될 수 있는 것은 아니며, 계약담당공무원이 이를 취득하였다고 하여 특별한 우대조치가 따르는 것도 아니어서 그다지 큰 관심을 끌지 못하고 있다. 조달청에서 운영하는 계약전문인 및 원가분석전문인 자격제도나 한국조달연구원의 조달사 자격증은 계약담당공무원의 전문성을 확보하고 자질을 객관적으로 검증할 수 있는 자격제도로 보기에는 대단히 미흡하다. 계약담당공무원으로서의 전문성을 확보하고 자질을 향상시킬 수 있는 지속적이고 체계적인 양성시스템과 이를 충분히 검증할 수 있는 공신력 있는 자격증제도의 확립이 요구된다.

Ⅱ. 계약담당공무원의 권한

1. 계약사무의 처리

계약담당공무원은 각 중앙관서의 장 또는 지방자치단체의 장으로부터 계약사무의 전부나 일부의 처리를 위임 또는 위탁받은 공무원이다. 따라서 계약담당공무원은 위임 또는 위탁받은 범위 내에서 계약사무를 처리할 권한이 있다. 계약사무의 위임, 위탁, 대리 및 일부 분장은 소속 기관에 설치된 관직을 지정함으로써 갈음할 수 있다(국가계약법 제6조 제4항).

국가계약법과 지방계약법에서는 계약담당공무원에게 계약방법의 선택, 계약상대자의 선정, 계약의 체결, 계약이행의 감독, 계약금액의 조정, 계약의 해지, 검사, 대가의 지급, 하자보수 등 계약사무의 처리를 위한 광범위한 권한을 부여하고 있다. 그러나 현행 법령에서는 정부조달계약의 투명성이나 공정성을 강조하여 계약담당공무원의 부패와 비리의 위험을 줄이기 위해서 그 권한을 지나치게 획일적으로 규율하고 있다. 계약방법의 선택이나 계약상대자의 선정에 있어서 계약담당공무원의 재량은 거의 인정되고 있지 않으며 법령에 엄격히 구속되어 획일적으로 계약방법의 선택이나 계약상대자의 선정이 이루어지고 있다.

계약담당공무원의 권한을 획일적으로 규율하는 경우 투명성이나 공정성은 담보될지 몰라도 공적 수요에 대응한 최적의 선택이라는 효율성은 기대하기 어렵다. 비효율적인 계약제도의 운용은 결국 공적 수요의 최종 소비자인 국민에게 그 불이익이 귀결될 수밖에 없고, 이는 계약담당공무원의 부패나 비리로 인한 세금 낭비 못지않게 심각한 사회적 부담을 야기할 수 있다. 따라서 계약담당공무원으로 하여금 개별적이고 구체적인 상황에 따른 시기적절하고 탄력적인 대응이 가능하도록 계약담당공무원에게 좀 더 광범위한 재량권을 부여할 필요가 있다.[79)]

2. 계약사무 처리의 법적 효과

2-1. 법령에 위반하여 계약사무를 처리한 경우

계약담당공무원은 계약사무를 법령과 그에 따른 기획재정부 계약예규, 행정안전부 예규, 조달청 집행기준 등 세부기준에 따라 처리하여야 한다. 계약담당공무원이 수행한 계약사무의 처리에 따른 법적

79) 전현철, 정부조달계약에 있어서 계약담당공무원의 자격, 권한 및 책임에 관한 고찰- 미국 법제와의 비교를 중심으로, 부산대 법학연구, 제59권 제1호, 2018. 2., 144면.

효과는 계약당사자인 국가 또는 지방자치단체에 귀속된다. 그런데 계약담당공무원이 법령과 그에 따른 세부기준에 위반하여 계약사무를 처리한 경우 그 법적 효과가 어떻게 되는지 논란이 있다. 이는 국가계약법령 등 근거 법령의 법적 성격에 관한 논의와 관련된다.

국가계약법령 등 근거 법령은 계약담당공무원이 계약사무를 처리하기 위하여 필요한 사항을 규정한 것으로 그 법적 성격을 국가 등의 내부규범에 불과하다고 보는 견해에서는 계약담당공무원이 근거 법령에 위반하여 계약사무를 처리하였더라도 그것만으로 위법한 것이 되거나 그 법적 효과가 부인되는 것은 아니라고 한다. 이 견해에서는 국가계약법령 등 근거 법령은 법규(法規)로서의 효력이 없으며 단순히 국가 등의 내부에서 계약담당공무원만을 구속하는 효력을 갖는데 그친다고 한다. 다만, 정부조달계약에서 당사자는 입찰유의서, 적격심사기준, 공사계약일반조건 등 세부기준을 사용하여 계약을 체결하게 되는데, 국가계약법령 등 근거 법령은 이러한 세부기준의 내용에 반영되어 계약조건으로서 계약당사자 사이에 효력을 미칠 수 있다고 한다. 이 견해는 주로 정부조달계약의 법적 성격을 사법상 계약으로 이해하는 입장에서 주장되고 있다. 그러나 이 견해에서도 법령이나 그 세부기준에 위반한 하자가 중대하고 상대방도 이러한 사정을 알 수 있었던 경우 또는 그러한 하자를 묵인한 낙찰자결정이나 계약체결이 선량한 풍속 기타 사회질서에 반하는 것임이 분명한 경우 등 이를 무효로 하지 않으면 그 절차에 관하여 규정한 국가계약법 등의 취지를 몰각하는 결과가 되는 특별한 사정이 있는 경우에는 예외적으로 무효가 된다고 한다.[80]

---

80) 대법원 2012. 9. 20. 자 2012마1097 결정; 2006. 6. 19. 자 2006마117 결정; 2006. 4. 28. 선고 2004다50129 판결; 2001. 11. 21. 선고 2001다33604 판결.

이에 대하여 국가계약법령상 낙찰자 결정 등은 계약체결에 관한 행정권한을 제한 내지 통제하는 것이므로 법규성을 인정할 수 있고, 국가계약법령 등에 따라 제정된 기획재정부 계약예규 등 세부기준은 법령보충적 행정규칙으로서 법규적 효력이 인정된다는 견해가 있다.[81] 이 견해는 주로 정부조달계약의 법적 성격을 공법상 계약으로 이해하는 입장에서 주장되고 있다. 이 견해에서는 국가계약법령 등 법령과 그 세부기준은 법규로서의 효력을 가지므로 계약담당공무원이 국가계약법령 등 법령과 그 세부기준에 위반하여 계약사무를 처리한 경우 그 위반행위는 그것만으로 위법하다는 평가를 받는다고 한다. 위법한 행위의 법적 효과는 행정법의 일반원칙에 따라 그 행위가 처분인 경우 그 하자가 중대하고 명백하면 무효이고, 그렇지 않으면 취소할 수 있는데 그치게 된다.

2-2. 권한이 없는 공무원이 계약사무를 처리한 경우

공무원이 위임이나 위탁을 받지 않고 계약사무를 처리하거나 또는 그 위임이나 위탁받은 권한을 넘어 계약사무를 처리한 경우, 이는 무권한의 행위로서 원칙적으로 무효라고 할 것이다. 그러나 예외적으로 민법상 표현대리의 법리가 적용 내지 유추적용되는 경우에는 유효한 행위가 될 수 있다. 정부조달계약의 법적 성격을 사법상 계약으로 이해하는 입장에서는 민법상 표현대리의 법리가 당연히 적용된다고 할 것이지만, 공법상 계약으로 이해하는 입장에서도 비권력적 관리관계에는 사법규정이 널리 유추적용[82]되므로 민법상 표현대리

81) 박정훈, 앞의 책, 229면.
82) 박균성, 앞의 책, 16면; 홍정선, 앞의 책, 55면.

의 법리가 유추적용될 수 있다고 한다. 정부조달계약의 법적 성격을 어떻게 보든 상관없이 민법상 표현대리의 법리가 적용 내지 유추적용된다고 할 것이므로 계약을 체결한 공무원에게 적법한 위임 또는 위탁을 받은 듯한 외관이 있고, 계약상대자가 그 공무원에게 계약사무를 처리할 권한이 있다고 믿었으며 믿은 데 과실이 없는 경우에는 민법상의 표현대리의 법리에 의하여 그 계약사무의 처리행위는 유효하고 국가 등에게 그 법적 효과가 귀속될 수 있을 것이다.[83)]

Ⅲ. 계약담당공무원의 책임

공무원이 업무를 수행하는 과정에서 고의 또는 과실로 위법한 행위를 하는 경우 부담하는 책임으로는 형사책임, 징계책임, 재산적 책임이 있다. 이 세 가지 책임은 각각 다른 법적 성질을 갖고 있다. 형사책임은 국가형벌권의 작용으로 인한 책임이고, 징계책임은 공무원의 특별권력관계로 인한 책임이며, 재산적 책임은 계약 또는 불법행위로 인하여 부담하는 책임이다. 따라서 각각의 요건이 충족되면 제각기 성립할 수 있고, 중복되어도 무방하다. 예를 들어, 회계관계 공무원이 공금을 횡령한 경우 횡령죄로 형사책임을 질 수 있고, 동시에 공무원의 성실의무 및 청렴의무 등 위반으로 파면 등 징계책임을 질 수 있으며, 재산적 책임으로 변상책임을 질 수 있다.

위 세 가지 책임 중에서 계약담당공무원이 부담하는 형사책임은 고의적인 재산범죄나 뇌물범죄에 대한 것이 대부분이고, 징계책임

83) 전현철, 정부조달계약에 있어서 계약담당공무원의 자격, 권한 및 책임에 관한 고찰, 146면.

역시 성실의무나 청렴의무 등 공무원의 복무규정 위반을 전제로 한 것이어서 일반 공무원과 구별하여 살펴볼 실익이 없다. 그러나 계약담당공무원이 업무를 수행하는 과정에서 형벌규정이나 중대한 복무규정 위반이 없었으나 국가 등 행정주체에게 재산상 손해를 끼침으로써 부담하는 재산적 책임에 대하여는 그 적정성 내지 균형성을 따질 필요가 있다. 계약담당공무원의 경우 그 업무의 특성상 일반 공무원에 비하여 재산적 책임을 질 가능성이 상대적으로 크기 때문에 일반 공무원과 동일한 기준에 의하여 재산적 책임을 지우는 경우 계약담당공무원이 책임을 회피하는 데 급급하여 적정한 권한 행사가 이루어지지 않을 위험이 있다. 공무원이 부담하는 재산적 책임으로는 계약상 책임, 불법행위로 인한 손해배상책임, 「회계관계직원 등의 책임에 관한 법률」(이하 '회계직원책임법'이라고 한다)에 의한 변상책임 등이 있다. 이하에서 계약담당공무원의 재산적 책임에 대하여 살펴보기로 한다.[84)]

1. 계약상 책임

계약담당공무원이 계약사무의 처리를 위하여 한 행위의 효과는 계약당사자인 국가 등에게 귀속되므로 계약담당공무원이 계약을 이행할 책임을 부담할 여지는 없다. 계약담당공무원이 계약위반을 한 경우에도 그로 인한 손해배상책임은 국가 등에게 귀속되고, 계약담당공무원이 계약상대자에게 직접 계약위반에 따른 손해배상책임을 부담하지 않는다. 다만, 국가 등이 계약위반에 따른 손해배상책임을

---

84) 위의 논문, 146면 및 147면.

지는 경우 국가 등은 후술하는 바와 같이 중과실이 있는 계약담당 공무원에 대하여 변상책임을 물을 수 있다.

2. 불법행위로 인한 손해배상책임

2-1. 국가배상법상 구상책임

「국가배상법」에서는 공무원이 직무를 집행하면서 고의 또는 과실로 법령을 위반하여 국민에게 손해를 입힌 경우 국가 또는 지방자치단체에 대하여 배상책임을 지우고 있다(동법 제2조 제1항). 이때 가해공무원에게 고의 또는 중과실이 있으면 국가 또는 지방자치단체는 그 공무원에게 구상권을 행사할 수 있다(동조 제2항). 국가배상법에 따라 국가 등이 배상책임을 지는 경우 공무원 개인도 직접 피해자에 대하여 배상책임을 지는지 논란이 있다. 판례는 가해공무원에게 고의 또는 중과실이 있는 경우에는 공무원 개인도 직접 피해자에 대하여 배상책임을 지지만, 공무원에게 경과실만 있는 경우에는 그렇지 않는다고 한다.[85)]

그러나 이러한 판례의 입장은 내부적인 구상권의 문제와 외부적인 배상책임의 문제를 연계하는 것은 부당하다는 점에서 수긍하기 어렵다. 국가배상법은 민법의 특별법으로서 그 입법취지가 공무원의 직무 수행 과정에서의 불법행위에 대하여 국가 등에게 그 배상책임을 지우고자 하는 것이라는 점, 국가 등의 배상책임을 인정하는 것만으로도 피해자의 권리구제에 충분하다는 점, 가해공무원에게 고

85) 대법원 1996. 2. 15. 선고 95다38677 전원합의체 판결.

의 또는 중과실이 있는 경우 구상책임을 물을 수 있으므로 공무원이 직접 피해자에게 배상책임을 부담하지 않는다고 하여 형평의 원칙에 반한다고 할 수 없다는 점 등에 비추어 공무원 개인의 배상책임은 부인하는 것이 옳다고 본다.

정부조달계약에서 계약담당공무원이 계약사무를 처리하는 과정에서 불법행위로 국민에게 손해를 입힌 경우 국가배상법에 따라 국가 등이 손해배상책임을 지고 중과실이 있는 계약담당공무원에 대하여 구상책임을 물을 수 있는지 문제된다. 판례는 국가배상법상 배상책임의 요건인 직무행위에는 권력적 작용뿐만 아니라 비권력적 작용도 포함되지만 단순한 사경제의 주체로서 하는 작용은 포함되지 않는다고 하면서,[86] 정부조달작용은 국가 등이 사법상 재산권의 주체로서 하는 작용으로 이해하고 있다.[87] 따라서 판례의 입장에 의하면 계약담당공무원이 계약사무를 처리하는 과정에서 불법행위로 국민에게 손해를 입힌 경우 국가배상법이 적용되지 않게 된다. 그리하여 국가 등은 국가배상법상 배상책임을 부담하지 않으며, 계약담당공무원 역시 국가배상법상 구상책임을 부담할 여지가 없게 된다.

그러나 국가 등 행정주체의 행위를 공권력의 주체로서의 행위와 사경제주체로서의 행위로 구분하는 입장은 독일 입헌군주정 시대의 이른바 국고이론에 바탕을 둔 것으로서 법치주의가 확립된 오늘날 민주국가 시대에 타당하다고 볼 수 없고, 국가배상법에서도 직무

86) 대법원 2004. 4. 9. 선고 2002다10691 판결; 2001. 1. 5. 선고 98다39060 판결: 판례가 국가배상책임의 법적 성질을 사법(私法)상 책임으로 보면서 직무행위를 사경제적 작용을 제외한 공행정작용만으로 한정하는 것은 이론적 일관성을 결여한 것이라는 비판이 있다(박균성, 앞의 책, 711면).

87) 대법원 2006. 6. 19. 자 2006마117 결정; 1996. 12. 20. 선고 96누14708 판결; 1983. 12. 27. 선고 81누366 판결; 홍성필 외 3인, 앞의 논문, 9면; 이영동, 공공계약을 둘러싼 몇 가지 문제 : 공공계약의 공법적 특성을 중심으로, 사법논집, 제44집, 2007., 97면.

를 집행하는 행위일 것을 요구하고 있을 뿐이고 공행정작용에 한정하고 있지 않다는 점에서 판례의 입장은 문제가 있다. 정부조달작용을 비권력적 행정작용의 하나로 이해하든 사법적(私法的) 작용으로 이해하든 정부조달계약에서 계약담당공무원의 불법행위로 국민에게 손해를 입힌 경우 국가배상법의 적용을 긍정함이 옳다고 본다. 따라서 이러한 경우 계약담당공무원은 국가배상법상 구상책임을 부담할 수 있다. 국가배상법은 민법의 특별법[88]이므로 국가배상법이 적용되는 경우 민법에 따른 불법행위책임이나 구상책임은 적용되지 않는다.

2-2. 민법상 불법행위책임

계약담당공무원이 계약사무를 처리하는 과정에서 불법행위로 국민에게 손해를 입힌 경우 국가배상법이 적용된다는 입장에 의하면 계약담당공무원의 민법상 불법행위책임은 문제될 여지가 없다. 그러나 판례의 입장처럼 국가배상법이 적용되지 않는다고 하면, 계약담당공무원은 피해자인 국민에 대하여 민법상 불법행위로 인한 손해배상책임을 부담하게 된다. 계약담당공무원에게 고의 또는 중과실이 있는 경우는 물론이고 경과실만 인정되는 경우에도 피해자인 국민에 대하여 직접 손해배상책임을 지게 된다.

계약담당공무원이 민법상 불법행위로 인한 손해배상책임을 지는 경우 국가 등은 민법 제756조에 의하여 사용자책임을 부담하게 된다.[89] 사용자책임을 이행한 국가 등은 그 소속 계약담당공무원에게 구상할 수 있다(민법 제756조 제3항). 이 경우의 구상책임은 민법에 따

---

88) 대법원 1971. 4. 6. 선고 70다2955 판결.

89) 대법원 2008. 1. 18. 선고 2006다41471 판결; 1997. 7. 22. 선고 95다6991 판결.

른 것이므로 국가배상법에서와는 달리 계약담당공무원은 경과실만 있는 경우에도 구상책임을 부담한다.

3. 변상책임

회계직원책임법에서는 회계관계직원이 고의 또는 중대한 과실로 직무상 의무에 위반하여 국가, 지방자치단체, 감사원의 감사를 받는 단체 등의 재산에 대하여 손해를 입힌 경우에 변상책임을 지도록 규정하고 있다(동법 제4조 제1항). 회계관계직원은 법령에 따라 국가, 지방자치단체, 감사원의 감사를 받는 단체 등의 회계사무를 집행하는 사람으로서 징수관, 재무관, 지출관, 계약관, 현금출납공무원, 물품관리관 등이 여기에 해당된다(동법 제2조). 따라서 정부조달계약을 체결하고 관리하는 국가 등의 계약담당공무원도 회계직원책임법상 회계관계직원에 포함된다. 회계관계직원의 직무상 의무란 법령 기타 관계규정 및 예산에 정하여진 바에 따라 성실하게 그 직무를 수행하여야 할 의무를 말한다(회계직원책임법 제3조). 회계관계직원법에 의한 변상책임이 인정되기 위해서는 회계관계직원에게 고의 또는 중대한 과실이 인정되어야 한다(동법 제4조 제1항). 여기서의 중대한 과실은 회계관계직원이 속한 거래범위의 신중하고 사려깊은 사람의 주의의무를 표준으로 하여 그러한 주의의무를 현저하게 결여한 것을 말한다. 직무상 의무 위반에는 법률과 법규명령에 위반한 경우뿐만 아니라 관련 행정규칙이나 세입·세출의 준칙인 예산에 위반한 경우를 포함한다.

변상책임의 법적 성질에 관해서는 공법상 근무관계에서 발생하는 특별한 책임이라는 견해와 사법상 고용계약에서 발생하는 채무불이행으로 인한 계약책임 또는 불법행위로 인한 손해배상책임이라는 견해가 주장되고 있으나, 변상책임은 사법상 또는 공법상의 근무관계로부터 인정된 책임이 아니라 회계 관계 법령이나 규정으로부터 부과된 의무를 위반한 데 대한 공법상 특별책임으로 이해함이 타당하다.[90] 공무원의 변상책임과 구상책임은 국가 등에 대하여 부담하는 내부적 책임이라는 점에서 공통되지만, 변상책임은 공무원이 국가 등에게 직접 재산상 손해를 발생시킨 경우에 부담하는 책임을 이라는 점에서 공무원이 불법행위로 국민에게 가한 손해를 국가 등이 배상한 후에 공무원에게 구상하는 구상책임과 구별된다.[91]

회계관계직원이 회계직원책임법에 따라 국가 등 단체에게 변상책임을 지는 경우에 별도로 민법상 불법행위로 인한 손해배상책임도 부담하는지 논란이 있다. 판례는 회계직 공무원이 그 직무상 행위로 인하여 국가 등에게 손해를 입힌 경우에는 회계직원책임법에 의한 변상책임 이외에 별도로 민법상 불법행위로 인한 손해배상책임을 부담하지 않지만,[92] 회계직 공무원이 직무와 상관없이 개인으로서 행위를 하거나 또는 직무의 집행을 이용하거나 직무집행과 경합하여 개인으로서의 행위를 하고 이로 인하여 국가 등에게 재산적 손해를 입힌 경우에는 민법상 불법행위로 인한 손해배상책임이 배제되지 않는다고 한다.[93] 그러나 회계직원책임법상 변상책임은 회계관계직원의 직무 수행의 적정성을 보장하기 위하여 인정된 공법상 특별책임이라는 점에서 변상책임이 성립하는 경우에는 민법상 불법행위책임이 배제되는 것으로 이해함이 타당하다. 따라서 회계관계직원이

---

90) 이진열, 회계관계직원으로서 보조자의 판단기준 및 그 범위 등에 대한 고찰, 감사, 제120호, 2013. 10., 75면.
91) 홍종현, 회계관계직원의 변상책임에 대한 공법적 검토, 공법연구, 제45집 제2호, 2016. 12., 35면.
92) 대법원 1988. 10. 24. 신고 87다카1751 판결; 1980. 2. 26. 선고 79다2241 판결.
93) 대법원 1983. 11. 8. 선고 81다카996 판결; 1980. 2. 26. 선고 79다2241 판결.

직무의 집행을 이용하거나 직무집행과 경합하여 개인으로서 행위를 한 경우를 포함하여 외관상 직무에 속하는 행위로 인하여 국가 등 단체에게 손해를 입힌 경우에는 회계직원책임법에 의한 변상책임이 성립하고 그 밖의 민법상 불법행위책임은 성립하지 않는 것으로 보아야 한다. 다만, 직무 수행과 상관없이 이루어진 경우에는 민법상 불법행위로 인한 손해배상책임이 성립된다고 할 것이다.[94] 계약담당공무원이 그 직무상 행위로 국가 등에게 손해를 입힌 경우에도 마찬가지이다. 따라서 계약담당공무원에게 고의 또는 중과실이 있는 경우에 한하여 국가 등에 대하여 회계직원책임법에 의한 변상책임을 부담할 뿐이고 경과실이 있는 데 그친 경우에는 국가 등에 대하여 손해배상책임을 부담하지 않는다.[95]

94) 판례는 공무원이 아닌 회계관계직원이 고의 또는 중대한 과실로 직무상 의무를 위반하여 소속 단체의 재산에 손해를 입힌 경우에는 민법상 불법행위로 인한 손해배상책임이 배제되지 않는다고 한다(대법원 2006. 11. 16. 선고 2002다74152 전원합의체 판결). 이러한 판례의 입장은 공공기관에서 근무하는 회계관계직원과 일반 직원 사이의 형평성을 고려한 것이라는 견해가 있다. 즉, 공공기관의 일반직원은 고의·과실로 그 소속 기관에 손해를 끼친 경우 민법상 손해 배상의 법리에 따라 손해배상책임을 부담하는데, 회계관계직원은 회계직원책임법에 따라 고의·중과실이 있는 경우에만 변상책임을 지고 소멸시효도 더 짧게 적용된다면 책임추궁의 불균형이 초래된다고 한다(홍종현, 앞의 논문, 53면). 그러나 회계직원책임법상 변상책임은 회계관계직원의 직무 수행의 적정성을 보장하기 위하여 인정된 공법상 특별책임이라는 점에서 회계관계직원이 공무원인지 아닌지를 구별하여 달리 취급할 이유는 없다고 본다.

95) 전현철, 정부조달계약에 있어서 계약담당공무원의 자격, 권한 및 책임에 관한 고찰, 146면 내지 150면.

02 Chapter 미국 연방정부조달계약의 절차

1절 법적 근거 및 절차의 개요

Ⅰ. 법적 근거

1. 초창기 제정법(statutes)

미국 연방정부조달에 관한 최초의 제정법(statute)은 1795년 제정된 「공공물자조달법(Purveyor of Public Supplies Act)」이다. 동법에서는 육군과 해군에서 필요한 물자를 민간거래를 통하여 구매할 수 있도록 하였다. 1808년 입법에서는 연방정부조달의 기본 원칙인 공무원의 사적 이익 추구 금지(officials not to benefit)가 명문화되었다. 이후 일련의 입법에서 연방정부조달에 있어서 청렴성과 공정성을 확보하기 위하여 사실상 협상에 의한 조달(negotiated procurement)을 폐지하고 원칙적으로 경쟁입찰(competitive bidding)에 의하도록 하였다. 1845년 입법에서는 일반에게 공개된 봉함입찰(sealed bids with public openings)이 연방정부조달의 일반적인 계약방식이 되었다. 연방정부조달의 기본원칙으로 경쟁입찰방식을 채택한 것은 연방정부조달계약을 애국심, 정치적인 영향, 권력에 의한 사적 이익의 추구에서 벗어나게 하기 위한 것이다.[96)]

그러나 제1차 세계대전이 일어나자 전쟁 기간 중 생산시설과 원자재의 부족으로 말미암아 군수물자의 구입에 과열 경쟁이 벌어져 가격이 폭등하는 사태가 벌어졌고, 경쟁입찰방식은 필요한 물자의 적시 공급을 가로막는 방해물로 인식되었다. 이후 제2차 세계대전이 발발할 무렵에 이르러 협상에 의한 계약방식으로 완만한 변화의 조짐을 보이기 시작하였다. 그러다가 1941년 「1차 전쟁 수권법(First War Power Act)」에서 군수물자의 조달에 있어서 각종 제한이 대부분 철폐되었고, 1942년 전시생산위원회(War Production Board)에 의하여 발령된 「제2호 지침(Directive 2)」에 의하여 조달방식이 경쟁입찰방식에서 협상에 의한 방식으로 완전히 전환되었다.[97)]

제2차 세계대전이 끝난 후 전쟁 기간 동안 한시적으로 운용되던 비상입법이 만료되자, 1947년 「군수조달법(Armed Service Procurement Act)」이 제정되어 경쟁입찰방식인 봉함입찰을 우선적인(preferred) 조달방식으로 규정되었다. 동법에 따른 조달은 국방부(DOD, Department of Defense)에서 제정한 「군수조달규정(ASPR, Armed Service Procurement Regulation)」을 통하여 집행되었다. 1978년 국방부는 위 규정의 명칭을 「국방조달규정(DAR, Defense Acquisition Regulation)」으로 변경하였다. 이후 1949년 제정된 「연방 재산 및 행정서비스법(Federal Property

---

96) Worthington, op. cit., at 1.
97) *Id.* at 1–2.

& Administrative Service Act)」에서는 국방부(DOD), 해안 경비대(Coast Guard), 국립항공우주국(NASA, National Aeronautics & Space Administration) 및 기타 별도의 조달 법령에 의하는 행정기관을 제외한 모든 행정기관의 조달에 관한 규정을 두었고, 그럼으로써 동법은 연방정부조달에 관한 일반법의 지위를 갖게 되었다. 동법에 따른 조달은 연방조달청(GSA, General Services Administration)이 제정한 「연방조달규정(FPR, Federal Procurement Regulation)」에 의하여 집행되었다. 한편 국립항공우주국(NASA)의 조달에 관하여는 「국립항공우주법(National Aeronautics & Space Act)」에 의하여 규율되었고, 「국립항공우주국조달규정(NASA Procurement Regulation)」에 의하여 집행되었다.[98] 그리하여 군수물자는 국방부에서 제정한 국방조달규정(DAR)에 의하여, 일반 행정물자는 연방조달청(GSA)에서 제정한 연방조달규정(FPR)에 의하여, 그리고 국립항공우주국에서 필요한 물자는 국립항공우주국조달규정(NASA Procurement Regulation)에 의하여 각각 구분되어 집행되었다.[99]

2. 연방조달규정(FAR, Federal Acquisition Regulation)

조달기관별로 각각 구분되어 운영되던 국방조달규정(DAR), 연방조달규정(FPR) 및 국립항공우주국조달규정(NASA Procurement Regulation)이 「연방조달규정(FAR, Federal Acquisition

98) *Id.* at 2.
99) 전현철, 미국 연방정부 조달계약에 관한 법적 고찰, 264면 내지 266면.

Regulation)」[100]으로 통합되었다.[101] 연방조달규정(FAR)은 「연방조달정책청법(OFPP, Office of Federal Procurement Policy Act)」에 의하여 정립된다. 연방조달규정(FAR)의 개정 및 관리에 관한 법적 권한은 국방부(DOD), 연방조달청(GSA), 국립항공우주국(NASA)에게 부여되어 있으나, 「연방조달정책청법」에 의하여 설치된 연방조달규정위원회(Federal Acquisition Regulatory Council)의 승인을 얻어야 확정된다.[102] 연방조달정책청(OFPP, Office of Federal Procurement Policy)은 범정부적인 조달정책의 수립, 조달규정의 정립, 정부기관 규정 상호 간의 부조화 해소 등을 통하여 정부조달절차의 통일화 내지 균일화를 도모하고자 설치된 행정기관이다. 연방조달정책청은 연방조달규정(FAR)을 통하여 통일된 범정부적인 조달정책을 시행하고 있다.[103]

연방조달규정(FAR)은 총 53장(parts)으로 구성되어 있는데, 이를 그 내용에 따라 구분하면 8개의 주요 부분으로 구분된다. 즉, 제1장부터 제4장까지는 '총칙(General)', 제5장부터 제12장까지는 '조달계획(Acquisition Planning)', 제13장부터 제18장까지는 '계약방법과 계약종류(Contracting Methods and Contract Types)', 제19장부터 제26장까지는 '사회경제적 계획(Socioeconomic Program)', 제27장부터 제33장까지는 '일반적 계약요건(General Contracting

---

100) 사전적으로 'procurement'는 군이나 행정기관이 그 수요를 충족시키기 위해 필요한 물자를 구입하는 활동, 즉 '조달'을 의미하고, 'acquisition'은 '획득', '구입'이라는 의미를 갖고 있다. 따라서 직역을 하면 'Federal Procurement Regulation(FPR)'은 '연방조달규정'으로, 'Federal Acquisition Regulation(FAR)'은 '연방획득규정'으로 번역된다. 그러나 우리나라 대부분의 문헌에서 'Federal Acquisition Regulation(FAR)'을 연방조달규정으로 번역하고 있으므로 다소 혼란의 소지가 있지만 'Federal Procurement Regulation(FPR)'과 'Federal Acquisition Regulation(FAR)'을 모두 연방조달규정으로 부르기로 한다.

101) Worthington, op. cit., at 3.

102) 41 U.S.C.A. § 1303(b)(1).

103) 41 U.S.C.A. § 1121.

Requirements)', 제34장부터 제41장까지는 '특수 범주의 계약(Special Categories of Contracting)', 제42장부터 제51장까지는 '계약관리(Contract Management)', 제52장 및 제53장은 '조항 및 양식(Clauses and Forms)'에 관한 규정이다. 연방조달규정(FAR)은 명시적으로 그 적용을 배제하지 않는 한, 모든 연방정부기관의 조달에 대하여 적용된다.[104)]

연방정부기관은 연방조달규정(FAR)을 보충하는 내용의 규칙(supplements)을 제정할 수 있다. 이러한 보충규칙은 「연방공보법(Federal Register Act)」에 의거하여 연방공보에 게재되어야 하고, 연방조달규정(FAR)과 함께 정부조달계약을 규율하는 법령체계를 이루게 된다. 이러한 보충규칙의 제정에는 일정한 한계가 있다. 보충규칙은 그 정부기관 내에서 연방조달규정이 정한 정책과 절차를 시행하기 위하여 필요한 것이어야 하고, 그 보충규칙이 정한 추가적인 정책이나 절차 또는 계약조항이 그 정부기관의 고유한 독자적인 요구를 충족하는 것이어야 한다.[105)]

연방조달규정(FAR)의 개정은 국방조달규정위원회(Defense Acquisition Regulation Council)와 일반기관[106)]조달위원회(Civilian Agency Acquisition Council)의 협력 활동을 통하여 이루어진다. 국방조달규정위원회(DAR Council)는 국방부장관으로부터 위임을 받은 사람이 위원장을 맡고 군수기관(Defense Logistics Agency), 국립항공우주국(NASA) 등으로부터 각각 위임을 받은 사

---

104) Keyes, W. Noel, Government Contracts in a nutshell(4th ed.), Thomson West., 2004. at 4.

105) FAR 1.302.

106) 'civilian agency'는 직역을 하면 '민간기관'이 된다. 그런데 여기서 'civilian'은 군(army)이 아니라는 의미이다. 즉, 'civilian agency'는 국방부, 해양경비대, 국립항공우주국 이외의 일반 행정기관을 가리킨다. 'civilian agency'를 민간기관이라고 번역하면 행정기관이 아닌 사적인 민간단체로 오해할 소지가 있으므로 일반기관으로 번역하기로 한다.

람들이 구성원이 된다. 일반기관조달위원회(CAA Council)는 연방조달청장으로부터 위임을 받은 사람이 위원장을 맡고, 농무부, 상무부, 보건부, 노동부 등으로부터 각각 위임을 받은 사람들이 구성원이 된다.[107] 국방조달규정위원회(DAR Council)와 일반기관조달위원회(CAA Council)의 협의를 통하여 마련한 개정안을 연방조달규제위원회(FAR Council)에 제출하면, 연방조달규제위원회에서 최종적으로 규정의 내용을 확정한다.[108]

연방조달규제위원회(FAR Council)는 연방조달정책청장(OFPP Administrator)이 위원장이 되고, 연방조달청, 국방부와 국립항공우주국에서 조달정책을 책임지는 공무원이 위원으로 참여한다. 연방조달규제위원회는 연방조달규정(FAR)을 관리하고, 또한 연방정부기관이 제정한 연방조달규정의 보충규칙(FAR supplements)에 대하여 앞서 언급한 보충규칙의 제정 한계를 벗어났는지 여부를 심사하여 제한함으로써 범정부적인 조달정책의 수립 및 조달규정의 정립 작용을 감독하고 조정하는 기능을 수행한다.[109]

3. 주요 제정법(statute)

3-1. 계약분쟁법

「계약분쟁법(CDA, Contract Disputes Act)」은 정부계약에 의하거나 정부계약과 관련하여 발생한 분쟁의 해결을 규율하기 위하여 1978년 제정되었다. 동법에서는 주로 정부조달계약의 이행과 관련

107) FAR 1.201-1.
108) 41 U.S.C.A. § 1303(a).
109) 전현철, 미국 연방정부 조달계약에 관한 법적 고찰, 266면 내지 269면.

하여 계약상대방과 조달기관 사이의 분쟁을 해결하기 위한 절차에 관한 규정을 두고 있다. 동법에 따른 분쟁해결절차는 계약관의 최종 결정(final decision)을 구하는 클레임(claim)을 제기함으로써 개시된다. 계약관의 최종 결정에 대하여 불만이 있는 계약상대방은 각 정부기관 내에 설치된 계약소청심사위원회(board of contract appeals)에 심사를 청구하거나 또는 이에 갈음하여 연방청구법원(United States Court of Federal Claims)에 소를 제기함으로써 다툴 수 있다.[110)]

3-2. 경쟁계약법

「경쟁계약법(CICA, Competition in Contracting Act)」은 정부조달계약에서 경쟁을 촉진하여 재정낭비를 막기 위한 목적에서 1984년 제정된 법이다. 정부조달계약에 있어서 낙찰자의 결정은 완전하고 공개적인 경쟁(full and open competition)을 통하여 이루어져야 하고, 이러한 경쟁절차에는 봉함입찰(sealed bids)과 경쟁적 제안(competitive proposals)이 있다.[111)] 동법의 내용은 연방조달규정(FAR)의 근간을 이루고 있다.

3-3. 연방조달간소화법

「연방조달간소화법(FASA, Federal Acquisition Streamlining Act)」은 정부조달에 소요되는 행정부담과 비용을 낮추기 위하여 1994년에 제정되었다. 동법에서는 시장가격에 의한 상용물품

110) 41 U.S.C.A. § 7101 et seq.
111) 41 U.S.C.A. § 3301.

(commercial items)의 조달범위를 확대하고, 정부조달에서 요구되는 여러 가지 법적인 제한을 제거함으로써 상용물품의 구입을 용이하게 하였다. 상용물품(commercial items)이란 일반 국민들이 통상적으로 사용하고 있는 형태의 물품으로서 부동산을 제외한 것을 말한다.[112] 복잡한 경쟁절차를 통하여 정부의 요구에 맞춘 제품을 구입하기 보다는 가급적 시장에서 판매하는 상용물품을 구입하도록 함으로써 행정부담과 비용을 낮추고자 한 것이다.[113] 또한 간이조달절차(SAP, Simplified Acquisition Procedures)의 적용범위를 확대하여 그 한도를 25,000달러 이하에서 10만달러 이하로 상향하였다. 이후 그 한도가 계속 상향되어 현재는 25만달러 이하로 그 적용범위가 확대되었다.[114] 간이조달절차를 적용받기 위하여 그 한도를 초과하는 계약을 둘 이상으로 나누는 행위는 금지된다.[115]

3-4. 연방조달개혁법

「연방조달개혁법(FARA, Federal Acquisition Reform Act)」은 연방정부조달에 있어서 효율적이고 건전한 거래 관행을 달성하기 위한 목적에서 1996년에 제정된 법이다. 동법은 「국방수권법(Defense Authorization Act)」의 일부에 해당하는 법률로서 「정보기술관리개혁법(Information Technology Management Reform Act)」[116]과 함께 「연방조달간소화법(FASA)」이 추구하는 개혁의 중요한 부분을 담당하고 있다. 연방정부의 조달은 완전하고 공개된 경쟁(full and

---

112) FAR 2.201.
113) 41 U.S.C.A. § 3307.
114) 41 U.S.C.A. § 134.
115) 41 U.S.C.A. § 3305.

open competition)을 통하여 이루어져야 한다. 따라서 원칙적으로 봉함입찰(sealed bids)에 의하여야 하고, 만일 봉함입찰이 적절하지 않다면 경쟁적 제안(competitive proposals)에 의할 수 있다. 완전하고 공개된 경쟁은 정부의 요구조건(government requirement)을 효율적으로 충족시키는 방식으로 실시되어야 한다. 계약관은 물자를 조달함에 있어서 정부기관의 요구조건을 구체적으로 명시하여야 하고, 완전하고 공개된 경쟁이 이루어지도록 봉함입찰이나 경쟁적 제안에 부쳐야 한다. 경쟁적 제안에 있어서 계약관은 경쟁적 범위(competitive range)에 속하는 제안자의 수를 효율적인 경쟁이 가능하도록 제한할 수 있다. 계약담당공무원은 입찰요청(invitation for bid)이나 제안요청(request for proposal) 등에서 명시한 요구조건에 근거하여 계약상대자를 선정하여야 하고, 공익(public interest)에 부합한다면 선정하지 않을 수도 있다.[117)]

4. 판례법(case law)

정부조달계약의 이행과 관련되거나 또는 이로부터 야기된 분쟁에 대한 판례법(case law) 역시 주요한 법적 근거가 된다. 정부조달계약과 관련된 주요 판례법으로는 각 정부기관에 설치된 계약소청심사위원회(Boards of Contract Appeal)의 결정, 연방청구법원(United States Court of Federal Claims)과 연방순회항소법원(United States

---

116) 「연방조달개혁법(FARA)」과 「정보기술관리개혁법(Information Technology Management Reform Act)」을 합하여 클린거-코헨법(Clinger-Cohen Act)이라고 부르기도 한다. 클린거는 당시 펜실베니아주의 하원의원이었고 코헨은 메인주의 상원의원으로서 위 법안을 제안한 사람들이다.

117) 10 U.S.C.A. § 2304, 2305.

Court of Appeals for the Federal Circuit) 및 대법원(United States Supreme Court)의 판결 등이 있다. 연방청구법원은 계약분쟁법(CDA)이 적용되는 분쟁을 포함한 정부계약분쟁 관련 소송을 관할하는 특별법원이다. 연방순회항소법원은 계약소청심사위원회의 결정과 연방청구법원의 판결에 대한 항소를 관할하는 법원이다. 이러한 각종 계약소청심사위원회의 결정과 위 법원들의 판결은 법적 구속력 있는 선례(binding precedent)로서 법원(法源)으로 기능한다.[118)]

Ⅱ. 연방정부조달절차의 개요

1. 연방정부조달절차의 이념

연방정부조달절차의 이념은 국민의 신뢰(public's trust)를 유지하고 정부정책의 목적(public policy objectives)을 달성하면서, 수요자에게 적시(timely)에 최고 가치(best value)의 물품 및 용역을 조달하는 것이다.[119)] 연방정부조달절차는 저렴한 비용, 우수한 품질, 시기적절한 공급을 통하여 수요자를 만족시켜야 한다. 그러기 위해서는 상용물자(commercial products and services)의 사용을 최대화하고, 우수한 계약이행능력이 검증된 계약상대자를 선정하며, 경쟁을 촉진하여야 한다. 또한 행정비용을 최소화하고, 청렴하며 공정하고 공개된 거래를 통하여 조달이 이루어져야 하고, 정부정책의 목적을 충족하는 것이어야 한다.[120)]

118) Kelleher etc., op. cit., at 14.
119) FAR 1.102(a).
120) FAR 1.102(b).

2. 연방정부조달절차의 진행순서

연방정부조달절차는 참가권유(solicitation), 평가(evaluation), 계약상대자의 선정(award)의 순서로 진행된다. 참가권유(Solicitation)는 청약(offers) 또는 견적(quotations)의 제출을 요청하는 것을 말한다. 봉함입찰(sealed bid)에서는 입찰요청(invitations for bids)이라고 하고, 협상에 의한 절차(negotiated procedures)에서는 제안의 요청(requests for proposals)이라고 한다. 간이조달절차(simplified acquisition procedures)에서는 견적(quotation) 또는 청약(offer)의 제출을 요청하는 것을 말한다.[121] 정부기관은 필요한 물자를 조달하고자 하는 경우 공급자들에게 참가권유를 한다. 참가권유에서는 정부의 요구조건(government requirement)을 명확하고 정확하게 밝혀야 한다.

정부기관은 참가자가 한 입찰, 제안 또는 견적에 대하여 평가(evaluation)를 한다. 평가는 참가권유에서 명시한 정부의 요구조건(government requirement)에 근거하여 이루어져야 한다. 가격만으로 또는 가격과 가격 관련 요소를 함께 고려하여 평가한다. 가격 이외의 요소로는 과거의 이행실적(past performance), 계약이행능력, 기술적 요소 등이 있다. 정부기관은 평가의 결과에 따라 계약상대자를 선정(award)하고 계약을 체결하게 된다.

3. 경쟁절차에 의한 계약체결

연방정부조달계약은 경쟁절차(competitive procedures)에 의하는

121) FAR 2.101(b).

것이 원칙이다. 계약관은 경쟁절차를 통하여 완전하고 공개적인 경쟁(full and open competition)이 이루어지도록 하여야 한다.[122] 완전하고 공개적인 경쟁의 요건을 충족시킬 수 있는 경쟁절차로는 봉함입찰(sealed bids), 경쟁적 제안(competitive proposals), 절충적 경쟁절차(combination of competitive procedures), 그 밖의 다른 경쟁절차가 있다.

원칙적으로 봉함입찰에 의하여야 하고, 봉함입찰이 적절하지 않은 경우에는 경쟁적 제안 또는 2단계 봉함입찰(two-step sealed bidding) 등 절충적 경쟁절차, 그 밖의 다른 경쟁절차에 의할 수 있다. 그 밖의 다른 경쟁절차란 건축엔지니어계약(architect-engineer contracts) 또는 기초연구나 응용연구 분야의 계약, 다수공급자계약(multiple award schedule)에서 계약상대자를 선정하는 경우에 사용되는 경쟁절차를 말한다.[123]

4. 비경쟁절차에 의한 예외적인 계약체결

연방정부조달계약은 경쟁절차에 의하여 체결하는 것이 원칙이지만, 법령에서 완전하고 공개적인 경쟁에 의하지 않고 계약을 체결할 수 있도록 허용하고 있는 경우에는 예외적으로 비경쟁절차(non-competitive procedures)에 의하여 계약을 체결할 수 있다.[124] 비경쟁절차란 단일공급자조달(sole source acquisition)을 말한다. 단일공급자조달은 오직 하나의 공급자(only one source)에게 참가권유

---

122) FAR 6.101.
123) FAR 6.102.
124) 10 U.S.C.A. § 2304 and 41 U.S.C.A. § 3304.

(soliciting)를 하고 협상(negotiating)을 하여 계약을 체결하거나 계약의 체결을 위한 제안을 받아 물자나 용역을 구매하는 계약을 말한다.[125)]

비경쟁절차는 예외적이고 긴급한 사정이 있는 경우에 법령에 근거하여 허용된다. 비경쟁절차에 의하여 계약을 체결할 수 있는 경우는 다음과 같다.[126)] ① 적격을 갖춘 공급자(responsible source)가 오직 한 명뿐이거나 제한된 수에 그치고 다른 물품이나 용역은 조달기관의 요구조건을 충족시키지 못하는 경우,[127)] ② 참가자의 수를 제한하지 않는다면 정부에게 심각한 위해를 미칠 수 있는 예외적이고 절박한 긴급 상황(unusual and compelling urgency)에 처한 경우,[128)] ③ 국가비상사태(national emergency)를 극복하거나 산업동원(industrial mobilization)[129)]의 목적달성을 위하여 물자나 용역을 제공할 수 있는 시설이나 공급자를 유지하기 위한 경우, 교육기관이나 비영리기관 또는 연방자금이 지원된 연구·개발센터에서 제공하는 필수적인 엔지니어링, 연구 또는 개발역량을 구축하거나 유지하기 위한 경우, 소송 또는 분쟁에 대한 전문가의 용역을 제공받는 경우,[130)] ④ 미국 정부와 외국 정부 또는 국제기구 사이에 완전하고 공개적인 경쟁을 배제하는 국제합의 또는 조약(international agreement or treaty)이 있는 경우,[131)] ⑤ 제정법(statute)에서 명시적으로 다른 행

125) FAR 2.101(b).

126) FAR 6.302.

127) FAR 6.302-1.

128) FAR 6.302-2.

129) 산업동원(industrial mobilization)이란 전쟁 수행 또는 긴급사태 극복을 위하여 국가가 평상시의 산업 체제를 전시나 긴급사태에 적응하도록 전환시키는 것을 말한다.

130) FAR 6.302-3.

131) FAR 6.302-4.

정기관 또는 특정한 공급자로부터 조달을 받도록 규정하고 있는 경우, 널리 알려진 상용물품(brand name commercial item)을 구매하는 경우,[132] ⑥ 조달기관의 요구조건이 공개되면 국가안보(national security)가 위태롭게 되는 경우,[133] ⑦ 특정한 조달에 있어서 완전하고 공개적인 경쟁이 공익(public interest)에 반하는 경우[134]이다.

2절 연방정부조달계약의 절차

Ⅰ. 계약의 종류

1. 계약종류(contract types)의 선택

계약의 종류에 대한 광범위한 선택은 정부와 계약상대자에게 정부기관에서 요구하는 다양하고 충분한 양의 물품 및 용역을 확보하는데 필요한 유연성을 제공할 수 있다. 계약의 종류는 계약이행비용에 대하여 계약상대자가 부담하는 책임의 정도와 시기, 특정된 기준 또는 목표를 달성하거나 초과하는 경우 계약상대자에게 제공되는 성과급(incentive)의 범위와 성격에 따라 다양하다.[135]

132) FAR 6.302-5.
133) FAR 6.302-6.
134) FAR 6.302-7.
135) FAR 16.101(a).

계약의 종류는 고정가(固定價)계약(fixed-price contracts)과 비용정산(費用精算)계약(cost-reimbursement contracts)의 두 가지 범주로 크게 구분할 수 있다. 구체적인 계약의 종류는 계약상대자가 계약이행비용(performance costs) 및 그로 인한 이익(profit) 또는 손실(loss)에 대해 전적인 책임을 지는 확정고정가계약(firm fixed price contracts)에서 계약상대자가 계약이행비용에 대해 최소한의 책임을 지는 고정수수료조건부 비용계약(cost-plus-fixed-fee contract)에 이르기까지 다양하다. 이러한 계약들 사이에 계약상대자의 계약이행비용에 대한 책임과 계약이행의 불확실성에 맞추어 제공되는 각종 성과급(incentive)에 따른 다양한 성과급계약(incentive contracts)이 있다.[136]

봉함입찰에 의한 계약은 확정고정가계약(firm-fixed-price contracts) 또는 가격조정(economic price adjustment)조건부 고정가계약(fixed-price contracts)이어야 한다.[137] 그러나 협상에 의한 계약에서는 법령에 의하여 제한된 것이 아닌 한 정부의 이익을 촉진할 수 있는 어떤 종류의 계약이든 체결할 수 있다.[138] 계약관은 특정한 계약의 종류를 선택한 경우 그 선택한 이유를 설명하는 서면을 작성하여야 한다.[139] 간이조달절차에서 고정가격으로 조달을 하는 경우를 제외하고 참가권유(solicitation)에서 계약의 종류를 명시하여야 한다.[140]

136) FAR 16.101(b).
137) FAR 16.102(a).
138) FAR 16.102(b).
139) FAR 16.103(d).
140) FAR 16.105.

2. 고정가(固定價)계약(fixed price contracts)

고정가계약은 확정가격(firm price) 또는 적절한 경우 조정가능한 가격(adjustable price)을 대가로 지급하는 계약이다. 조정가능한 가격을 정하는 방법에는 가격상한(ceiling price)을 정하는 방법, 목표가격(target price)을 정하는 방법, 가격상한과 목표가격 모두 정하는 방법이 있다. 조정가능한 가격을 정하는 고정가계약에는 가격조정(economic price adjustment)조건부 고정가계약, 장래 가격재산정(prospective price redetermination)조건부 고정가계약, 소급적 가격재산정(retroactive price redetermination)조건부 고정상한가계약(fixed-ceiling-price contract)이 있다.[141]

2-1. 확정고정가계약(firm fixed price contracts)

확정고정가계약은 계약상대자가 지출한 비용에 상관없이 당초 계약에서 정한 가격을 대가로 지급하는 고정가계약이다. 따라서 확정고정가계약에서는 계약상대자가 지출한 비용에 따라 가격이 조정되지 않는다. 봉함입찰은 확정고정가계약에 의한다.[142] 확정고정가계약에서는 계약상대자가 계약이행비용 및 그로 인한 이익 또는 손실에 대한 전적인 책임을 지고 계약의 위험이 최대한 계약상대자에게 전가된다. 그러나 계약상대자가 효율적으로 비용을 관리하고 계약을 이행하는 경우 최대한의 이익을 누릴 수 있고, 가격조정 등이 수반되지 않으므로 계약당사자의 행정적인 부담을 최소화할 수 있는 이점이 있다.[143]

---

141) FAR 16.201(a).
142) FAR 14.104.
143) FAR 16.202-1.

확정고정가계약은 계약관이 공정하고 합리적인 가격을 정할 수 있는 경우로서 상용물품(commercial items)을 구입하거나 물품 또는 용역의 기능과 사양(specifications)을 명확하고 상세하게 정하여 조달할 수 있는 경우에 적합하다. 계약관이 공정하고 합리적인 가격을 정할 수 있는 경우란 적절한 가격경쟁이 이루어지는 경우, 동일하거나 유사한 물품 또는 용역의 종전 구입가격과 합리적인 가격 비교가 가능한 경우, 장래의 계약이행비용을 실제적으로 추정할 수 있는 경우, 계약상대자가 계약의 위험을 반영하여 확정고정가격을 기꺼이 수락하는 경우를 말한다.[144]

2-2. 가격조정(economic price adjustment)조건부 고정가계약

일정한 상황의 발생에 따라 가격을 조정할 수 있는 조건이 포함된 고정가계약이다. 가격조정의 유형에는 당사자가 합의한 수준에 따라 가격을 조정하는 경우, 계약상대자가 실제 지출한 인건비 또는 자재비에 따라 가격을 조정하는 경우, 계약의 내용을 이루는 인건비 또는 자재비의 기준(standards) 또는 목록(indexes)에 따라 가격을 조정하는 경우가 있다.[145] 계약당사자의 통제를 벗어난 시장변동(market fluctuations)이 발생한 경우 가격조정이 이루어진다. 따라서 가격조정 조건부 고정가계약은 계약관이 인건비 또는 자재비의 심각한 변동에 대응하여 계약상대자와 정부를 보호하기 위해 가격조정이 필요하다고 인정하는 경우에 한하여 사용되어야 한다.[146]

참가권유(solicitation)에 가격조정조건이 포함되어 있지 않더라도

144) FAR 16.202-2.
145) FAR 16.203-1(a).
146) FAR 16.203-3.

입찰자(bidder)가 가격조정을 제안할 수 있다. 이 경우 입찰은 제시된 기준가격(base price)에 최대한으로 가격조정이 이루어진 가격을 토대로 평가(evaluation)가 이루어져야 한다.[147] 입찰자가 제안하는 가격조정에는 가격의 상한(ceiling)이 제시되어야 하고, 이러한 상한이 포함되지 않은 가격조정이 포함된 입찰은 평가의 명확한 근거가 없는 한 거절되어야 한다.[148] 그러나 참가권유에 가격조정조건이 포함된 경우에는 가격조정조건이 적용되지 않은 제시된 기준가격(base price)을 토대로 평가가 이루어져야 한다. 참가권유에서 조건으로 제시한 가격조정의 적용을 배제하는 입찰 또는 가격조정의 상한을 높이거나 하한을 제한하는 입찰은 거절되어야 한다. 그러나 참가권유에서 조건으로 제시한 가격조정의 상한을 낮추는 입찰은 유효하며 가격조정의 한도를 낮추지 않은 입찰과 마찬가지로 기준가격을 토대로 평가가 이루어져야 한다.[149]

2-3. 장래 가격재산정(prospective price redetermination) 조건부 고정가계약

장래 가격재산정조건부 고정가계약은 최초의 이행기간(initial period)에는 확정고정가격에 의하고, 그 이후의 후속 이행기간(subsequent periods)에는 가격에 대한 재산정이 이루어지는 고정가계약이다.[150] 계약이행의 불확실성과 비용에 미치는 영향에 대한 평가를 기반으로 가격상한(ceiling price)이 정해진다.[151] 이 계약은 최초

147) FAR 14.408-4(a)(1).
148) FAR 14.408-4(a)(1)(2).
149) FAR 14.408-4(b).
150) FAR 16.205-1.
151) FAR 16.205-2(b).

의 이행기간 동안 공정하고 합리적인 확정고정가격을 협상할 수 있는 수량(quantity)에 의한 공급 또는 용역의 조달에 적합하다.[152] 최초의 이행기간은 공정하고 합리적인 확정고정가격을 협상할 수 있는 가장 긴 기간이어야 하고, 이후의 후속하는 각 가격의 책정기간은 최소 12개월 이상이어야 한다.[153]

2-4. 소급적인 가격재산정(retroactive price redetermination) 조건부 고정상한가계약(fixed-ceiling-price contract)

소급적 가격재산정조건부 고정상한가계약은 고정된 가격상한(fixed ceiling price)과 계약이행을 완료한 후 가격상한의 범위 내에서 소급적인 가격재산정을 규정하고 있는 고정가계약이다.[154] 이 계약은 초기에 공정하고 합리적인 고정가격을 협상하기 어렵고 금액과 짧은 이행기간으로 인하여 다른 유형의 고정가계약을 사용할 수 없는 경우로서 간이조달한도(simplified acquisition threshold) 이하의 연구개발계약(research and development contracts)에 적합하다.[155] 가격상한(ceiling price)은 계약위험에 대한 계약상대자의 합리적인 분담을 반영하는 수준에서 협상으로 정하여야 한다.[156] 계약관은 계약상대자의 선정(award) 전에 논의(discussion)하는 과정에서 계약상대자의 계약관리의 효율성(effectiveness)과 독창성(ingenuity)이 소급적 가격재산정에 있어서 고려될 것임을 명확히 하여야 한다.[157]

---

152) FAR 16.205-2.
153) FAR 16.205-2(a).
154) FAR 16.206-1.
155) FAR 16.206-2.
156) FAR 16.206-2(a).
157) FAR 16.206-2(c).

3. 비용정산계약(cost-reimbursement contract)

비용정산계약은 계약에서 정한 범위 내에서 실제 발생한 비용(actual cost)을 계약상대자에게 지급하는 계약이다. 이 계약에서는 재원 조달을 위한 예상 총비용(estimate of total cost)과 계약상대자가 초과할 수 없는 상한(ceiling)이 정해져야 한다.[158] 이 계약은 정부가 요구조건(requirements)을 명확히 정할 수 없거나 계약이행의 불확실성으로 인하여 정확한 비용추정을 할 수 없어 고정가계약에 의할 수 없는 경우에 한하여 사용되어야 한다. 따라서 상용물품(commercial items)의 조달에는 사용할 수 없다.[159]

비용정산계약에는 실제 발생한 비용(actual cost)과 함께 일종의 보수 또는 수고비에 해당하는 수수료(fee)를 지급하는 계약과 수수료(fee)를 지급하지 않는 계약이 있다. 수수료를 지급하는 계약에는 계약 체결 과정(inception of the contract)에서 협상으로 정한 고정수수료(fixed fee)를 지급하는 경우와 계약이행의 성과에 따른 보상수수료(award fee)를 지급하는 경우가 있다.

3-1. 비용계약(cost contract)

비용계약은 계약상대자에게 수수료(fee)를 지급하지 않는 비용정산계약이다.[160] 비용계약은 비영리교육기관 등 비영리기관의 연구개발과업에 적합하다.[161]

158) FAR 16.301-1.
159) FAR 16.301-2.
160) FAR 16.302(a).
161) FAR 16.302(b).

3-2. 비용분담계약(cost-sharing contract)

비용분담계약은 계약상대자가 수수료(fee)를 지급받지 않고 비용의 일정 비율만큼만 정산받는 비용정산계약이다.[162] 정산받는 비용의 일정 비율은 계약당사자의 합의로 정한다. 이 계약은 계약상대자가 실질적인 보상 혜택을 기대하면서 일정 비율의 비용을 부담하기로 동의한 경우에 사용될 수 있다.[163]

3-3. 고정수수료조건부 비용계약(cost-plus-fixed-fee contract)

고정수수료조건부 비용계약은 계약 체결 과정에서 협상으로 정한 고정수수료(fixed fee)를 계약상대자에게 지급하는 비용정산계약이다. 고정수수료(fixed fee)는 실제 발생한 비용에 따라 변하지 않으나 계약 내용이 변경되면 그에 따라 조정될 수 있다. 이 계약에 의함으로써 계약상대자에게 큰 위험을 줄 수 있는 수준의 노력(efforts)을 요구하는 계약의 체결이 가능하다는 이점이 있지만, 이 계약에서는 계약상대자에게 비용의 통제에 대한 최소한의 부상만이 주어짐으로써 효율적인 계약관리의 동기를 부여하기에 부족하다는 문제점이 있다.[164] 고정수수료조건부 비용계약은 조사나 예비탐사 또는 연구의 이행을 위한 계약으로서 필요한 노력의 수준을 알 수 없는 경우, 개발 및 시험을 위한 계약으로서 후술하는 성과급조건부 비용계약(cost-plus-incentive-fee contract)에 의할 수 없는 경우에 적합하다.[165]

---

162) FAR 16.303(a).
163) FAR 16.303(b).
164) FAR 16.306(a).
165) FAR 16.306(b)(1).

3-4. 보상수수료조건부 비용계약(cost-plus-award-fee contract)

보상수수료조건부 비용계약은 계약 체결 과정에서 정해진 고정된 기준금액(base amount)과 우수한 계약이행의 동기를 제공하기에 충분한 보상금액(award amount)으로 구성된 수수료(fee)을 지급하는 비용정산계약이다.[166] 보상금액은 계약상대자가 계약의 이행 기간 동안 전체적으로 또는 부분적으로 받을 금액으로 비용, 일정, 기술적 이행의 분야에서 우수한 성과를 내도록 동기를 부여하기에 충분한 금액이어야 한다. 계약상대자에게 지급될 보상수수료의 금액은 계약에 정해진 기준에 의하여 정부가 계약상대자의 이행을 정책적으로 평가하여 결정한다.

4. 성과급계약(incentive contracts)

성과급계약은 확정고정가계약이 적절하지 않은 경우로서 필요한 물품 또는 용역을 이윤 또는 수수료와 관련하여 납품이나 기술적 성과에 있어서 유리하게 좀 더 낮은 가격으로 조달할 수 있는 경우에 적합하다. 성과급계약에서는 계약상대자와의 협상을 통하여 달성할 수 있는 합리적인 목표(targets)가 정해져야 하고, 계약상대자에게 동기를 부여할 수 있는 적절한 성과급(incentive)이 포함되어야 한다.[167]

성과급계약에는 성과급조건부 고정가계약(fixed-price incentive contracts)과 성과급조건부 비용정산계약(cost-reimbursement incentive contracts)의 두 가지 범주가 있다. 계약상대자가 비용에

166) FAR 16.305, 16.405-2
167) FAR 16.401(a).

대한 상당 부분을 책임지고 비용에 대한 위험을 적절하게 분담하는 것이 정부에게 유리하므로 계약의 비용과 이행조건이 합리적으로 확정될 수 있는 경우에는 성과급조건부 고정가계약이 선호된다.[168]

4-1. 성과급의 유형

성과급의 유형에는 비용성과급(cost incentives), 이행성과급(performance incentives), 납기성과급(delivery incentives)이 있다. 비용성과급(cost incentives)은 계약상대자로 하여금 효율적으로 비용을 관리하도록 동기를 부여하는 성과급이다. 비용성과급은 이윤 또는 수수료 조정공식(a profit or fee adjustment formula)의 형태를 취하고 있다. 성과급계약에는 비용성과급이 반드시 포함되어 있고, 대부분의 경우 비용성과급만을 약정하고 있다.[169] 보상수수료계약(award-fee contracts)을 제외하고 성과급계약에는 목표비용(target cost), 목표이윤 또는 목표수수료(target profit or fee), 이윤 또는 수수료의 조정공식(a profit or fee adjustment formula)이 포함되어 있다. 이윤 또는 수수료의 조정은 가격상한(price ceiling) 또는 최대한 및 최소한의 수수료(minimum and maximum fee) 범위 내에서 이루어진다. 이윤 또는 수수료의 조정공식은 다음과 같다. 실제비용(actual cost)이 목표비용(target cost)을 충족하는 경우 목표이윤 또는 목표수수료로 귀결된다. 실제비용이 목표비용을 초과하는 경우에는 목표이윤 또는 목표수수료가 하향조정되고, 실제비용이 목표비용에 미달되는 경우에는 목표이윤

168) FAR 16.401(c).
169) FAR 16.402-1(a).

또는 목표수수료가 상향조정된다.[170] 이러한 이윤 또는 수수료의 증가 또는 감소가 성과급이 된다.

이행성과급(performance incentives)은 계약에서 정한 목표(targets)와 비교하여 계약상대자가 성취한 이행성과와 이윤 또는 수수료가 연관되도록 설계되어야 한다.[171] 이행성과급약정이 있는 경우 이윤 또는 수수료의 증가는 목표(targets)를 초과하여 달성한 경우에만 주어지고, 목표에 미달하는 경우에는 이윤 또는 수수료가 감소된다. 성과급은 최소 이행조건(minimum performance requirements)의 충족 여부가 아니라 이행목표(performance targets)의 충족 여부에 따라 정해진다.[172] 이행성과급은 이행성과의 질(quality of performance)이 대단히 중요하고 성과급이 계약상대자에게 동기를 부여할 수 있는 경우로서 객관적으로 측정할 수 있는 과제(tasks)를 달성하기 위한 용역계약에 적합하다.[173]

한편 납기성과급(delivery incentives)은 납품일정(delivery schedule)이 정부조달의 중요한 목표가 되는 경우에 고려될 수 있다. 그리하여 최대한 신속하게 납품이나 생산이 이루어져야 하는 경우에 납기성과급이 고려된다.[174] 납기성과급약정이 있는 경우 이윤 또는 수수료의 증가는 계약에서 정한 목표를 초과하여 달성한 경우에 주어지고 목표에 미달하는 경우에는 이윤 또는 수수료가 감소된다.[175] 납기성과급 약정에는 계약상대자의 귀책사유 없이 정부에 의하여 납기가 지연되거나 당사자가 통제할 수 없는 사유로 납기가 지연되는 경우 그

170) FAR 16.402-(b).
171) FAR 16.402-2(a).
172) FAR 16.401(b).
173) FAR 16.402-2(b).
174) FAR 16.402-3(a).
175) FAR 16.401(b).

에 대한 보상 및 불이익이 규정되어야 한다.[176]

비용성과급, 이행성과급, 납기성과급을 모두 포함한 다중 성과급(multiple-incentive) 약정을 할 수도 있다. 다중 성과급 약정에서는 계약상대자에게 각각의 성과급에서 우수한 결과를 얻기 위해 노력하도록 동기를 부여하여야 하고, 정부의 조달목표에 일치하도록 각각의 성과급 사이에 상호 보완(trade-off)이 이루어지도록 하여야 한다. 비용, 기술적 성과, 납품목표(delivery goals)의 상호 의존성으로 인하여 이들 목표 중 어느 하나만 강조하는 계약은 다른 목표에 대한 통제를 위태롭게 할 수 있다. 각각의 성과급에서 모두 우수한 결과를 얻기는 어려우므로 다중 성과급 계약에서는 계약이행의 결과에 대한 비용(cost)과 그에 대한 정부의 가치(value)를 비교하여 비용이 더 큰 경우에는 우수한 기술적 성과나 납품결과에 대하여 계약상대자에게 주는 보상을 배제하는 내용의 비용성과급약정이 포함되어야 한다.[177]

4-2. 성과급조건부 고정가계약(fixed-price incentive contracts)

총 목표비용(total target cost)에 대한 최종 합의된 총비용(total cost)의 관계에 근거한 공식을 적용하여 이윤(profit)을 조정하고 최종 계약금액(final contract price)을 정하는 고정가계약이다. 최종가격(final price)은 당초에 합의된 가격상한(price ceiling)의 적용을 받는다. 성과급조건부 고정가계약에는 확정목표(firm target)계약과 승계목표(successive target)계약의 두 가지 형태가 있다.[178]

확정목표(firm target)계약에서는 목표비용(target cost), 목표이

---

176) FAR 16.402-3(b).
177) FAR 16.402-4.
178) FAR 16.403(a).

윤(target profit), 가격상한(price ceiling), 공정하고 합리적인 성과급을 제공하는 이윤조정공식(profit adjustment formula)을 계약 체결 과정에서 협상으로 정하여야 한다.[179] 계약상대자가 조정공식에 따라 비용에 대한 책임을 상당 부분 분담하는 경우 목표이윤은 이러한 책임을 반영하는 것이어야 한다.[180] 계약상대자가 이행을 완료한 때 당사자들은 최종비용(final cost)을 협상하고 공식을 적용하여 최종가격(final price)을 정한다. 최종비용이 목표비용보다 작은 경우에는 공식의 적용에 의하여 최종이윤(final profit)이 목표이윤(target profit)보다 커진다. 반대로 최종비용이 목표비용보다 큰 경우에는 최종이윤이 목표이윤보다 작거나 심지어 손실을 볼 수 있다. 이윤(profit)의 증가 또는 감소가 성과급이 된다. 협상된 최종비용이 가격상한을 초과한다면 계약상대자는 그 차액을 손실로 부담한다.[181]

계속적 목표(successive target)계약에서는 초기목표비용(initial target cost), 초기목표이윤(initial target profit), 확정목표이윤(firm target profit)을 설정하는데 사용되는 초기이윤조정공식(initial profit adjustment formula), 확정목표비용(firm target cost)과 확정목표이윤(firm target profit)이 협상될 생산시점(production point), 계약상대자에게 지급할 수 있는 최대한인 가격상한(ceiling price)을 계약 체결 과정에서 협상으로 정하여야 한다.[182] 계약에서 정해진 생산시점에 도달하였을 때 계약당사자는 계약에 따른 비용 내역과 기타 관련 요소를 고려하여 확정목표비용을 협상하고, 확정목표이윤은 조정공식에 의하여 정해진다. 계약당사자는

179) FAR 16.403-1(a).
180) FAR 16.403-1(b).
181) FAR 16.403-1(a).
182) FAR 16.403-2(a)(1).

확정목표비용과 확정목표이윤을 기준으로 하여 확정고정가격을 협상할 수 있고, 만일 확정고정가격 협상이 적절하지 않다면 확정목표비용과 확정목표이윤을 사용하여 최종가격을 정하기 위한 공식을 협상할 수 있다. 계약의 이행을 완료한 때에 최종비용을 협상하고 최종이윤은 확정목표계약에서와 마찬가지로 공식에 의하여 정해진다.[183]

확정목표계약은 목표비용, 목표이윤, 이윤조정공식, 가격상한을 계약당사자가 처음부터(outset) 협상으로 정할 수 있는 경우에 적합하다.[184] 이에 비하여 계속적 목표계약은 비용 또는 가격책정에 관한 정보가 충분하지 않아 계약상대자를 선정하기에 앞서 확정목표비용과 이윤을 협상하기 어렵지만 초기목표(initial targets)를 협상하기에 충분한 경우로서 계약이행의 초기 시점(early point)에 확정고정가격(firm fixed price) 또는 공정하고 합리적인 성과급 지급을 위한 최종이윤과 가격을 정할 수 있는 공식(formula)과 확정목표(firm targets) 중 어느 하나를 협상하기 위한 신뢰할만한 추가 정보를 사용할 수 있는 경우에 적합하다.[185]

4-3. 보상수수료조건부 고정가계약 (fixed-price contracts with award fees)

고정가계약에서 보상수수료(award-fee) 조건은 정부가 계약상대자에게 동기를 부여하고자 하나 계약상대자의 이행을 객관적으로 측정할 수 없어 다른 성과급을 사용할 수 없는 경우에 사용될 수 있다. 이 계약에서는 계약상대자의 노력(effort)에 대한 고정가격(fixed price)

183) FAR 16.403-2(a)(2).
184) FAR 16.403-1(b).
185) FAR 16.403-2(b).

이 정해져야 하고, 이 고정가격에는 정상 이윤(normal profit)이 포함된다. 계약의 이행이 완료되었을 때에 고정가격이 지급되고, 일정한 기준이 충족된 경우 고정가격에 추가하여 보상수수료가 지급된다.[186]

4-4. 성과급조건부 비용계약 (cost-plus-incentive-fee contracts)

성과급조건부 비용계약은 계약 체결 과정에서 당사자가 협상으로 정한 수수료(fee)를 계약의 이행 후에 지급 가능한 총비용(total allowable costs)과 총목표비용(total target costs)에 대한 관계에 기초한 공식에 의하여 조정할 수 있도록 규정한 비용정산계약이다. 계약당사자는 협상으로 목표비용(target cost), 목표수수료(target fee), 수수료의 최소한과 최대한(minimum and maximum fees), 수수료조정공식(fee adjustment formula)을 정하여야 한다. 계약의 이행 후 계약상대자에게 지급하는 수수료는 공식에 의하여 정해지는데, 지급 가능한 총비용(total allowable costs)이 목표비용(target costs)보다 작으면 목표수수료(target fee)를 초과하여 수수료를 인상하고, 지급 가능한 총비용이 목표비용을 초과하면 목표수수료 아래로 수수료를 감소시킨다. 수수료의 인상과 감소는 계약상대자가 계약을 효과적으로 관리한 데 대한 성과급(incentive)으로 주어지는 것이다.[187] 성과급조건부 비용계약은 비용정산계약이 요구되는 경우로서 계약상대자에게 효율적인 계약관리의 동기를 부여하도록 목표비용과 수수료 조정공식을 협상할 수 있는 용역계약 또는 개발 및 시험 프로그램(development and test programs)계약에 적합하다.[188]

---

186) FAR 16.404, 16.401(e).
187) FAR 16.405-1(a).
188) FAR 16.405-1(b)(1).

4-5. 보상수수료조건부 비용계약 (cost-plus-award-fee contracts)

보상수수료조건부 비용계약은 보상수수료(award fee)를 지급하는 비용정산계약이다. 보상수수료조건부 비용계약도 성과급계약의 하나이다. 이 계약에 관하여는 앞서 비용정산계약에서 설명하였으므로 여기에서는 생략하기로 한다.

5. 시간 및 자재 계약(time-and-materials contract)

시간 및 자재 계약은 임금, 간접비, 일반관리비, 이윤을 포함한 고정 시간당 요율(fixed hourly rates)에 따른 직접적인 노동 시간(direct labor hours)과 실제 자재비(actual cost for materials)에 근거하여 물품 및 용역을 조달하는 계약이다.[189] 시간 및 자재 계약은 계약 체결 당시에 작업의 범위와 기간을 정확하게 예측할 수 없거나 비용을 합리적으로 예상할 수 없는 경우에 사용된다. 계약에서는 임금, 간접비, 일반관리비, 이윤을 포함한 별도의 고정 시간당 요율(fixed hourly rates)이 정해져야 한다. 시간 및 자재 계약에서는 계약상대자에게 비용 관리 및 노무관리의 효율성에 대한 성과급(incentive)이 주어지지 않는다. 따라서 효율적인 비용 관리가 이루어지기 위해서는 계약상대자의 이행에 대한 정부의 관리감독(surveillance)이 요구된다.[190] 시간 및 자재계약의 변형으로 노동시간계약(labor-hour contract)이 있다. 계약상대자에 의하여 자재(materials)가 공급되지 않는다는 점에서만 시간 및 자재계약과 차이

189) FAR 16.601(b).
190) FAR 16.601(c).

가 있을 뿐이고 그 밖에 시간 및 자재계약에 적용되는 규정은 노동시간계약에도 그대로 적용된다.[191]

Ⅱ. 계약상대자의 선정

1. 간이조달절차(Simplified Acquisition Procedures)

간이조달절차는 행정비용을 절감하고, 소기업이나 여성기업, 재향군인기업 등 사회적 약자기업에게 정부조달계약에 참여할 수 있는 기회를 제공하며, 계약의 효율성과 경제성을 제고하고, 조달기관과 계약상대방에게 불필요한 부담을 주지 않기 위하여 마련된 조달절차이다.[192] 연방기관은 필요한 물자를 조달함에 있어서 최대한 간이조달절차에 의하여야 한다.[193] 다만, 간이조달절차의 한도를 초과하는 경우와 750만 달러를 초과하는 상용물품을 조달하는 경우에는 간이조달절차에 의할 수 없다.[194] 현재 간이조달절차의 한도는 25만 달러 이하이다.[195]

간이조달절차는 견적 또는 청약의 요청(request for quotations or offer), 견적 또는 청약에 대한 평가(evaluation), 계약상대자의 선정(award)의 순서로 이루어진다. 계약관은 구두 또는 서면으로 견적 또는 청약을 요청할 수 있다. 계약관은 합리적인 경우 이러한 요

191) FAR 16.602.
192) FAR 13.002.
193) FAR 13.003(a).
194) FAR 13.003(c)(1).
195) FAR 2.101(b).

청을 한 명의 공급자(single source)에게만 할 수도 있다.[196] 견적(quotations)은 계약을 구성하는 청약(offer)이 아니다. 따라서 정부가 견적에 응하여 공급자에게 특정한 조건으로 물자를 구매하겠다는 주문(order)을 하더라도 계약이 성립하는 것은 아니다. 정부는 자신이 한 주문을 언제든지 철회하거나 변경할 수 있다.[197] 견적에 응하여 정부가 한 주문이 청약이 되고, 공급자가 주문을 승낙하면 계약이 성립한다.[198]

계약관은 견적 또는 청약에 대한 평가에 있어서 광범위한 재량권을 갖는다. 계약관은 가격만으로 또는 가격과 가격 이외의 다른 평가요소를 함께 고려하여 견적이나 청약을 평가할 수 있다. 가격 이외의 다른 평가요소로는 과거의 이행실적, 고객만족도 조사결과(customer surveys), 계약관의 경험에 따른 지식 등이 있다.[199] 계약관은 계약상대자를 선정하기에 앞서 제시된 가격이 공평하고 합리적인지 판단하여야 한다. 만일 하나의 가격만 제시되었다면, 계약관은 시장조사(market research), 제시된 가격과 종전 구입가격과의 비교, 최근의 가격 목록, 유사 제품과의 비교 등에 근거하여 가격의 합리성을 설명하는 진술서면(statement)을 작성하여야 하고, 이러한 진술서면은 계약서류에 포함된다.[200]

196) FAR 13.106-1.
197) FAR 13.004(c).
198) FAR 13.004(a).
199) FAR 13.106-2.
200) FAR 13.106-3.

2. 봉합입찰(Sealed Bid)

2-1. 의의

봉합입찰이란 일반에게 공개된 경쟁입찰을 말한다. 봉합입찰은 남북전쟁 이래로 제정법에 의하여 줄곧 요구되어 온 전통적인 입찰방식이고 원칙적인 계약체결방법이다. 봉합입찰의 목적은 입찰참가자격을 가진 사람들 모두에게 정부조달계약을 위하여 경쟁할 기회를 제공함으로써 정부로 하여금 경쟁의 이익(benefits of competition)을 누리도록 하는데 있다. 따라서 입찰에서 입찰자의 수를 부당하게 제한할 우려가 있는 불필요하게 엄격한 요구조건(requirements)이나 사양(specifications)을 요구하는 것은 금지된다.[201)]

참가권유(solicitation), 입찰서의 제출(submission), 입찰평가(evaluation)를 할 시간이 있고, 낙찰이 가격과 가격 관련 요소에 근거하여 이루어지며, 입찰자와 논의(discussions)할 필요가 없고, 1인 이상 입찰참가를 기대할 수 있는 경우에는 봉합입찰에 의하여야 한다.[202)] 그러나 봉합입찰이 적합하지 않는 경우에는 경쟁적 제안(competitive proposals)에 의하여야 한다. 따라서 경쟁적 제안은 논의(discussions)가 필요하고 봉합입찰이 적합하지 않은 경우에 사용된다.[203)]

2-2. 봉합입찰의 절차

봉합입찰은 입찰요청(invitation for bids), 입찰서의 제출(submission

---

201) FAR 14.101(a).
202) FAR 6.401(a).
203) FAR 6.401(b).

of bids), 입찰평가(evaluation of bids), 낙찰(award)의 순서로 이루어진다. 입찰요청에는 정부의 요구조건(requirements)이 명확하고 정확하게 빠짐없이 기술되어야 한다.[204] 입찰요청은 입찰예정자들에게 배포하거나 공공의 장소에 게시하는 등 적당한 방법으로 공개되어야 한다. 입찰요청은 입찰자들이 준비하고 참가할 수 있도록 충분한 시간을 두고 이루어져야 한다.[205] 입찰기간(bidding time), 즉 입찰요청을 한 때로부터 개찰을 할 때까지의 기간은 최소한 30일 이상이어야 한다. 지나치게 짧은 입찰기간은 입찰참가자의 수를 부당하게 감소시킴으로써 경쟁을 제한하고 낙찰가격의 상승을 초래할 우려가 있다.[206]

입찰자는 입찰요청에서 정한 시간과 장소에서 봉함된 입찰서를 제출하여야 한다.[207] 입찰자는 전자상거래(electronic commerce)를 통하여 입찰서를 제출할 수 있다. 전자입찰(electronic bids)을 하는 경우에는 입찰요청에서 입찰자가 사용할 전자상거래의 방법을 구체적으로 명시하여야 한다.[208] 입찰자가 3인 이하인 경우 계약관은 입찰자의 수가 적은 이유를 조사하여야 한다. 적은 수의 입찰에도 불구하고 낙찰자결정은 이루어진다. 그러나 계약관은 동일하거나 유사한 품목에 대한 장래의 입찰에서 경쟁을 제고하기 위한 시정 조치를 취하여야 한다.[209]

정부는 입찰을 평가하여 입찰요청에서 정한 요건을 충족하는 이행능력이 있는 입찰자(responsible bidder)로서 정부에게 가장 유리

204) FAR 14.101(a).
205) FAR 14.101(b).
206) FAR 14.202-1.
207) FAR 14.101(c).
208) FAR 14.202-8.
209) FAR 14.408-1(b)

한 입찰을 한 입찰자를 낙찰자로 결정한다.[210] 이행능력이 있는 입찰자란 계약을 이행하는데 필요한 재원(financial resource) 또는 이를 획득할 능력, 이행일정을 준수할 능력, 계약이행에 필요한 장비·기술·시설을 보유하거나 획득할 수 있는 능력, 청렴성과 사업윤리 등을 갖춘 입찰자를 말한다.[211] 입찰평가는 논의(discussions) 없이 입찰요청에서 정한 가격과 가격 관련 요소(price-related factors)만을 고려하여 이루어져야 한다.[212] 가격 관련 요소에는 공급처(locations of supplies)나 운송(transportation) 또는 검사(inspection)의 차이로 인하여 정부가 부담할 것으로 예상되는 비용 또는 이행지연, 계약의 변경(change), 한 명 이상의 계약상대자를 선정함으로써 정부가 부담하는 이익 또는 불이익, 조세(taxes), 원산지(Origin of supplies) 등이 있다.[213] 정부는 주된 품목(line items)과 하위 품목(subline items) 사이에 입찰가격이 현저히 불균형을 이루는 입찰은 응답이 없는 것으로 거절하여야 한다. 입찰가격이 일부 작업은 비용(cost)보다 현저히 적고 다른 작업은 비용에 비하여 현저하게 과장된 경우로서 입찰이 정부에게 전체적으로 가장 낮은 비용으로 귀결될 것이라는 점에 대한 합리적 의심(reasonable doubt)이 들거나 선지급(advance payment)을 허용하는 것과 같은 불균형이 있다면 그러한 입찰은 현저히 불균형하다고 할 수 있다.[214]

계약관은 입찰에서 지정한 승낙기간(time for acceptance) 내에 서면 또는 전자적인 방법에 의하여 낙찰자와 계약을 체결하여야 한

210) FAR 52.214-10(a).
211) FAR 9.104-1.
212) FAR 52.214-10(a).
213) FAR 14.201-8.
214) FAR 52.214-10(e).

다.[215] 계약관은 낙찰을 받지 못한 입찰자에 대하여 낙찰 후 3일 이내에 서면 또는 전자적인 방법으로 낙찰받지 못한 사실을 통지하여야 한다. 저가 입찰자(low bidder)가 아닌 입찰자에게 낙찰이 된 경우에는 낙찰받지 못한 저가 입찰자에게 저가입찰을 거절한 사유도 통지하여야 한다.[216]

2-3. 2단계 봉함입찰(tow-step sealed bidding)

2단계 봉함입찰은 봉함입찰과 협상에 의한 계약이 결합된 방식이다. 입찰의 목적물에 대한 적절한 사양(specifications)을 제시하기 어려운 경우에 봉함입찰의 이점을 얻기 위하여 마련된 복합적인 경쟁절차(combination of competitive procedures)이다. 이 방법은 복잡한 품목(complex items)에 대한 기술제안(technical proposals)이 필요한 조달에 유용하다.[217]

2단계 봉함입찰은 기술제안과 봉함입찰이라는 두 단계로 이루어져 있다. 1단계는 정부의 기술제안요청(request for technical proposal), 제안자의 기술제안서 제출(submission), 평가(evaluation)의 순서로 진행되고, 필요한 경우 기술제안에 대한 논의(discussion)가 이루어진다. 정부는 기술제안요청을 하고 이에 응하여 제안자는 기술제안서를 제출한다. 여기서 기술(technical)이란 공학적 접근방식(engineering approach), 특수한 제조 방식(special manufacturing processes), 특수한 검사기술(special testing techniques) 등을 포함한 넓은 의미의 것이다.

---

215) FAR 14.408-1(a)
216) FAR 14.409-1(a)(1).
217) FAR 14.501.

정부의 기술제안요청에는 필요한 물품 또는 용역의 설명, 기술제안의 요구조건(requirements), 평가기준, 제안서 제출일자 등이 포함되어야 한다. 제안자의 기술제안에는 가격 또는 가격 책정 정보가 포함되어서는 안 된다. 제안자는 추가적인 설명이나 정보 없이 수용가능한 제안을 하여야 하고, 정부 역시 추가적인 정보를 요청함이 없이 제안만을 근거로 하여 수용가능성을 평가하여야 한다.[218)]

평가는 기술제안요청에서 명시한 기준에 근거하여 이루어져야 한다. 제안은 평가를 통하여 '수용가능(acceptable)', '수용될 합리적인 가능성이 있음(reasonably susceptible of being made acceptable)', '불수용(unacceptable)'으로 분류된다.[219] 정부는 수용될 합리적인 가능성이 있음으로 분류된 제안에 대하여 제안자에게 추가적인 정보를 요청할 수 있고 그 제안에 대하여 제안자와 논의(discussions)할 수 있다.[220)] 기술제안요청의 필수적인 요구조건(requirements)이나 사양(specifications)을 수정하거나 준수하지 않은 제안은 응답하지 않은 것으로 간주되고 불수용으로 분류된다.[221)]

2단계에서는 봉함입찰을 실시한다. 계약관은 1단계에서 수용가능한 기술제안을 한 제안자에 대하여만 2단계 입찰에 참여하도록 하여야 하고, 이들 중에서 낙찰자를 결정한다.[222)] 1단계에서 수용가능한 기술제안을 한 제안자는 봉함된 가격 입찰서(sealed priced bids)를 제출한다. 2단계에서 제출된 입찰은 봉함입찰에 예에 따라 평가되고 낙찰된다.[223)] 다만, 입찰자는 기술제안요청의 사양(specifications)과 입찰

218) FAR 14.503-1(a).
219) FAR 14.503-1(e)(1).
220) FAR 14.503-1(a)(8).
221) FAR 14.503-1(e)(2).
222) FAR 52.214-25(a)(b).
223) FAR 14.501(b).

자 자신이 한 기술제안(technical proposal)을 준수하여야 한다.[224)]

3. 협상에 의한 계약(contracting by negotiation)

3-1. 의의

협상에 의한 계약은 봉함입찰 이외의 방법으로 체결되는 계약을 말한다. 협상에 의한 조달(negotiated acquisitions)에는 경쟁적인 것과 비경쟁적인 것이 있다.[225)] 경쟁적 협상조달(competitive negotiated acquisitions)은 경쟁적 제안(competitive proposals)을 받아 공급자를 선택하는 방식으로 이루어지는 조달이고, 비경쟁적 협상조달은 단일공급자조달(sole source acquisitions)을 말한다.[226)] 협상에 의한 계약절차는 정부의 제안요청(requests for proposals), 제안서의 제출(submission), 공급자 선택(source selection)의 순서로 진행되고, 공급자 선택은 평가(evaluation), 협상(negotiation), 선정(award)으로 이루어진다. 경쟁적 협상조달에서는 정부와 제안자(offeror) 사이에 논의(discussions)가 이루어질 수 있다.

3-2. 제안요청(requests for proposals)

협상에 의한 조달에서 정부는 제안요청을 통하여 제안자들에게 정부의 요구조건(requirements)을 제시하고 이에 대한 제안(proposal)을 권유한다. 경쟁적 조달에 있어서 제안요청에는 정부의 요구조건,

---

224) FAR 14.503-2(a).
225) FAR 15.000.
226) FAR 15.002.

장래 계약에 적용될 계약조건, 제안자(offeror)의 제안에 있어서 필요한 정보, 제안에 대한 평가요소(evaluation factors)와 중요한 하위요소(subfactors) 및 그 요소들의 상대적 중요성이 명시되어야 하고, 제안자에게 대체적인 계약조건을 제안할 권한이 주어질 수 있다.[227]

전자상거래(electronic commerce)를 사용하여 제안요청을 하고 제안을 받을 수 있다. 이 경우 제안요청에서 제안자가 사용할 수 있는 전자상거래의 방법을 지정하여야 한다.[228] 또한 팩스를 사용하여 제안요청을 하거나 제안을 받을 수도 있다. 팩스에 의한 제안이 승인된 경우 계약관은 나중에 완전하고 서명된 원본의 제안서를 제출하도록 요구할 수 있다.[229] 단일공급자조달(sole source acquisitions)에서는 서신(letter)에 의하여 제안요청을 할 수도 있다.[230] 서면으로 제안요청을 하면 물품 또는 용역의 조달이 지연되어 정부에게 손해를 입히는 경우와 부패하기 쉬운 물품이나 비상상황(emergency)에서의 공급 등의 경우에는 구두(oral)에 의하여 제안요청을 할 수 있다.[231]

3-3. 제안서의 제출

제안서는 참가권유(solicitation)에서 지정한 시간까지 지정한 관공서에 도달되어야 한다. 지정된 시간이 지난 후 늦게 접수된 제안은 공급자 선정(award)의 대상에서 제외된다. 다만, 제안이 공급자를 선정(award)하기 전에 접수되었고 또한 지연된 제안을 받아들이더라도 조달절차를 부당하게 지연시키지 않는 경우에는 선정대상에

227) FAR 14.503-1(a).
228) FAR 14.503-1(e)(1).
229) FAR 14.503-1(a)(8).
230) FAR 14.503-1(e)(2).
231) FAR 52.214-25(a)(b).

포함된다.[232] 비상상황(emergency) 또는 예상하지 못한 사건으로 인하여 정상적인 절차 진행이 방해되어 제안서가 참가권유에서 지정한 시간까지 지정된 관공서에 접수되지 못하였고 부득이한 사유로 인하여 참가권유의 제안서 마감일자를 변경하지 못한 경우에는 당초 정해진 제안서 접수 시간은 정상적인 절차가 재개되는 첫 근무일의 참가권유에서 지정한 동일한 시간까지 연장된 것으로 간주된다.[233] 제안은 공급자를 선정하기 전까지 언제든지 서면통지에 의하여 철회할 수 있다.[234]

3-4. 공급자의 선택(source selection)

(1) 평가(evaluation)

정부는 제안서를 접수한 후 제안서에 대한 평가를 실시한다. 제안에 대한 평가는 제안의 내용과 장래 계약을 성공적으로 이행할 제안자의 능력(ability)을 평가하는 것이다. 참가권유에서 명시한 평가요소(evaluation factors)와 하위요소(subfactors)에만 근거하여 제안들의 상대적인 차이를 평가하여야 한다.[235] 제안의 내용에 대한 평가요소로는 가격 또는 비용, 과거의 이행실적, 생산품 또는 용역의 품질, 기술요건 등이 있다.[236] 참가권유에서 정부의 요구조건이 명확히 규정되어 있고 계약불이행의 위험이 적은 경우에는 가격 또는 비용이 공급자 선정에서 중요한 역할을 수행하지만, 정부의 요구조건이 불명확

---

232) FAR 15.208(b)(1).
233) FAR 15.208(d).
234) FAR 15.208(e).
235) FAR 15.305(a).
236) FAR 15.305(a).

하고 계약불이행의 위험이 높은 경우에는 상대적으로 기술 또는 과거의 이행실적이 공급자 선정에서 중요한 역할을 수행한다.[237]

공급자의 선정(award)은 평가요소(evaluation factors)와 중요한 하위요소(subfactors)에 근거하여 이루어져야 한다.[238] 평가요소와 중요한 하위요소는 공급자 선정에 있어서 고려되어야 하는 중요한 핵심영역(key areas)을 나타내는 것이어야 하고, 경쟁하는 제안들 사이에 비교와 차이를 뒷받침할 수 있는 것이어야 한다.[239] 계약관은 평가요소와 중요한 하위요소 및 그 요소들의 상대적 중요성을 판단함에 있어서 광범위한 재량(broad discretion)을 갖는다. 다만, 다음과 같은 요건에 따라야 한다.

1) 가격(price)과 비용(cost)

가격과 비용은 모든 공급자 선택에서 평가되어야 한다. 그러나 간이조달한도(simplified acquisition threshold)를 초과하는 경우, 동일하거나 유사한 용역에 대한 다수공급자계약(multiple-award contracts)을 체결하는 경우, 자격을 갖춘 제안자(qualifying offerors)는 모두 공급자로 선정하는 경우에는 가격 또는 비용을 평가요소에 포함시키지 않을 수 있다.[240]

2) 과거의 이행실적(past performance)

과거의 이행실적은 협상에 의한 경쟁조달에 있어서 간이조달한도를 초과하는 경우를 제외하고 모든 공급자 선택에서 고려되어야 한다.[241]

---

237) FAR 15.101.
238) FAR 15.304(a).
239) FAR 15.304(b).
240) FAR 15.304(c)(1).
241) FAR 15.304(c)(3)(i).

다만, 계약관이 과거의 이행실적이 평가요소로서 적절하지 않다고 판단하여 그 사유를 서면으로 적시한 경우에는 그렇지 않다.[242)]

3) 생산품 또는 용역의 품질(quality)

생산품 또는 용역의 품질은 과거의 이행실적(past performance), 참가권유의 요구조건(requirements) 준수, 기술적 우수성, 관리능력, 인적 자격, 경력과 같은 하나 이상의 비가격 평가요소(non-cost evaluation factors)의 고려를 통하여 모든 공급자 선택에서 다루어져야 한다.[243)]

4) 평가요소와 요소들의 상대적 중요성

평가요소와 중요한 하위요소 및 그 요소들의 상대적 중요성은 참가권유에서 명확히 명시되어야 한다. 그러나 참가권유에서 등급을 매기는 방법(rating method)까지 공개할 필요는 없다.[244)] 참가권유에서 비용 또는 가격 이외의 다른 평가요소가 결합되는 경우 그 다른 평가요소가 비용 또는 가격보다 훨씬 더 중요한지 아니면 비용 또는 가격과 대략 같거나 훨씬 덜 중요한지 여부를 명시하여야 한다.[245)]

(2) 협상(negotiations)

정부는 제안서에 대한 평가 후에 제안자와 협상을 한다. 협상(negotiations)은 경쟁적 조달이든 단일공급자조달이든 불문하고 협상에 의한 조달에서 정부와 제안자 사이에 이루어지는 의견교환(exchanges)을 말한다. 협상에서 제안자(offeror)는 앞서 한

---

242) FAR 15.304(c)(3)(iii).
243) FAR 15.304(c)(2).
244) FAR 15.304(d).
245) FAR 15.304(e).

제안(proposal)의 내용을 수정할 수 있다. 이러한 협상에는 거래(bargaining)가 포함될 수 있다. 거래에는 설득(persuasion), 입장의 변경, 주고받기(give-and-take)가 포함되고 가격, 일정(schedule), 기술적 요건, 계약의 종류, 예정된 계약의 거래조건을 그 대상으로 한다.

경쟁적 조달에서 협상은 경쟁범위(competitive range)를 설정한 이후에 이루어지며 이를 논의(discussions)라고 부른다.[246] 논의는 경쟁범위에 속하는 각각 제안자와의 사이에서 이루어지고 각 제안자의 제안을 그 대상으로 한다.[247] 정부는 모든 평가기준에 따라 각각의 제안에 대한 평가 결과 가장 높은 등급을 받은 제안 모두로 구성된 경쟁범위를 설정하여야 한다.[248] 만일 참가권유에서 효율성을 위하여 경쟁범위를 제한할 수 있다고 명시한 경우에는 가장 높은 등급을 받은 제안들 가운데 경쟁범위에 포함될 제안의 수를 효율적인 경쟁이 가능하도록 제한할 수 있다.[249] 경쟁범위에 포함되지 않는 제안은 경쟁에서 제외되며, 해당 제안을 한 제안자에 대하여 서면으로 그러한 사실을 통지해 주어야 한다.[250]

만일 참가권유에서 정부가 제안을 평가하고 논의(discussion) 없이 공급자 선정을 한다고 명시한 경우에는 논의 없이 선정(award)이 이루어질 수 있다.[251] 논의 없이 선정이 이루어지는 경우에도 정부와 제안자 사이에는 제한된 범위 내에서 의견교환(exchanges)이 이루어질 수 있다.[252] 그리하여 제안자는 제안의 특정한 관점을 설명하거나 또

---

246) FAR 15.306(d).
247) FAR 15.306(d)(1).
248) FAR 15.306(c)(1).
249) FAR 15.306(c)(2).
250) FAR 15.306(c)(3).
251) FAR 15.306(a)(3).

는 경미하거나 사무적인 오류를 정정할 수 있는 해명(clarifications)의 기회를 가질 수 있다.[253)]

(3) 선정(award)

협상에 의한 계약에서 공급자 선정의 목적은 정부에게 최고가치(best value)를 제공할 수 있는 제안을 선정하는 것이다.[254)] 경쟁적 협상조달에서 사용되는 공급자 선정방식으로는 '상호보완방식(tradeoff process)'과 '기술적으로 수용가능한 최저가 선정방식(lowest price technically acceptable source selection process)'이 있다. 상호보완방식은 최저가 제안자 또는 최고의 기술력을 가진 제안자가 아닌 제안을 선택하는 것이 정부에게 최선의 이익이 될 수 있는 경우에 적합하다.[255)] 이 방식에서는 비용(cost)이나 가격(price)과 비가격요소(non-cost factors) 사이의 상호보완(tradeoffs)을 허용한다. 따라서 정부는 최저가 제안이 아닌 제안, 즉 더 높은 가격의 제안이라고 하더라도 추가적인 비용을 지급할 만한 이점이 있는 것으로 파악된다면 그 제안을 수락할 수 있다.[256)]

기술적으로 수용가능한 최저가 선정방식은 최저가로 평가된 가격으로서 기술적으로 수용가능한 제안을 선택하여 최고가치(best value)를 얻을 것으로 예상되는 경우에 적합하다.[257)] 이 방식을 사용하는 경우 참가권유에서 수용가능성(acceptability)의 요건을 이루는 평가요소와 중요한 하위요소를 명시하여야 하고, 수용가능성 기준

252) FAR 15.306(a)(1).
253) FAR 15.306(a)(2).
254) FAR 15.302.
255) FAR 15.101-1(a).
256) FAR 15.101-1(c).
257) FAR 15.101-2(a).

(acceptability standards)을 충족하거나 초과하는 제안으로서 최저가로 평가된 가격의 제안을 선택할 것임을 명시하여야 한다.[258] 이 방식에서는 평가요소(evaluation factors) 사이에 상호보완이 허용되지 않는다.[259]

계약관은 선정된 제안자에게 선정통지를 하고 계약을 체결하여야 한다.[260] 선정 후 3일 이내에 계약관은 경쟁범위에 포함되었으나 선정되지 못한 제안자 또는 그에 앞서 경쟁범위에 속하지 못하였으나 그 사실을 통지받지 못한 제안자에 대하여 서면으로 참가권유된 제안자의 수, 접수된 제안의 수, 선정된 제안자의 성명과 주소, 선정된 품목(items)과 수량 및 단가(unit prices), 제안자의 제안을 거절한 이유를 통지하여야 한다. 그러나 어떠한 경우에도 제안자의 비용 내역(cost breakdown), 이윤(profit), 간접비율, 영업비밀, 제조절차 및 기술, 다른 기밀 영업정보 등을 다른 제안자에게 공개하여서는 안 된다.[261]

경쟁범위에서 제외되거나 경쟁에서 제외된 제안자는 그러한 통지를 받은 후 3일 이내에 계약관에게 '선정 전 해명(preaward debriefing)'을 요청할 수 있다.[262] 선정 전 해명에는 제안자의 제안에 대한 평가의 중요한 요소, 제안자를 경쟁에서 제외한 이유, 경쟁에서 제안자를 제외하는 과정에서 참가권유에 포함된 공급자 선택절차와 관련 규정 및 다른 관련 기관에 관한 질문에 대한 합리적인 답변이 반드시 포함되어야 한다.[263] 그러나 제안자의 수, 다른 제안자의 신분, 다른 제안자의 제안내용, 다른 제안자의 등급, 다른 제안자에 대한 평가 등은 공개하여서

258) FAR 15.101-2(b)(1).
259) FAR 15.101-2(b)(2).
260) FAR 15.504.
261) FAR 15.503(1).
262) FAR 15.505(a)(1).
263) FAR 15.505(e).

는 안 된다.[264)]

계약상대자의 선정통지 후 3일 이내에 경쟁에서 제외된 제안자는 서면으로 '선정 후 해명(postaward debriefings)'을 요청할 수 있다.[265)] 선정 후 해명은 가능한 한 서면요청이 접수된 후 5일 이내에 이루어져야 한다. 선정 전 해명 대신에 선정 후 해명을 요청하거나 선정 전 해명을 요청하였으나 부득이한 사유로 선정 이후로 설명이 연기된 경우에도 이 기간 내에 설명이 이루어져야 한다.[266)] 선정 후 해명에는 제안자의 제안에 대한 평가에 있어서 약점 또는 결함, 선정된 제안자와 해명을 요청한 제안자의 전체적으로 평가된 비용 또는 가격(단가 포함), 해명을 요청한 제안자의 과거 이행실적 정보, 모든 제안자의 전체적인 등급(ranking), 선정 이유, 상용물품(commercial items) 취득의 경우 선정된 제안자가 납품할 물품의 제조사 및 모델명, 참가권유에 포함된 공급자 선택절차와 관련 규정 및 다른 관련 기관에 관한 질문에 대한 합리적인 답변이 반드시 포함되어야 한다.[267)] 그러나 영업비밀, 기밀 제조절차 및 기술·비용 내역·이윤·간접비율 등을 포함한 기밀 영업정보, 제공자의 과거 실적에 대한 참조 정보를 제공하는 개개인의 성명은 공개하여서는 안 된다.[268)]

(4) 비권유 제안(unsolicited proposals)

비권유 제안(unsolicited proposals)이란 정부에서 참가권유를 하지 않았음에도 제안자가 스스로 제안을 한 경우를 말한다. 민간부

---

264) FAR 15.505(f).
265) FAR 15.506(a)(1)(3).
266) FAR 15.506(a)(2).
267) FAR 15.506(d).
268) FAR 15.506(e).

문에서 개발된 독자적이고 혁신적인 사고나 방식을 정부부문으로 끌어들이기 위하여 마련된 것이다.[269] 광고자료, 상용물품의 제안, 기술적 문제에 대한 기고(contributions)나 일상적인 서신(routine correspondence)은 비권유 제안이 아니다.[270] 비권유 제안이 유효하기 위해서는 독자적(unique)이고 혁신적(innovative)인 것이어야 하고, 제안자에 의하여 독립적으로 시작되고 개발된 것이어야 하며, 정부의 감독이나 승인, 지시 또는 정부의 직접적인 개입 없이 준비된 것이어야 한다. 또한 정부의 지원을 받을 가치가 있고 제안의 내용이 정부기관의 연구개발 또는 직무수행에 이익이 될 수 있을 정도로 충분히 세부적인 정보를 포함하고 있어야 하며, 경쟁적인 방법으로 조달이 가능한 알려진 정부기관의 요구조건(known agency requirement)에 대한 사전 제안(advance proposal)이 아니어야 하고, 이전에 공고된 정부기관의 요구조건을 다룬 것이 아니어야 한다.[271]

비권유 제안이 제출되면 정부기관은 비권유 제안의 유효요건을 충족했는지, 정부기관의 직무와 관련이 있는지, 평가를 위한 충분한 기술정보와 비용 또는 가격정보가 포함되었는지, 전반적인 과학적·기술적·사회경제적(socioeconomic) 장점이 있는지 여부 등을 심사한다. 심사 결과 이러한 요건을 충족하는 경우에는 즉시 접수통지를 하고 종합평가(comprehensive evaluation)를 실시한다. 그러나 이러한 요건을 충족하지 못하여 거절하는 경우에는 즉시 제안자에게 서면으로 거절이유를 통지하여야 한다.[272] 비권유 제안에 대한 종합평가를 하는 경우 제안에서 설명된 독창적이고 혁신적이며 가치있는 사고 또는 방

269) FAR 15.603(a).
270) FAR 15.603(b).
271) FAR 15.603(c).
272) FAR 15.606-1.

식, 제안의 과학적·기술적·사회경제적 장점, 정부기관의 지정된 직무에 대한 예상기여도, 제안 목적을 달성하기 위한 필수적인 요소인 제안자의 능력·경력·시설·기술 및 주요 연구인력이나 핵심 인력의 자격·능력·경력, 제안된 비용의 현실성 등의 요소를 고려하여 한다.[273)]

Ⅲ. 계약의 체결 및 이행

1. 계약의 체결

정부조달계약에서 계약관(contracting officer)만이 정부를 대표하여 계약서에 서명할 수 있다. 계약서에는 계약관의 이름과 직책이 타자로 입력되어 있거나 스탬프로 찍혀 있거나 또는 인쇄되어 있어야 한다. 일반적으로 계약상대자(contractor)가 서명한 후에 계약관이 계약서에 서명을 한다.[274)] 당사자들이 각자 서명하여 계약서가 작성되면, 계약관은 그로부터 10일 이내에 계약서 사본을 계약상대자에게 교부하여야 한다.[275)]

정부는 전자상거래(electronic commerce)를 이용하여 계약을 체결할 수 있다.[276)] 정부기관은 전자상거래를 운용함에 있어서 광범위한 재량을 갖는다. 그러나 정부기관은 연방조달정책청(Office of Federal Procurement Policy)과의 협의를 거쳐 가능하다면 전체 정부기관이 통일적으로 사용할 수 있고, 기존의 설비를 이용할 수 있으며, 사회적

273) FAR 15.606-2(a).
274) FAR 4.101.
275) FAR 4.201.
276) FAR 4.502(a).

약자기업의 조달기회를 넓힐 수 있도록 전자상거래를 운용하여야 한다. 전자상거래는 범정부적인 조달기회에 대한 광범위한 공고를 제공하는 단일한 수단이어야 하고, 전자적으로 통지(notices) 또는 참가권유(solicitations)에 응답하는 수단이 되어야 한다. 또한 전국적 및 국가 상호간에 적용되는 정보처리상호운영(interoperability)의 기준을 준수하고 정보의 전자적 교환을 용이하게 하는 것이어야 한다.[277)]

2. 계약변경(contract modification)

계약변경(contract modifications)은 계약의 내용이나 조건을 변경하는 것을 말한다. 계약관만이 정부를 대표하여 그 권한의 범위 내에서 계약변경(contract modifications)을 할 수 있다. 계약관이 아닌 다른 정부공무원은 계약변경을 하거나 계약상대자에게 계약의 이행에 관하여 지시할 권한이 없다. 계약변경이 있으면 정부의 이익에 반하지 않은 한 계약변경이 실행되기 전에 계약금액조정이 이루어져야 한다. 계약변경으로 비용이 상당히 증가할 수 있음에도 협상할 시간적 여유가 없는 경우에는 최소한 조정금액의 상한(ceiling)만큼은 협상으로 정해져야 한다.[278)]

계약변경의 유형에는 쌍방적 계약변경(bilateral modification)과 일방적 계약변경(unilateral modification)[279)]이 있다. 쌍방적 계약변경은 계약상대자와 계약관이 함께 서명하여 계약을 변경하는 경우를 말하고, 일방적 계약변경은 계약관만 서명하여 계약을 변경하

277) FAR 4.502(b).

278) FAR 43.102.

279) 일방적 계약변경에 관한 자세한 내용은 제3편 제1장 제2절의 'Ⅰ. 계약의 체결 및 이행에 있어서 법적 특성' 중 '5. 일방적 계약변경과 편의적 계약해지' 참조.

는 경우를 말한다. 쌍방적 계약변경은 계약변경명령(change order)에 따른 계약금조정에 당사자가 합의하거나 또는 계약의 조건을 변경하는 당사자 사이의 합의가 있는 경우에 이루어지고, 일방적 계약변경은 계약변경명령이 발령되거나 해지통지(termination notices)를 한 경우 또는 계약변경조항이 아닌 다른 조항, 예를 들어 공기연장(suspension of work)조항 등에 의한 경우에 이루어진다.[280]

계약관은 서면으로 계약변경명령(change orders)을 발령함으로써 일방적으로 계약을 변경할 수 있다.[281] 즉, 계약관은 언제든지 일반적인 계약의 범위(general scope of the contract) 내에서 설계도면(drawings and designs), 사양(specifications), 이행방법(method or manner of performance), 정부공급자재(government-furnished property or services)의 변경을 명령하거나 또는 조기이행(acceleration in the performance)을 지시할 수 있다.[282] 계약상대자는 변경된 계약을 계속해서 이행할 의무가 있다. 다만, 비용정산계약에서 계약상대자가 이행을 계속할 의무를 부담하지 않는 경우 또는 정해진 비용제한(limitation of cost)의 한도를 초과하여 비용이 발생하는 경우에는 그렇지 않다.[283]

계약관이 서면 또는 구두로 한 명령이 계약변경을 초래하는 경우 그 명령은 계약변경명령(change order)으로 간주된다. 다만, 계약상대자는 일자, 상황, 명령의 출처, 계약상대자가 명령을 계약변경명령으로 간주한다는 사실을 서면으로 작성하여 계약관에게 통지(notice)

---

280) FAR 43.103.
281) FAR 43.201(a)
282) FAR 52.243-4(a).
283) FAR 43.201(b).

하여야 한다.[284] 이러한 서면통지를 받은 정부는 계약상대자가 주장하는 변경 사항을 평가하여 계약변경에 해당함을 인정하거나 또는 계약상대자가 주장하는 변경 사항을 반박하거나 계약변경이 발생한 것으로 간주되지 않음을 계약상대자에게 통지하여야 한다. 정부가 계약변경에 해당함을 인정한 경우 계약상대자에게 추가적인 이행방법을 지시하고 재원조달계획을 수립하여야 한다.[285]

계약변경명령에 의하든 그렇지 않든 계약변경이 발생하였고 그로 인하여 비용(cost), 기간, 작업의 이행에 있어서 증가 또는 감소가 초래된 경우에는 계약관은 서면으로 계약을 변경하고 계약금액을 조정하여야 한다.[286] 계약상대자는 계약변경명령(change order)을 접수한 후 또는 계약변경명령으로 간주하는 서면 통지(written notice)를 한 후 30일 이내에 계약금액의 조정을 제안하여야 한다.[287] 계약관은 최종 대가(final payment)의 지급 전에 계약상대자의 계약금액조정 제안서의 제출에 따라 계약금액을 조정하여야 한다.[288] 최종 대가를 지급받은 후에 계약금액을 조정하자는 계약상대자의 제안은 허용되지 않는다.[289]

계약관은 정부의 편의(convenience of the government)를 위하여 적절하다고 인정하는 경우 서면으로 계약의 일시정지(suspension), 연기(delay), 중단(interruption)을 명령할 수 있다. 계약관의 명령 또는 계약관이 계약에서 지정된 기간 내에 행위를 하지 못함으로 인하여 계약의 이행이 비합리적인 기간 동안 일시정지, 연기, 중단되는 경

284) FAR 52.243-4(b).
285) FAR 43.104(a).
286) FAR 52.243-4(d).
287) FAR 52.243-4(e).
288) FAR 52.243-5(c).
289) FAR 52.243-4(f).

우 서면으로 계약을 변경하고, 그로 인하여 증가된 계약이행비용(이윤 제외)에 대한 계약금액을 조정하여야 한다. 그러나 계약상대자의 귀책사유 등 다른 사유로 인한 경우에는 계약금액조정이 이루어지지 않는다. 계약상대자는 일시정지 등의 종료 이후 최종 대가 지급 이전에 가능한 조속히 서면으로 계약금액조정을 요구하여야 한다. 계약상대자가 계약관에게 서면으로 통지하기 전 발생한 비용 중에서 20일 초과분에 대하여는 계약금액조정이 허용되지 않는다.[290)]

3. 계약해지(termination of contracts)

계약해지에는 채무불이행(default)을 이유로 하는 계약해지와 편의적 계약해지(termination of convenience)[291)]가 있다. 계약상대자가 계약에서 정한 기간 내에 이행을 완료하지 않거나 계약에서 정한 것과 달리 이행하는 경우 또는 계약의 이행을 위태롭게 하는 경우 계약관은 채무불이행(default)을 이유로 계약의 전부 또는 일부를 해지할 수 있다.[292)] 이것이 채무불이행으로 인한 계약해지이다. 또한 계약관은 정부의 이익(government's interest)이 되는 한 언제든지 계약의 전부 또는 일부를 해지할 수 있다. 이를 편의적 계약해지라고 한다.[293)]

계약해지는 계약상대자에 대한 서면통지(written notice)에 의하여야 한다.[294)] 계약해지의 통지를 받은 계약상대자는 즉시 이행을 중지하여야 한다. 계약의 일부만 해지된 경우에는 해지된 부분에 대한

290) FAR 52.242-14.

291) 편의적 계약해지에 관한 자세한 내용은 제3편 제1장 제2절의 'Ⅰ. 계약의 체결 및 이행에 있어서 법적 특성' 중 '5. 일방적 계약변경과 편의적 계약해지' 참조.

292) FAR 49.402-1.

293) FAR 52.249-2(a).

294) FAR 49.102(a).

이행만 중지하고 해지되지 않은 나머지 부분은 계속하여 이행하여야 한다. 계속하여 이행하는 부분에서 비용의 상승이 예상되는 경우에는 계약금액의 조정을 신청하여야 한다. 계약상대자는 자신이 소지하고 있는 정부자산을 보존하기 위한 필요한 조치를 취하여야 하고 계약관의 지시에 따라 정부에 자산을 인도하여야 한다. 또한 계약상대자는 신속히 정산제안을 하여야 하고, 해지물품목록(termination inventory)을 작성하여 비치하여야 한다.[295)]

3-1. 정산합의(settlement agreement)

정산합의는 정산제안(settlement proposal)의 전부 또는 일부에 대하여 계약변경의 형태로 이루어지는 정산에 관한 서면합의(written agreement)를 말한다.[296)] 여기서 정산제안(settlement proposal)이란 계약의 전부 또는 일부가 해지된 경우 자료에 근거하여 정산의 효과를 발생시키는 계약상대자의 제안을 말한다.[297)] 계약관이 계약해지의 통지를 한 이후에는 해지계약관(TCO, termination contracting officer)이 정산에 관한 계약상대자와의 협상을 책임진다.[298)] 해지계약관은 계약상대자에게 필요한 행위를 지시하고, 계약상대자의 정산제안을 검토하며, 신속히 계약상대자와 정산에 관한 합의를 하여야 한다.[299)] 해지계약관은 계약이 해지된 부분에서 비용(costs)이 발생하지 않거나 계약상대자가 발생한 비용을 포기함으로써 정부에 대하여 지급하여야 할 계약상 금액이 없는 경우에는 무비용정산(no-cost

295) FAR 49.104, 52.-(b).
296) FAR 49.001.
297) FAR 49.001.
298) FAR 49.101(d).
299) FAR 49.105(a).

settlement)을 하여야 한다.[300] 정산에 관한 합의가 이루어지지 않는 경우에는 해지계약관은 계약상대자의 정산제안(settlement proposal)에 대하여 결정(determination)으로 정산을 하여야 한다.[301]

해지계약관은 계약당사자의 모든 권리와 책임에 관하여 하나의 계약으로 정산하여야 한다. 그러나 정산을 신속히 완료할 수 없는 경우 합의에 도달한 쟁점이 다른 쟁점과 명백히 분리될 수 있고 부분 정산(partial settlement)이 정부 또는 계약상대자의 이익에 해가 되지 않다면 부분 정산을 할 수 있다.[302] 정산에 관한 합의가 이루어지지 않거나 또는 계약상대자의 정산제안(settlement proposal)이 지정된 기간 내에 제출되지 않은 경우에는 해지계약관은 결정(determination)으로 지급해야 할 금액(amount due)을 정할 수 있다.[303] 해지계약관은 지급해야 할 금액을 결정(determination)하기 전에 최소한 15일의 기간을 두고 배달증명우편(certified mail)으로 종전에 제안한 금액을 증명하는 서면증거(written evidence)를 제출하도록 계약상대자에게 통지하여야 한다.[304] 해지계약관은 이용할 수 있는 정보를 검토한 후 지급해야 할 금액을 결정하고 그 결정사본을 배달증명우편 등 수령사실을 증명할 수 있는 방법에 의하여 계약상대자에게 발송하여야 한다. 발송 서신에는 그 결정(determination)이 계약상대자가 분쟁조항(disputes clause)에 근거하여 심사청구(appeal)할 수 있는 최종 결정(final decision)에 해당한다는 사실이 포함되어야 한다.[305]

---

300) FAR 49.109-4.
301) FAR 49.103.
302) FAR 49.109-5.
303) FAR 49.109-7(a).
304) FAR 49.109-7(b).
305) FAR 49.109-7(d).

3-2. 채무불이행으로 인한 계약해지

채무불이행으로 인한 계약해지를 고려하는 경우 계약관은 가능하다면 계약해지를 통지하기에 앞서 계약상대자에게 해지가능성(possibility of the termination)을 서면으로 통지하여야 한다. 이러한 통지를 하는 이유는 계약상대자에게 채무불이행으로 계약이 해지되는 경우 부담하게 될 계약상 책임(contractual liabilities)에 대한 주의를 환기시키고 채무불이행으로 인한 계약해지의 주장을 반박할 수 있는 기회를 제공하기 위한 것이다.[306] 계약불이행이 계약상대자의 귀책사유로 인한 것이 아닌 경우에는 채무불이행을 이유로 한 계약해지는 허용되지 않는다. 다만, 계약해지가 정부의 이익이 된다면 계약관은 편의적 계약해지를 할 수 있다.[307]

채무불이행으로 인한 계약해지에서 정부는 미이행된 부분에 계약상대자가 지출한 비용에 대하여 책임이 없으며 그 부분에 대한 선급금(advance payments)과 기성금(progress payments)의 상환을 청구할 권리가 있다. 정부는 계약상대자에게 완성된 목적물과 생산자재(manufacturing materials)를 정부에게 인도하고 소유권을 넘기도록 요구할 수 있다.[308] 정부는 완성된 목적물에 대한 계약금액(contract price)과 생산자재에 대하여 계약관과 계약상대자가 합의한 금액을 지급하여야 한다.[309] 계약상대자는 채무불이행으로 인하여 계약해지된 것과 유사한 물품 및 용역을 얻는데 발생한 초과 비용(excess costs)과 기타 다른 손해(damages)를 배상할 책임이 있다.[310]

306) FAR 49.402-3(e)(1).
307) FAR 49.402-3(j).
308) FAR 49.402-2(a).
309) FAR 49.402-2(c).
310) FAR 49.402-2(e).

계약관은 정부의 이익이 되는 경우 채무불이행으로 인한 계약해지 대신에 다른 조치를 취할 수 있다. 계약상대자에게 변경된 납품일정(revised delivery schedule)에 따라 계약의 이행을 계속하도록 할 수 있고, 수용가능한 제3자와의 사업상 협의 또는 하도급계약을 매개하여 계약의 이행을 계속하도록 할 수도 있다.[311] 계약관은 채무불이행으로 계약을 해지하는 경우 신속히 손해액을 산정하고 손해배상을 요구하여야 한다.[312]

3-3. 편의적 계약해지

계약관은 계약해지가 정부의 이익(government's interest)이 된다고 판단하는 경우 언제든지 계약의 전부 또는 일부를 해지할 수 있다. 계약상대자의 채무불이행이 없더라도 계약해지가 정부의 이익이 되는 경우 계약관은 계약을 해지할 수 있다. 계약해지는 해지의 범위와 효력발생일자를 명시한 해지통지(notice of termination)를 계약상대자에게 송달하는 방법으로 하여야 한다.[313] 해지 후 계약상대자는 해지의 효력발생일로부터 1년 이내에 신속히 계약관에게 정산제안을 하여야 한다. 다만, 1년 이내에 계약상대자의 서면요청에 따라 계약관이 서면으로 기간을 연장한 경우에는 그 연장된 기간 내에 제안하면 된다. 그러나 만일 계약관이 정당한 사유가 있다고 판단하면 정산제안은 1년 후 또는 연장기간 후에 할 수 있다. 계약상대자가 기간 내에 제안을 하지 못한 경우 계약관은 계약상대자가 계약해지로 인하여 지급하여야 할 금액(amount due)을 결정(determine)할 수 있다.[314]

---

311) FAR 49.402-4.
312) FAR 49.402-7(a).
313) FAR 52.249-2(a).
314) FAR 52.249-2(e).

계약상대자와 계약관은 계약해지로 인하여 지급하여야 하는 금액을 합의로 정할 수 있다. 이 금액에는 이행된 부분에 대하여 합리적으로 허용된 이윤(profit)을 포함한다. 그러나 합의된 금액은 전체 계약금액(total contract price)에서 이전에 이미 지급된 금액과 해지되지 않은 부분의 계약금액을 공제한 금액을 초과하지 못한다.[315] 계약상대자와 계약관이 계약해지로 인하여 지급하여야 하는 전체 금액을 합의하는데 실패한 경우 정부가 받아들인 이행된 부분에 대한 계약금액(이전에 지급한 금액은 제외), 해지된 부분에서 발생한 총비용, 해지된 부분의 이행에 따른 이윤 합계, 정산비용 및 정산제안비용 등 계약관이 결정한 금액을 계약상대자에게 지급하여야 한다.[316] 계약의 일부만이 해지된 경우 계약상대자는 계약의 이행이 계속되는 부분에 대한 계약금액 조정을 제안할 수 있다. 계약금액조정에 대한 계약상대자의 제안은 해지의 효력발생일로부터 90일 이내에 요청되어야 한다. 다만, 계약관은 서면으로 그 기간을 연장할 수 있다.[317]

315) FAR 52.249-2(f).
316) FAR 52.249-2(g).
317) FAR 52.249-2(l).

I. 제재의 종류

미국의 부정당업자제재에는 일정기간 정부계약자의 자격을 제한하는 자격제한(debarment)과 조사나 소송 등 법적 절차(legal proceedings)가 진행되는 동안 잠정적으로 정부계약자의 자격을 제한하는 자격정지(suspension)가 있다. 자격정지는 자격제한을 하기에 앞서 자격제한의 근거 사실에 관한 조사(investigation), 행정기관의 결정(determination), 소송(litigation) 등 법적 절차가 진행되는 기간 동안 일시적으로 자격을 제한하는 잠정적인 조치이다. 자격제한과 자격정지의 목적은 부정직하고 계약을 이행할 능력이 없는 계약상대자로부터 정부와 납세자를 보호하는 데 있다.[318] 자격제한과 자격정지는 오로지 정부의 보호를 목적으로 공공의 이익(public interest)을 위하여 부과되어야 하고, 처벌(punishment)을 목적으로 해서는 안 된다.[319]

정부조달과 관련된 부정당업자제재는 연방조달규정(FAR)에 의하여 규율되고 있으며,[320] 정부의 비조달(Non procurement) 분야, 예를 들어 정부보조금, 정부지원금, 정부의 대출 또는 대출보증 등에 있

318) Gordon, Steven D., Suspension and Debarment from Federal Programs, 23 Pub. Cont. L.J. 573, 581 (1994).
319) FAR 9.402(b).
320) FAR 9.400 et seq.

어서 부정당업자제재는 「비조달일반규정(NCR, Non procurement Common Rule)」에 의하여 규율되고 있다.[321] 비조달일반규정(NCR)은 연방조달규정(FAR)에 상응하여 규정된 것으로 그 규율 내용이 연방조달규정과 거의 유사하다.[322] 여기서는 연방조달규정을 중심으로 정부조달과 관련된 부정당업자제재에 한정하여 살펴보기로 한다.[323]

Ⅱ. 제재의 요건

1. 제재사유

1-1. 자격제한의 사유

자격제한의 사유는 다음과 같이 크게 4가지로 구분된다. 첫째, 계약상대자가 공공계약(public contract)의 체결이나 이행과 관련된 사기 또는 범죄행위, 반독점법(antitrust statutes) 위반행위, 횡령·절도·위조·뇌물수수·문서의 변조나 파기·위증·탈세·장물취득행위, 미국에서 제조되지 않은 물품에 대하여 미국산 표시를 하는 행위 등으로 인하여 유죄판결을 받았거나 민사판결을 받은 경우이다.[324]

둘째, 담당공무원이 우월한 증거(preponderance of the evidence)에 의하여 계약상대자가 일정한 위반행위를 저질렀다고 인정하는 경우이다. 여기의 위반행위에는 자격제한을 정당화할 정도로 중대한

321) 2 C.F.R. 180.700 et seq.
322) Gordon, op. cit., at 576
323) 전현철, 부정당업자제재제도의 적정한 운영을 위한 연구, 351면 및 352면.b
324) FAR 9.406-2(a)

정부계약의 조건 위반, 「마약 없는 직장에 관한 법률(Drug-Free Workplace Act)」 위반, 미국에서 제조되지 않은 물품에 대하여 미국산 표시를 하는 행위, 「국방물자생산법(Defense Production Act)」에 규정된 불공정 거래행위, 1만달러를 초과하는 연방조세의 체납[325] 등이 있다.[326]

우월한 증거(preponderance of the evidence)는 미국의 민사소송에서 일반적으로 요구되는 증명의 정도이다. 형사소송에서 피고인의 유죄를 인정하기 위하여 요구되는 증명의 정도인 합리적 의심이 없는 증거(beyond a reasonable doubt)보다는 낮은 수준이다. 우월한 증거란 과반수를 넘는 확신을 말한다. 즉, 사실이라는 확신이 50퍼센트를 초과하는 경우 법관은 그러한 사실의 존재를 인정할 수 있다.[327]

셋째, 계약상대자가 「이민법(Immigration and Nationality Act)」의 고용 조항을 준수하지 않았다는 국토안보부장관(Socrotary of Homeland Security) 또는 법무부장관(Attorney General)의 결정이 있는 경우이다.[328]

넷째, 담당공무원이 우월한 증거에 의하여 계약상대자의 현재의 적

325) 조세의 체납에 해당되려면, 조세채무가 최종적으로 확정되어야 하고, 그럼에도 납세자가 조세를 납부하지 않았어야 한다. 따라서 조세채무의 존부에 대하여 사법적 또는 행정적 이의절차가 진행 중인 경우, 조세채무에 대한 강제징수가 불허되는 경우 등에는 조세가 체납된 것으로 보지 않는다(FAR 9.406-2(b)(1)(ⅴ)).

326) FAR 9.406-2(b)(1).

327) 우리나라의 경우 민사소송에서 법관의 심증 정도로 고도의 개연성있는 확신을 요구하고 있다. 여기서 고도의 개연성 있는 확신이란 십중팔구 틀림없다는 확신, 즉 80퍼센트 내지 90퍼센트 사실이라는 확신을 말한다. 이는 형사소송에서 피고인의 유죄인정을 위하여 필요한 합리적 의심이 없는 확신, 즉 90퍼센트 이상 사실이라는 확신과 비교할 때 그 심증의 정도가 지나치게 높다고 하지 않을 수 없다. 형사소송에서 증명책임을 지는 검사에게는 강제수사권이 인정되고 있으므로 강제수사권을 발동하여 90퍼센트 이상의 확신을 주는 증명활동을 할 수 있지만, 민사소송의 당사자에게는 이러한 권한이 없음에도 80퍼센트 내지 90퍼센트의 확신을 주는 증명활동을 요구하는 것은 너무나 가혹하다. 우리나라 민사소송에서의 심증의 정도를 미국에서와 마찬가지로 우월한 증거의 수준으로 낮출 필요가 있다.

328) FAR 9.406-2(b)(2).

격성(present responsibility)에 영향을 미치는 중대하거나 명백한 다른 사유가 있다고 인정하는 경우이다.[329] 여기서 적격성이란 계약을 이행할 수 있는 능력이나 자격을 말한다. 적격성에 관한 자세한 내용은 후술한다. 이 사유는 포괄적 제재사유에 해당된다.[330]

1-2. 자격정지의 사유

자격정지의 사유는 다음과 같다. 첫째, 공공계약의 체결이나 이행과 관련된 사기 또는 범죄행위, 반독점법 위반행위, 횡령·절도·위조·뇌물수수·문서의 변조나 파기·위증·탈세·장물취득행위, 「마약 없는 직장에 관한 법률」 위반, 미국에서 제조되지 않은 물품에 대하여 미국산 표시를 하는 행위, 「국방물자생산법」에 규정된 불공정 거래행위, 1만달러를 초과하는 연방조세의 체납, 정부의 계약상대자의 현재의 적격성(present responsibility)에 중대하고 직접적인 영향을 미치는 기업의 정직성(honest)과 청렴성(integrity)의 결여로 나타나는 위반행위가 있음을 인정할 충분한 증거(adequate evidence)가 있는 경우이다.[331] 위에 열거된 사유로 인한 기소(起訴)는 자격정지를 위한 충분한 증거가 된다.[332] 그리하여 이러한 위반행위에 대한 유죄판결 또는 민사판결은 자격제한의 사유가 되고, 위반행위에 대한 기소는 자격정지의 사유가 된다.[333]

둘째, 정부계약자의 현재의 적격성에 영향을 미치는 중대하거나

---

329) FAR 9.406-2(c).

330) Warren Bianchi, Equality in Exclusion: Empowering Individuals in the Suspension and Debarment System, 45 Pub. Cont. L.J. 79, 84 (2015).

331) FAR 9.407-2(a).

332) FAR 9.407-2(b).

333) Gordon, op. cit., at 580-581.

명백한 다른 사유가 있음이 충분한 증거에 의하여 인정되는 경우이다.[334] 이 사유는 포괄적 제재사유에 해당된다.

자격정지사유는 자격제한사유와 매우 유사하다. 다만, 판결이 요구되지 않으며, 증명의 정도가 완화되어 우월한 증거(preponderance of the evidence)가 아닌 충분한 증거(adequate evidence)만으로 족하다는 점에서 차이가 있다.[335] 자격정지에 적용되는 증명의 정도인 충분한 증거는 특정한 행위가 있었다는 합리적인 믿음을 지지할만한 증거를 말한다. 이것은 우월한 증거보다 낮은 증명의 정도로서 체포영장이나 수색영장 또는 예심(preliminary hearing)에서 요구되는 상당한 이유(probable cause)에 상응하는 것이다.[336]

2. 제재의 기간

2-1. 자격제한의 기간

자격제한의 기간은 제한사유의 중대성에 비례하여 정해진다.[337] 일반적으로 제한기간은 3년을 초과할 수 없으며, 「마약 없는 직장을 위한 법률」 위반으로 인한 경우에는 5년을 초과할 수 없다.[338] 그러나 이 기간은 의무적인 것은 아니며, 정당한 이유가 있으면 그 이상의 기간이 부과될 수 있다. 그리하여 5년 이상 자격이 제한되는 경우도 흔

334) FAR 9.407–2(c).

335) J. Michael Jones, Jr., A Mechanic's view of the Government's Procurement Suspension and Debarment System: Time for a Major Overhaul or a Little Tune–Up?, 2013–JUL Army Law. 32, 34 (2013).

336) Gordon, op. cit., at 598.

337) FAR 9.406–4(a)(1).

338) FAR 9.406–4(a)(1)(2).

히 있다.[339] 자격제한에 앞서 자격정지가 있었던 경우에는 제한기간을 정함에 있어서 정지기간을 고려하여야 하고,[340] 일반적으로 앞선 정지기간은 제한기간에 그대로 산입된다.[341] 담당공무원은 정부의 이익(government's interest)을 보호하기 위하여 필요한 경우 제한기간을 연장할 수 있고,[342] 자격제한의 근거가 된 유죄판결이나 민사판결의 번복, 새로운 증거의 발견 등의 사유가 있는 경우에는 자격제한을 받은 사람의 서면요청을 받아 담당공무원이 자격제한의 기간이나 범위를 감경할 수 있다.[343]

2-2. 자격정지의 기간

자격정지의 경우에는 그 기간이 별도로 정해져 있지 않다. 자격정지는 조사나 소송 등 법적 절차(legal proceedings)[344]가 완료되기까지 잠정적으로 부과되는 것이기 때문이다. 따라서 자격정지기간은 법적 절차가 계속되는 기간이고, 법적 절차가 완료되면 정지기간도 종료된다.[345]

그런데 자격정지에는 일정한 시기적 제한이 있다. 자격정지를 통지한 후 12개월 이내에 법적 절차가 개시되어야 하고, 그렇지 않으면 자격정지는 종료된다. 다만, 법무차관보(Assistant Attorney General)가 기간의 연장을 요청하는 경우에는 6개월간 연장될 수

---

339) Gordon, op. cit., at 589–590.
340) FAR 9.406–4(a)(2).
341) Gordon, op. cit., at 589–590.
342) FAR 9.406–4(b).
343) FAR 9.406–4(c).
344) 법적 절차란 정부가 당사자인 민사사법절차 또는 형사절차를 말하고, 항소심절차를 포함한다 (FAR 9.403).
345) Gordon, op. cit., at 590.

있다.[346] 그리하여 일반적으로는 12개월 이내에, 법무차관보의 요청이 있는 경우에는 18개월 이내에 법적 절차가 개시되어야 하며, 이 기간 내에 개시되지 않으면 자격정지는 종료되고 어떠한 경우이든 연장될 수 없다. 그러나 이 기간 내에 법적 절차가 개시되면 정지기간에 대하여는 아무런 제한이 없다. 법적 절차가 완료되는데 소요되는 기간만큼 자격이 정지되는 것이므로 자격제한의 기간보다 더 길게 계속될 수도 있다.[347]

3. 현재의 적격성(present responsibility)

정부는 계약을 이행할 능력이나 자격이 있는 입찰자(responsible bidder)와 계약을 체결하여야 하고, 이러한 능력이나 자격이 없는 경우에는 정부계약의 참가자격을 제한할 수 있다.[348] 이렇게 하는 이유는 정부와 공공의 이익을 보호하기 위한 것이다.[349] 적격이 있는 계약상대자란 계약을 확실히 이행할 것으로 신뢰할 수 있는 계약상대자를 말한다. 따라서 여기서 적격성(responsibility)이란 계약을 이행할 수 있는 능력이나 자격을 의미한다. 적격성을 판단하는 요소로는 계약을 이행할 경제적 능력과 기술적 능력을 비롯한 각종의 이행능력, 이행실적, 필요한 조직과 시설 및 장비, 기업윤리(business ethics)와 청렴성(integrity) 등이 있고, 계약이행능력에 관한 최소한의 기준을 충족하였을 때 적격성이 인정된다.[350] 그런데 입찰단계에서 논의되

346) FAR 9.407-4(b).

347) Frequency Elecs., Inc. v. U.S. Dep't of the Air Force, 151 F.3d 1029 (4th Cir. 1998)(자격정지의 기간이 거의 5년에 이른 경우에도 적법하다고 하였다).

348) FAR 9.103(a), 9.402(a)

349) FAR 9.406-1(a).

350) Keyes, op. cit., at 139.

는 적격성과 제재단계에서 논의되는 적격성은 일부 중복되기는 하지만 동일한 개념이 아니다. 입찰단계에서의 적격성은 개개의 낙찰을 지지하거나 거절하는 근거가 되지만, 제재단계에서의 적격성은 계약상대자를 연방재정의 모든 분야에서 지속적으로 배제하는 근거가 된다는 점에서 양자는 구별되어야 한다. 계약담당공무원과 제재담당공무원이 취급하는 적격성의 문제를 구별하지 않는다면, 계약담당공무원이 이른바 사실상 자격제한(de facto debarment)을 하는 결과가 초래될 우려가 있다.[351)]

자격제한 또는 자격정지는 담당공무원의 재량행위이다.[352)] 따라서 제한사유나 정지사유가 인정된다고 하여 반드시 자격제한이나 자격정지가 이루어져야 하는 것은 아니다.[353)] 자격제한이나 자격정지는 과거의 잘못된 행위를 처벌하기 위한 것이 아니라 현재 또는 미래에 있어서 정부계약의 청렴성(integrity)을 확보함으로써 정부와 공공의 이익을 보호하기 위한 것이다. 따라서 자격제한이나 자격정지를 해야 할지 여부를 판단함에 있어서 중요한 것은 과거 행위에 대한 비난받을 만한 책임이 아니라 현재의 적격성 인정 여부이다.[354)] 그러므로 제재사유가 존재하더라도 그것만으로 계약상대자를 제재해서는 안 된다. 담당공무원은 해당 행위의 중대성, 잘못을 치유할 수 있는 교정수단(remedial measures) 또는 감경요소(mitigating factors)의 존부 등을 고려하여 계약상대자에게 현재의 적격성이 인정되는지 여부를 판단하고, 그 판단결과에 따라 제재 여부를 결정하여야 한다.[355)]

---

351) Robert F. Meunier, Trevor B. A. Nelson, Is it Time for a Single Federal Suspension and Debarment Rule?, 46 Pub. Cont. L.J. 553, 582–583 (2017).

352) FAR 9.402(a).

353) FAR 9.406–1(a), 9.407–1(b)(2).

354) Gordon, op. cit., at 582.

355) *Id.*

연방조달규정에서는 제재를 결정하기에 앞서 고려해야 하는 감경요소(mitigating factors)를 열거하고 있다. 그러한 감경요소로는 효과적인 행위기준과 내부통제시스템의 구축, 조사에 있어서 정부에의 협조, 잘못을 치유할 교정수단의 시행, 책임자들에 대한 적절한 징계조치, 비용의 지불 및 원상복구 여부, 재발방지를 위한 프로그램의 시행 등이 있다.[356] 제재사유의 존재에 대하여는 행정기관에게 증명책임이 있다. 제재사유의 존재가 인정되는 경우 계약상대자는 현재의 적격성이 인정됨을 증명하여야 제재를 피할 수 있다.[357] 이를 위하여 계약상대자는 교정수단 또는 감경요소에 대한 증거를 제출할 책임이 있다.[358] 감경요소가 존재한다고 하여 제재를 확실히 피할 수 있는 것은 아니지만, 담당공무원이 최종 결정을 하는데 큰 영향을 미칠 수 있다.[359]

Ⅲ. 행정협의

제재사유가 인정되지만 계약상대자의 현재의 적격성에 의문이 있는 경우에 행정기관과 상대방 간의 행정협의(administrative agreement)가 유용한 해결방안이 될 수 있다. 행정협의는 상대방의 현재의 적격성에 관한 문제를 해결하는데 보다 유연한 선택을 제공한다. 수년간 다수의 사례에서 행정협의를 통한 해결이 매우 성공적이었다고 한다. 특히 변호인의 도움 없이 제재에 대응해야 하는 중소기

356) FAR 9.406-1(a), 9.407-1(b)(2).
357) FAR 9.406-1(a).
358) FAR 9.406-1(c), 947-1(d).
359) Bianchi, op. cit., at 84-85.

업과 개인에게는 자격제한이나 자격정지의 대안으로서 아주 유용한 역할을 수행하고 있다.[360)]

행정협의의 내용은 행정기관마다 그리고 협의마다 상이하다. 그러나 일반적으로 행정협의에는 교정수단이나 감경요소의 일부가 포함된다. 또한 행정협의의 효력기간은 통상 3년이고, 협의의 내용으로 상대방에 대하여 정부계약으로부터 특정인의 배제 또는 행정기관의 개입, 다양한 준법프로그램 또는 윤리프로그램의 실시, 정기적인 행정기관에의 보고 등 일정한 행위가 요구된다. 나아가 행정협의의 준수 여부를 감독하기 위한 감독자의 임명, 자발적 제한(voluntary exclusion) 기간의 설정, 중대한 협의 조건을 위반한 경우 즉각적인 참가자격의 제한 등을 규정하기도 한다.[361)]

행정협의에 따른 감독이나 준법프로그램에 소요되는 비용은 계약상대자가 부담하여야 한다. 행정협의의 중요한 조건을 이행하지 않는 경우 제재사유가 되고, 종종 당초 제재보다 더 무거운 제재가 부과되기도 한다.[362)] 행정협의는 계약상대자를 일종의 행정적 보호관찰(administrative probation) 하에 두고 자율적인 교정수단과 재발방지시스템 등을 채택하도록 유도하거나 강제함으로써 계약상대자의 자율관리시스템(self-governance system)을 향상시켜 계약상대자의 계약이행능력과 청렴성(integrity)을 확보하기 위한 것이다. 그 결과 행정협의는 계약상대자와 납세자 모두에게 혜택이 되는 해결방안이 될 수 있다.[363)]

---

360) Meunier etc., op. cit., at 587.
361) ***Id.*** at 585-586.
362) ***Id.*** at 587.
363) ***Id.*** at 586.

Ⅳ. 제재의 효과

제재를 받은 계약상대자는 정부계약의 참가자격이 제한되고, 각 행정기관은 이들에게 참가권유를 하거나 이들을 낙찰자로 선정할 수 없으며, 이들과 체결한 하도급계약을 승인하여서는 안 된다. 다만, 행정기관의 장이 부득이한 사유가 있다고 판단한 경우에는 예외적으로 허용된다.[364] 또한 제재를 받은 대상자가 다른 계약상대자의 대리인 또는 대표자로서 정부와 거래를 하는 것도 금지된다.[365] 그러나 제재는 장래에 향하여 효력을 발생할 뿐이다. 따라서 제재 당시에 이미 존재하는 계약 또는 거래에는 영향을 미치지 않는다.[366] 한편 제재의 효과는 정부의 모든 행정기관에 미친다.[367] 어느 행정기관에 의한 제재는 행정부 내의 모든 행정기관의 조달활동에 자동적으로 확대된다.[368]

Ⅴ. 제재에 대한 불복

계약상대자는 먼저 행정기관에 이의를 제기하여야 한다. 자격제한과 자격정지에 대한 사법심사(judicial review)에는 행정적 구제 소진(消盡)(exhaustion of administrative remedies)의 원칙이 적용된

364) FAR 9.405(a).
365) FAR 9.405(c).
366) FAR 9.405-1.
367) FAR 9.406-1(c), 9.407-1(d).
368) 그러나 조달 분야에서의 제재가 자동적으로 비조달 분야로 확대되는 것은 아니며, 그 반대의 경우도 마찬가지이다(Gordon, op. cit., at 579).

다. 즉, 행정적 구제절차를 다 거친 다음에 사법심사를 청구할 수 있다.[369] 다만, 제재절차가 헌법상 적법절차(due process)의 원칙을 위반하였다고 주장하는 경우에는 행정적 구제절차를 거칠 필요가 없다.[370] 계약상대자는 자격제한의 예정통지 또는 자격정지의 통지를 받은 후 30일 이내에 반박하는 내용의 답변서(opposition)를 제출할 수 있고,[371] 담당공무원에게 제재의 기간 또는 범위를 감경해 줄 것을 요구할 수 있다.[372] 감사원(GAO, Government Accountability Office)은 참가권유 또는 낙찰자결정에서의 위법이나 부당함을 다투는 입찰이의신청(bid protest)을 관할하지만, 자격제한과 자격정지에 대한 이의신청은 관할하지 않는다. 종전에는 감사원에서 제재에 대한 이의신청을 관할하였으나, 현재에는 연방조달규정에서 제재에 관한 절차를 확립하고 있기 때문에 감사원은 더 이상 그러한 분쟁을 해결할 재판기관이 아니며, 이를 해결할 적절한 재판기관은 계약기관(contracting agency)이라는 것이 감사원의 입장이다.[373]

행정기관의 제재에 대하여는 연방지방법원(federal district court)에 소송을 제기할 수 있다.[374] 제재를 받은 계약상대자에게 가장 효과적인 구제방법은 제재를 취소하는 법원의 금지명령(injunction)을 구하는 것이다.[375] 연방법원의 사법심사에는 「행정절차법(APA,

---

369) Peter Kiewit Sons' Co. v. U.S. Army Corps of Engineers, 714 F.2d 163, 167, 31 Cont. Cas. Fed. (CCH) P 71395, 1983-2 Trade Cas. (CCH) ¶ 65528 (D.C. Cir. 1983).

370) Girard v. Klopfenstein, 930 F.2d 738, 740-41 (9th Cir. 1991).

371) FAR 9.406-3(c)(4), 9.407-3(c)(5).

372) FAR § 9.406-4(c).

373) Inchcape Shipping Services Holding, Ltd., Comp. Gen. Dec. B-402687.10 et al., 2013 CPD ¶ 286; Shinwha Electronics, Comp. Gen. Dec. B-290603, 2002 CPD ¶ 154, 44 GC ¶ 362.

374) 5 U.S.C.A. § 706.

375) Marcia G. Madsen & Luke Levasseur, Business and Commercial Litigation in Federal Courts(4th ed.) § 142:24 (2016).

Administrative Procedure Act)」에 의한 심사기준이 적용된다. 행정기관의 사실판단(factual findings)이 실질적 증거(substantial evidence)에 의하여 뒷받침되는 경우에는 그러한 행정기관의 판단은 존중되어야 한다.[376] 여기서 실질적 증거란 합리적인 사람이라면 그러한 결론을 받아들이기에 합당한 증거를 말한다.[377] 그러나 행정기관의 행위가 자의적(arbitrary)이거나 변덕스러운(capricious) 경우 또는 재량이 남용(abuse of discretion)되었거나 그 밖에 법률에 따르지 않은 경우에는 취소될 수 있다.[378] 이때 원고가 행정기관의 행위가 자의적이거나 변덕스러웠다는 점, 재량이 남용되었거나 또는 법을 잘못 적용하였다는 점 등을 주장하고 증명하여야 한다. 그러나 법률문제(questions of law)의 경우에는 법원이 행정기관의 법적 결론을 존중할 의무는 없으며, 법원은 처음부터 다시(de novo) 심사할 수 있다.[379]

---

376) 5 U.S.C.A. § 706(2)(E); Midtec Paper Corp. v. U.S., 857 F.2d 1487, 1497, 105 A.L.R. Fed. 585 (D.C. Cir. 1988).

377) Pierce, Jr., Richard J., Administrative Law, Tomson & West., 2008. at 40–41.

378) ***Id.*** at 42–43.

379) Pennzoil Co. v. F.E.R.C., 789 F.2d 1128, 1135 (5th Cir. 1986); Dill v. I.N.S., 773 F.2d 25, 28 (3d Cir. 1985).

I. 계약관의 자격[380)]

1. 연방조달자격

미국의 경우 연방조달연구원(FAI, Federal Acquisition Institute)에서 연방조달자격(FAC, Federal Acquisition Certification)제도를 운영하고 있다. 연방조달연구원은 「연방조달정책청법(Office of Federal Procurement Policy Act)」에 근거하여 설립된 기관으로서 연방조달인력의 개발, 양성 및 지원을 책임지고 있다. 연방조달자격은 연방기관에서 계약이나 조달업무를 수행함에 있어서 요구되는 기본적인 자격이다. 학력, 경력, 교육 등을 기준으로 연방조달자격의 요건을 정하고 있으며, 자격요건별로 권한의 범위가 달리 정해져 있다. 연방조달자격은 국방부를 제외한 모든 연방기관에서 통용되는 자격이지만,[381)] 이 자격을 취득하였다고 보직이나 승진을 보장받지는 못한다.

---

380) https://www.fai.gov/drupal/http:/(last visited January 9, 2018).

381) 국방부(DoD, Department of Defense)에서는 「국방조달인력개선법(DAWIA, Defense Acquisition Workforce Improvement Act)」에 근거하여 별도의 조달자격제도를 운영하고 있다. 국방부의 조달자격과 연방조달자격은 일정한 경우 자격의 상호 호환이 인정된다.

2. 연방조달자격의 종류

연방조달연구원에서 운영하는 연방조달자격에는 다음과 같이 세 가지 종류가 있다.

2-1. 계약자격(FAC-C, Federal Acquisition Certification in Contracting)

계약자격(FAC-C)은 연방정부에서 계약 및 조달 관련 업무를 수행하는 계약전문가(contracting professionals)를 위한 자격이다. 이 자격은 국방부를 제외한 모든 연방기관에서 공무원이 계약업무를 수행하기 위한 기본적인 자격이다. 각 연방기관에서는 해당 기관의 업무 특성 또는 계약관의 지위에 따라 필요한 경우 계약자격에 덧붙여 추가적인 교육이나 경력을 요구할 수 있다.

2-2. 대리계약관자격 (FAC-COR, Federal Acquisition Certification for Contracting Officer's Representative)

대리계약관자격(FAC-COR)은 연방정부에서 계약관리업무를 수행하는 조달전문가(acquisition professionals)를 위한 자격이다. 대리계약관(COR, Contracting Officer's Representative)은 계약관을 대리하여 특정한 기술적 또는 행정적인 계약업무를 수행하는 권한을 부여받은 사람이다. 대리계약관이 되려면 계약관을 대리하여 행위할 수 있는 권한을 계약관으로부터 서면으로 수여받아야 한다. 대리계약관은 계약을 관리함에 있어서 계약관을 보조하는 사람에 불과하므로 가격, 품질, 수량, 물건의 인도 또는 기간 등 계약의 조건을 정하거나 변경할 권한은 없다.

2-3. 사업 및 계획 관리자자격(FAC-P/PM, Federal Acquisition Certification for Program and Project Managers)

사업 및 계획 관리자자격(FAC-P/PM)은 연방정부에서 사업 및 계약관리업무를 수행하는 조달전문가를 위한 자격이다. 사업 및 계약관리자는 정확한 정부의 요구조건을 개발하고, 측정 가능한 이행기준(performance standards)을 정하며, 의도한 결과가 달성되도록 보장하는 생애주기활동(life-cycle activities)을 관리하는데 중요한 역할을 수행한다. 이 자격은 사업 및 계획 관리에 필요한 업무능력 및 기술능력을 갖추도록 하는 데 그 초점을 맞추고 있다.

3. 연방조달자격의 취득요건

연방조달자격은 자격별로 각각 3단계로 구분되어 운용된다. 1단계 자격으로는 저위험의 계약업무를 담당하고, 2단계 자격으로는 중간 정도의 계약업무를 담당하며, 3단계 자격으로는 고위험의 복잡한 계약업무를 담당할 수 있다. 계약자격(FAC-C)의 경우 학력(education), 교육(training), 경력(experience) 요건에 따라 3단계로 구분된다. 학력요건으로는 1단계와 2단계에서는 학사 학위 또는 경영 관련 과목 24학점을 이수하여야 하고, 3단계에서는 학사 학위와 경영 관련 과목 24학점을 모두 이수하여야 한다. 교육요건으로는 각 단계별로 일정한 교과목을 이수하여야 하고, 경력요건으로는 1단계 1년, 2단계 2년, 3단계 4년의 계약관경력이 각각 요구된다. 일반직 보수표(GS, General Schedule) 13등급 이상[382]의 공무원에 대하여는 학력과 교육 요건이 요구되지 않을 수 있다.

대리계약관자격(FAC-COR)과 사업 및 계획 관리자자격(FAC-P/

PM)의 경우에는 학력 요건은 없으며, 교육과 경력요건만 갖추면 된다. 대리계약관자격의 경우 1단계에서는 경력이 요구되지 않으며 8시간 교육만 이수하면 되고, 2단계에서는 1년의 대리계약관경력과 40시간의 교육이수, 3단계에서는 2년의 경력과 60시간의 교육이수를 각각 그 요건으로 한다. 사업 및 계획 관리자자격의 경우에는 1단계에서는 1년의 사업 및 계획 관리자경력과 일정한 선택과목의 이수, 2단계에서는 2년의 경력과 일정한 선택과목의 이수, 3단계에서는 4년의 경력[383]과 일정한 선택과목의 이수를 각각 그 요건으로 한다.

4. 보수교육

연방조달자격을 유지하기 위해서는 자격 취득 후 2년마다 일정한 보수교육점수(CLPs, continuous learning points)를 획득하여야 한다. 필요한 점수는 계약관자격은 80점이고, 대리계약관자격과 사업 및 계획 관리자 자격은 각각 40점이다. 각 연방기관의 조달경력관리자(ACMs, Acquisition Career Managers)가 자격소지자의 보수교육 이수 여부를 관리한다. 보수교육은 집합교육(classroom training) 또는 온라인교육(online training)을 통하여 이루어지지만, 전문 단체의 가입, 자격과 관련된 논문 발표, 자격과 관련된 사항을 주제로 한 토론 등에 의하여 대체될 수 있다.

---

382) 일반직 보수표(GS) 18등급에서 16등급은 국장급이고, 15등급에서 13등급은 과장급, 그리고 12등급에서 9등급은 계장급이며, 그 이하는 일반 직원이다.

383) 4년 경력 가운데 최소한 1년은 최근 10년 이내에 연방기관에서의 경력이 포함되어 있어야 한다.

Ⅱ. 계약관의 권한

1. 계약관에 의한 계약체결

정부를 대표해서 계약을 체결하는 사람을 계약관(contracting officer)이라고 한다. 계약관은 계약의 체결, 집행 또는 종료의 권한이 있고, 관련된 판단이나 결정을 할 권한이 있다. 계약관에는 계약관에 의하여 위임되어 그 권한 범위 내에서 활동하는 대리계약관도 포함된다. 계약관은 경영 판단에 있어 광범위한 재량이 허용되고, 계약조건의 준수와 계약 관계에 있어서 정부의 이익을 보호하기 위한 책임을 진다.[384)]

특정 계약관의 권한 범위에 관한 정보는 일반인들이 쉽게 확인할 수 있어야 한다. 이것은 계약관이라고 주장하는 사람에게 실제 권한이 있는지 여부를 판단하는데 아주 중요하기 때문이다. 계약상대자는 의심스러운 경우 계약관의 임명장 사본을 요구하여야 하고, 필요하다면 계약관의 권한 범위와 한계에 대하여 서면에 의한 해명을 요구하여야 한다.[385)] 계약관은 권한 범위 내에서 행위를 하여야 하며, 그 권한의 범위를 넘은 행위는 정부에 대한 법적 구속력이 없다. 즉, 계약관이 그에게 위임된 권한 범위 내에서 행위를 한 경우에만 정부에 대하여 법적 구속력을 갖는다.[386)]

2. 표현권한이론의 배제

정부는 계약체결능력을 가졌지만,[387)] 권한의 위임을 통하여 활동한다. 따라서 정부로부터 권한을 위임받은 계약관만이 정부를 대표해서 계약을 체결할 수 있다.[388)] 계약관은 그러한 권한을 행사함에 있어서 어느 정도 재량이 인정된다.[389)] 비록 계약관이 계약상 행위를 함에 있

어서 과오가 있더라도 그 권한 범위 내에서 행위를 했다면 정부는 이에 법적으로 구속된다.[390)]

문제는 계약관이라고 주장하는 사람이 그러한 권한을 갖고 있지 않거나 또는 권한의 범위를 넘어 행위를 한 경우이다. 그런데 정부계약에서는 사인들 간의 계약에서와는 달리 표현권한이론(doctrine of apparent authority)이 적용되지 않는다. 후술하는 바와 같이 표현권한이론의 배제는 사인들 간의 계약과는 구별되는 정부계약의 특성이라고 할 수 있다.[391)] 계약관의 권한은 법령에 의하여 제한되므로 계약관이 계약을 체결하거나 변경함에 있어서 법적 권한을 초과하였다면 그와 같은 계약은 무효(nullity)이다.[392)] 계약관이라 주장하는 사람에게 적법한 권한의 위임이 없었다면, 비록 권한이 있는 듯한 외관을 갖고 있더라도 정부를 법적으로 구속하지 못한다.[393)] 심지어 계약관 스스로 그 권한의 범위를 알지 못한 경우에도 그렇다. 따라서 정부와 거래하는 상대방은 계약관의 법적 권한의 존재 및 범위를 확인할 책임이 있다.[394)]

---

384) Keyes, op. cit, at 14–16.
385) Kelleher etc., op. cit, at 46.
386) 전현철, 미국 연방정부 조달계약에 관한 고찰, 275면 및 제276면.
387) United States v. Tingey., 30 U.S. 115(1831).
388) The Floyd Acceptance, 74 U.S. 666(1868).
389) Arizona v. California 373. U.S. 546(1963); United States v. MacDaniel., 32 U.S. 115(1833).
390) nited States v. Winstar Corp., 518 U.S. 839(1966); Cook v. United States., 91 U.S. 389(1875).
391) 표현권한이론의 배제에 관한 자세한 내용은 제3편 제1장 제2절의 'Ⅰ. 계약의 체결 및 이행에 있어서 법적 특성' 중 '2. 표현권한이론 및 금반언의 적용 배제' 참조.
392) Roland Nikles, "Is It Public, Or Is It Not?" What To Watch For When Public And Private Become Entwined, and Why It Matters, 46-SPG Procurement Law. 5 (2011); Karen L. Manos,, Government Contract Costs & Pricing § 3:1 (2011).
393) Kelleher etc., op. cit., at 51.
394) Thomas J. Kelleher, Jr., Brian G. Corgan & William E. Dorris, Construction Disputes: Practice Guide with Forms § 2.01 (2011); Federal Crop Insurance Corp v. Merrill., 332 U.S. 380(1947).

3. 강행규정의 계약 편입

공익의 보호와 관련된 내용들은 대부분 강행규정으로 입법이 되어 있다. 이러한 강행규정은 당사자가 명시적으로 계약의 내용에 포함시키지 않더라도 당연히 계약에 편입된다. 만일, 당사자가 강행규정을 명시적으로 배제하고 계약을 체결하였다면, 그러한 계약은 효력이 없다. 계약관에게는 강행규정을 배제한 채 계약을 체결할 권한이 없기 때문이다. 이와 같이 강행규정은 누락된 경우에도 계약에 자동적으로 편입되어 계약과 일체를 이룬다.[395] 강행규정의 자동적 계약 편입도 사인들 간의 계약과 구별되는 정부계약의 특성에 해당된다. 이에 관한 자세한 내용은 후술하기로 한다.[396]

Ⅲ. 계약관의 책임

1. 신의성실의 추정

계약관은 신의성실(good faith)로 그 의무를 수행한 것으로 추정(presumption)된다. 계약상대자가 이러한 추정을 번복하기 위하여 반박할 수 없는 증거(irrefragable proof), 즉 명백하고 설득력있는 증거(clear and convincing evidence)를 제시하여야 한다.[397] 그러

395) G.L. Christian & Associates v. United States., 312 F.2d at 427.

396) 강행규정의 계약 편입에 관한 자세한 내용은 제3편 제1장 제2절의 'Ⅰ. 계약의 체결 및 이행에 있어서 법적 특성' 중 '3. 강행규정의 계약 편입 : Christian 이론' 참조.

397) Ralph C. Nash, The Government Contract Decisions of The Federal Circuit, 78 Geo. Wash. L. Rev. 586, 598 (2010); Julie A. Roin, Public-private partnerships and termination for convenience clauses: time for a mandate, 63 Emory L.J. 283, 287 (2013).

나 이러한 증거를 제시하기란 쉽지 않다. 명백하고 설득력있는 증거에 의한 증명은 그 증명의 정도가 우월한 증거(preponderant evidence)보다는 높고, 합리적 의심이 없는 증거(beyond a reasonable doubt evidence)보다는 낮다. 명백하고 설득력있는 증거는 사실관계의 다툼에서 배심원에게 진실이라는 개연성 있는 확신을 생기게 할 정도의 증거라고 한다.[398]

계약관의 신의성실 위반(bad faith)은 계약상대자를 해하려는 의도(intent to injure)에서 기인한 것이다. 단순한 이기심(self-interest)만으로는 부족하지만, 그렇다고 적대감(animus)이 요구되는 것은 아니다. 정부가 계약상대자를 배제하기 위하여 음모를 꾸미거나 계획적으로 압박을 가한 경우에는 계약상대자를 해하려는 특정한 의도를 인정할 수 있을 것이다.[399] 계약을 준수하려는 의사 없이 계약을 체결한 경우도 신의성실 위반에 해당된다.[400] 이러한 신의성실 위반이라는 명백하고 설득력있는 증거는 계약상대자가 제시하여야 한다.[401]

2. 공무원 개인의 손해배상책임

계약관이 정부를 대표하여 계약을 체결한 경우 계약에 따른 법적 효과는 정부에 귀속되므로 계약관이 개인적으로 계약상 책임을 지지는 않는다.[402] 그런데 문제는 계약관이 계약의 체결이나 이행 과정에

398) Am-Pro Protective Agency, Inc. v. United States, 281 F.3d 1240 (Fed. Cir. 2002).
399) Nash, op. cit., at 600; Sys. & Networks v. United States, 81 Fed. Cl. 740 (2008).
400) Roin, op. cit., at 288.
401) 전현철, 행정조달계약에 있어서 공익(公益)을 위한 계약의 변경 및 해지에 관한 연구, 법학논문집, 제41집 제1호, 2017. 4., 245면 및 246면.
402) Sonja Larsen, Donald R. Levy, Lucas Martin, Thomas Muskus & Carmela Pellegrino, United States, Corpus Juris Secundum § 70 (2012).

서 계약상대자에게 손해를 입힌 경우 계약상대자가 불법행위를 이유로 계약관 개인에게 손해배상책임을 추궁할 수 있는지 여부이다. 이와 관련된 것이 연방공무원 개인의 손해배상책임에 대한 면책 논의이다.

연방공무원 개인에 대한 책임면책에는 두 가지 유형이 있다. 하나는 절대적 면책(absolute immunity)이고, 다른 하나는 조건부 면책(qualified immunity)이다. 절대적 면책에서는 연방공무원의 동기(motive)를 불문하고 손해배상청구가 완전히 배제된다.[403] 다만, 공무원은 그 권한 범위 내에서 한 행위에 대하여만 절대적 면책을 받을 수 있다.[404] 절대적 면책을 받는 행정부 공무원으로는 주요 공공정책 결정기능을 수행하는 최고위직 공무원인 대통령이나 행정각부의 장관 등과 사법적 기능을 수행하는 검사(prosecutor), 행정법판사(administrative law judges) 등이 있다.[405] 그 밖의 대부분의 행정부 공무원은 후술하는 조건부 면책의 대상이 된다.[406]

절대적 면책이 공무원의 동기와 무관하게 공무원의 특정한 활동이나 행위를 보호하는 것이라면, 조건부 면책은 공무원이 적법하게 행위를 했다고 믿고 신의성실(good faith)로 행위를 한 경우에만 면책을 허용하는 것이다.[407] 따라서 만일 공무원이 신의성실에 위반하여 또는 자신의 행위가 상대방의 법적 권리를 침해한다는 사실을 알면

---

403) Butz v. Economou, 438 U.S. 478, 508–509(1978); Imbler v. Pachtman, 424 U.S. 409, 418(1976); Barr v. Matteo, 360 U.S. 575(1959).

404) Barr v. Matteo, 360 U.S. 564, 574&#56194;&#56335;575(1959); Spalding v. Vilas, 161 U.S. 483, 498(1896).

405) ***Id.*** at 206–208.

406) Nestor M. Davidson, Constitutional Mass Torts: Sovereign Immunity and the Human Radiation Experiments, 96 Colum. L. Rev. 1203, 1213 (1996).

407) ***Id.*** at 209; Scheuer v. Rhodes, 416 U.S. 247–249(1974); Pierson v. Ray, 386 U.S. 547(1967).

서 행위를 한 경우에는 조건부 면책이 허용되지 않는다. 그러나 이후 연방대법원은 조건부 면책의 주관적 요소를 제거하였다. 연방공무원의 신의성실 위반(bad faith) 또는 침해하려는 의사(malice)와 같은 주관적 요소를 배제하고, 행위를 한 공무원이 아니라 이성적인 일반 공무원을 기준으로 판단하는 방식을 채택하였다.[408]

그리하여 연방공무원의 행위가 조건부 면책을 받을 자격이 있는지 여부는 연방공무원의 행위가 상대방의 법적인 권리를 침해하였는지 여부, 즉 적법성(legality) 여부와 그러한 법적인 권리가 침해 당시 명확히 확립된 것인지 여부, 즉 책임성(liability) 여부를 판단하여 결정한다.[409] 만일 법적 권리를 침해하였더라도 그것이 합리적인 실수(reasonable mistake)에 근거하였다면 면책된다. 책임성 여부의 판단에 있어서 행위를 한 연방공무원 개인의 주관적 동기는 검토하지 않으며, 이성적인 공무원을 기준으로 객관적으로 평가한다.[410] 그리하여 연방공무원의 행위가 법적인 권리를 침해하지 않았다든지 또는 법적인 권리를 침해하였더라도 이성적인 연방공무원을 기준으로 판단할 때 명확히 확립된 법적인 권리가 아니라면 조건부 면책이 주어질 수 있다.[411] 계약관의 경우에도 조건부 면책이 주어질지 여부는 계약관이 상대방의 법적 권리를 침해하였는지 여부와 이성적인 일반 계약관의 입장에서 그 법적 권리가 명확히 확립된 것으로 판단할 수 있

---

408) Davidson, op. cit., at 1214; Harlow v. Fitzgerald, 457 U.S. 816-19(1982); Malley v. Briggs, 475 U.S. 335, 339(1986); Anderson v. Creighton, 483 U.S. 635(1987).

409) John C. Williams, Qualifying Qualified Immunity, 65 Vand. L. Rev. 1295, 1298 (2012); Stephen I. Vladeck, The New National Security Canon, 61 Am. U. L. Rev. 1295, 1311 (2012).

410) David R. Cleveland, Clear as Mud: How the Uncertain Precedential Status of Unpublished Opinions Muddles Qualified Immunity Determinations, 65 U. Miami L. Rev. 45, 56 (2010).

411) Harlow v. Fitzgerald, 457 U.S. 818(1982).

는지 여부에 의하여 좌우된다. 면책은 책임(liability)뿐만 아니라 제소(suits)도 면하는 것이다.[412)]

3. 연방정부에 대한 구상책임

정부는 주권자로서 스스로 동의하지 않는 한 제소로부터 면책된다.[413)] 이를 주권자면책(sovereign immunity)이라고 한다. 이러한 주권자면책의 원칙에 의하여 연방공무원의 불법행위로 인하여 피해를 입은 사람은 연방공무원 개인을 상대로 손해배상을 청구할 수 있을 뿐이고 연방정부를 상대로 소송을 제기할 수는 없다. 다만, 의회가 제정한 연방정부의 손해배상책임을 인정하는 개별 법안(private bills)에 의하여 연방정부로부터 손해배상을 받을 수는 있다. 그러나 1946년 「연방불법행위청구법(Federal Tort Claims Act)」이 제정되었고, 동법에서는 연방공무원의 불법행위에 대하여 연방정부의 보통법(common law)상 주권자면책을 포기하고 피해자가 연방정부를 상대로 불법행위책임을 묻는 소송을 제기할 수 있도록 하였다.[414)] 연방공무원이 그 직무 범위 내에서 행한 과실이나 부당한 행위 또는 부작위로 인하여 발생한 손해에 대하여 그 피해자는 연방정부를 상대로 손해배상을 구하는 민사소송을 제기할 수 있다.[415)] 그러나 법령의 유효여부를 불문하고 법령을 집행함에 있어서 연방공무원이 정당한 주의(due care)를 기울인 경우 또는 재량의 남용 여부를 불문하고 연방공

---

412) Fed. Mar. Comm'n v. S.C. State Ports Auth., 535 U.S. 743, 766(2002); Mitchell v. Forsyth, 472 U.S. 511, 526(1985).

413) United States v. Sherwood, 312 U.S. 584, 586 (1941).

414) Yale Law Journal Company, Inc., Government Recovery of Indemnity from Negligent Employees: A New Federal Policy, 63 Yale LJ 570, 571–572 (1954).

415) 28 U.S.C.A. § 1346(b)(1).

무원이 재량적 권한을 행사하는 경우 등에는 연방정부를 상대로 민사소송을 제기할 수 없다.[416)]

그런데 의회는 1988년 「연방공무원 책임개혁 및 불법행위배상법(Federal Employees Liability Reform and Tort Compensation Act)」을 제정하였다. 동법에서는 연방공무원이 그 직무 범위 내에서 행한 과실이나 부당한 행위 또는 부작위로 인하여 야기된 손해에 대하여 연방정부를 상대로 손해배상을 청구하는 경우에는 공무원 개인을 상대로 한 민사소송이나 절차는 배제되는 것으로 규정하고 있다.[417)] 동법에 따른 면책은 연방공무원의 동기를 불문하고 그 직무 범위 내에서 행위를 하는 한 인정된다. 다만, 피해자가 연방공무원에 의한 헌법 위반을 이유로 민사소송을 제기하는 경우와 연방공무원 개인을 상대로 소송을 제기할 권한을 승인한 제정법(statute) 위반을 이유로 민사소송을 제기하는 경우에는 이러한 면책이 인정되지 않는다.[418)] 헌법위반을 이유로 제소된 연방공무원은 앞서 언급한 조건부 면책에 의하여 보호될 수 있다.

연방정부가 손해배상책임을 지는 경우 행위를 한 연방공무원 개인에 대하여 구상책임을 물을 수 있는지 문제된다. 연방대법원은 연방불법행위청구법상 명문의 규정이 없음을 들어 동법에 따라 손해배상책임을 이행한 연방정부의 연방공무원 개인에 대한 구상권을 부인하였다.[419)] 연방정부의 구상권을 부인하는 가장 주된 이유는 연방불법행위청구법을 제정한 의회의 입법 의도에서 찾을 수 있다고 한다. 연방불법행위청구법 이전에는 의회에서 연방정부의 손해배상책

416) 28 U.S.C.A. § 2680.
417) 28 U.S.C.A. § 2679(b).
418) 28 U.S.C.A. § 2679(b)(2).
419) United States v. Gilman, 347 U.S. 507 (1954).

임을 인정하는 개별 법안을 제정하여 피해자에게 배상을 하였는데, 당시 정부의 구상권을 인정하지 않는 것이 입법 관행이었다고 한다. 그리하여 연방불법행위청구법에 연방정부의 구상권이 명시되지 않은 것은 구상권을 인정하지 않겠다는 입법자의 의도가 반영된 것이라고 한다.[420)]

이상의 논의는 계약관의 경우에도 그대로 타당하다. 그런데 계약관에게는 광범위한 재량권이 부여되어 있다. 따라서 계약관이 주어진 재량적 권한을 행사하는 과정에서 불법행위로 인하여 발생한 손해에 대하여 피해자는 연방정부를 상대로 손해배상을 구하는 민사소송을 제기할 수는 없으며, 계약관 개인을 상대로 소송을 제기하여야 한다. 이때 계약관은 조건부 면책을 주장할 수 있다. 그러나 그렇지 않은 경우, 예를 들어 재량적 권한을 행사하는 것이 아닌 경우 등에는 피해자는 연방정부를 상대로 민사소송을 제기할 수 있고, 이 경우 계약관 개인에 대한 민사소송이나 절차는 배제된다. 손해배상책임을 이행한 연방정부는 계약관에 대하여 구상책임을 물을 수 없다.[421)]

---

420) Yale Law Journa l Company, Inc., op. cit., at 577-578.

421) 전현철, 정부조달계약에 있어서 계약담당공무원의 자격, 권한 및 책임에 관한 고찰, 156면 내지 160면.

03 Chapter 정부조달계약의 절차에 관한 새로운 이해

1절 정부조달계약절차의 효율성 제고

정부조달계약의 근거법령인 국가계약법령이나 지방계약법령 등에서는 공적 수요에 대한 효율적인 충족이라는 측면보다는 계약의 투명성이나 공정성 등을 지나치게 강조하여 계약담당공무원의 부패와 비리의 위험을 줄이기 위한 기계적이고 획일적 규율에 치중하고 있다. 정부조달계약의 특성상 투명성, 공정성이 강조되어야 하지만, 그것 못지않게 효율성 역시 강조되어야 한다. 효율성이란 최소의 수단으로 최대의 효과를 거두어 전체적으로 최적의 자원배분이 이루어지도록 추구하는 결정원칙이다. 정부조달계약에서의 효율성은 비용의 최소화만을 의미하는 것은 아니며, 이행된 계약목적물의 유지관리비 등 생애주기비용(life cycle cost)의 최소화, 계약품질의 제고, 사회적 편익의 증대 등이 포함된 넓은 개념이다. 기계적이고 획일적인 방식을 통해 투명성이나 공정성이 유지될지는 몰라도 공적 수요에 대응한 최적의 선택이라는 효율성은 기대하기 어렵다. 비효율적인 계약제도의 운용은 결국 공적 수요의 최종 소비자인 국민 다수에게 그 불이익이 귀결될 수밖에 없고, 이는 계약담당공무원의 부패나 비리로 인한 세금 낭비 못지않게 심각한 사회적 부담을 야기하게 된다. 효율성이 발휘되지 않고서는 공익의 실현이라는 정부조달계약의 목적이 제대로 달성될 수 없다. 행정편의적인 기계적이고 획일적인 계약제도에서 수요 중심의 효율적인 계약제도로 탈바꿈하기 위한 노력이 요구된다고 할 것이다.[422)]

정부조달계약의 효율성을 제고하기 위해서는 다양한 종류의 계약을 마련하고 계약체결방법으로서 협상에 의한 계약절차를 적극적으로 활용할 필요가 있다. 법령에 정해진 경쟁입찰의 원칙과 예외적인 수의계약이라는 계약방법을 기계적이고 획일적으로 적용하여서는 정부조달의 투명성이나 공정성을 확보할지는 몰라도 효율성을 도모하기는 어렵다. 계약담당공무원으로 하여금 다양한 종류의 계약 가운데 구체적인 조달상황에 따른 그에 적합한 종류의 계약을 선택하고 협상을 통하여 최적의 계약조건을 도출할 수 있도록 한다면 정부조달의 효율성을 극대화할 수 있을 것이다. 그러나 다양한 종류의 계약을 마련하고 협상에 의한 계약절차를 적극적으로 활용하는 것 못지않게 계약제도를 운영하는 계약담당공무원의 전문성을 강화하고 계약담당공무원에게 계약체결에 관한 광범위한 재량권을 부여할 필요가 있다. 아무리 효율적인 정부조달계약제도를 갖추었다고 하더라도 계약담당공무원이 구체적인 상황에 맞추어 시기적절하고 탄력적으로 제도를 운영할 수 없다면 정부조달계약의 효율성은 기대하기 어렵기 때문이다.

---

422) 전현철, 정부시설공사 계약제도의 효율성 제고방안 연구, 333면 및 334면.

Ⅰ. 계약종류의 다양화

미국 정부조달에서는 비교적 다양한 종류의 계약을 마련하여 운영하고 있다. 계약의 종류로는 크게 구분하면 고정가계약(fixed-price contracts)과 비용정산계약(cost-reimbursement contracts)이 있고, 여기에 각종 성과급(incentive)에 따른 다양한 성과급계약(incentive contracts)이 결합되어 운영되고 있다. 고정가계약은 확정가격(firm price) 또는 조정가능한 가격(adjustable price)을 대가로 지급하는 계약이다. 조정가능한 가격을 대가로 지급하는 고정가계약에는 가격조정(economic price adjustment) 조건부 고정가계약, 장래 가격재산정(prospective price redetermination) 조건부 고정가계약, 소급적 가격재산정(retroactive price redetermination) 조건부 고정상한가계약(fixed-ceiling-price contract)이 있다.

비용정산계약(cost-reimbursement contract)은 계약에서 정한 범위 내에서 실제 발생한 비용(actual cost)을 계약상대자에게 지급하는 계약이다. 여기에는 계약상대자에게 수수료(fee)를 지급하지 않는 계약과 수수료를 지급하는 계약이 있다. 전자에 해당하는 것으로는 비용계약(cost contract), 계약상대자가 비용의 일정 비율만큼만 정산받는 비용분담계약(cost-sharing contract)이 있고, 후자에 해당하는 것으로는 당사자 사이의 협상으로 정한 고정수수료(fixed fee)를 지급하는 고정수수료조건부 비용계약(cost-plus-fixed-fee contract), 고정된 기준금액(base amount)과 우수한 계약이행의 동기를 제공하기에 충분한 보상금액(award amount)으로 구성된 수수료를 지급하는 보상수수료조건부 비용계약(cost-plus-award-fee contract)이 있다.

성과급계약(incentive contracts)은 계약상대자가 계약을 효율적으로 관리한 데 대한 성과급이 주어지는 계약이다. 성과급계약은 고정가계약 또는 비용정산계약과 결합되어 성과급조건부 고정가계약(fixed-price incentive contracts), 성과급조건부 비용계약(cost-plus-incentive-fee contracts)으로 운영되고 있다. 성과급의 유형에는 비용성과급(cost incentives), 이행성과급(performance incentives), 납기성과급(delivery incentives)이 있다. 보상수수료조건부 고정가계약(fixed-price contracts with award fees), 보상수수료조건부 비용계약(cost-plus-award-fee contracts) 등 보상수수료(award fee)를 지급하는 계약도 성과급계약의 하나이다. 계약의 이행이 완료된 경우 계약에서 정해진 일정한 기준을 충족하면 보상수수료가 지급된다. 보상수수료의 금액은 정해진 기준에 따라 정부가 계약상대자의 이행을 정책적으로 평가하여 결정한다.

우리나라 경우 미국에서 운영되고 있는 것과 유사한 종류의 계약으로 확정계약과 개산계약, 사후원가검토조건부 계약이 있다. 확정계약은 낙찰자를 결정하여 계약금액을 확정해서 체결하는 계약이고, 개산계약과 사후원가검토조건부 계약은 계약금액을 확정하지 않은 채 체결하는 계약이다. 개산계약은 미리 예정가격을 정할 수 없는 경우에 개략적인 금액으로 계약을 체결하고 계약의 이행이 완료된 후에 정산하는 계약이고(국가계약법 제23조 및 동법 시행령 제70조, 지방계약법 제27조 제1항 및 동법 시행령 제81조, 제86조), 사후원가검토조건부 계약은 입찰 전에 예정가격을 구성하는 일부 비목별 금액을 결정할 수 없는 경우에 계약의 이행이 완료된 후 입찰 전에 정한 사후원가검토기준에 따라 정산하는 계약이다(국가계약법 시행령 제73조, 지방계약법 시행령 제89조). 확정계약은 미국의 확정고정가격계약과 유사하고, 개산계약과 사후원가검토조건부 계약은 미국의 비용정산계약 가운데 비용계약과 유사하다.

정부조달의 유연성과 효율성을 확보하기 위해서는 계약의 종류를 다양화하고 구체적인 조달상황에 맞추어 가장 적합한 계약의 종류를 선택할 수 있어야 한다. 특히 성과급계약(incentive contracts)의 경우 계약상대자에게 계약이행비용의 절감 및 효율적인 계약관리의 동기를 부여함으로써 정부와 계약상대자의 이익을 모두 극대화할 수 있다는 점에서 도입할 필요가 있다. 계약이행비용(cost), 계약의 성과(performance), 납기(delivery incentives)에 대하여 성과급약정을 할 수 있는데, 성과급의 기준은 계약상대자로 하여금 우수한 성과를 얻기 위해 노력하도록 동기를 부여하는데 적절한 것이어야 하고 객관적으로 측정 가능한 것이어야 한다. 미국의 경우 성과급계약은 고정가계약, 비용정산계약과 결합되어 성과급조건부 고정가계약(fixed-price incentive contracts)과 성과급조건부 비용정산계약(cost-reimbursement incentive contracts)의 형태로 운영되고 있다. 우리나라의 경우에도 확정계약, 개산계약과 결합되어 성과급조건부 확정계약, 성과급조건부 개산계약의 형태로 운영할 수 있을 것이다.

현재 우리나라의 확정계약은 미국의 확정고정가격계약과 유사한 형태만 인정되고 있으나, 미국에서의 가격조정조건부 고정가격계약과 유사하게 계약 체결 과정에서 가격을 확정하기 어려운 사정이 있거나 계약의 이행단계에서 계약당사자의 통제범위를 벗어난 가격 변동 상황이 발생한 경우에 추후 가격을 조정하거나 재산정할 수 있는 확정계약을 마련할 필요가 있다. 또한 개산계약과 사후원가검토조건부 계약의 경우에도 현재는 단순히 계약이행비용을 정산하는 수준에 머무르고 있으나, 정부조달의 효율성을 도모하기 위하여 계약상대자에게 효율적인 계약관리에 대한 성과급이 주어질 수 있도록 운영하여야 할 것이다. 미국의 고정수수료조건부 비용계약(cost-plus-fixed-fee contract), 보상수수료조건부 비용계약(cost-plus-award-fee contract)과 유사하게 계약관리에 대한 보상이나 대가가 주어지는 고정수수료조건부 또는 보상수수료조건부 개산계약 등을 마련할 필요가 있다.

Ⅱ. 협상에 의한 계약절차의 적극적 활용

우리나라 정부조달계약에서는 계약체결방법으로 경쟁입찰에 의한 계약과 수의계약이 있고, 낙찰자 결정방법으로 적격심사제, 종합심사낙찰제, 2단계 경쟁입찰에 의한 계약, 협상에 의한 계약, 경쟁적 대화에 의한 계약이 있다. 우리나라에서는 협상에 의한 계약과 경쟁적 대화에 의한 계약을 경쟁입찰 및 수의계약과 구별되는 독자적인 계약체결방법으로 규정하고 있지 않으며, 물품 및 용역계약에 있어서 낙찰자결정방법의 하나로 규정하고 있다(국가계약법 시행령 제43조 내지 제43조의3, 지방계약법 시행령 제43조 내지 제44조의2). 즉, 협상에 의한 계약 등도 경쟁입찰의 하나이고, 다만 낙찰자결정방법이 일반적인 경쟁입찰과 차이가 있을 뿐이다. 그러나 협상에 의한 계약 등은 경쟁입찰과는 그 목적, 적용범위 및 절차가 상이하다는 점에서 단순히 낙찰자결정방법이 다른 경우로 볼 것이 아니라 경쟁입찰과 수의계약의 방법을 절충한 독자적인 계약체결방법의 하나로 정립할 필요가 있다.

우리나라에서는 협상에 의한 계약과 경쟁적 대화에 의한 계약을 물품계약과 용역계약에서만 허용하고 있다. 협상에 의한 계약은 계약이행의 전문성·기술성·긴급성, 공공시설물의 안전성 및 그 밖에 국가안보목적 등의 이유로 필요하다고 인정되는 경우에 허용되고(국가계약법 시행령 제43조 제2항 전단, 지방계약법 시행령 제43조 제1항), 경쟁적 대화에 의한 계약은 전문성·기술성이 요구되는 계약으로서 기술적 요구 사항이나 최종 계약목적물의 세부내용을 미리 정하기 어려운 경우, 물품·용역 등의 대안이 다양하여 최적의 대안을 선정하기 어려운 경우, 상용화되지 않은 물품을 구매하려는 경우, 그 밖에 계약목적물의 내용이 복잡하거나 난이도가 높은 경우에 허용된다(국가계약법 시행령 제43조의3 제1항, 지방계약법 제44조의2 제1항). 협상에 의한 계약은 다수의 공급자들로부터 제안서를 제출받아 평가하여 협상적격자를 선정한 후 협상절차를 통해 정부에 가장 유리하다고 인정되는 사람과 계약을 체결하는 방식이고(국가계약법 시행령 제43조 제2항 전단, 지방계약법 시행령 제43조 제1항), 경쟁적 대화에 의한 계약은 입찰대상자들과 경쟁적·기술적 대화를 통하여 계약목적물의 세부내용 및 계약이행방안 등을 조정·확정한 후 제안서를 제출받고 이를 평가하여 정부에 가장 유리하다고 인정되는 사람과 계약을 체결하는 방식이다(국가계약법 시행령 제43조의3 제1항, 지방계약법 제44조의2 제1항).

미국의 정부조달에는 경쟁절차(competitive procedures)에 의한 조달과 비경쟁절차(non-competitive procedures)에 의한 조달이 있는데, 전자에 속하는 것으로는 봉함입찰(sealed bid), 2단계 봉함입찰(tow-step sealed bidding), 경쟁적 제안(competitive proposals) 등이 있고, 후자에 속하는 것으로는 단일자공급자조달(sole source acquisitions)이 있다. 경쟁적 제안과 단일공급자조달은 모두 협상에 의한 계약에 해당한다. 경쟁적 제안은 수인의 공급자로부터 제안을 받아 협상을 통하여 정부에 가장 유리한 공급자를 선택하는 방식이고, 단일공급자조달은 오로지 하나의 공급자로부터 제안을 받아 협상을 통하여 계약을 체결하는 방식이다.[423] 즉, 경쟁적 제안은 경쟁적 협상에 의한 계약에 해당하고, 단일자공급자조달은 비경쟁적 협상에 의한 계약에 해당한다. 미국 정부조달에서 경쟁적 제안은 우리나라의 협상에 의한 계약이나 경쟁적 대화에 의한 계약에 해당하고, 미국의 단일공급자조달은 우리나라의 수의계약에 해당한다. 우리나라에서는 협상에 의한 계약과 경쟁적 대화에 의한 계약을 구별하고 있으나 양자는 구별할 실익이 없다. 양자 모두 경쟁입찰에 의하기 곤란

423) FAR 15.002.

한 경우, 예를 들어 계약이행의 전문성·기술성이 요구되는 경우, 계약목적물의 세부내용을 미리 정하기 어려운 경우, 계약목적물의 내용이 복잡하거나 난이도가 높은 경우에 허용되는 것이고, 순차로 협상을 하든 2인 이상과 경쟁적으로 대화를 진행하든 협상 진행의 한 모습에 불과하고 협상절차에 의하여 계약을 체결한다는 점에는 아무런 차이가 없기 때문이다. 따라서 양자 모두 경쟁적인 협상에 의한 계약으로 이해하고 통일적으로 규율할 필요가 있다.

우리나라에서는 수의계약도 2인 이상으로부터 견적서를 제출받아 계약상대자를 선정하도록 하고 있다(국가계약법 시행령 제30조 제1항 본문, 지방계약법 시행령 제30조 제1항 본문). 그러나 수의계약은 본질적으로 비경쟁절차에 의한 계약이다. 특정한 상대방과 수의시담(隨意示談), 즉 협상을 통하여 계약을 체결하는 방식이다. 미국 정부조달에서의 비경쟁절차에 의한 조달인 단일공급자조달(sole source acquisition)이 여기에 해당한다.[424] 2인 이상으로부터 견적서를 제출받아 평가한 결과 정부에게 가장 유리한 공급자와 계약을 체결하는 것은 경쟁절차에 의한 것으로서 협상에 의한 계약의 하나로 보아야 한다. 우리나라의 수의계약에는 비경쟁절차인 본래적 의미의 수의계약과 경쟁절차에 의한 계약이 혼재되어 있다. 그러나 수의계약은 본질적으로 비경쟁절차에 의한 계약이므로 특정한 공급자와 협상을 통하여 계약을 체결하는 경우만을 수의계약으로 보는 것이 타당하다. 2인 이상으로부터 견적서를 제출받아 평가하여 정부에게 가장 유리한 공급자와 계약을 체결하는 경우는 수의계약에서 제외하여 경쟁입찰에 의한 계약 또는 경쟁적인 협상에 의한 계약으로 규율하여야 할 것이다.

수의계약에 의하면 경쟁을 통한 이익, 즉 공정성과 경제적 효율성

---

424) FAR 2.101(b).

이 침해될 우려가 있으므로 수의계약은 법령에 규정된 예외적인 경우에만 허용된다. 그런데 현행 국가계약법령 등에서는 수의계약사유를 지나치게 광범위하게 규정하고 있다. 수의계약은 비경쟁절차에 의한 조달로서 경쟁절차에 의해서는 정부조달의 목적을 달성할 수 없는 지극히 예외적인 경우에 한정하여 허용되어야 한다. 수의계약사유는 천재지변 등으로 인한 공사 등 긴급성이 요구되는 경우, 고도의 전문성·기술성으로 인하여 유효한 경쟁이 성립하지 않는 경우, 국가안보 등의 필요가 있는 경우 등으로 제한되어야 한다. 현재 일정 금액 이하의 소액계약은 수의계약에 의하고 있으나(국가계약법 시행령 제26조 제1항 제5호 가목, 지방계약법 시행령 제26조 제1항 제5호 가목), 계약금액이 작다고 하여 비경쟁절차에 의하는 것은 옳지 않다. 일정 금액 이하의 소액계약의 경우 미국의 간이조달절차(simplified acquisition procedures)와 같은 간이하고 신속한 형태의 협상에 의한 계약절차를 마련하여 운영함이 바람직하다. 이와 같은 간이하고 신속한 형태의 협상에 의한 계약절차에 의한다면 정부조달의 효율성과 함께 투명성과 공정성도 제고할 수 있을 것이다.

정부조달계약의 효율성을 제고하기 위해서는 협상에 의한 계약절차를 적극적으로 활용할 필요가 있다. 정부조달계약은 원칙적으로 경쟁입찰에 의하여야 하지만, 경쟁입찰이 적절하지 않은 경우에는 협상에 의한 계약절차에 의하여야 할 것이다. 계약의 규모를 불문하고 계약의 내용이 단순하거나 정형적인 경우에는 경쟁입찰에 의하는 것이 정부조달의 투명성과 공정성은 물론이고 효율성까지 확보할 수 있지만, 계약의 전문성·기술성으로 인하여 계약조건을 미리 정하기 어려운 경우, 계약목적물의 내용이 복잡하거나 난이도가 높은 경우 등에는 협상에 의한 계약절차에 의함으로써 정부조달의 효율성을 도모하여야 할 것이다.

계약당사자 사이의 협상을 통하여 최적의 계약조건을 정하여 계약을 체결할 수 있다면 정부조달의 효율성을 극대화할 수 있다. 정부조달계약의 효율성을 제고하기 위하여 다양한 종류의 계약을 마련하였다고 하더라도 경쟁입찰에 의하는 경우에는 그 선택의 여지가 협소할 수밖에 없으나 협상에 의한 계약에 의하는 경우에는 다양한 성과급(incentive) 약정 등을 통하여 정부와 계약상대자 모두의 이익을 최대화할 수 있는 계약의 유형을 선택하도록 할 수 있다. 협상에 의한 계약절차를 적극적으로 활용하기 위해서는 국가계약법령 등 정부조달의 근거법령을 개정하여 계약의 내용이 단순하거나 정형적인 경우를 제외하고 협상에 의한 계약절차를 적극적으로 활용하여 계약을 체결하도록 명시할 필요가 있다.

Ⅲ. 계약담당공무원제도의 개선

정부조달계약의 목적은 공적인 수요의 충족을 통한 공익의 실현에 있다. 공적인 수요를 최적으로 충족시키기 위해서는 정부조달이 효율적으로 이루어져야 한다. 이를 위해서는 단순히 최저가격으로 조달이 이루어지는 것만으로는 부족하고 공동체 전체의 편익 증진이라는 공익적 효율성이 달성되도록 조달이 이루어져야 한다. 그리하여 해당 계약의 목적을 달성하기에 가장 적합한 계약의 유형과 계약체결방법을 선택할 수 있어야 하고, 그에 상응한 계약이행능력을 갖춘 계약상대자를 선정하여야 하며, 계약의 이행이 적절하게 이루어지도록 관리·감독하여야 한다. 나아가 필요하다면 계약의 변경이나 해지를 통하여 계약의 구속력에서 벗어날 수 있어야 한다. 이를 위해서는 정부조달계약제도의 정비가 이루어져야 하지만, 계약담당공무원의 역할이 무엇보다 중요하다. 정부조달계약제도가 효율적으로 운영되기 위해서는 그 운영자인 계약담당공무원이 그 역할을 충실히 수행할 수 있어야 하기 때문이다.

계약담당공무원으로 하여금 자신의 역할을 충실히 수행할 수 있도록 하기 위해서는 먼저 계약담당공무원에게 계약사무를 효율적으로 처리할 수 있는 적합한 권한이 부여되어 있어야 한다. 정부조달계약의 투명성과 공정성을 강조하여 계약담당공무원의 부패와 비리의 위험을 줄이기 위해 그 권한을 지나치게 획일적으로 규율하는 경우에는 공적 수요에 대응한 최적의 선택이라는 정부조달의 효율성을 기대하기 어렵다. 정부조달계약의 획일성을 극복하고 효율성을 도모하기 위해서는 다양한 종류의 계약과 계약체결방법을 마련하는 것 못지않게 계약담당공무원으로 하여금 개별적이고 구체적인 조달상황에 따른 시기적절하고 탄력적인 대응이 가능하도록 할 필요가 있다. 계약의 유형과 계약체결방법의 선택에 있어서, 그리고 계약상대자의 선정을 위한 협상이나 평가에 있어서 계약담당공무원에게 좀 더 광범위한 재량권을 부여함으로써 공적 수요에 부응하는 효율적인 절차운영이 이루어지도록 하여야 할 것이다. 그런데 이러한 권한을 적절히 행사하려면, 그 전제로서 계약담당공무원에게 그에 합당한 능력과 자질이 있어야 한다. 이를 위해서는 계약담당공무원으로서의 능력과 자질을 향상시킬 수 있는 체계적인 양성시스템과 이를 충분히 검증할 수 있는 공신력 있는 자격증제도가 구비되어야 한다. 나아가 양성시스템이 실효적으로 기능하기 위해서는 계약담당공무원제도를 자격증제도와 연계하여 운영할 필요가 있다. 그리하여 일정한 자격을 취득한 사람에 한하여 계약담당공무원으로서의 권한을 행사할 수 있도록 하고, 자격증의 유형 및 단계별로 그에 상응하여 계약담당공무원의 권한 행사의 범위를 정하여야 할 것이다.

또한 계약담당공무원의 책임이 적정한 것이어야 한다. 계약사무의 처리에 따른 계약담당공무원의 책임이 너무 가벼워서도 안 되지만, 지나치게 무거워서도 안 된다. 책임이 과중한 경우 계약담당공무원의 적극적이고 능동적인 업무 수행을 기대하기 어렵기 때문이다. 계약담당공무원의 책임을 적정한 수준으로 제한함으로써 계약담당공무원으로 하여금 소신껏 자신의 업무를 처리할 수 있도록 하여야 할 것이다. 계약담당공무원이 그 직무 범위 내에서 한 행위에 대하여는 원칙적으로 손해배상책임이나 구상책임을 지지 않도록 하여야 한다. 다만, 법령에 위반되는 행위를 하였고, 그것이 공무원의 고의 또는 중과실로 인한 경우에 한하여 예외적으로 재산상 책임을 지도록 하여야 할 것이다. 이와 같은 개선방안이 실현되기 위해서는 국가계약법령 등 관련 법령에 계약담당공무원의 책임을 적정한 수준으로 제한하는 명문의 근거 규정을 신설할 필요가 있을 것이다.[425]

2절 부정당업자제재제도의 적정한 운영

부정당업자제재는 정부와의 계약에 있어서 경쟁의 공정한 집행과 계약의 적정한 이행, 즉 거래질서의 적법성, 공정성 및 투명성을 확보하기 위하여 부정당업자에게 가해지는 제재를 말한다. 정부조달계약에 있어서 적법성, 공정성 및 투명성을 확보하기 위해서는 부정당업자제재제도가 적정하게 운영될 필요가 있다. 부정당업자제재가 유명무실하다면 정부계약질서의 적법성이나 공정성, 투명성의 확보는 요원하게 될 것이고, 반대로 부정당업자제재가 그 상대방인 기업에게 지나치게 과중한 것이 되거나 사실상 중복처벌에 해당되는 등 가혹하다

425) 전현철, 정부조달계약에 있어서 계약담당공무원의 자격, 권한 및 책임에 관한 고찰, 160면 및 163면.

면, 이로 인한 부담은 개개의 기업을 넘어 우리나라 경제 전체에 악영향을 줄 우려가 있다. 그리하여 부정당업자제재제도의 적정한 운영이 요구되는 것이다.

부정당업자제재의 적정한 운영이란 부정당업자제재가 실효적이면서 합리적으로 운영되는 것을 말한다. 이는 부정당업자제재가 그 목적을 충분히 달성할 수 있어야 하고, 제재의 상대방이 어느 정도 납득할 수 있어야 함을 의미한다. 부정당업자제재는 거래질서의 적법성, 공정성 및 투명성을 확보하는데 충분할 정도로 실효적이어야 하지만, 또한 제재의 상대방인 부정당업자의 책임에 상응하는 합리적인 것이어야 하고 과잉처벌이 되어서는 안 된다. 현행 부정당업자제재제도에 대한 합리적인 조정과 함께 그 실효성 강화를 통하여 적정한 운영이 이루어지도록 하여야 한다.[426)]

Ⅰ. 부정당업자제재제도의 합리적 조정

1. 단순 의무불이행사유의 제외

국가계약법령과 지방계약법령에 규정된 제재사유에는 단순 의무불이행사유도 포함되어 있다. 단순 의무불이행사유란 고의나 중과실 없이 경제적 이유 등으로 낙찰자로 결정되었음에도 계약을 체결하지 못하거나 계약상 의무를 이행하지 못한 경우를 말한다. 2006년부터 2010년까지 조달청에서 한 입찰참가자격제한의 제재사유별 현황을

426) 전현철, 부정당업자제재제도의 적정한 운영을 위한 연구, 362면.

살펴보면, '계약불이행'이 61.5퍼센트로 가장 많고, 그 다음이 '계약미체결'로 12.8퍼센트였다.[427] 그 결과 단순 의무불이행으로 제재를 받은 건수가 전체 입찰참가자격제한 건수 가운데 무려 74.3퍼센트를 차지하고 있다.

단순 의무불이행은 계약의 내용에 의하여 규율하면 충분하고, 굳이 부정당업자제재까지 할 필요가 없다. 정부조달계약은 공익의 실현을 목적으로 하는 계약이므로 여기에 사적 자치의 원칙이 전적으로 적용된다고 보기는 어렵지만, 정부조달계약도 계약인 이상 원칙적으로 계약의 내용이나 효력은 당사자들의 의사에 의하여 규율되는 것이 바람직하다. 따라서 계약상 의무불이행이 있으면 그 계약에서 정한 내용에 따라 해결하는 것이 원칙이다. 예를 들어, 낙찰자가 계약을 체결하지 못하였거나 계약상대자가 계약을 이행하지 않은 경우 등에는 손해배상을 청구한다든가 입찰보증금이나 계약보증금 등을 몰수함으로써 그 손해를 보전할 수 있고, 또한 이후 입찰의 신인도 평가에서 감점하는 것만으로도 제재사유로 한 목적을 충분히 달성할 수 있다. 이러한 점에서 단순 의무불이행사유는 제재사유에서 제외함이 바람직하다.

2. 의무적 제재사유와 재량적 제재사유의 구분

국가계약법령과 지방계약법령에 따른 입찰참가자격제한은 기속행위이므로 법령에 규정된 제재사유에 해당하면 반드시 입찰참가자격을 제한하여야 한다. 즉, 현행법상 제재사유는 모두 의무적 제재사유이다. 그러나 제재사유를 거래질서의 침해 정도를 고려하여 의무적

---

427) 조달청 2010년 조달연보 참조.

제재사유와 재량적 제재사유로 구분하여 운영함이 타당하다. 의무적 제재사유란 사유가 발생하면 해당 기관이 반드시 제재하여야 하는 사유를 말하고, 재량적 제재사유는 해당 기관이 제재 여부에 대하여 재량을 갖는 사유이다. 또한 효력이 미치는 범위에 있어서도 의무적 제재사유의 경우에는 제재처분을 한 해당 기관의 입찰뿐만 아니라 다른 기관의 입찰에 대하여도 그 효력이 미치도록 하고, 재량적 제재사유의 경우에는 원칙적으로 해당 기관의 입찰에만 미치도록 하되, 다른 기관에 효력이 미칠지 여부는 그 해당 기관에서 스스로 판단하도록 운영함이 바람직하다. 의무적 제재사유는 거래질서의 침해 정도가 중대한 경우로 한정되어야 할 것이다. 예를 들어, 입찰담합, 뇌물수수, 사기로 국가에 손해를 입힌 경우 등은 의무적 제재사유로 하고, 나머지 사유는 재량적 제재사유로 운영함이 타당하다고 본다.

3. 과징금 부과범위의 확대

현행 국가계약법령과 지방계약법령에서는 입찰참가자격제한에 갈음하여 과징금을 부과할 수 있도록 하고 있다. 그러나 현행 법령에서는 과징금의 부과대상을 부정당업자의 책임이 경미하거나 또는 유효경쟁이 성립하지 않는 경우로 한정하고 있으며, 그 금액도 계약금액(계약을 체결하지 않은 경우에는 추정가격)의 10퍼센트 또는 30퍼센트에 해당하는 금액 이하로 제한하고 있다(국가계약법 제27조의2 제1항, 지방계약법 제31조의2 제1항). 현재 부정당업자제재가 입찰참가자격제한 위주로 경직되게 운영되고 있고, 그로 인하여 종종 제재대상자에게 지나치게 가혹한 결과가 초래되는 경우가 있다. 따라서 과징금의 부과대상을 넓히고 금액의 한도를 상향 조정하여 과징금의 부과범위를 확대함으로써 부정당업자제재제도의 탄력적인 운영을 도모하여야 할 것이다.

4. 중복처벌의 해소

중복처벌이 문제되는 경우가 있다. 예를 들어, 입찰담합을 이유로 「독점규제 및 공정거래에 관한 법률」에 의하여 과징금부과처분[428]을 받은 후에 동일한 사유에 기하여 입찰참가자격제한처분을 받은 경우, 또는 뇌물 공여를 이유로 「건설산업기본법」에 의하여 영업정지처분[429]을 받은 후에 동일한 사유에 기하여 입찰참가자격제한처분을 받은 경우 등이다. 과징금부과처분과 입찰참가자격제한처분, 영업정지처분과 입찰참가자격제한처분은 각각 그 법적 근거가 다르고 그 목적이 상이하므로 동일한 내용의 처분으로 볼 수 없다. 따라서 법률적으로는 위 사례에서의 입찰참가자격제한처분이 중복처벌에 해당되지는 않는다. 그러나 상당한 액수의 과징금을 납부하였거나 또는 영업정지기간이 만료되었음에도 동일한 사유를 이유로 다시 입찰참가자격제한을 받는다면, 이는 사실상 중복처벌을 받은 것과 다름이 없다. 다른 법률에 의하여 과징금부과처분이나 영업정지처분을 받은 경우에는 입찰참가자격제한처분을 감경 또는 면제하도록 운영함이 타당하다고 본다.

428) 입찰담합 등 부당한 공동행위에 대하여는 매출액의 10퍼센트를 초과하지 않는 범위 내에서 과징금을 부과할 수 있다(독점규제 및 공정거래에 관한 법률 제22조).

429) 건설사업자가 부정한 청탁을 받고 재물 또는 재산상의 이익을 취득하거나 부정한 청탁을 하면서 재물 또는 재산상의 이익을 제공한 경우에는 1년의 범위에서 기간을 정하여 영업정지를 명하거나 영업정지에 갈음하여 10억원 이하의 과징금을 부과할 수 있다(건설산업기본법 제82조의2).

430) 입찰참가자격제한을 해제하는 내용의 대통령의 특별조치는 과거 주기적으로 있었다. 가장 최근에는 2012. 1. 10. 이명박 대통령이 '신년 특별조치'를 통하여 건설업체 3,377개사를 대상으로 입찰참가자격제한을 비롯한 행정제재를 해제한 바 있다. 그 이전에는 2006. 8. 11. 노무현 대통령이 '광복 61주년 경축 특별조치'를 통하여 건설업체 4,441개사를 대상으로, 그리고 1999. 12. 29. 김대중 대통령이 '신년 대통령 은전조치'를 통하여 건설업체 2,998개사를 대상으로 각각 입찰참가자격제한 등 행정제재를 해제하였다.

Ⅱ. 부정당업자제재제도의 실효성 강화

1. 제재처분의 효력 확보

현행 법령에서는 부정당업자제재사유에 해당되는 경우 '즉시' 또는 '지체없이' 제재하도록 규정하고 있다(국가계약법 시행령 제76조 제1항 본문, 지방계약법 시행령 제92조 제3항). 그럼에도 불구하고 실제로는 제재사유의 적발 이후 제재에 이르기까지 길게는 수년의 기간이 소요되고 있다. 부정당업자제재의 실제 진행 모습을 보면, 제재 대상 기업들은 제재절차의 개시단계부터 이른바 시간 끌기에 들어간다. 부정당업자제재처분을 하려면 의견진술절차를 거쳐야 하는데, 기업들은 자료 준비 등을 이유로 의견진술절차의 진행을 늦추는 등 제재처분의 발령을 최대한 지연시킨다. 이후 입찰참가자격제한처분이 행해져도 집행정지를 통하여 대법원까지 수년간 계속 입찰에 참가하여 낙찰받고, 제재처분의 취소를 구하는 소송에서 패소판결이 확정되더라도 마지막으로는 대통령의 이른바 은전조치[430]에 힘입어 제재처분의 집행을 면하기도 한다.

제재대상자의 고의적인 지연행위에 대하여는 미국의 자격정지(suspension)제도가 유용한 대안이 될 수 있다. 입찰참가자격을 제한하기에 앞서 잠정적인 조치로서 자격정지를 할 수 있다면, 제재대상자의 고의적인 지연행위에 대한 효과적인 방지대책이 될 수 있을 것이다. 그런데 나아가 부정당업자제재로서 입찰참가자격제한처분을 받더라도 제재대상자가 집행정지결정을 받아 계속 입찰에 참가하는 문제와 대통령이 사면권을 남발하는 문제에 대하여는 법적인 해결방안을 찾기가 쉽지 않다.

제재대상자가 집행정지결정을 받아 계속 입찰에 참가하는 문제의 해결방안으로 행정소송법을 개정하여 집행정지의 요건을 엄격히 하자는 주장이 있다. 그러나 이는 행정편의주의에 치우친 주장으로 자칫 국민의 권리구제가 경시될 우려가 있다는 점에서 동의하기 어렵다. 집행정지신청은 행정소송법이 인정하고 있는 적법한 권리구제수단이다. 따라서 입찰참가자격제한처분에 대하여 집행정지결정을 받아 계속 입찰에 참가하는 것이 잘못되었다고 할 수는 없다. 그런데 문제는 집행정지신청이 부정당업자들이 제재를 회피하는 수단으로 악용되고 있다는 점이다. 부정당업자들이 항고소송에서 승소하는 비율이 상당히 낮음에도 불구하고 어떻게든 시간을 벌기 위한 수단으로 일단 소송을 제기하고 집행정지신청을 하고 있으며, 실무상 집행정지신청은 거의 대부분 인용되고 있다. 집행정지신청이 다소 남용의 소지가 있다고 해서 그 법정 요건을 강화하여야 한다는 주장은 받아들이기 어렵지만, 법원에서 부정당업자제재처분에 대한 집행정지결정사건을 심리함에 있어서 이러한 문제점을 고려하여 엄격하게 운영할 필요는 있다고 본다. 만일 잠정적인 제재수단으로서 자격정지제도가 도입된다면, 자격정지에 대한 집행정지결정에 있어서는 회복하기 어려운 손해를 예방하기 위한 긴급한 필요를 부인하든지 또는 엄격하게 판단할 필요가 있고, 그럼으로써 제재대상자의 악의적인 제재회피행위에 대한 효율적인 방지대책이 될 수 있을 것이다.

한편 대통령의 사면행위는 고도의 정치적 성격을 갖는 행위이므로 이를 사법심사의 대상으로 하거나 입법에 의하여 제한하는 것은 적절하지 않다. 그러나 정부조달계약제도의 적정한 운영과 경제정의의 실천이라는 관점에서 부정당업자제재처분을 받은 기업에 대한 대통령의 사면권 행사는 최대한 자제함이 바람직하다고 본다.

2. 입찰 · 낙찰 또는 계약과 무관한 위법행위에 대한 제재

현행 법령에서는 조세포탈 등으로 유죄판결을 받은 경우를 제외하고 원칙적으로 부정당업자제재사유를 제재의 주체인 발주기관에서 집행하거나 체결하는 입찰·낙찰 또는 계약의 체결·이행 과정에서 발생한 행위로 한정하고 있다(국가계약법 제27조 제1항 및 동법 시행령 제76조 제1항, 지방계약법 제31조 제1항 및 동법 시행령 제92조 제2항). 그러나 미국에서는 발주기관에서 집행하거나 체결하는 특정한 입찰·낙찰 또는 계약의 체결·이행과 무관하게 일정한 범죄행위나 위법행위를 제재사유로 하고 있다. 기업의 사회적 책임과 윤리의식을 제고하고 제재처분의 실효성을 높이기 위해서는 미국에서와 같이 입찰·낙찰 또는 계약의 체결·이행과 무관하게 저지른 일정한 위법행위, 예를 들어 범죄조직가입, 사기, 횡령, 뇌물수수, 위증, 장물취득행위, 영업과 관련한 범죄행위, 「장애인고용촉진 및 직업재활법」 또는 「근로기준법」 등 사회보장적 법률의 중대한 위반 등에 대하여도 제재가 가능하도록 할 필요가 있다.

3. 제재의 승계

제재대상자가 기업분할, 영업양도 등의 방법을 통하여 제재처분을 회피하고자 하는 경우에 이를 방지하기 위하여 제재처분의 효력이 승계되도록 하는 규정을 마련할 필요가 있다. 제재를 회피할 목적으로 합병, 인수, 기업분할 등 승계가 이루어진 경우는 물론이고 승계로 인하여 제재를 회피하는 결과가 초래된 경우에도 승계한 기업을 제재할 수 있도록 함으로써 제재의 실효성을 제고하여야 할 것이다.

4. 제재기간의 연장

현행 법령은 입찰참가자격의 제한기간을 최소 1월에서 최장 2년으로 정하고 있다(국가계약법 제27조 제1항 및 동법 시행령 제76조 제3항, 지방계약법 제31조 제1항 및 동법 시행령 제92조 제3항). 그러나 외국의 사례와 비교해 보면, 우리나라의 제재기간은 지나치게 단기라고 하지 않을 수 없다. 미국의 경우 자격제한기간이 통상적으로 3년이지만 경우에 따라 5년 이상이 부과되기도 한다. 제재의 실효성을 확보하기 위해서는 하한은 최소 6월 이상, 상한은 5년 정도까지 상향 조정할 필요가 있다고 본다. 만일 제재사유를 의무적 제재사유와 재량적 제재사유로 구분하여 운영한다면, 그 제재기간의 상한을 의무적 제재기간은 5년, 재량적 제재기간은 3년으로 정하는 것도 고려할 만하다.

5. 구체적인 감경기준의 확립

현행 법령에서는 '제한기간의 2분의 1 범위 내에서' 또는 '6개월을 초과하지 않는 범위 내에서' 감경하도록 규정하고 있을 뿐이고 구체적인 감경기준을 두고 있지 않다(국가계약법 시행규칙 제76조 별표2, 지방계약법 시행규칙 제92조 제4항). 그 결과 감경권이 남용되어 법정된 제재기간보다 훨씬 짧은 기간으로 입찰참자자격을 제한하고 있어 제재의 실효성이 떨어지고 있다. 예를 들어, 입찰담합의 경우 국가계약법 시행규칙 등에서 정하고 있는 제재기준은 최소 6개월 이상 최장 2년임에도 불구하고, 2011년부터 2014년 6월까지 입찰담합을 이유로 조달청에서 입찰참가자격을 제한한 199개 업체의 제한기간을 분석해 보면, 4개월 내지 6개월이 가장 많은 59.3퍼센트이고, 그 다음이 3개월 이하 16.1퍼센트에 이르러 결국 6개월 이하가 75.4퍼센트로 3분의 2를 차지하고 있다.[431]

미국의 경우 제재를 결정하기에 앞서 반드시 고려해야 할 감경요소로서 정부에의 협조, 문제를 치유할 교정수단의 시행, 준법프로그램의 시행, 책임자들에 대한 적절한 징계조치, 비용의 지불 및 원상복구 여부, 재발방지를 위한 시스템의 시행 등을 열거하고 있다. 감경권의 남용을 방지하고 부정당업자제재의 구체적 타당성을 도모하기 위해서는 세부적이고 명확한 감경기준을 마련하여 운영할 필요가 있다.[432]

Ⅲ. 행정협의 등 자율관리방식의 도입

미국에서는 제재에 갈음하는 대안으로 행정협의(administrative agreement)가 적극적으로 활용되고 있다. 행정협의는 계약상대자로 하여금 스스로 잘못을 치유하고 재발방지를 도모하도록 하는 자율적인 관리시스템(self-governance system)이다. 부정당업자제재의 목적은 처벌이 아니라 계약이행능력을 갖춘 적격자에 한하여 정부계약의 상대방이 되도록 함으로써 공공의 이익을 보호하는데 있다. 당사자 간의 합의와 자율성에 기반을 둔 자율관리방식이 타율적이며 일방적인 강제수단인 제재에 비하여 공공의 이익이라는 목적을 달성하는데 더 효율적일 수 있다. 이것이 자율관리방식의 도입이 필요한 이유이다. 자율관리방식이 제대로 기능하기 위해서는 그 방식이 잘못을 치유하고 재발을 방지함에 있어 충분히 신뢰할 수 있는 것이어야 하고, 그 이행 여부에 대하여 행정기관이나 객관적인 지위에 있는 제3자에 의한 엄격한 관리·감독이 이루어져야 할 것이다.[433]

---

431) 2014. 7. 1. 자 한겨레신문("입찰 담합 적발 기업 공공입찰 제한 '시늉만'") 참조.
432) 전현철, 부정당업자제재제도의 적정한 운영을 위한 연구, 365면 내지 367면.
433) 위의 논문, 367면 및 368면.

03 Part

정부조달계약의 법적 성격과 구제절차에 관한 이해

01 Chapter 정부조달계약의 법적 성격

정부조달계약은 공익의 실현을 목적으로 하는 계약이다. 그로 인하여 정부조달계약에서는 일반 사인 간의 계약에서와는 다른 여러 가지 법적 특성이 인정되고 있다. 미국에서는 정부조달계약의 이러한 특성을 정부재정(public fisc) 내지 납세자(taxpayer)의 보호, 즉 공공의 이익(public interest)에 봉사해야 하는 정부의 주권자(sovereign)로서의 지위에서 찾고 있다. 정부조달계약에서 정부는 시장참여자(market partcipant)로서 계약당사자(contracting party)의 지위를 갖지만 동시에 정치적 존재(political entity)로서 주권자(sovereign)의 지위를 함께 갖고 있다고 한다. 정부조달계약에서 정부는 이러한 주권자로서의 지위로 인하여 사인들처럼 단순히 자신의 이익만을 추구하는 것이 아니라 공공의 이익에 봉사해야 하는 의무를 지게 된다고 한다.[434)]

---

434) Roni Adil Radi Elias, How Good must the Government's Good Faith be? Defining the Boundaries of the Contractual Duty of Good Faith and Fair Dealing in Public Contracts, 10 Charleston L. Rev. 105, 107 (2016).

정부가 시장에 참여하여 사인들과 계약의 울타리에 들어갔음에도 불구하고, 공공의 이익에 봉사해야 하는 정부의 주권자로서의 지위로 인하여 후술하는 바와 같이 일반 사인 간의 계약과는 구별되는 여러 가지 법적 특성이 인정되고 있다.[435] 미국 정부조달계약에 인정되고 있는 일반 사인 간의 계약과 구별되는 여러 가지 법적 특성은 공공의 이익에 봉사해야 하는 정부의 주권자로서의 지위에서 비롯된 것으로서, 공법과 사법을 구별하는 대륙법체계에서 보면 공법적 성격에 해당되는 특성들이다. 이하에서 우리나라와 미국의 정부조달계약에서 인정되고 있는 법적 특성에 대하여 살펴보기로 한다.

1절 우리나라 정부조달계약의 법적 특성

정부조달계약의 법적 특성으로는 요식계약성, 일방적 계약변경권, 일방적 계약해지, 광범위한 감독·명령권 및 제재권 등이 언급되고 있다. 이러한 법적 특성은 정부조달계약이 추구하는 공익의 실현 내지 보호를 위하여 인정되는 것으로서, 공법과 사법을 구별하는 독일 및 프랑스 등 대륙법계 국가에서 공법상 계약의 특성으로서 논의되고 있는 것들이다. 이하에서 우리나라에서 일반적으로 인정되고 있는 정부조달계약의 법적 특성에 대하여 살펴보겠다.

---

435) West's Federal Administrative Practice § 603 (2018).

436) 대법원 2009. 12. 24. 선고 2009다51288 판결; 2009. 9. 24. 선고 2009다52335 판결; 2006. 6. 29. 선고 2005다41603 판결; 2005. 5. 27. 선고 2004다30811 판결; 2004. 1. 27. 선고 2003다14812 판결; 2001. 5.15. 선고 2001다14023 판결 등.

437) 대법원 2004. 1. 27. 선고 2003다14812 판결.

Ⅰ. 계약의 체결에 있어서 법적 특성

1. 요식계약(要式契約)

정부조달계약은 계약서의 작성을 성립요건으로 하는 요식계약이다(국가계약법 제11조 제2항. 지방계약법 제14조 제3항). 판례도 국가가 당사자가 되는 계약의 체결은 계약서의 작성을 성립요건으로 하는 요식계약이라고 하면서,[436] 국가가 당사자가 되는 계약을 요식계약으로 규정한 국가계약법 제11조는 그 계약의 내용을 명확히 하고 국가가 사인과 사법상 계약을 체결함에 있어 적법한 절차에 따를 것을 담보하기 위한 것으로서 강행규정[437] 이므로 동 조항에 규정된 요건과 절차를 거치지 않은 계약은 효력이 없다고 한다.[438]

정부조달계약을 비롯한 정부가 당사자가 되는 계약을 요식계약으로 한 이유는 계약체결을 신중히 하고 계약내용을 명확히 함으로써 정부의 재정 낭비를 막고자 하는 데 있다. 현재 정부조달계약을 체결함에 있어서 별도로 계약서라는 서면을 작성하지 않고 전자조달시스템에 전자문서를 입력하는 방식으로 갈음하고 있으나, 전자문서도 전자적 형태로 된 문서라는 점에서 계약의 요식성은 여전히 유지되고 있다고 하겠다.

2. 부합계약(附合契約)

정부조달계약은 미리 마련된 각종 계약조건에 의하여 체결된다. 정

---

438) 대법원 2009. 12. 24. 선고 2009다51288 판결; 2009. 9. 24. 선고 2009다52335 판결; 2006. 6. 29. 선고 2005다41603 판결; 2005. 5. 27. 선고 2004다30811 판결; 2004. 1. 27. 선고 2003다14812 판결; 2001. 5.15. 선고 2001다14023 판결 등.

부조달의 계약조건으로는 기획재정부 계약예규인 물품구매(제조)계약일반조건, 용역계약일반조건, 공사계약일반조건 등과 행정안전부 예규인 물품계약일반조건, 용역계약일반조건, 공사계약일반조건, 일괄입찰 등의 공사계약특수조건 등이 있고, 조달청 집행기준인 물품구매(제조)계약특수조건, 공사계약특수조건, 일괄입찰 등의 공사계약특수조건 등이 있다. 계약당사자에게는 계약조건의 내용을 임의로 변경할 권한이 없다. 당사자들은 각종 예규와 집행기준으로 정해진 이미 마련된 계약조건에 따라 계약을 체결할 의무가 있을 뿐이고, 계약조건을 당사자들이 임의로 정하는 계약의 자유가 인정되지는 않는다.

Ⅱ. 계약의 이행에 있어서 법적 특성

1. 일방적 계약변경권

정부는 필요한 경우 언제든지 공사계약에서는 설계변경, 용역계약에서는 과업내용의 변경, 물품계약에서는 수량변경을 요구함으로써 계약의 내용을 변경할 수 있다(공사계약일반조건 제19조의5, 용역계약일반조건 제16조 제1항, 물품구매(제조)계약일반조건 제9조). 계약상대자도 일정한 사정이 있는 경우에는 계약내용의 변경을 요구할 수 있다. 공사계약에서는 설계서의 불분명·누락·오류 등이 있거나 설계서와 현장상태가 상이한 경우 등에는 계약상대자도 설계변경을 요구할 수 있고(공사계약일반조건 제19조의2 내지 4), 용역계약에서는 계약의 기본방침에 대한 변동없이 과업내용서상의 용역항목을 변경하는 것이 발주기관에 유리한 경우에는 계약상대자가 계약변경을 제안할 수 있다(용역계약일반조건 제16조 제3항). 그러나 물품계약에서는 계약상대자가 수량변경을 요구할 수는 없다. 이와 같이 계약상대자도 공사계약이나 용역계약에서 일정한 사정이 있는 경우 계약의 변경을 요구할 수 있지만, 정부는 이러한 사정이 없더라도 필요한 경우에는 언제든지 계약의 변경을 요구할 수 있다. 정부가 필요한 경우란 주로 기본계획이 변경되었거나 민원이 제기된 경우 등이 이에 해당될 것이다. 구체적으로 어떤 경우가 여기에 해당되는지 여부에 관하여는 계약담당공무원에게 재량 내지 판단여지가 인정된다.

공사계약에서 설계변경이란 공사를 시공하던 도중 당초의 설계내용을 변경하는 것을 말한다. 설계변경은 설계서를 변경하는 것이므로 비록 공사비의 증감이 있더라도 설계서의 변경이 없는 경우에는 설계변경에 해당되지 않는다. 설계서란 공사시방서, 설계도면, 현장설명서, 공사기간의 산정근거, 물량내역서를 말하고, 일괄입찰 등 공사 또는 수의계약으로 체결된 공사의 산출내역서 등은 설계서에 포함되지 않는다(공사계약일반조건 제2조 제4호). 용역계약에서 과업변경이란 당초의 과업내용을 변경하는 것으로서 추가업무 및 특별업무의 수행, 용역공정계획의 변경, 특정용역항목의 삭제 또는 감소 등을 말한다(용역계약일반조건 제16조 제1항). 물품계약에서 수량변경은 물품계약에서 당초 약정한 물품의 수량을 증감하는 것을 말한다. 정부는 필요한 경우 당초 약정된 물품 수량을 10퍼센트 범위 내에서 증감조정할 수 있다. 다만, 해당 물품의 수급상황 등을 고려하여 부득이한 경우에는 계약상대자의 동의를 얻어 10퍼센트 범위를 초과하여 계약수량을 증가시킬 수 있다(물품구매(제조)계약조건 제9조).

이러한 설계변경 등으로 인하여 물량의 증감이 발생하는 때에는 그에 따른 계약금액조정이 이루어진다(국가계약법 제19조 및 동법 시행령 제65조, 지방계약법 제22조 및 동법 시행령 제74조). 정부가 설계변경 등을 요구한 경우에는 계약상대자가 요구한 경우에 비하여 계약상대자에게 유리하게 계약금액조정이 이루어진다. 계약상대자에 의하여 설계변경 등이 요구된 경우에는 그로 인하여 증감된 물량의 단가는 계약단가에 의하고, 계약단가가 없는 신규비목의 단가는 변경 당시를 기준으로 산정한 단가에 낙찰률을 곱한 금액에 의하지만(국가계약법 시행령 제65조 제3항 제1호 및 제2호, 지방계약법 시행령 제74조 제3항 제1호 및 제2호), 정부에서 설계변경 등을 요구한 경우에는 증가된 물량 또는 신규비목의 단가는 변경 당시의 단가와 동 단가에 낙찰률을 곱한 금액의 범위 안에서 당사자 간에 협의하여 결정하고, 협의가 되지 않으면 위 두 단가를 합한 금액의 50퍼센트에 해당하는 금액에 의한다(국가계약법 시행령 제65조 제3항 제3호, 지방계약법 시행령 제74조 제3항 제3호).

2. 일방적 계약해지

정부는 객관적으로 불가피한 사정이 발생한 경우 언제든지 계약을 해지할 수 있다(공사계약일반조건 제45조, 용역계약일반조건 제30조, 물품구매(제조)계약일반조건 제27조). 정부의 일방적 계약해지에 관하여 국가계약법이나 지방계약법에는 아무런 규정이 없으며, 기획재정부 계약예규 또는 행정자치부의 예규인 공사계약일반조건 등에서 규정하고 있다. 객관적으로 불가피한 사정이 있는지 여부는 구체적인 경우 계약담당공무원이 관련 법령, 계약목적물의 특성, 계약의 이행상황 등을 고려하여 판단하게 된다.[439]

계약해지의 효과로서 계약상대자는 계약이행을 즉시 중단하고, 자재나 재료 또는 기구 등을 철거하여야 하며, 기성부분과 남은 관급자재나 재료가 있는 경우에는 이를 반환하여야 한다(공사계약일반조건 제45조 제2항 및 제44조 제3항, 용역계약일반조건 제30조 제2항 및 제29조 제2항). 또한 미정산 선금 잔액이 있는 경우에는 이를 반환하여야 한다(공

439) 회신일자 2002. 4. 30. 및 2003. 10. 10. 자 재정경제부 질의회신.

사계약일반조건 제45조 제4항 전문, 용역계약일반조건 제30조 제4항 전문, 물품구매(제조)계약일반조건 제27조 제3항 전문). 이에 대하여 정부는 계약상대자에게 기성부분에 대한 미지급 대가를 지급해 주어야 하고, 계약해지일 이전에 투입된 계약상대자의 인력·재료 및 장비 등의 철수비용을 보전해 주어야 한다(공사계약일반조건 제45조 제3항, 용역계약일반조건 제30조 제3항, 물품구매(제조)계약일반조건 제27조 제2항). 계약상대자의 귀책사유로 해지된 경우에는 계약보증금은 국고에 귀속되고 미정산 선금 잔액에 대하여 약정이자가 가산되지만(공사계약일반조건 제8조 제1항 및 제44조 제5항, 용역계약일반조건 제9조 제1항 및 제29조 제4항, 물품구매(제조)계약일반조건 제8조 제1항 및 제26조 제4항), 정부의 불가피한 사정으로 해지된 경우에는 계약보증금은 계약상대자에게 반환되고 미정산 선금 잔액에 대하여 약정이자가 가산되지 않는다(공사계약일반조건 제45조 제4항 후문, 용역계약일반조건 제30조 제4항 후문, 물품구매(제조)계약일반조건 제27조 제3항 후문).

Ⅲ. 감독 · 명령권 및 제재권

계약담당공무원은 계약의 적정한 이행을 확보하기 위하여 필요한 경우에는 계약서·설계서 등 관련 서류에 의하여 스스로 이를 감독하거나 소속공무원이나 전문기관으로 하여금 필요한 감독을 하도록 할 수 있다(국가계약법 제13조, 지방계약법 제16조). 또한 정부조달입찰이나 그 계약의 체결 및 이행과정에서 입찰의 공정한 집행 또는 계약의 적정한 이행을 해칠 염려가 있거나 기타 입찰에 참가시키는 것이 부적합하다고 인정되는 사람에 대하여는 일정 기간 동안 입찰참가자격을 제한하여야 한다(국가계약법 제27조, 지방계약법 제31조).

Ⅰ. 신의성실의무의 수정

1. 신의성실의무의 내용

계약당사자는 계약의 체결 및 이행에 있어서 신의성실의무(duty of good faith)를 부담한다.[440] 신의성실의무는 모든 계약에서 광범위하게 인정되고 있는 묵시적 의무(implied contractual duty)이다. 이 의무는 자신의 계약이행을 회피하거나 상대방의 계약이행을 방해하는 행위를 해서는 안 된다는 소극적인 면과 계약으로부터 인정된 당사자의 합리적인 기대에 부합하는 행위를 하여야 한다는 적극적인 면을 갖고 있다.[441] 계약의 이행을 방해하거나 상대방 당사자의 합리적 기대를 저버리는 행위를 계약에서 일일이 명시하는 것은 사실상 어렵기 때문에 묵시적 의무로서 신의성실의무가 존재하는 것이다.[442]

신의성실의무를 이해함에 있어서 시장(market)에 대한 우수한 지식(superior knowledge)을 활용하는 것과 계약상대방의 실수(oversight)를 고의적으로 이용하는 것은 구별하여야 하고, 또한 계약의 체결을 위한 협상(contract negotiations) 단계에서의 행위와 계약의 이행(contract performance) 단계에서의 행위를 구별하여야 한다. 신의성실의무의 목적은 명시적인 규율이 없는 상황에서 상호 협력 관계(cooperative relationship)가 이루어질 수 있도록 이를

---

440) Restatement (Second) of Contracts § 205.

441) Elias, op. cit., at 105-107.

442) ***Id.*** at 142.

저해하는 기회주의적인 행위(opportunistic behavior)를 금지하고자 하는 데 있다. 계약의 이행단계에 있어서 상대방의 실수를 고의적으로 이용하는 행위는 계약체결을 위한 협상단계에서 시장에 대한 우수한 지식을 활용하는 것과는 달리 신의성실의무위반이 된다. 계약상대방의 실수를 아무런 대가 없이 보완할 수 있음에도 그와 같이 하지 않는 것은 계약에서 금지하고 있는 기회주의적인 행위가 된다.[443]

계약에서 그 이행에 대하여 광범위한 재량을 부여하고 있는 경우 그러한 재량을 계약의 목적에 부합하지 않게 행사한다면 신의성실의무위반이 된다. 여기서 계약의 목적에 부합하지 않는다는 것은 당사자들의 합리적인 기대(reasonable expectations)를 벗어나 재량을 행사하는 것을 말한다.[444] 당사자에게 계약의 이행에 관한 재량이 인정되는 경우 당사자는 심사숙고하여 그 재량을 특정한 계약의 목적을 위하여 행사하여야 하고, 만일 당사자가 재량을 심사숙고하여 행사하지 않는다면 그것은 신의성실의무에 위반하여 재량을 행사하는 것이 된다.[445]

2. 정부계약에서의 신의성실의무

신의성실의무는 정부에 대하여도 사인인 당사자에 대하여 적용되는 것과 마찬가지로 적용된다. 그러나 정부계약의 특성이 고려되어야 한다. 정부와 사인인 당사자 사이에는 법적 권한에 있어서 차이가 있고, 정부는 공공의 이익에 봉사해야 하는 의무를 지고 있다.[446] 공공

443) ***Id.*** at 131–132.
444) ***Id.*** at 132.
445) ***Id.*** at 133.
446) ***Id.*** at 107.

의 이익은 납세자가 부담하여야 할 비용을 절감하고 시민에게 최대한의 이익을 얻게 하는 등 정부기능의 효율성을 최대화하는 것이다. 이와 같이 정부는 민간보다 더 많은 권한을 갖고 공공의 이익에 대하여 책임을 지고 있기 때문에 아주 높은 수준의 공정(fairness and justice) 거래의무를 부담하고 계약상대방에 대하여 권한을 남용해서는 안 된다.[447)]

정부의 신의성실의무의 기준은 사적인 당사자에 비하여 훨씬 높다. 그러나 정부의 신의성실의무의 정도와 한계를 명확히 획정하기란 쉽지 않다. 그런데 정부가 계약을 체결하는 것은 구체적인 형태의 규칙을 제정(rule making)하는 것으로 볼 수 있다. 「행정절차법(APA, Administrative Procedure Act)」에서는 정부가 규칙을 제정할 때 지켜야 할 행위기준을 정하고 있다. 정부는 규칙을 제정할 때 이해관계인에게 통지를 하여야 하고, 의견을 진술할 기회를 주어야 하며, 그 의견진술에 대한 답변으로 그러한 규칙을 제정하는 이유를 명시하여야 한다.[448)] 이것은 계약체결을 위한 협상절차에 비견될 수 있다. 정부가 계약의 체결을 위하여 협상을 하고 계약의 초안을 작성하여 합리적인 방식으로 절차를 거쳐 서류작성을 완료한다면 정부가 계약상대방에 대한 공평하고 합리적인 규칙을 제정하였다고 할 수 있을 것이다.[449)]

정부계약은 계약당사자들의 행위를 구체적으로 규율하는 규칙을 정립하는 것이고, 정부의 신의성실의무는 행정기관의 규칙제정에 있어서 그 준칙으로 사용되는 개념이라고 할 수 있다. 정부가 계약을 이행함에 있어서 신의성실의무를 다했는지 여부는 규칙제정에 있어서 재량남용의 기준에 의하여 판단하여야 한다. 따라서 정부가 이러한 재

---

447) *Id.* at 155.
448) 5 U.S.C.A. § 553.
449) Elias, op. cit., at 157-158.

량권을 남용하였다면 신의성실의무를 위반한 것으로 볼 수 있다.[450)]

Ⅱ. 표현권한이론 및 금반언의 적용 배제

1. 표현권한이론의 적용 배제

표현권한이론(doctrine of apparent authority)은 만일 어떤 사람이 다른 사람에게 권한과 책임을 수여하는 표시(signs)를 하였다면, 실제로 그러한 권한을 수여하고자 하는 의사가 없었다고 하더라도 그의 대리인으로서 그 다른 사람이 한 행위에 의하여 구속된다는 것이다. 그러나 정부와의 거래에서는 표현권한(apparent authority)은 정부를 구속할 수 없고, 실제 권한(actual authority)만이 정부를 구속할 수 있다.[451)]

모든 권한은 위임되고, 헌법과 법률에 의하여 규율된다. 모든 공무원은 법에 따라 임무를 수행하고 규정된 의무와 제한된 권한을 갖는다. 사인(私人)은 법적으로 금지된 것을 제외하고 어떤 것이든 할 수 있으나, 정부공무원은 법적으로 허용된 것을 제외하고 아무것도 할 수 없다.[452)] 정부와 거래하는 사람은 법에 대하여 알 것으로 기대되고 법에 반하는 정부대리인의 행위를 신뢰하여서는 안 된다.[453)] 그 결과 정부는 그 대리인의 권한을 넘는 행위와 법령에 반하는 행위에 의하여 구속되지 않는다.[454)]

---

450) ***Id.*** at 107.
451) Kenneth J. Allen, Federal Grant Practice § 10:8 (2018).
452) Keyes, W. Noel, Government Contracts Under The Federal Acquisition Regulation § 1.23(a) (2018).
453) Premo v. U.S., 580 F. Supp. 2d 562 (E.D. Mich. 2008).
454) Vasko v. United States, 112 Fed. Cl. 204, 216 (2013).

정부와 거래를 하는 사람은 누구나 정부를 위하여 행위를 한다고 주장하는 사람이 그 권한 범위 내에서 행위를 하는지 여부를 적극적으로 확인할 책임이 있다.[455] 정부계약을 체결한 정부공무원의 실제 권한의 범위는 의회에 의하여 명시적으로 규정되거나 또는 입법권을 통하여 적절히 실행된 위임입법에 의하여 제한될 수 있고, 계약을 체결한 정부공무원이 그러한 권한의 제한을 알았든 몰랐든 상관없다.[456]

정부대리인이 헌법과 법령에 의하여 명시적으로 계약에 관한 권한을 수여받은 경우에는 계약에서 정부를 구속할 명시적 실제 권한(expressed actual authority)을 갖는다. 묵시적 실제 권한(implied actual authority)은 표현권한(apparent authority)과는 달리 명시적 실제 권한과 마찬가지로 정부를 구속할 수 있다.[457] 계약에서 정부를 구속할 묵시적 실제 권한은 그러한 권한이 정부공무원에게 부여된 직무의 필수적인(integral) 부분으로 여겨지는 경우에만 인정된다.[458]

2. 금반언의 적용 배제

2-1. 금반언의 의의

금반언에는 크게 형평금반언(equitable estoppel)과 약속금반언(promissory estoppel)이 있다. 형평금반언은 만일 어떤 사람이 다

455) Jumah v. U.S., 90 Fed. Cl. 603 (2009).

456) Federal Crop Ins. Corp. v. Merrill, 332 U.S. 380, 391 (1947); Pride Intern., LLC v. U.S., 64 Fed. Cl. 754 (2005); U.S. Postal Service v. Sunshine Development, Inc., 674 F. Supp. 2d 619 (M.D. Pa. 2009).

457) Lublin Corp. v. U.S., 98 Fed. Cl. 53 (2011); Seven Resorts, Inc. v. United States, 112 Fed. Cl. 745, 779 (2013).

458) West's Federal Administrative Practice § 603 (2018).

른 사람에게 사실과 다른 허위표시(misrepresentation)를 하였고 다른 사람이 그것을 신뢰하여 행위를 하는 것을 알았다면, 그 표시를 한 사람은 그 표시가 진실인 것처럼 다른 사람에 대하여 책임을 져야 한다는 것이다.[459] 형평금반언은 계약, 불법행위, 재산권 등을 비롯한 여러 법률 분야에 적용된다.[460] 한편 약속금반언은 약속자(promisor)가 수약자(promisee) 또는 제3자로 하여금 약속을 신뢰하여 일정한 행위를 하게 할 것이 예상되는 약속을 한 경우, 만일 그 약속의 이행만이 불의를 피할 수 있다면 그 약속은 구속력을 갖는다는 것이다. 이 경우 약속자는 약인(約因, consideration)의 결여를 주장하는 것이 금지되고, 그 약속은 약인이 없어도 유효하게 된다.[461] 약인은 영미법상의 특유한 개념으로서 약속(promise)이 계약(contracts)으로 유효하게 성립하여 구속력을 갖기 위해서는 청약(offer)과 승낙(acceptance)에 의한 합의(mutual assent) 이외에 약인이 있어야 한다. 약인이란 약속에 의하여 약속자가 받는 이익(benefit) 또는 수약자가 입는 손실(detriment)을 의미한다. 약속자는 수약자의 손실과 교환으로 약속을 하고, 수약자는 약속자의 약속 때문에 손실을 입는 경우에 그 약속에는 약인이 존재하는 것이 된다.

형평금반언과 약속금반언은 둘 다 형평(equity)에 그 뿌리를 두고 있으나, 형평금반언은 당사자로 하여금 특정한 항변이나 권리를 주장하는 것을 금지시키는 법적 도구로서 사용되는 것이라는 점에서 계약에서 약인이 흠결된 경우 당사자를 계약에 구속시키는 도구로서 사용되는 약속금반언과 구별된다. 형평금반언은 당사자가 존재하

459) Restatement (Second) of Torts § 872.

460) Michael Cameron Pitou, Equitable Estoppel: Its Genesis, Development and Application in Government Contracting, 19 Pub. Cont. L.J. 606, 609 (1990).

461) Pitou, op. cit., at 610.

는 표시 또는 사실상 묵시적 계약(implied-in-fact contract)에 근거하여 그것에 반하는 특정한 청구 또는 항변을 주장하는 것을 금지하는 것이다. 사실상 묵시적 계약이란 당사자가 명시적으로 합의하지 않았으나 당사자의 행동 등에서 합의가 이루어진 것으로 추정되는 계약을 말하는데, 사실상 묵시적 계약은 유효한 계약으로서 명시적 계약과 그 효력이 동일하다. 또한 형평금반언은 그 자체 소의 원인(cause of action)이 되지 못한다. 소의 원인(cause of action)은 소송을 제기할 권리를 정당화하기에 충분한 일련의 사실을 말한다. 소의 원인에는 원고가 주장하는 법이론(legal theory)과 법원에 바라는 구제절차(remedy)가 모두 포함된다. 구체적인 소의 원인으로는 계약(contracts)에 근거한 원인, 제정법적(statutory) 원인, 불법행위(torts)에 기한 원인, 부당이득(unjust enrichment)과 같은 형평에 기한 원인 등이 있다. 이에 비하여 약속금반언은 수약자가 약속을 신뢰하여 행위를 하였을 때 약속자에게 지급거절을 허용함으로 야기되는 가혹한 결과를 회피하기 위한 것이다. 약속금반언은 전통적인 약인 요건의 대체물(substitute for consideration)로서 그에 근거하여 소의 원인이 될 수 있다.

형평금반언은 체결된 계약의 부인을 금지하는 것이고, 약속금반언은 존재하지 않는 계약을 창설하는 것이다.[462] 약속금반언에 근거하여 소의 원인이 되는 계약은 법적 묵시적 계약(implied-in-law contract)이다. 법적 묵시적 계약은 일방 당사자가 타방 당사자에게 자신이 타방으로부터 얻은 부당이득을 반환하는 의무를 부담하는 계

462) Pacific Gas & Elec. Co. v. United States, 3 Cl. Ct. 329, 340 (1983); American Maritime Transport, Inc. v. United States, 18 Cl. Ct. 283, 292 (1989); Durant v. United States, 16 Cl. Ct. 447, 450–51 (1988).

약을 말한다. 법적 묵시적 계약은 준계약(quasi-contract)이라고도 하며, 사실상 묵시적 계약과는 달리 당사자 사이에 계약이 성립되는 것이 아니라 일방이 타방에 대하여 부당이득(unjust enrichment)을 반환하는 의무를 부과하는 데 불과하다. 그러나 정부계약 관련 쟁송기관인 연방청구법원(Court of Federal Claims)과 계약소청심사위원회(Board of Contract Appeals)에서는 법적 묵시적 계약에 관한 관할을 갖고 있지 않다.[463] 계약분쟁법에 의하여 연방청구법원과 계약소청심사위원회의 관할은 명시적 계약과 사실상 묵시적 계약으로 제한되기 때문이다.[464] 그리하여 약속금반언은 사인들 사이에서와는 달리 정부계약에서는 정부를 상대로 한 소의 원인이 되지 못한다.[465]

2-2. 금반언의 적용요건

정부를 상대로 형평금반언의 적용을 주장하기 위해서는 다음과 같은 요건을 갖추어야 한다.

첫째, 정부가 실체적 사실(material facts)에 대하여 인식하고 있어야 한다. 즉, 정부가 진실한 사실을 알고 있거나 알 수 있어야 한다. 정부가 진실한 사실을 알고 있거나 또는 적어도 그 사실을 손쉽게 알 수 있는 수단을 갖고 있거나 알아야만 하는 지위에 있어야 금반언이 적용된다.[466]

둘째, 정부가 금반언을 주장하는 당사자로 하여금 정부가 그렇게 의도하고 있다고 합리적으로 믿을 만한 행위를 하거나 또는 정부가

463) Embarcadero Center Ltd., GSBCA No. 8526, 89-1 BCA ¶ 21,362 at 107,681 (1988); Optimal Data Corp., NASA BCA No. 381-2, 85-1 BCA ¶ 17,760 at 88,720 (1984).
464) Parking Co. of America, Inc., GSBCA No. 7654, 87-2 BCA ¶ 19,823 at 100,295 (1987).
465) Pitou, op. cit., at 612.
466) ***Id***. at 616.

자신의 행위로 인하여 금반언을 주장하는 당사자로 하여금 일정한 행위를 하도록 의도하여야 한다. 정부의 행위는 이성적이고 신중한 사람으로 하여금 정부가 그 행위를 의도하고 있음을 믿도록 유도하는 것이어야 한다.[467)]

셋째, 금반언을 주장하는 당사자는 정부의 행위나 진술을 실제로(actually) 그리고 합리적으로(reasonably) 신뢰하여야 한다. 따라서 금반언을 주장하는 당사자는 진실한 사실에 대하여 모르고 있어야 한다.[468)] 당사자의 신뢰가 합리적인지 여부는 당사자의 경력이나 주변 상황 등을 고려하여 판단한다.[469)]

넷째, 금반언을 주장하는 당사자가 그 신뢰로 인하여 실제 손해(actual detriment)를 입어야 한다. 신뢰만으로는 충분하지 않으며, 실제로 손해가 발생하여야 한다.[470)] 법이 허용하지 않는 이익은 비록 침해되더라도 손해가 발생한 것으로 볼 수 없다.[471)]

2-3. 정부에 대한 금반언

정부공무원이 계약상대방과의 거래에 있어서 실제 권한(actual authority)을 갖고 행위를 한 경우에만 정부에 대한 금반언의 주장이 허용된다.[472)] 정부공무원의 실제 권한은 의회에서 제정한 법률과 위임된 행정입법에서 규정하고 있는데, 정부를 상대로 한 금반언의 적용

---

467) ***Id.*** at 618.
468) ***Id.*** at 619.
469) ***Id.*** at 620.
470) ***Id.*** at 622.
471) Heckler v. Community Health Serv. of Crawford County, 467 U.S. 51, 61 (1984); Leech v. Dole, 749 F.2d 331, 337–38 (6th Cir. 1984).
472) Federal Crop Insurance Corp. v. Merrill, 332 U.S. 380 (1947); Utah Power &Light Co. v. United States, 243 U.S. 390 (1917); USA Petroleum Corp. v. United States, 821 F.2d 622, 625–26 (Fed. Cir. 1987); OAO Corp. v. United States, 17 Cl. Ct. 91, 104 (1989).

을 주장하는 사람이 적극적인 증명책임을 부담한다.[473] 실제 권한을 요구하는 이유는 정부재정(public fisc)을 보호하고 헌법상 권력분립(separation of powers)의 원칙을 보장하기 위한 목적 때문이다.[474]

실제 권한에는 명시적 권한뿐만 아니라 묵시적 권한도 포함된다. 묵시적 권한도 포함하는 이유는 정부가 개개 공무원의 직무권한의 범위를 일일이 상세하게 명시한다는 것은 사실상 어렵기 때문이다. 묵시적 권한은 비록 명시적으로 위임하지 않았지만 위임된 권한을 행사함에 있어서 필연적으로 부수되는 권한이라고 할 수 있다.[475] 그러나 표현권한(apparent authority)에 의하여 정부를 구속할 수는 없다.[476] 표현권한은 묵시적 권한과는 구별되어야 한다. 정부와 거래하는 계약상대방은 계약의 근거 법령의 내용을 알고 있는 것으로 추정된다. 따라서 정부대리인의 권한이 법령상 제한되어 있다면, 계약상대방은 그러한 권한의 제한을 알았다고 할 것이므로 정부대리인의 행위나 진술을 신뢰하였다고 볼 수 없다.[477]

금반언의 적용을 위하여 실제 권한을 요구하는 이론은 많은 비판을 받고 있다. 실제 권한의 이론은 정부와 거래하는 사람에게 가혹한 결과를 야기한다는 것이다.[478] 그리하여 연방대법원은 금반언의 적용에 있어서 실제 권한이 있어야 한다는 제한에도 불구하고, 정부공무원의 적극적 부정행위(affirmative misconduct)가 있는 경우에는 정부에 대하여 금반언을 적용할 수 있는 문을 열어 놓고 있다.[479] 정부는 정부공무원이 의도적이거나 또는 중과실에 의한 부정행위를 하

473) Federal Crop Ins. Corp. v. Merrill, 332 U.S. 380, 384 (1947).
474) Pitou, op. cit., at 627.
475) ***Id.*** at 630–631.
476) Federal Crop Insurance Corp. v. Merrill, 332 U.S. 380 (1947).
477) Pitou, op. cit., at 633–634.
478) Id. at 638.
479) Id. at 607.

지 않도록 방지할 책임이 있기 때문에 적극적 부정행위가 있는 경우에는 금반언의 적용을 긍정하는 것이 타당하다고 하면서, 정부가 그러한 부정행위를 방지하는데 실패한 경우에는 법원에게 권력분립의 한계를 넘을 수 있는 근거를 제공하고 형평금반언이 적용될 수 있다고 한다.[480] 적극적 부정행위는 적극적인 행위에 의할 것이 요구된다. 정부공무원의 침묵이나 비협조 등은 적극적 부정행위가 아니며,[481] 정부공무원의 부주의한 허위표시(negligent misrepresentation)나 단순한 실수(mere error)도 적극적 부정행위가 아니다.[482] 적극적 부정행위는 부주의(negligence)한 것 이상의 행위이어야 한다.[483] 실체적 사실에 대한 적극적 허위표시 또는 적극적 은닉행위가 있을 것이 요구된다.[484]

그럼에도 불구하고 연방대법원이 적극적 부정행위를 인정하여 정부에 대한 금반언의 적용을 긍정한 사례는 아직까지 없다. 연방대법원은 정부대리인이 실제 권한을 갖고 행위를 한 경우에 한정하여 금반언의 적용을 긍정하는 입장을 계속 견지하고 있는 것으로 보인다.[485] 결국 금반언은 원칙적으로 정부를 상대로 사용할 수 있는 구제절차가 아니다. 어느 누구도 정부대리인의 표현권한에 의존할 수 없고, 정부대리인의 실제 권한을 넘어선 행위에 대하여 금반언의 적용을 주장할 수 없다. 또한 금반언을 적용하여 법령을 위반하는 결과가 되는 경우에도 정부에 대한 금반언의 적용이 제한된다.[486] 그리하여 사인들 사

480) Home Savings &Loan Ass'n. of Lawton, Oklahoma v. Nimmo, 695 F.2d 1251, 1261 (10th Cir. 1982) (McKay, J., dissenting).

481) Pitou, op. cit., at 645.

482) United States v. Schoenborn, 860 F.2d 1448 (8th Cir. 1988)..

483) TRW, Inc. v. FTC, 647 F.2d 942, 951 (9th Cir. 1981).

484) United States v. Ruby Co., 588 F.2d 697, 703-04 (9th Cir. 1978).

485) *Id.* at 639-640.

이에서와는 달리 정부대리인이 실제 권한(actual authority) 없이 행위하였거나 또는 금반언을 적용하여 법령을 위반하는 결과가 되는 경우에는 정부에 대한 금반언의 적용이 배제된다.

Ⅲ. 강행규정의 자동적 계약 편입

공익의 보호와 관련된 내용들은 대부분 강행규정으로 입법이 되어 있다. 이러한 대표적인 강행규정으로 편의적 계약해지(terminate for convenience)조항이 있다. 편의적 계약해지조항이란 정부는 정부의 이익(government's interest)에 부합되는 한 언제든지 계약의 전부 또는 일부를 해지할 수 있다는 조항이다.[487] 이러한 강행규정은 당사자가 명시적으로 계약의 내용에 포함시키지 않더라도 당연히 계약에 편입된다. 만일, 당사자가 강행규정을 명시적으로 배제하고 계약을 체결하였다면, 그러한 계약은 효력이 없다. 계약관(contracting officer)에게는 강행규정을 배제한 채 계약을 체결할 권한이 없기 때문이다.

구(舊) 청구법원(U.S. Court of Claims)[488]은 G.L. Christian & Associates v. United States 사건에서 계약에 편의적 계약해지조항이 없더라도 편의적 계약해지조항은 강행규정으로서 법의 작용에 의

486) Utah Power & Light Co. v. United States, 243 U.S. 389, 390 (1917)
487) FAR 52.249-2.
488) 구(舊) 청구법원(U.S. Court of Claims)은 1982년 「연방법원개선법(FCIA, Federal Court Improvement Act)」에 의하여 청구법원(U.S. Claims Court)으로 개편되었고, 청구법원(U.S. Claims Court)은 1992년 「연방법원행정법(Federal Court Administrative Act)」에 의하여 그 명칭이 연방청구법원(U.S. Court of Federal Claims)으로 변경되었다.

하여 계약에 편입된다고 판결하였다.[489]이 판결에서 확립된 법이론이라고 하여 '크리스찬 이론(christian doctrine)'이라고 불린다. 즉, 강행규정은 누락된 경우에도 계약에 자동적으로 편입되어 계약과 일체를 이룬다는 것이다. 강행규정은 연방정부의 공보(Federal Register)에 게재됨으로써 당사자에게 통지된 것으로 간주된다.[490] 크리스찬 이론은 낙찰자와 계약을 체결할 당시 존재했던 규정에 대하여 적용되며, 그 중에서 강행규정에 대하여만 적용된다. 따라서 임의규정까지 계약에 자동적으로 편입되는 것은 아니다.

강행규정은 법문상 'must', 'required', 'expected' 또는 'shall' 등의 단어를 사용하여 표시된다.[491] 그런데 연방조달규정의 입법형식을 보면, 거의 모든 부분에 걸쳐 'shall'이라는 단어가 지속적으로 사용되고 있다. 이는 사실상 입법자가 크리스찬 이론을 염두에 두고, 만일 계약관이 부주의로 누락시키더라도 연방조달규정이 자동적으로 계약에 편입되도록 한 것이다.[492] 따라서 계약상대자는 계약에 적용되는 연방조달규정과 그 보충규칙에 대하여 숙지할 것이 요구된다.[493]

---

489) G.L. Christian & Associates v. United States., 312 F.2d at 427.

490) Timber Access Indus Co. v. United States., 553 F.2d 1250 (Ct. Cl. 1977).

491) Anita Ponder, Navigating The Government Contracts Process Leading Lawyers On Understanding Timelines, Complying With Documentation Requirements, And Overcoming Common Challenges, Aspatore, 2008, at 3 (2008).

492) Keyes, op. cit., at.8.

493) 전현철, 미국 연방정부 조달계약에 관한 고찰, 279면 및 제280면.

Ⅳ. 주권자행위항변과 명백성이론

1. 주권자행위항변의 의의

의회에서 제정한 법률이나 행정부의 행위로 인하여 계약의 이행이 불가능하게 된 경우 계약을 불이행한 당사자는 정부의 행위로 인하여 계약을 이행할 수 없다는 항변을 할 수 있다.[494] 이를 불가능항변(impossibility defense)이라고 한다. 이는 사인들 상호 간의 소송에서 계약위반책임에 대한 절대적 장애(absolute bar)가 된다.[495]

정부계약에서 의회의 입법이나 행정부의 행위로 계약의 이행이 불가능하게 된 경우 사인인 계약상대방이 불가능항변을 행사할 수 있는 것은 당연하지만, 정부가 그 자신의 행위로 인하여 계약을 이행할 수 없다고 주장할 수 있는지 의문이 든다. 정부계약에서 정부는 두 가지 지위를 갖고 있다. 하나는 주권자(sovereign)로서의 지위이고, 다른 하나는 사인과 동일한 계약당사자(contracting party)로서의 지위이다. 계약의 이행을 불가능하게 하는 정부의 행위가 계약당사자의 지위에서 한 행위라면 불가능항변을 주장하는 것이 허용될 수 없으나, 주권자의 지위에서 한 행위라면 불가능항변이 허용된다. 사인인 계약상대방이 정부의 주권자로서의 행위로부터 야기된 불가능항변의 이익을 누릴 수 있는 것처럼 계약당사자인 정부도 주권자로서의 정부의 행위로부터 야기된 동일한 항변을 누릴 권리가 있기 때문이다.[496]

---

494) Restatement (Second) of Contracts § 309.

495) Jeff H. Eckland, The Franconia Associates Line of "That was the Deal" Cases: A Roadmap for Suing Uncle Sam for Breach of Contract While Successfully Navigating the Rocky Shoals Of Sovereignty, Unmistakability, and other Unmentionables, Litigation Strategies for Government Contracts 2015 Edition at 2, 5 (2014).

496) *Id.* at 5-7.

그리하여 정부계약에서 정부가 주권자의 지위에서 한 행위로 인하여 정부의 계약이행이 불가능하게 된 경우 정부는 계약을 이행할 수 없다는 항변을 할 수 있다. 이를 주권자행위항변(sovereign acts defense)이라고 한다. 그러나 계약의 이행을 방해하는 정부의 행위가 계약당사자의 지위에서 한 행위라면 주권자행위항변이 허용되지 않는다. 주권자행위항변은 정부로 하여금 계약상 책임에 대한 두려움 없이 주권자로서 위기에 적절히 대응하고 공공의 이익을 위하여 봉사할 수 있도록 하는 기능을 갖는다.[497]

2. 공적이고 일반적인 기준

주권자행위항변의 허용여부는 정부의 행위가 주권자의 지위에서 한 것인지 아니면 계약당사자의 지위에서 한 것인지 여부에 달려 있다. 판례는 주권자행위항변이 허용되는 주권자로서의 행위인지 여부에 관하여 공적이고 일반적인 기준(public and general criterion)에 의하여 판단하고 있다. 정부의 행위가 입법적이든 행정적이든 공적(public)이고 일반적(general)인 행위인 경우에는 그 행위로 인하여 정부계약의 이행이 불가능하더라도 계약의 위반이 되지 않지만,[498] 의회에서 제정한 정부의 계약이행을 불가능하게 하는 법률이 정부로 하여금 계약상 의무를 면하게 하는 실질적 효과(substantial effect)를 의도하고 있다면 공적이고 일반적인 법률이 아니므로 정부는 주권자행위항변을 할 수 없다.[499]

---

497) Gerard Wimberly & Kristin Amerling, The Sovereign Acts Doctrine after Winstar, 6 Fed. Circuit B.J. 127, 130 (1996).

498) Horowitz v. United States, 267 U.S. 458, 461 (1925).

499) United States v. Winstar Corp., 116 S.Ct. at 2464-69.

정부가 특정한 계약상 의무를 회피하기 위한 의도(intent)에서 한 행위는 계약당사자의 지위에서 한 행위로서 공적이고 일반적인 행위가 아니다.[500] 즉, 정부의 행위가 주로 상대방의 계약이행 또는 계약상 권리를 분명하게 겨냥(directing)하고 있다면 주권자행위항변이 허용되지 않는다.[501] 따라서 공적이고 일반적인 행위인지를 분석함에 있어서 정부의 의도, 즉 정부가 특정한 계약상 행위를 목표로 하고 있는지 여부를 파악하는 것이 중요하다.[502]

정부의 의도는 행위의 성질, 행위의 효력이 미치는 범위, 계약을 체결한 기관(contracting agency)과 계약의 이행을 방해하는 행위를 한 기관(interfering agency) 사이의 관계 등을 고려하여 판단한다. 계약의 이행을 방해하는 행위는 의회에서의 법률 제정 등 입법작용은 물론이고 행정기관의 일방적인 취소나 금지 등 행정작용일 수도 있다. 이러한 행위의 성질은 행위의 효력이 미치는 범위와 맞물려 정부가 특정한 계약의 이행을 목표로 하고 있는지 여부를 판단하는 자료가 된다. 정부의 행위가 특정한 지역(particular locality)에만 그 효력이 미치는 경우에는 주권자행위항변이 허용되지 않을 가능성이 크다. 행위의 효력이 미치는 범위가 지역적(local)인 경우에는 유사한 상황에 처해있는 모든 사람에게 효력이 미치는 경우에 비하여 특정한 계약에 영향을 미치려는 정부의 의도가 비교적 분명하게 드러나기 때문이다. 예를 들어, 목재제조업자가 국유림에서 수목을 벌채하여 구매하는 계약을 정부와 체결한 사례에서 농무부장관(Secretary of

500) Adams v. United States, 42 Fed. Cl. 463, 478-80 (Fed. Cl. 1998).

501) Sun Oil Co. v. United States, 215 Ct.Cl. 768 (1978); South Louisiana Grain Servs. v. United States, 1 Cl.Ct. 281, 287 (1982); Anthony at Miller, Inc. v. United States, 161 Ct.Cl. 455, 472 (1963).

502) Wimberly & Amerling, op. cit., at 134.

Agriculture)이 해당 계약에 따른 벌목과 도로건설로 인한 환경훼손을 이유로 일방적으로 계약을 취소하는 것은 공적이고 일반적인 행위로 보기 어려워 주권자행위항변이 허용되지 않으나, 만일 의회에서 환경보호를 이유로 모든 국유림에서 일체의 벌목을 금지시키는 법률을 제정하였다면 주권자행위항변이 허용될 여지가 있다.[503] 한편 계약을 체결한 기관과 계약의 이행을 방해하는 기관이 동일하거나 밀접한 관계에 있는 경우에는 주권자행위항변이 허용될 가능성이 상대적으로 작아지고, 양 기관이 상이한 경우에는 주권자행위항변이 허용될 가능성이 상대적으로 커진다.[504]

정부가 예산을 절약하고자 하는 동기에서 비롯된 행위는 주권자행위항변에 의하여 보호받지 못하는 경우가 많다.[505] 연방대법원은 예산중심의 동기(budget-driven motivations)에서 비롯된 행위는 거의 대부분 주권자가 아닌 계약당사자로서의 지위에서 비롯된 행위로 보고 있다.[506] 또한 국가정책(national policy)의 이행을 위한 정부의 행위로 인하여 계약의 이행이 불가능하게 된 경우에도 그 문제된 국가정책의 이행이 계약관계를 방해하지 않고도 성취될 수 있는 것이라면 주권자행위항변이 허용되지 않는다. 즉, 이 경우 정부는 국가정책을 이행하는 행위라는 이유로 계약상 손해배상책임을 면하지 못한다.[507]

---

503) Everett Plywood Corp. v. United States., 651 F.2d 731-32 (1981).
504) Wimberly & Amerling, op. cit., at 135.
505) Eckland, op. cit., at 8.
506) Gen. Dynamics Corp. v. United States, 47 Fed. Cl. 514, 542 (2000); Larionoff v. United States, 431 U.S. 864, 97 S.Ct. 2150, 53 L.Ed.2d 48 (1977).

3. 명백성이론

정부는 주권자행위항변을 행사할 권리를 스스로 포기할 수 있다. 다만, 정부는 그 항변할 권리의 포기를 사전에 명백히 표시하여야 한다. 이를 명백성이론(Unmistakability Doctrine)이라고 한다. 이러한 명백성이론의 개념을 정부가 사인과 체결한 계약에서 계약상 의무를 부담하기 위해서는 그 전제로서 정부가 어떠한 의무를 부담하는지 명백히 서면으로 작성하여야 한다는 의미로 이해하는 견해가 있으나, 이는 잘못된 것이다. 명백성이론은 주권자행위항변을 부주의하게 포기하는 것으로부터 정부를 보호하기 위한 수단으로 인정된 것이다. 따라서 만일 주권자행위항변이 처음부터 적용되지 않는다면, 예를 들어 정부의 행위가 계약상 의무를 회피하기 위한 구실로 행해진 경우에는 명백성이론이 적용되지 않는다.[508)]

주권자행위항변이 인정되지 않는 경우에는 계약법의 일반원칙에 의하여 계약의 효력을 판단하여야 한다. 그러나 계약의 이행을 방해하는 정부의 행위가 주권자로서의 행위에 해당되는 경우에는 정부가 그러한 후속 행위에도 불구하고 계약에 구속되고자 하는 명백한 의사가 있었는지 여부를 판단하여야 한다. 주권자행위항변이 인정되면 정부는 문제된 계약에서 주권자행위항변을 명시적으로 포기하지 않는 한 계약상 의무를 부담하지 않는다.[509)]

---

507) Wimberly & Amerling, op. cit., at 149.

508) Eckland, op. cit., at 9.

509) *Id.* at 11.

V. 일방적 계약변경과 편의적 계약해지

1. 일방적 계약변경

1-1. 의의

정부계약에 있어서 계약관은 일방적으로 계약을 변경할 수 있다. 계약변경이란 설계, 사양, 이행방법 등 계약의 내용을 변경하는 것을 말한다. 계약변경이 계약관과 계약당사자 간의 합의에 의하여 이루질 수 있음은 물론이지만(쌍방적 변경, bilateral modification), 계약관은 언제든지 계약의 내용을 일방적으로 변경할 수 있다(일방적 변경, unbilateral modification).[510)]

일방적 계약변경이 무제한적으로 허용되는 것은 아니며, 일반적인 계약의 범위 내에서(within the general scope of the contract)만 가능하다.[511)] 일반적인 계약의 범위를 벗어난 계약변경을 '중대한 변경(cardinal change)'이라고 한다. 계약변경이 중대한 변경에 해당된다면, 정부는 계약을 위반한 것이 된다.[512)] 계약변경과 중대한 변경을 구별하는 기준은 계약변경이 일반적인 계약의 범위 내인지 여부, 즉 변경된 계약 내용이 계약체결 당시 당사자들이 약정했던 계약 내용과 본질적으로 동일한 것인지 여부이다. 따라서 변경된 계약 내용이 계약체결 당시 당사자들이 예견할 수 있었고, 변경된 계약 내용이 종전 계약 내용과 본질적으로 동일한 것이라면, 그러한 계약변경은 일반적

510) FAR 52.243-4(a).
511) Air-A-Plane Corp. v. United States, 408 F.2D 1030(Ct. Cl. 1969).
512) Keco Indus., Inc. v. United States, 408 F.2D 1030(Ct. Cl. 1969)
513) Kelleher etc., supra note 14, at 307.

인 계약 범위 내에서의 변경이 된다.[513] 어떠한 변경이 중대한 변경에 해당되는지에 관한 구체적인 내용은 후술한다.

연방조달규정에서는 일방적 계약변경으로 인하여 당초 약정한 계약금액 등이 증감된 경우에는 그에 상응하여 계약금액을 조정해 주도록 하고 있다.[514] 계약변경으로 인하여 당초 약정한 비용이 증감하거나 계약기간 등이 변경되는 경우에는 계약관은 계약금액이나 계약기간을 조정하여야 하고, 서면으로 계약을 변경하여야 한다.[515] 계약상대자는 서면에 의한 변경명령(change order)을 접수한 후 30일 이내에 계약조항에 근거하여 계약금액 등의 조정을 요구할 권리가 있다.[516] 이 기간은 정부에 의하여 연장될 수 있다. 계약금액 등의 조정요구가 받아들여지지 않는 경우에는 계약관에 대한 클레임(claim)의 제기 등 분쟁해결절차에 의하게 된다.[517]

1-2. 중대한 변경(cardinal change)

정부가 일반적인 계약의 범위를 넘어서 계약의 변경을 요구하는 것은 계약을 위반하는 것이다. 이러한 중대한 변경은 계약위반이 되고, 중대한 변경으로 인하여 계약상대방이 입은 손실은 계약의 변경조항이 아니라 전형적인 계약위반의 법리에 의하여 보상되어야 한다.[518] 특정한 변경이 중대한 변경인지 여부는 변경된 계약 내용 전체를 기준으로 판단하되, 계약 내용의 질(quality)뿐만 아니라 규모(magnitude)

514) FAR 52.243-4(d).

515) *Id.*

516) FAR 52.243-4(e).

517) 전현철, 행정조달계약에 있어서 공익(公益)을 위한 계약의 변경 및 해지에 관한 연구, 239면 및 240면.

518) Stephen A. Hess, J.D., "Cardinal Change" Doctrine in Federal Contracts Law, 9 A.L.R. Fed. 2d 565 § 2 (2006).

도 고려하여야 한다.[519] 구체적으로는 계약변경의 규모를 고려하고, 계약변경이 완전히 다른 목적물을 얻기 위하여 계획된 것인지 또는 당초 기대하였던 계약 내용의 질, 특성, 성질 또는 형태를 철저하게 변경하는 것인지 그리고 계약이행의 전체 비용 또는 규모가 당초 약정했던 것과 다르게 변경되었는지 등을 참작하여 판단한다. 계약 내용의 성질(nature)과 형태에 있어서 근본적인 변경은 중대한 변경에 해당된다. 계약 수량(quantity)의 변경은 비록 당초 약정한 작업과 동일한 성질의 것이라고 하여도 중대한 변경이 된다. 그러나 계약의 수량이 변경되었다고 하더라도 당사자들이 예견할 수 있는 것이라면 중대한 변경이 아니다. 계약 기간의 변경도 중대한 변경에 해당되지만, 당사자들이 예견할 수 있는 범위 내에 있다면 중대한 변경이 아니다.[520]

정부는 필요한 경우 중대한 변경을 요구할 수 있다. 이 경우 계약상대자는 계약의 이행을 포기하고 계약의 포기 전후의 전체 비용의 보상을 청구하거나 또는 중대한 변경을 구성하는 추가 부분에 대하여 계약위반에 따른 손해배상을 청구할 수 있다.[521] 그런데 캘리포니아주(州) 대법원은 공공사업(public projects)에서 발주자가 중대한 변경을 요구한 경우 계약상대자는 계약의 이행을 포기할 수는 없다고 판시하였다.[522] 계약상대자는 공공사업의 입찰에 참가하였을 때 만일 사업이 매우 중대하게 변경된다면 보상받지 못하는 추가 비용이 발생할 위험을 감수한 것으로 보아야 한다는 것이다.[523] 중대한 변경에 해

519) Roger E. Willmeth, Determining Whether Modifications are Within the Scope of the Contract, 29 A.F. L. Rev. 93, 94 (1988).

520) Hess, op. cit., § 2.

521) Aaron P. Silberman, Beyond Changes: Abandonment and Cardinal Change, 22-FALL Construction Law. 5, 6 (Fall, 2002).

522) Amelco Electric v. City of Thousand Oaks, 27 Cal. 4th 228 (2002).

523) Silberman, op. cit., at 6.

당되는 경우 정부는 후술하는 편의적 계약해지를 할 수 있다. 중대한 변경이 편의적 계약해지가 유효하기 위한 필수요건은 아니지만,[524] 중대한 변경에 해당하는 경우 정부가 계약의 변경을 요구하지 않고 편의적 계약해지를 할 수 있음은 물론이다. 따라서 정부계약에서 계약상대방은 중대한 변경에 응하여 계약을 이행하든지 아니면 편의적 계약해지를 당하든지 둘 중 어느 하나를 선택해야 하는 갈림길에 서게 된다.[525]

2. 편의적 계약해지

2-1. 의의

계약관은 계약상대방의 채무불이행(default)을 이유로 계약을 해지할 수 있지만, 상대방의 귀책사유 또는 계약위반 여부와 무관하게 정부의 이익(government's interest)에 부합되는 한 언제든지 계약의 전부 또는 일부를 해지할 수 있다.[526] 이를 편의적 계약해지(termination of convenience)라고 한다.

정부가 주권자로서의 지위에서 정부재정(public fisc) 내지 납세자(taxpayer)를 보호하기 위한 수단으로써 인정된 것이 편의적 계약해지이다. 정부계약에서 편의적 계약해지조항이 흠결된 경우에도 정부는 편의적으로 계약을 해지할 수 있다. 편의적 계약해지조항과 같은

524) Phillip T. Korman, Balancing the Scales: Applying the Fair Compensation Principle to Determine Recovery for Commercial Item Contracts Terminated for the Government's Convenience, 220 Mil. L. Rev. 218, 222 (2014).

525) 전현철, 행정조달계약에 있어서 공익(公益)을 위한 계약의 변경 및 해지에 관한 연구, 240면 및 241면.

526) FAR 52.249-1.

강행규정은 누락된 경우에도 자동적으로 계약에 편입되어 계약의 내용을 이루기 때문이다.[527] 그리하여 계약상대방은 정부와 계약을 체결할 때 정부가 편의적 계약해지를 할 수 있고 후술하는 바와 같이 약정한 이익을 보상받지 못할 수 있다는 점을 항상 염두에 두어야 한다.[528] 정부가 계약을 일방적으로 해지하고 약정한 이익을 보상받지 못하더라도 이는 계약상대방의 예견 하에 있는 것으로 간주된다.[529]

편의적 계약해지는 정부가 계약상대방과 계약내용의 변경 등에 관한 협상을 함에 있어서 정부에게 유리한 협상의 지렛대(bargaining leverage)가 될 수 있다. 계약상대방의 입장에서 정부가 언제든지 계약을 해지할 수 있고 장래 기대이익을 누리지 못할 수 있다는 것을 안다면, 계약내용의 변경 등에 관한 협상에 적극적으로 협력하게 될 것이기 때문이다.

2-2. 연혁

편의적 계약해지는 전쟁 중 체결된 군수품조달계약이 종전(終戰)으로 말미암아 더 이상 필요 없게 된 경우 정부에게 계약을 임의로 종료시킬 수 있는 수단으로 인정된 것이다. 이와 같은 조항은 남북전쟁시기에 처음으로 등장하였다. 당시 군(army)조달규정에서 병참감(Commissary-General)이 지시한 때에 계약이 종료된다는 내용을 반드시 계약에 포함시키도록 명시하였다. 이후 제1차 세계대전 중

527) G.L. Christian & Associates v. United States., 312 F.2d at 427.

528) Marc A. Pederson, Rethinking the Termination for Convenience Clause in Federal Contracts, 31 Pub. Cont. L.J. 83, 84 (2001).

529) Bruce D. Page, Jr., When Reliance is Detrimental: Economic, Moral, and Policy Arguments for Expectation Damages in Contracts Terminated for the Convenience of the Government, 61 A.F. L. Rev. 1, 6 (2008).

530) *Id.* at 87-88; Roin, op. cit., at 286-287.

에 다시 등장하였는데, 당시 의회에서 「긴급부족예산지출법(Urgent Deficiency Appropriation Act)」을 제정하여 대통령에게 전쟁 시기의 계약을 최종적인 평화조약 이후 6개월 이내에 변경 또는 연장하거나 취소하는 권한을 부여하였다. 그 후 제2차 세계대전 중에 정부는 군수품조달계약에서 강제적인 계약종료조항을 사용하기 시작하였다. 이것이 오늘날 편의적 계약해지조항의 직접적인 전신(predecessor)이라고 할 수 있다. 당시 편의적 계약해지는 전쟁 시기의 군수품조달계약에 한정되었으나 이후 그 적용 범위가 평상시로 확대되었고 오늘날에는 모든 정부계약에 적용되기에 이르렀다.[530]

2-3. 편의적 계약해지에 따른 보상

편의적 계약해지로 인하여 계약이 종료된 경우 계약상대자에게 보상이 주어져야 한다. 편의적 계약해지는 계약위반을 구성하지 않는다.[531] 따라서 여기에는 계약위반에 따른 손해배상(damages for breach of contract)의 법리가 아니라 공공필요에 의한 재산권 침해(lawful taking of property by the power of eminent domain)에 따른 정당한 보상(just compensation)의 법리가 적용된다. 계약해지 당시 그 계약의 현재 가치에 따른 보상이 주어질 뿐이고[532] 장래 계약이 완전히 이행되었다면 얻을 수 있었을 기대이익(anticipatory profits)에 대한 보상은 허용되지 않는다.[533] 그리하여 이행이 완료된 계약 부분에서 발생한 비용과 앞서 계약의 체결을 위하여 지출한 비

531) Mark B. Chassman, Debra Tilson Lambeckp, Termination for Convenience-Costs Recoverable, 7-AUG Construction Law. 3 (1987).
532) Russell Motor Car Co. v. United States, 261 U.S. 523(1923).
533) Page, op. cit., at 6.

용, 해지 협상을 위하여 지출한 비용에 대하여만 보상이 주어진다.[534]

2-4. 편의적 계약해지의 허용범위

정부는 부득이한 사유가 있는 경우에만 편의적 계약해지를 할 수 있는 것은 아니며, 정부의 이익을 위하여 편의적 계약해지를 합리적으로만 결정하면 된다.[535] 정부는 불필요한 장래의 손실이나 계약이행과 관련된 정부의 지출을 막기 위하여 편의적 계약해지를 할 수 있다.[536] 공개경쟁입찰에서 입찰의 흠결이 중요한 경우에 그 흠결을 구제하기 위한 편의적 계약해지가 허용된다.[537] 따라서 입찰에 앞서 당초 정부가 측정한 작업의 규모와 실제 작업의 규모가 현저한 차이가 있는 경우 등에도 편의적 계약해지가 허용된다.[538] 또한 계약체결 이후 경제적 효율성의 변경을 포함한 정책의 변경을 이유로 해지할 수 있다. 예를 들어, 예산절감을 위한 사업의 철회를 이유로 한 편의적 계약해지도 허용된다.[539]

그러나 정부가 편의적 계약해지를 함에 있어서 아무런 제한이 없는 것은 아니다. 만일 편의적 계약해지가 신의성실 위반(bad faith)으로 이루어졌거나 또는 편의적 계약해지를 결정함에 있어서 재량을 남용(discretion abuse)하였다면, 그러한 편의적 계약해지는 중대한 계약위반이 되고, 계약상대자에게 보통법(common law)상의 손해배상,

---

534) Korman, op. cit., at 223.

535) Pederson, op. cit., at 84.

536) Noland Brothers, Inc. v. United States, 405 F.2d. 1250, 1253(Ct. Cl. 1969).

537) T&M Distribs., Inc. v. United States, 185 F.3d 1279 (Fed. Cir. 1999).

538) Krygoski Construction Co. v. United States, 94 F.3d 1537 (Fed. Cir. 1996); T&M Distribs., Inc. v. United States, 185 F.3d 1279 (Fed. Cir. 1999).

539) Northrop Grumman Corp. v. United States, 46 Fed. Cl. 622 (2000).

즉 기대이익(anticipatory profits)의 배상이 주어져야 한다.[540] 그러나 편의적 계약해지가 신의성실 위반으로 이루어졌다고 하더라도 일단 해지된 계약은 원상회복될 수 없다.[541]

그런데 계약관은 신의성실(good faith)로 그 의무를 이행한 것으로 추정(presumption)된다. 계약상대자가 이러한 추정을 번복하기 위해서는 반박할 수 없는 증거(irrefragable proof), 즉 명백하고 설득력 있는 증거(clear and convincing evidence)를 제시하여야 한다.[542] 그러나 이러한 증거를 제시하기는 쉽지 않다. 전술한 바와 같이 명백하고 설득력있는 증거는 증명의 정도가 민사소송에서의 우월적 증거(preponderant evidence)보다 높고 형사소송에서 피고인의 유죄인정을 위하여 요구되는 합리적 의심이 없는 증거(beyond a reasonable doubt evidence)보다 낮은 증거로서 사실관계의 다툼에서 배심원에게 진실이라는 개연성 있는 확신을 생기게 할 정도의 증거이다.[543] 그러나 정부가 신의성실위반 또는 명백한 재량남용을 했다는 점을 반박할 수 없는 증거, 즉 명백하고 설득력있는 증거에 의하여 증명하기란 지극히 어렵다. 따라서 정부의 신의성실위반 또는 명백한 재량남용을 이유로 편의적 계약해지를 저지하는 것은 사실상 기대하기 어렵다.[544]

계약관의 신의성실 위반(bad faith)은 계약상대자를 해하려는 의도(intent to injure)에서 기인한다. 단순한 이기심(self-interest)만으로는 부족하지만, 그렇다고 적대감(animus)이 요구되는 것은 아니다. 정부가 계약상대자를 배제하기 위하여 음모를 꾸미거나 계획적으

540) Roin, op. cit., at 287..
541) Kelleher etc., supra note 14, at 440.
542) Nash, op. cit., at 598; Roin, op. cit., at 287.
543) Am-Pro Protective Agency, Inc. v. United States, 281 F.3d 1240(Fed. Cir. 2002).
544) Torncello v. United States, 681 F.2d 770, 771 (Ct. Cl. 1982); Elias, op. cit., at 149-150.

로 압박을 가한 경우에는 계약상대자를 해하려는 의도를 인정할 수 있을 것이다.[545] 계약을 준수하려는 의사 없이 계약을 체결하는 경우도 신의성실 위반에 포함된다.[546] 계약체결 이후 더 낮은 가격을 제시하는 사람과 계약을 체결하기 위하여 편의적 계약해지를 할 수 있다. 문제는 계약체결 당시 계약관이 계약상대자의 가격보다 더 낮은 가격의 공급자가 있다는 점을 알았음에도 계약을 체결하였고, 더 낮은 가격을 제시하는 사람과 계약을 체결하기 위하여 편의적 계약해지를 할 수 있는지 여부이다. 만일 정부가 계약에 근거하여 자신의 의무를 이행할 의사가 없었다든가[547] 또는 계약상대방을 해하려는 의도가 있었다면,[548] 신의성실 위반이 되므로 편의적 계약해지는 허용되지 않지만,[549] 그렇지 않다면 편의적 계약해지가 허용된다.[550]

---

545) Nash, op. cit., at 600; Sys. & Networks v. United States, 81 Fed. Cl. 740(2008).
546) Roin, op. cit., at 288.
547) Krygoski Construction Co. v. United States, 94 F.3d at 1545 (Fed. Cir. 1996).
548) Colonial Metals Co. v. United States, 494 F.2d. 1355(Ct. Cl. 1974).
549) Torncello v. United States, 681 F.2d 756 (Ct. Cl. 1982)
550) Krygoski Construction Co. v. United States, 94 F.3d at 1545 (Fed. Cir. 1996); Colonial Metals Co. v. United States, 494 F.2d. 1355(Ct. Cl. 1974).
551) 대법원 2020. 5. 14. 선고 2018다298409 판결; 2012. 9. 20.자 2012마1097 결정; 2006. 6. 19. 자 2006마117 결정 등.
552) 대법원 2006. 6. 19. 자 2006마117 결정; 1996. 12. 20. 선고 96누14708 판결; 1983. 12. 27. 선고 81누366 판결.
553) 서울고등법원 1979. 2. 20. 선고 78구445 판결.
554) 홍성필 외 3인, 앞의 논문, 9면; 이영동, 앞의 논문, 97면.
555) 홍성필 외 3인, 앞의 논문, 9면.

3절 정부조달계약의 법적 성격에 대한 새로운 이해

Ⅰ. 법적 성격에 관한 논의

1. 사법상 계약설

1-1. 정부조달계약의 법적 성격

판례는 정부조달계약의 법적 성격을 정부가 사경제(私經濟) 주체로서 상대방과 대등한 위치에서 체결하는 사법(私法)상 계약으로 이해하고, 법령에 특별한 규정이 없는 한 사적 자치와 계약자유의 원칙 등 사법상의 원리가 그대로 적용된다고 한다.[551] 그리하여 정부조달계약에 관한 분쟁은 행정소송이 아닌 민사소송의 대상이 된다고 한다.[552] 다만, 부정당업자로 입찰참가자격을 제한하는 것은 행정처분에 해당하므로 행정소송의 대상이 된다고 한다.[553]

통설은 판례와 마찬가지로 정부조달계약의 법적 성격을 사법상 계약으로 이해하고 있다. 정부조달계약은 정부가 사인의 지위에서 계약의 일방당사자가 되는 사법상 계약이고, 여기에는 민법의 일반원칙이 적용된다고 한다.[554] 또한 국가계약법 제5조 제1항 및 지방계약법 제6조 제1항에서 정부가 당사자가 되는 계약의 원칙으로 "계약은 서로 대등한 입장에서 당사자의 합의에 따라 체결되어야 하고, 당사자는 계약의 내용을 신의성실의 원칙에 따라 이행하여야 한다."고 규정함으로써 정부가 당사자가 되는 정부조달계약에 대하여 당사자 대등을 전제로 민법의 일반원칙인 계약자유의 원칙, 신의성실의 원칙이 적용됨을 명시하고 있다는 점을 논거로 제시하기도 한다.[555]

1-2. 정부조달법령의 효력

판례는 정부조달계약의 근거법령인 국가계약법령 등의 규정은 국가가 사인과의 사이의 계약관계를 합리적·효율적으로 처리할 수 있도록 관계 공무원이 지켜야 할 계약사무처리에 관한 필요한 사항을 규정한 것으로 국가의 내부규범에 불과하다고 한다.[556] 따라서 계약담당공무원이 입찰절차에서 국가계약법령 등이나 그 세부심사기준에 위반하였다고 하더라도 그 사유만으로 당해 입찰이나 낙찰자결정, 그에 기한 계약이 무효가 되는 것은 아니라고 한다. 다만, 국가계약법령 등이나 그 세부심사기준에 위반한 하자가 입찰절차의 공공성과 공정성이 현저히 침해될 정도로 중대할 뿐 아니라 상대방도 이러한 사정을 알았거나 알 수 있었을 경우 또는 누가 보더라도 그러한 하자를 묵인한 낙찰자의 결정 및 계약체결이 선량한 풍속 기타 사회질서에 반하는 행위에 의하여 이루어진 것임이 분명한 경우 등 이를 무효로 하지 않으면 그 절차에 관하여 규정한 국가계약법령 등의 취지를 몰각하는 결과가 되는 특별한 사정이 있는 경우에 한하여 무효가 된다고 한다.[557] 그러나 판례는 국가 등이 당사자가 되는 계약을 요식계약으로 규정한 국가계약법 제11조와 지방계약법 제14조는 국가 등이 사인과 계약을 체결함에 있어서 적법한 절차에 따를 것을 담보하기 위한 것으로서 강행규정이라고 하고, 그리하여 동 조항에 규정된 요건과 절차를 거치지 않은 계약은 무효라고 한다.[558]

통설 역시 판례와 마찬가지로 국가계약법령 등 정부조달계약의 근

556) 대법원 2006. 4. 28. 선고 2004다50129 판결; 2001. 11. 21. 선고 2001다33604 판결; 1996.4. 26. 선고 95다11436 판결.

557) 대법원 2006. 6. 19. 자 2006마117 결정; 2001. 11. 21. 선고 2001다33604 판결; 2001. 11. 15. 자 2001마3373 결정.

거법령을 계약담당공무원이 지켜야할 국가 등의 내부규범에 불과한 것으로 이해하고 있다. 국가계약법령과 지방계약법령에서는 “각 중앙관서의 장 또는 계약담당공무원은 … 하여야 한다.”, “지방자치단체의 장 또는 계약담당공무원은 … 하여야 한다.”라는 형식으로 규정하여 공무원을 수범자로 규정하고 있다는 점을 논거로 들고 있다.[559] 따라서 국가계약법령 등이 계약당사자인 정부와 계약상대자 사이에서 당연히 그 효력을 미치는 것은 아니라고 한다. 다만, 정부조달계약은 부합계약으로서 정부에서 미리 마련한 각종 계약조건 등을 사용하여 계약을 체결하게 된다. 예를 들어, 국가가 당사자가 되는 공사계약의 경우 기획재정부 계약예규인 공사입찰유의서, 적격심사기준, 공사계약일반조건과 조달청 집행기준인 공사입찰특별유의서, 조달청 시설공사 적격심사세부기준, 공사계약특수조건 등을 사용하여 사인과 계약을 체결하게 된다. 이러한 공사입찰유의서, 공사계약일반조건 등은 계약서류가 되므로 정부와 계약상대자 사이에서 계약조건으로서 구속력을 갖게 된다. 따라서 국가계약법령의 내용이 공사입찰유의서, 공사계약일반조건 등 계약조건에 반영됨으로써 이러한 계약조건을 매개하여 계약당사자 사이에 효력을 미칠 수 있다. 그러나 이것은 어디까지나 국가계약법령이 대외적으로 직접 효력을 미치는 것은 아니며 공사입찰유의서, 공사계약일반조건 등의 내용이 되어 계약조건으로 계약적 구속력을 갖는 것에 불과하다.

이와 같이 국가계약법령 등은 대외적으로 국민을 규율하는 효력을 갖지 못하므로 국가계약법령 등에 위반하여 낙찰자를 결정하거나 계

558) 대법원 2009. 12. 24. 선고 2009다51288 판결; 2009. 9. 24. 선고 2009다52335 판결; 2006. 6. 29. 선고 2005다41603 판결; 2005. 5. 27. 선고 2004다30811 판결; 2004. 1. 27. 선고 2003다14812 판결 등.

559) 홍성필 외 3인, 앞의 논문, 68면.

약을 체결하였다고 하더라도 내부적으로 징계를 받는 것은 별론으로 하고 이를 근거로 낙찰자결정이나 계약체결이 위법한 것으로 되거나 효력을 상실하는 것은 아니라고 한다. 다만, 통설에서도 낙찰자결정이나 계약체결이 국가계약법령 등의 절차에 위반하여 이루어졌고 그러한 절차 위반의 하자가 선량한 풍속 기타 사회질서에 반하는 정도에 이른 경우에는 그러한 낙찰자결정이나 계약체결은 무효가 된다고 한다.[560] 그러나 이러한 통설의 입장은 국가계약법령 등의 대외적인 효과를 예외적으로 인정한 것은 아니며, 선량한 풍속 기타 사회질서라는 일반조항에 의하여 행위의 효력 유무를 판단한 것에 불과하다.

1-3. 낙찰자결정의 법적 성격

판례는 국가 등이 당사자가 되는 계약의 체결은 계약서의 작성을 성립요건으로 하는 요식계약이므로 낙찰자의 결정만으로 바로 계약이 성립된다고 볼 수 없고 낙찰자는 국가에 대하여 계약을 체결해 줄 것을 청구할 수 있는 권리를 갖는 데 그친다는 점에서 국가계약법 등에 따른 낙찰자결정의 법적 성질은 입찰과 낙찰행위가 있은 후에 더 나아가 본 계약을 따로 체결한다는 취지로서 계약의 편무예약에 해당한다고 한다.[561] 학설도 판례와 마찬가지로 국가나 지방자치단체가 당사자가 되는 정부조달계약은 계약서의 작성을 성립요건으로 하는 요식

560) 홍성필 외 3인, 앞의 논문, 15면.

561) 대법원 2006. 6. 29. 선고 2005다41603 판결; 2004. 5. 27. 선고 2002다46829, 46836 판결; 1994. 12. 2. 선고 94다41454 판결; 1977. 2. 22. 선고 74다402 판결.

562) 박정훈, 앞의 책, 229면.

563) 김대인, 공공조달계약 관련 법제의 개혁에 대한 고찰–국가계약법을 중심으로, 강원법학, 제28권, 2009. 6., 33면; 전현철, 행정조달계약에 있어서 법적 구제수단에 관한 고찰, 410면 및 411면..

계약이고, 따라서 낙찰자결정의 법적 성질은 계약의 편무예약에 해당하는 것으로 이해하고 있다.

2. 공법상 계약설

2-1. 정부조달계약의 법적 성격

최근 정부조달계약의 법적 성격을 공법상 계약으로 이해하는 견해가 상당한 지지를 얻고 있다. 정부조달계약은 공익의 실현을 목적으로 하고 있고, 정부조달계약의 재원이 세금으로 충당됨에도 계약담당공무원에게 최선의 계약체결이라는 동기가 없어 부패 및 비리의 위험성이 크기 때문에 엄격한 법적 규율이 요구되고 있으며, 정부조달계약에서의 계약상대자의 선정은 정부의 중요한 정책수단이 될 수 있다는 점에서 일반 사인 간의 계약과는 다른 공법적 성격을 인정할 수 있다고 한다.[562] 또한 국가계약법이나 지방계약법에는 공법적 특수성이 반영된 다수의 규정들, 예를 들어 부정당업자제재에 관한 규정, 계약방식을 규제하는 규정, 입찰과 낙찰에 관한 규정, 계약금액조정에 관한 규정, 계약체결 전후에 있어서 특별한 권리구제절차에 관한 규정들이 있음에 비추어 정부조달계약을 공법상 계약으로 이해하는데 무리가 없다고 한다.[563]

2-2. 정부조달법령의 효력

이 견해에서는 정부조달계약의 공법적 성격에 비추어 국가계약법령 등의 낙찰자결정 등에 관한 규정은 계약체결에 관한 행정권한을 제한 내지 통제하는 것이므로 법규성을 인정할 수 있고, 동 법령에 근거하여 기획재정부장관이나 행정안전부장관이 예규로 정한 세부심사기준 등도 이른바 법령보충적 행정규칙으로서 법규적 효력을 인정할 수 있다고 한다.[564] 국가계약법령이나 지방계약법령은 행정권한을 제한 내지 통제하는 작용법적 성질을 갖는 것이므로 법규적 효력을 인정하여야 하고, 특히 낙찰자결정에 관한 법령의 규정은 공법적 성격이 가장 강하게 나타나므로 이는 강행법규로서의 효력을 갖는다고 한다. 따라서 그에 대한 위반은 바로 낙찰자결정을 위법하게 하고, 그리하여 낙찰자결정이 취소되면 계약도 효력을 잃게 된다고 한다.[565]

2-3. 낙찰자결정의 법적 성격

이 견해에서는 독일의 2단계이론이나 프랑스의 분리되는 행위이론을 원용하여 낙찰자결정의 처분성을 긍정할 수 있고, 항고소송의 대상이 될 수 있다고 주장한다. 독일의 2단계이론이란 정부조달계약의 체결은 사법상 행위라 하더라도 낙찰자결정은 행정행위이므로 행정소송의 대상이 된다는 이론이다. 정부조달계약을 2단계로 구분하여 체결된 계약에 따른 법률관계(2단계)는 사법관계이지만, 누구와 계약을 체결할 것인지에 관한 결정, 즉 낙찰자결정(1단계)은 행정행위에 해당하고, 따라서 낙찰받지 못한 입찰자는 타인에 대한 낙찰을 다투는 취소소송을 제기하거나 자신에 대한 낙찰을 구하는 의무이행소송을 제기할 수 있다고 한다.[566]

프랑스의 분리되는 행위이론은 계약을 체결하려는 결정을 계약의 효력이나 채무불이행에 관한 분쟁으로부터 분리하여 우리나라의 취소소송에 상응하는 월권소송(recours pour exces pouvoir)의 대상

564) 박정훈, 앞의 책, 229면.
565) 위의 책, 238면 및 239면.
566) 박정훈, 앞의 책, 190면; 이순우, 앞의 논문, 142면.
567) 이순우, 앞의 논문, 145면 및 146면.

으로 삼으려는 이론이다. 프랑스에서 행정행위(acte administratif)는 일방적 행정행위(acte administratif unilateral)와 행정계약(contrat administratif)을 포함한 광의의 개념으로 이해되고 있다.[567] 프랑스의 일방적 행정행위는 우리나라 또는 독일에서의 행정행위에 해당된다. 일방적 행정행위는 월권소송의 대상이 되고, 행정계약은 우리나라의 당사자소송에 상응하는 완전심판소송(contentieux de pleine juridiction)의 대상이 된다. 다만, 행정계약을 체결하려는 결정은 행정계약과 분리되는 행위(acte detachable)로서 일방적 행정행위로 보아 월권소송의 대상이 된다고 한다.[568] 따라서 행정계약과 관련된 분쟁 가운데 행정계약의 효력과 채무불이행에 관한 분쟁만이 완전심판소송의 대상이 되고, 행정계약의 체결에 관한 것은 월권소송의 대상이 된다.[569]

이 견해에서는 독일의 2단계이론이나 프랑스의 분리되는 행위이론이 우리나라에서도 적용될 수 있다고 한다. 국가계약법과 지방계약법에서는 낙찰자결정과 계약의 성립을 분리하여 단계적으로 규정하고 있는데(국가계약법 제10조 및 제11조, 지방계약법 제13조 및 제14조), 이는 위의 이론을 명문화한 것이라고 한다. 쌍방적 행위인 계약체결은 공권력의 행사에 해당하는 것으로 볼 수 없지만, 그 전제로서 계약상대자를 국가계약법 등의 절차와 기준에 따라 선정하는 낙찰자결정은 국가계약법 등이 행정청에게 특별히 부여한 결정권한을 행사하는 것이기 때문에 공권력의 행사에 해당된다고 할 것이고, 따라서 낙찰자결정의 법적 성격을 처분으로 볼 수 있다고 한다.[570]

---

568) 위의 논문, 142면.
569) 박정훈, 앞의 책, 204면.
570) 김대인, 공공조달계약 관련 법제의 개혁에 대한 고찰, 48면; 박정훈, 앞의 책, 231면.

3. 학설에 대한 검토

통설과 판례는 독일의 국고이론(Fiskustheorie)에 근거하여 정부조달계약의 법적 성격을 이해하고 있다. 국고이론은 19세기 독일의 입헌군주정을 배경으로 생성된 이론으로서 군주의 행위를 권력의 주체로서의 행위와 국고(Fiskus)로서의 행위로 구분하고, 후자에 대하여는 민사법원의 재판권이 미친다는 이론이다. 당시 독일에서는 행정사건에 대하여는 군주 자신이 최고위 재판관으로서의 권한을 갖고 직접 재판에 관여하여 자신이 한 행위에 대한 사법부의 판단을 무력화시킬 수 있었으나, 민사사건에 대하여는 군주가 재판에 간섭할 수 없었고 그리하여 어느 정도 민사법원의 독립이 보장되어 있었으므로 민사소송을 제기하는 것이 권리구제에 유리하였다. 따라서 국고이론은 군주의 행위 가운데 재정에 관한 행위를 사법질서에 편입시켜 시민계급의 이익을 확보하기 위한 이론이라고 할 수 있다.[571]

그러나 이러한 국고이론은 근대 독일의 입헌군주정이라는 특수한 정치적 상황을 기반으로 한 이론으로서 오늘날 그 이론적 타당성을 더 이상 유지하기는 어렵다. 독일의 국고이론은 질서유지작용을 정부의 주된 기능으로 하고 행정의 행위형식으로 정부의 일방적이고 권력적인 작용이 강조되던 시대적 상황에서는 공법관계와 사법관계의 구별기준으로서 타당성을 가질 수는 있어도 오늘날 복지행정국가에 있어서 정부의 기능으로 적극적인 급부행정작용이 강조되고

571) 위의 책, 173면 및 174면.

572) 위의 책, 229면; 이광윤 · 김철우, 행정조달계약의 성질에 관한 연구, 성균관법학, 제28권 제2호, 2016. 6, 97면; 홍성진, 행정조달계약의 법적 성격 재조명에 따른 입법적 통제 방안– 주계약자 관리 방식을 중심으로, 공법학연구, 제19권 제1호, 2018. 2, 316면.

573) 대법원 2016. 11. 10. 선고 2013다23617 판결.

이를 수행하기 위한 행정수단으로 비권력적 행정작용의 비중이 확대되고 있으며 법치주의가 전면적으로 실시되고 있는 상황에서 국고이론에 근거하여 공법관계와 사법관계의 구별을 시도하는 것은 무리라고 할 것이다.

정부조달계약은 공익의 실현을 목적으로 하고 있고, 그리하여 국가계약법령 등과 세부심사기준에서 공법적 성격을 갖는 다수의 규정들을 두고 있다. 미국에서도 공공의 이익을 위하여 봉사해야 하는 정부의 지위로 인하여 정부조달계약에서는 일반 사인 간의 계약에서와는 다른 법적 특성이 인정되고 있다. 미국 정부조달계약에서 계약상대자는 근거법령을 숙지할 것이 요구되고 그 근거법령은 자동적으로 계약에 편입된다. 이것은 마치 정부조달계약의 근거법령에 대하여 법규성을 인정한 것과 같은 결과가 된다. 정부조달계약에서 인정되고 있는 이러한 법적 특성은 정부조달계약의 공법적 성격을 보여주는 것이다. 따라서 정부조달계약의 법적 성격을 공법상 계약으로 이해하고 그 근거법령의 법규성을 긍정함이 옳다고 할 것이다.[572)]

Ⅱ. 정부조달계약의 목적

1. 공익의 실현

정부조달계약은 경제적 이익의 추구와 함께 공익(公益)의 실현을 그 목적으로 한다. 판례도 국가가 계약당사자인 경우에는 일반 사인(私人) 간의 계약에서와는 달리 경비의 절감 못지않게 계약이행 결과의 건전성과 품질 및 안전의 확보 등 공공 일반의 이익까지 중요한 고려요소가 된다고 한다.[573)] 정부조달계약에서 달성하고자 하는 공익은 무엇보다도 수요물자의 조달을 통한 공공복리의 추구에서 찾을 수 있다. 또한 입찰 및 계약 절차의 투명성과 공정성, 효율성의 확보를 통한 정부재정의 건전성과 조달물자의 품질 및 안전성의 확보도 공익에 포함될 수 있고, 정부조달계약이 정부의 정책수단이 될 수 있다는 점에서 지역 간의 균형발전 또는 여성기업이나 중소기업의 육성 등 사회적 약자의 배려 역시 정부조달계약이 추구하는 공익에 포함될 수 있을 것이다.

2. 정부의 이중적 지위

공익의 실현이라는 정부조달계약의 목적으로 인하여 정부는 사인과는 다른 독특한 계약상 지위를 갖는다. 미국에서는 정부조달계약에 있어서 정부는 시장참여자로서 고객(customer) 또는 구매자(buyer)의 지위, 즉 계약당사자(contracting party)의 지위와 함께 정치적 존재로서 주권자(sovereign)의 지위라는 이중적 지위(dual role)를 갖는 것으로 이해하고 있다. 정부가 사인과 계약을 체결하는 경우 그 권리의무는 사인들 상호 간에 체결된 계약에 적용되는 법령에 의하여 규율되므로 정부는 계약당사자로서 사인과 동일한 지위를

574) Lynch v. United States, 292 U.S. 579 (1934).
575) Worthington, op. cit., at 8-9.
576) Elias, op. cit., at 105, 107.
577) Gillian Hadfield, Of Sovereignty and Contract: Damages for Breach of Contract by Government, 8 S. Cal. Interdisc. L.J. 467 (1999).
578) *Id.* at 470.
579) Worthington, op. cit., at 8.; Ponder, op. cit., at 2.
580) Robert S. Brans, Michael J. Schaengold & Rodney A. Grandon, Best Value In Federal Construction Contracting, 19 Constr. Law. 25 (April. 1999).

갖지만,[574] 동시에 정부는 정치적 존재로서 주권자의 지위를 갖고 있다고 한다.[575] 이러한 주권자로서의 지위로 인하여 정부는 사인처럼 단순히 자신의 이익만을 추구하는 것이 아니라 공공의 이익(public interest)에 봉사해야 하는 의무를 지게 된다고 한다.[576] 미국 정부조달계약에서의 정부의 이중적 지위는 우리나라 정부조달계약에서도 그대로 타당하다고 본다. 그리하여 정부조달계약에서 정부는 단순히 계약당사자로서 경제적 이익을 추구하는데 그치지 않고 공익을 실현하고 보호해야 할 의무를 지고 있다고 할 것이다.

정부조달계약에 있어서 정부의 계약당사자로서의 지위와 주권자로서의 지위는 상호 긴장관계에 놓여 있다.[577] 계약상 의무로 인하여 정부에게 부여된 민주적 질서유지기능이 훼손되어서는 안 되고, 또한 정부가 공적 목적을 달성하기 위하여 계약상대자의 계약상 권리를 함부로 침해해서도 안 된다.[578] 그리하여 정부조달계약에서는 일반 사인 간의 계약에서보다는 좀 더 조직적이고 통제된 환경이 요구된다.[579] 그에 따라 정부조달계약에 관하여는 국가계약법, 지방계약법 등 별도의 법률이 제정되어 있으며, 동 법률 및 동 법률에 근거한 시행령, 시행규칙을 비롯한 각종 계약예규, 고시 등 방대한 양의 행정입법에 의하여 규율되고 있다. 그 결과 정부조달계약에 있어서 계약담당공무원은 일반 사인 간의 계약에서의 계약담당자에 비하여 조달에 관한 결정을 함에 있어서 상대적으로 협소한 재량을 가진다. 이는 정부조달의 신속성과 효율성을 저해하는 원인이 되기도 한다.[580] 정부조달계약에서 정부는 주권자로서의 지위로 인하여 정부조달계약의 목표를 단순히 최저가격으로 물자를 조달하는 데 둘 수 없고, 입찰을 집행하거나 계약을 체결함에 있어서 투명하고 공정하게 처리되도록 절차를 확립하고 이를 준수할 의무가 있으며, 지역 간 균형발전이나 중소기업의 육성 등 사회적 약자를 배려할 책임이 있다.

Ⅲ. 정부조달절차의 기본원칙

1. 비교법적 검토

1-1. 미국 정부조달절차의 기본원칙

미국 연방조달규정에서는 정부조달절차의 기본원칙(guiding principles)으로 다음의 네 가지를 제시하고 있다.[581)]

첫째, 가격, 품질, 이행기간 등에 있어서 수요기관을 만족시켜야 한다. 조달절차는 수요기관의 필요, 관심과 요구에 즉시 반응하고 적응할 수 있어야 한다. 조달절차는 경쟁을 촉진시키는 것이어야 하고, 정부는 이행실적이 충분하고 우수한 이행능력을 갖춘 계약상대자를 선정하여야 한다. 조달절차는 시기적절하고 고품질이며 효율적인 방식으로 이행되도록 구성되어야 한다. 정부는 민간 상업 부문(commercial sector)과의 소통에 주저할 필요가 없으며 요건이 충족된다면 최대한으로 상용물품(commercial products and services)을 사용하여야 한다.

둘째, 행정운영비용(administrative operating costs)을 최소화하여야 한다. 조달규정이나 조달정책은 최대한 효율성을 확보할 수 있도록 마련되어야 한다. 조달절차 가운데 효율성(efficiency)이 요구되는 절차 또는 공정성(fairness)이나 예측가능성(predictability)이 본질적인 요소를 이루는 절차의 경우에는 통일성(uniformity)을 갖추어야 한다.

581) FAR 1.102(b), 1.102-2.

셋째, 조달절차는 청렴(integrity)하고 공정(fairness)하며 공개(openness)되어야 한다. 조달절차에 대한 일반 국민의 신뢰(public's trust)를 유지하기 위해서는 조달절차뿐만 아니라 구성원 각자의 활동이 청렴하고 공정하며 공개되어야 한다. 조달절차 내의 청렴성의 근간은 경쟁력 있고 경험이 많으며 잘 훈련된 전문 인력이다. 공정성과 공개성은 조달기관과 참가자들 그리고 일반 국민 사이의 열린 소통(open communication)을 전제로 한다.

넷째, 정부 정책(public policy)의 목적을 충족하여야 한다. 조달절차는 정부 정책의 목적을 달성하는 데 기여하여야 한다. 이러한 목적 달성을 위하여 전반적인 운영에 있어서 조달절차는 공적 자원(public resource)의 효율적인 사용을 담보할 수 있어야 한다.

1-2. 정부조달협정에서의 기본원칙

정부조달협정(GPA, Government Procurement Agreement)에서는 내국민대우와 무차별의 원칙을 기본으로 하고 있다. 따라서 정부조달에 관한 법률, 규정, 절차 그리고 관행이 자국의 공급자를 보호하기 위한 목적으로 제정되거나 적용되어서는 안 되고, 외국의 공급자에 대하여 차별을 두어서는 안 된다(동 협정 제3조). 또한 정부조달에 관한 법률, 규정, 절차, 관행의 투명성을 강조하여 조달기관은 기술규격을 국제표준이 존재하는 경우에는 국제표준에 근거하여 작성하고(동 협정 제6조), 조달기관은 공급자의 자격심사 과정에서 외국의 공급자들 사이에 또는 국내 공급자와 외국의 공급자 사이에 차별을 두지 않아야 하며, 모든 입찰참가자격조건은 기업의 해당 계약이행능력을 확보하는데 필수적인 것으로 국한된다(동 협정 제8조).

입찰공고는 국내 공급자뿐만 아니라 외국의 공급자도 입찰절차가 종료되기 전에 입찰서를 준비하여 제출하는데 충분한 기간을 두고 하여야 하고(동 협정 제11조), 세계무역기구(WTO) 공용어의 하나로 요약 공고를 하여야 한다(동 협정 제9조). 조달기관은 낙찰 후 참가 공급자에게 낙찰결정을 신속하게 통보하고, 요청이 있을 때에는 서면으로 통보한다. 또한 낙찰 후 일정기간 내에 낙찰자의 성명과 주소, 낙찰금액, 낙찰된 상품이나 용역의 종류 및 수량 등을 공고하고, 낙찰을 받지 못한 사람이 요청하는 때에는 낙찰받지 못한 사유 등을 신속히 제공한다(동 협정 제18조). 정부조달에 관한 모든 법률, 사법적 판결, 일반적으로 적용되는 행정적 결정 및 모든 절차를 신속히 그리고 공급자들이 숙지할 수 있도록 하는 방법으로 공개하고, 낙찰받지 못한 사람은 해당 조달이 공정하고 공평하게 이루어졌음을 확인하는데 필요한 낙찰 관련 추가정보를 요구할 수 있다(동 협정 제19조). 조달기관은 무차별적이고 적시의 투명하고 효과적인 이의신청절차를 마련하고, 이의신청절차에 관한 정보를 서면을 제공한다(동 협정 제20조).

1-3. 우리나라 정부조달절차의 기본원칙

정부조달계약은 경제적 이익의 추구와 함께 공익의 실현을 목적으로 한다는 점에서 일반 사인 간의 계약과 구별된다. 그리하여 사인 간의 계약절차에서는 효율성의 원칙이 최고의 가치를 갖는 원칙이지만, 정부조달절차에서는 효율성의 원칙 못지않게 투명성과 공정성의 원칙도 중요한 가치를 갖는 원칙이 된다. 투명성과 공정성의 원칙은 엄밀히 말하면 별개의 원칙이지만 상호 밀접하게 연관되어 있다. 공정한 절차는 투명성이 담보되어야 가능하기 때문이다.

국가계약법과 지방계약법에서는 조달절차의 투명성과 공정성을 확보하기 위한 여러 규정을 두고 있다. 국제입찰에 있어서 외국인에 대한 차별금지(국가계약법 제5조 제2항, 지방계약법 제6조 제2항), 청렴계약의 체결(국가계약법 제5조의2 제1항, 지방계약법 제6조의2), 경쟁입찰의 원칙(국가계약법 제7조 제1항, 지방계약법 제9조 제1항), 전자조달시스템을 이용한 입찰공고(국가계약법 제8조 및 동법 시행령 제33조, 제35조, 제36조, 지방계약법 제10조 및 동법 시행령 제33조, 제35조, 제36조) 등에 관한 규정이 그것이다. 그와 동시에 국가계약법 등에서는 계약이행능력이 있는 사람으로서 최저가격으로 입찰한 사람 또는 국가 등에 가장 유리하게 입찰한 사람을 낙찰자로 결정하도록 하여 효율성도 함께 요구하고 있다(국가계약법 제10조 제2항, 지방계약법 제13조 제2항). 한편 국가계약법 등에서는 당사자는 계약의 내용을 신의성실의 원칙에 따라 이행하여야 한다고 하여 신의성실의 원칙을 규정하고 있으며, 계약은 서로 대등한 입장에서 체결하여야 하고 계약상대자의 계약상 이익을 부당하게 제한하는 특약 또는 조건을 정해서는 안 된다고 하여 권한남용금지의 원칙을 규정하고 있다(국가계약법 제5조, 지방계약법 제6조).

1-4. 검토

미국 정부조달절차에서는 기본원칙으로 수요기관의 요구 충족, 행정운영비용의 최소화, 청렴성과 공정성 및 공개성, 정부 정책의 목적 달성의 네 가지를 제시하고 있다. 이에 대하여 정부조달협정에서는 정부조달절차의 기본원칙으로 내국민대우와 무차별의 원칙, 즉 투명성과 공정성의 원칙을 강조하고 있다. 정부조달협정은 세계무역기구의 복수국간 무역협정이라는 특성상 외국의 공급자와 국내 공급자와의 차별금지와 동등 대우가 그 주된 내용을 이루고 있으므로 투명성과 공정성의 원칙이 강조되고 있다. 미국의 정부조달절차에서도 청렴성과 공정성 및 공개성을 기본원칙의 하나로 하고 있다. 따라서 투명성과 공정성의 원칙은 미국이든 정부조달협정에서든 우리나라이든 가리지 않고 정부조달절차의 기본원칙을 이루고 있다. 이는 공익의 실현이라는 정부조달계약의 목적에 비추어 당연한 것이라고 할 수 있다.

미국 정부조달절차의 기본원칙 가운데 수요기관의 요구 충족, 행정운영비용의 최소화는 우리나라 정부조달절차에서의 효율성의 원칙에 속하는 내용으로 볼 수 있다. 이하에서 우리나라 정부조달절차의 기본원칙인 투명성과 공정성의 원칙, 효율성의 원칙, 신의성실과 권한남용 금지의 원칙을 살펴보기로 한다.

2. 투명성과 공정성의 원칙

2-1. 투명성의 원칙

투명성의 원칙은 정보의 공개(openess)를 통하여 정보에 대한 이용가능성(availability)과 접근가능성(accessibility)을 보장하는 원칙이다.[582] 정부조달에 관한 정보는 모든 사람에게 공개되어야 한다. 공개해야 하는 정부조달에 관한 정보에는 정부조달에 관한 법령과 규정, 조달절차와 정책, 조달기관과 참가자들의 활동에 관한 정보가 모두 포함된다. 입찰참가자들과 계약상대자뿐만 아니라 일반 국민에게도 공개하여야 한다. 일반 국민도 잠재적인 입찰참가자 또는 계약상대자이고, 정부조달의 재원은 국민의 세금으로 충당되므로 일반 국민에게도 정부조달이 공정하고 효율적으로 이루어지는지 알 권리가 있기 때문이다.

경쟁입찰에 부치는 경우 입찰에 관한 정보는 입찰공고를 통하여 명확히 공개되어야 한다. 특히 입찰의 참가 여부를 결정하는 데 영향을

582) Zoellner, Carl-Sebastian, Transparency : an Analysis of an Evolving Fundamental Principle in International Economic Law, 27 Mich. J. Int'l L. 584, 585.

583) 대법원 2016. 11. 10. 선고 2013다23617 판결.

미치는 중요한 사실은 반드시 입찰공고에 명시되어야 한다. 판례도 입찰의 참가 여부를 결정하는 데 중요하게 고려하였을 것임이 경험칙상 명백한 사실은 신의성실의 원칙상 국가가 입찰공고 등을 통하여 미리 고지할 의무가 있다고 한다.[583] 입찰의 참가 여부를 결정하는 데 영향을 미치는 중요한 사실인지 여부는 해당 거래계에 속하는 이성적인 일반인을 기준으로 객관적으로 판단하여야 한다. 따라서 해당 입찰의 참가자들이 이미 여러 차례 동일한 내용의 입찰에 참가한 경험이 있어 잘 알고 있는 사실이라고 하더라도 입찰의 참가 여부를 결정하는 데 영향을 미치는 중요한 사실은 입찰공고에 명시하여 종전의 입찰에 참가한 경험이 없는 사람들을 포함한 입찰에 참가하고자 하는 사람들 모두에게 공개하여야 한다.

입찰에 관한 정보는 입찰에 참가하고자 하는 사람들 모두에게 공개하여야 한다. 따라서 입찰공고한 내용을 수정하는 경우에도 입찰참가자들이나 낙찰자에게만 고지하여서는 안 되고 정정공고를 하든지 새로 입찰공고를 다시 하여 입찰에 참가하고자 하는 사람들 모두에게 공개하여야 한다. 낙찰자와 낙찰금액 등 낙찰에 관한 정보도 공개하여야 하고, 낙찰받지 못한 사람들에게 그 이유를 설명해 주어야 하며, 권리구제절차가 마련되어야 한다. 조달절차는 기록되어야 하고 조달절차에 대하여 정기적으로 적절한 감시와 검증이 이루어져야 한다.[584] 투명성은 정부조달절차를 효율적이고 공정하며 적법하게 운영하기 위한 원칙이다. 투명성은 정부조달의 참여기회를 확대함으로써 경쟁을 촉진시키고, 정부조달의 관행과 절차를 투명한 창을 통하여 쉽게 볼

584) Kinsey, Megan A., Transparency in Government Procurement : an International Consensus?, 34 Pub. Cont. L.J. 160, 161, 170.

수 있도록 함으로써 부패(corruption)의 가능성을 낮추어 준다.[585)]

2-2. 공정성의 원칙

공정성은 균등한 경쟁기회의 보장, 차별금지 및 동등한 대우를 그 내용으로 한다. 조달절차에 참가하고자 하는 사람들 모두에게 균등한 경쟁기회가 보장되어야 한다. 여기의 경쟁은 형식적 경쟁이 아닌 실질적 경쟁을 의미한다. 따라서 입찰의 규모나 특성에 따라 지역 간 균형발전이나 중소기업의 육성 등 사회적 약자를 배려하는 것은 실질적 경쟁에 포함되어 허용될 수 있다. 조달기관은 균등한 경쟁기회가 보장될 수 있도록 공평한 절차의 기준을 확립하여야 하고 이를 준수할 의무가 있다. 조달절차에 참가하는 사람들 사이에서 경쟁을 제한하는 합의를 하는 것은 금지되고, 조달기관이 특정한 참가자들과 경쟁을 제한하거나 부당한 특혜를 주는 합의를 하는 것도 금지된다. 또한 조달기관과 이해관계가 있는 사람은 이해충돌의 방지를 위하여 조달절차에 참여하는 것이 금지된다.[586)]

조달절차에 참가하고자 하는 사람들 모두에게 참가조건과 낙찰기준의 적용에 있어서 차별을 두어서는 안 된다. 조달절차에 참가하고자 하는 사람들 모두에게 동일한 절차에서 동일한 조달정보가 제공되어야 한다. 균등한 참가기회 및 낙찰의 기회가 주어지기 위해서는 동일한 절차에서 동일한 정보에 접근할 수 있어야 하기 때문이다. 그리하여 경쟁입찰에 부치는 경우 입찰에 관한 정보를 입찰공고에 명시하

585) *Id.*, at 159..

586) 김진기, 정부조달법 기본원칙-대법원 2017. 11. 9. 선고 2015다215526 정산금, 홍익법학, 제19권 제1호, 2018, 616면 및 617면.

여 공개하여야 하고, 입찰공고한 내용을 수정하는 경우에도 당초 입찰공고와 동일한 방법으로 정정공고를 하거나 당초 입찰공고를 취소하고 새로 입찰공고를 하여야 한다.[587]

3. 효율성의 원칙

효율성은 최소의 수단으로 최대의 효과를 거두어 전체적으로 최적의 자원배분이 이루어지도록 추구하는 결정원칙이다. 정부조달계약에서의 효율성은 일반 사인 간의 계약에서와는 차이가 있다. 사인 간의 계약에서의 효율성은 경제적(經濟的) 효율성, 즉 경제성을 의미한다. 경제성은 최소의 비용으로 최고의 품질을 확보하는 것이다. 이렇듯 경제성은 수입과 지출, 비용과 급부 등 경제적 척도에 따른 개념이다. 그러나 정부조달계약에서의 효율성이란 이러한 경제성을 포함하여 경제외적인 정치적·사회적인 합목적성 요소까지 포괄하는 상위개념이다. 즉, 정부조달계약에 있어서의 효율성은 경제적 효율성을 포함한 더 넓은 의미의 효율성, 이른바 공익적(公益的) 효율성을 의미한다.[588] 따라서 여기서 최소 비용이란 최저 금액만을 의미하는 것이 아니라 사회적 편익 등 사회적 비용과 국가 경제 및 사회 전반에 미치는 영향 등도 고려된 포괄적인 개념이다.

587) 조달청 해석사례에서도 당초 입찰공고의 내용이 관련 규정에 위반되거나 착오나 오류가 있어 변경하고자 하는 경우에는 당초 공고방법과 동일한 방법으로 정정공고를 하거나 당해 입찰공고를 취소한 후 새로운 입찰공고에 의하도록 하고 있다(공개번호 1904220013, 회신일자 2019. 4. 22.).

588) 박종수, 법원칙으로서의 재정효율성, 토지공법연구, 제43집 제1호, 2009, 618면 및 619면.

4. 신의성실과 권한남용금지의 원칙

4-1. 신의성실의 원칙

신의성실의 원칙은 일반 사인 간의 계약에서는 물론이고 정부조달계약에도 적용된다. 신의성실의 원칙이란 상대방의 정당한 이익을 배려하고 상대방의 합리적인 기대를 저버리는 행위를 해서는 안 된다는 원칙이다. 정부조달계약은 공익의 실현을 목적으로 하고 있고, 정부조달기관은 국가기관으로서 계약상대자에 비하여 우월적 지위에 있으며, 정부조달계약의 재원은 국민의 세금으로 충당된다는 점에서 정부조달계약에 있어서 정부는 사인보다 훨씬 엄격한 신의성실의무를 부담한다. 미국 정부조달계약에서도 정부는 아주 높은 수준의 공정(fairness and justice) 거래의무, 즉 신의성실의무(duty of good faith)를 부담한다고 한다.[589] 계약을 체결하는 것은 구체적인 형태의 규칙(rule)을 제정하는 것으로 볼 수 있으므로 정부가 신의성실의무를 다했는지 여부는 규칙제정에 있어서 재량남용의 기준[590]에 의하여 판단하여야 할 것이라고 한다.[591]

정부는 입찰을 집행하거나 계약을 체결함에 있어서 입찰이나 계약에 필요한 사항을 입찰참가자들이나 계약상대자에게 사전에 충분한 시간을 두고 공개하거나 통지하여야 하고, 상대방에게 이의신청을 하

---

589) Elias, op. cit., at 105, 155.

590) 정부는 규칙제정(rule making)을 할 때 이해관계인에게 통지를 하여야 하고, 의견을 진술할 기회를 주어야 하며, 그 의견진술에 대한 답변으로 그러한 규칙을 제정하는 이유를 명시하여야 한다(5 U.S.C.A. § 553).

591) ***Id.***, at 107, 157–158.

592) 대법원 2016. 11. 10. 선고 2013다23617 판결.

593) 홍성필 외 3인, 앞의 논문, 9면.

거나 의견을 진술할 기회를 주어야 하며, 이의신청이나 의견진술에 대한 답변으로 그와 같이 입찰을 집행하거나 계약을 체결하게 된 이유를 설명해 주어야 한다. 정부조달계약의 체결절차에 있어서 정부의 신의성실의무는 절차의 투명성과 공정성의 한 내용을 이루기도 한다. 입찰의 참가 여부를 결정하는 데 영향을 미치는 중요한 사항은 신의성실의 원칙상 정부는 입찰공고에 명시하여 공개하여야 할 의무가 있다.[592] 만일 정부가 이러한 의무에 위반하여 중요한 사항을 입찰공고에서 누락한 채 입찰참가자들이나 낙찰자만을 대상으로 누락된 사항을 고지하는 데 그친다면, 이는 입찰절차의 투명성과 공정성을 침해하는 것이 된다. 또한 정부가 신의성실의무를 위반하여 계약상대자의 정당한 이익을 제한하는 특약 또는 조건을 정하는 것은 금지되고 그러한 부당한 특약 또는 조건은 무효가 된다(국가계약법 제5조 제3항 및 제4항, 지방계약법 제6조 제1항).

4-2. 권한남용금지의 원칙

국가계약법과 지방계약법에서 "계약은 서로 대등한 입장에서 당사자의 합의에 따라 체결되어야 한다."라고 규정하고 있다(국가계약법 제5조 제1항, 지방계약법 제6조 제1항). 이 조항을 근거로 정부조달계약에는 당사자 대등을 전제로 한 민법상 계약자유의 원칙이 적용된다고 주장하는 견해가 있다.[593] 그러나 정부기관인 조달기관과 계약상대자는 정부조달에 관한 정보와 권한에 있어서 현격한 차이가 있으며 그로 인하여 양자의 계약상 지위가 결코 대등할 수 없다는 점, 국가계약법과 지방계약법은 같은 조문에서 계약상대자의 이익을 부당하게 제한하는 특약이나 조건을 금지하고 있는데(국가계약법 제5조 제3항, 지방계약법 제6조 제1항), 조문체계상 국가계약법 제5조 제1항과 제3항 그리고 지방계약법 제6조 제1항의 규정 내용은 상호 관련지어 해석할 필요가 있다는 점 등에 비추어 보면, 당사자 대등을 전제로 한 계약자유의 원칙이 적용됨을 선언한 것으로 이해하기보다는 조달기관이 우월적 지위에서 권한을 남용하지 말고 계약상대자를 대등한 입장으로 대우하여야 한다는 권한남용금지의 원칙을 규정한 것으로 이해함이 타당하다. 조달기관이 경제적 효율성에 집착하게 되면 자칫 우월적 지위에서 권한을 남용하여 계약상대자에게 불이익을 강요할 우려가 있다. 그리하여 국가계약법 등에서는 이러한 권한남용행위를 금지하고, 만일 권한을 남용하여 계약상대자의 계약상 이익을 부당하게 제한하는 특약이나 조건을 정한 경우에는 그러한 부당한 특약 등의 효력을 무효로 한 것이다.

5. 정부조달법령의 효력과 계약자유의 원칙

5-1. 판례의 입장

판례는 정부조달의 근거법령인 국가계약법령 등의 효력을 입찰절차에 관한 규정과 계약의 성립에 관한 규정을 구분하여 달리 취급하고 있다. 국가계약법령 등의 입찰절차에 관한 규정은 국가 등의 내부규범에 불과하므로 정부와 계약담당공무원 사이에만 효력을 가질 뿐이고 정부와 입찰참가자들 사이에는 효력이 미치지 않는 것으로 본다. 그리하여 계약담당공무원이 국가계약법령 등에 위반하여 입찰을 집행하거나 낙찰자를 결정하더라도 그것만으로 위법한 행위가 되거나 무효가 되는 것은 아니라고 한다. 다만, 국가계약법령 등의 취지를 몰각하는 결과가 되는 특별한 사정이 존재하는 경우, 즉 그 위반한 하자가 입찰절차의 공공성과 공정성이 현저히 침해될 정도로 중대하고 명백한 경우 또는 선량한 풍속 기타 사회질서에 반하는 것이 분명한 경우에는 위법한 행위가 되고 무효가 된다고 한다. 판례가 언급한 특별한 사정이 존재하는 경우란 신의성실의 원칙이나 선량한 풍속 기타 사회질서 등 일반조항에 위반되는 경우를 말한다. 국가계약법 제5조의 신의성실의 원칙이나 권한남용금지의 원칙에 위반되는 경우도 여기에 포함될 수 있을 것이다. 그러나 계약 성립에 관한 국가계약법령 등의 규정은 강행규정이므로 이러한 규정을 위반한 경우에는 그것만으로 위법한 계약이 되고 그러한 계약은 무효가 된다고 한다. 그리하여 판례에 의하면 계약의 성립에 관한 국가계약법령 등의 규정은 강행규정이므로 계약의 성립에 있어서는 법령에 정한 요건과 절차에 따라야 하고 계약의 자유가 인정되지 않는다. 그러나 입찰절차에 관한 국가계약법령 등의 규정은 내부규범에 불과하므로 입찰절차에서는 계약자유의 원칙이 적용되고, 다만 특별한 사정이 존재하는 경우에는 계약자유의 원칙이 제한된다. 즉, 입찰절차에 관한 당사자의 합의가 국가계약법령 등에 위반되고 입찰의 공공성과 공정성을 현저히 침해하거나 신의성실의 원칙 또는 권한남용금지의 원칙에 반하는 것이 분명한 경우에는 그러한 합의는 무효가 된다.

5-2. 정부조달법령의 효력

(1) 입찰절차 및 계약의 성립에 관한 법령의 효력

입찰절차 및 계약의 성립에 관한 국가계약법령 등의 규정은 입찰을 집행하거나 계약을 체결함에 있어서 준수해야 하는 절차규범으로서의 성격을 갖고 있다. 계약자유의 원칙은 계약체결의 자유, 계약내용 결정의 자유, 계약체결방식의 자유를 그 내용으로 한다. 그러나 정부조달계약에서는 계약을 체결하려면 원칙적으로 경쟁입찰에 부쳐야 하고, 국가계약법령 등에 정해진 절차와 방식에 따라 입찰을 집행하여 낙찰자로 결정된 사람과 계약을 체결하여야 한다. 계약을 체결하는 경우 각종 예규와 집행기준으로 정해진 계약조건을 적용하여 계약을 체결하여야 하며 당사자가 임의로 계약조건의 내용을 변경할 수 없다.

또한 정부조달계약은 계약서의 작성을 성립요건으로 하는 요식계약이고 이러한 방식에 따르지 않은 계약은 효력이 없다. 따라서 정부조달계약을 체결하는 단계에서는 법령에 정해진 절차와 방식에 따라야 하고 이와 다른 절차나 방식에 의할 수 없으므로 사실상 계약의 자유가 인정되지 않는다.

판례는 계약의 성립에 관한 국가계약법 제11조와 지방계약법 제14조는 적법절차를 담보하기 위한 강행규정으로 보면서 입찰절차에 관한 규정은 원칙적으로 국가 등의 내부규범에 불과한 것으로 보고 있다. 그러나 입찰절차에 관한 국가계약법령 등의 규정 가운데 투명성과 공정성의 확보를 본질적인 요소로 하는 규정은 강행규정으로 이해함이 타당하다. 투명성과 공정성은 정부조달절차를 적법하고 공평하게 운영하기 위한 원칙인데, 만일 계약자유의 원칙을 근거로 개개의 입찰절차에서 당사자 사이의 합의로 입찰절차의 투명성과 공정성을 확보하기 위한 규정의 적용을 배제할 수 있다면, 입찰절차의 적법성과 공평성을 담보할 수 없기 때문이다. 미국 연방조달규정에서도 정부조달절차 가운데 공정성(fairness) 또는 예측가능성(predictability)을 본질적인 요소로 하는 절차의 경우에는 통일성(uniformity)을 갖추도록 요구하고 있다.[594] 여기서 통일성이란 법정부적으로 정형화된 절차에 의하여 획일적으로 이루어져야 하고 개별적으로 달리 정할 수 없음을 의미한다. 통일적인 조달절차에서는 모든 정부기관에서 동일한 법령과 규정 및 관행에 따라 동일한 방식으로 조달이 이루어지므로 투명성, 경쟁성과 효율성을 극대화할 수 있다고 한다.[595]

---

594) FAR 1.102-2.

595) Steven L. Schooner, Desiderata: Objectives for a System of Government Contract Law, Pub. Procurement L. Rev. 109 (2002).

입찰절차의 투명성과 공정성의 확보를 본질적인 요소로 하는 규정으로는 계약체결방법에 관한 규정과 입찰공고에 관한 규정이 있다. 국가계약법령 등에서는 "계약을 체결하려면 일반경쟁에 부쳐야 한다. 다만, 필요하다고 인정하면 대통령령이 정하는 바에 따라 수의계약에 의할 수 있다(국가계약법 제7조 제1항, 지방계약법 제9조 제1항).", "경쟁입찰을 하는 경우에는 입찰에 관한 사항을 공고하여야 한다(국가계약법 제8조 제1항, 지방계약법 제10조 제1항).", "입찰공고는 7일 전에 이를 행하여야 한다(국가계약법 시행령 제35조 제1항, 지방계약법 시행령 제35조 제1항).", "입찰공고에는 (법정 사항을) 명시해야 한다(국가계약법 시행령 제36조, 지방계약법 시행령 제36조).", "공고사항의 정정이 필요한 경우에는 남은 공고기간에 5일 이상을 더하여 공고하여야 한다(국가계약법 시행령 제33조 제2항, 지방계약법 시행령 제33조 제2항 단서).", "입찰공고를 한 후 사업내용, 예정가격, 입찰참가자격, 입찰 및 계약의 조건 등을 변경하려는 경우에는 계약담당사는 원래의 입찰공고를 취소하고 새로 공고를 하여야 한다(지방계약법 시행령 제33조 제2항 본문)."라고 규정하고 있다. 그리하여 경쟁입찰에 부쳐야 함에도 당사자 사이의 합의로 법령의 근거 없이 수의계약에 의하는 것은 허용되지 않으며, 경쟁입찰에 부치는 경우 일정 기간 전에 입찰에 필요한 사항을 명시한 입찰공고를 하여야 함에도 이를 배제하는 당사자 사이의 합의는 효력이 없고, 입찰공고한 사항이 누락되거나 수정이 필요함에도 정정공고나 새로 입찰공고를 하지 않은 채 입찰참가자들이나 낙찰자의 동의를 얻어 그들만을 대상으로 고지하는 것도 허용되지 않는다.

한편 설사 입찰절차에 관한 국가계약법령 등의 규정을 국가 등의 내부규범에 불과한 것으로 본다고 하더라도 입찰절차에 관한 규정이 입찰 또는 계약의 조건에 반영됨으로써 정부와 입찰참가자들 사이에 효력을 미치게 할 수 있다. 정부는 입찰공고를 통해 입찰참가자들에게 입찰·계약 관련 법령 및 규정을 숙지하도록 명시하고 있으며, 입찰공고에서 명시된 입찰에 관한 서류 중 하나인 기획재정부 계약예규 또는 행정안전부 예규로 정한 각종 입찰유의서 등에서도 국가계약법 시행령 등의 입찰에 관한 법령 및 입찰에 관한 서류를 입찰 전에 완전히 숙지하여야 하고 이를 숙지하지 못한 책임은 입찰참가자에게 있다고 규정하고 있다(물품구매(제조)입찰유의서 제5조 제1항, 용역입찰유의서 제5조 제1항, 공사입찰유의서 제5조 제1항). 입찰 관련 서류인 각종 입찰유의서 등은 추후 계약이 체결되는 경우 계약문서의 효력을 갖는다(물품구매(제조)계약일반조건 제3조 제1항, 용역계약일반조건 제4조 제1항, 공사계약일반조건 제3조 제1항). 따라서 국가계약법령 등의 입찰절차에 관한 규정은 입찰조건 또는 계약조건으로서 정부와 입찰참가자들 사이에 규범적 효력을 갖는다고 할 수 있다. 그리하여 정부와 입찰참가자들은 국가계약법령 등의 입찰절차에 관한 규정을 준수해야 할 의무가 있고, 그러한 규정의 준수를 요구할 권리가 있다. 만일 정부가 국가계약법령 등의 입찰절차에 관한 규정을 위반한 경우 그러한 행위는 입찰조건 또는 계약조건의 위반으로서 입찰참가자들에 대하여 위법한 행위가 될 수 있다.

(2) 계약의 이행에 관한 법령의 효력

정부조달계약의 체결단계에서는 절차의 투명성과 공정성이 강조된다. 정부조달계약에서 계약상대자의 선정은 정부의 중요한 정책수단이 될 수 있고, 입찰참가자들을 비롯한 여러 사람의 이해관계가 얽혀 있기 때문이다. 그리하여 정부조달계약의 체결단계에서는 절차의 투명성과 공정성이 본질적인 요소가 되는 규정은 강행규정으로 이해되고, 여기에는 계약의 자유가 인정되지 않는다. 그러나 정부조달계약의 이행단계에 들어서면 절차의 투명성과 공정성이라는 관점보다는 정부조달계약의 공익적 목적의 달성이라는 관점이 더욱 강조된다. 따라서 정부조달계약의 이행단계에서는 계약의 공익적 목적을 달성하기 위하여 마련된 필수적인 규정은 강행규정으로 이해하여야 하고, 여기에는 계약의 자유가 인정되지 않는다고 할 것이다.

정부조달계약의 이행단계에 있어서 강행규정으로 보아야 하는 조항으로는 계약보증 및 계약보증금의 귀속(국가계약법 제12조 및 동법 시행령 제50조와 제51조, 지방계약법 제15조 및 동법 시행령 제51조와 제54조), 공사계약의 이행보증(국가계약법 시행령 제52조, 지방계약법 시행령 제51조), 대가 및 지연이자의 지급(국가계약법 제15조 및 동법 시행령 제58조와 제59조, 지방계약법 제18조 및 동법 시행령 제67조와 제68조), 하자보수보증기간 및 하자보수보증금(국가계약법 제18조 및 동법 시행령 제60조와 제62조, 지방계약법 제69조와 제71조), 지체상금(국가계약법 제26조 및 동법 시행령 제74조, 지방계약법 제30조 및 동법 시행령 제90조), 계약금액조정(국가계약법 제19조 및 동법 시행령 제64조 내지 제66조, 지방계약법 제22조 및 동법 시행령 제73조 내지 제75조의2), 부정당업자제재에 관한 규정(국가계약법 제27조 및 동법 시행령 제76조, 지방계약법 제31조 및 동법 시행령 제92조) 등이 있다. 계약보증, 이행보증, 하자보수보증, 지체상금 등은 계약의 체결 및 이행, 하자보수의무의 이행 등을 담보하기 위한 것으로 정부조달계약의 목적을 원활하게 달성하기 위하여 마련된 것이고, 대가의 지급에 관한 규정 역시 계약상대자로 하여금 경제적 어려움 없이 계약을 이행하도록 하기 위한 것이다. 또한 계약금액조정 규정은 물가변동이나 설계변경 또는 공사기간·운반거리의 변경 등의 사유가 발생한 경우 계약상대자로 하여금 계약을 포기하지 않고 계약을 이행하도록 함으로써 계약의 목적을 원활히 달성하도록 하고 적정 예산이 집행되도록 하려는 공익적 목적에서 마련된 것이다. 한편 부정당업자제재에 관한 규정은 경쟁의 공정한 집행이나 계약의 적정한 이행을 해칠 염려가 있는 사람에 대한 제재를 통하여 공정한 경쟁의 집행과 계약의 적정한 이행을 확보하려는 데 그 목적을 두고 있다. 따라서 이러한 규정은 강행규정으로 이해하여야 한다.

판례는 국가계약법령상 물가변동으로 인한 계약금액조정 조항(국가계약법 제19조 및 동법 시행령 제64조, 동법 시행규칙 제74조)은 강행규정이 아니며 계약자유의 원칙이 적용되므로 계약담당공무원은 계약상대자와 물가변동에 따른 계약금액조정 조항의 적용을 배제하는 합의를 할 수 있다고 한다.[596] 그러나 전술[597]한 바와 같이 국가계약법령상 물가변동으로 인한 계약금액조정 조항은 물가변동으로 말미암아 계약을 통해서 달성하고자 하는 목적이 좌절되지 않도록 하고 적정 예산이 집행되도록 하려는 공익적 목적을 달성하기 위하여 마련된 것이므로 강행규정으로 보아야 한다. 따라서 물가변동으로 인한 계약금액조정의 적용을 배제하는 당사자 사이의 합의는 효력이 없다고 할 것이다.[598] 설계변경 또는 공사기간·운반거리 등 기타 계약내용의 변경으로 인한 계약금액조정 조항(동법 제19조, 동법 시행령 제65조 및 제66조, 동법 시행규칙 제74조2 및 제74조의3) 역시 마찬가지로 강행규정으로 이해함이 타당하다.

5-3. 부당한 특약

국가계약법 제5조 제3항 및 지방계약법 제6조 제1항에서는 동법 및 관계 법령에 규정된 계약상대자의 계약상 이익을 부당하게 제한하는 특약을 정해서는 안 된다고 규정하고, 국가계약법 제5조 제4항에서는 부당한 특약의 효력을 무효로 규정하고 있다. 국가계약법과 지방계

596) 대법원 2018. 10. 25. 선고 2015다221958 판결; 2017. 12. 21. 선고 2012다74076 전원합의체 판결.
597) 전술한 제2편 제1장 제3절의 'Ⅱ. 계약의 체결 및 이행' 중 '2. 설계변경 등으로 인한 계약금액의 조정' 참조.
598) 위 2012다74076 전원합의체 판결의 반대의견 참조.
599) 대법원 2017. 12. 21. 선고 2012다74076 전원합의체 판결.

약법에서는 계약상대자의 계약상 이익을 제한하는 모든 특약을 금지하는 것이 아니라 부당하게 제한하는 특약만을 금지하고 있다. 판례도 국가계약법 소정의 부당한 특약에 해당하려면 계약상대자에게 다소 불이익하다는 점만으로는 부족하고 국가가 계약상대자의 정당한 이익과 합리적인 기대에 반하여 형평에 어긋나는 특약을 정함으로써 계약상대자에게 부당하게 불이익을 주었다는 점이 인정되어야 한다고 한다.[599)]

국가계약법과 지방계약법에서는 동일한 조문에서 권한남용금지의 원칙과 신의성실의 원칙을 선언하면서 계약상대자의 계약상 이익을 제한하는 부당한 특약을 정하지 못하도록 규정하고 있다. 따라서 국가계약법 등에서 규정하고 있는 부당한 특약이란 권한남용금지의 원칙 또는 신의성실의 원칙에 반하여 계약상대자의 계약상 이익을 제한하는 특약이라고 할 수 있다. 즉, 부당한 특약이란 조달기관이 정부조달에서의 우월적 지위를 남용하거나 또는 계약상대자의 정당한 이익과 합리적 기대에 반하는 특약을 정함으로써 조달절차의 투명성과 공정성을 침해하고 국가계약법 등에 규정된 계약상대자의 계약상 이익을 제한하는 특약을 말한다.

국가계약법 등에서 금지하고 있는 부당한 특약에 해당하는 경우 그 특약의 효력은 무효가 된다(국가계약법 제5조 제4항). 지방계약법에서는 부당한 특약을 무효로 하는 명문의 규정을 두고 있지는 않지만, 부당한 특약이란 권한남용금지의 원칙 또는 신의성실의 원칙에 반하는 특약을 말하므로 권한남용금지의 원칙 또는 신의성실의 원칙을 위반하여 무효라고 할 것이다. 부당한 특약에 해당되어 무효가 되는 경우 계약상대자는 본래의 계약 내용에 따른 이행을 청구할 수 있을 것이고, 무효인 부당한 특약으로 인하여 손실을 입은 계약상대자는 그로 인하여 법률상 원인 없이 이득을 얻은 정부를 상대로 부당이득의 반환을 청구할 수 있을 것이다.

Ⅳ. 공익을 위한 계약의 변경 및 해지제도의 확립

1. 공익을 위한 계약제도 확립의 필요성

정부조달계약이 불이행된 경우 그로 말미암아 공적 수요에 대응한 시기적절한 공급이 이루어지지 못하면 그 부담이 국민에게 귀결됨은 물론이고, 반대로 당초 약정한 물품이나 시설물 등이 이후 공적 수요의 변화로 인하여 더 이상 필요가 없게 되거나 또는 당초 약정한 이윤이 공익을 해할 정도로 지나치게 과다한 것으로 드러난 경우 등에도 계약의 구속력으로 인하여 그 이행이 강제된다면, 이 역시 국민의 부담으로 돌아가게 된다. 그런데 계약상대자의 귀책사유로 정부조달계약의 불이행이 있는 경우에는 국가계약법령과 지방계약법령 등 근거법령에서 계약의 해제·해지, 계약보증금의 몰취, 미정산 선금잔액에 대한 이자의 가산, 지체상금의 징수, 부정당업자제재 등을 하도록 규정하고 있다.[600] 그리하여 정부조달계약에 있어서 계약상대자의 불이

600) 국가계약법령의 규정을 살펴보면, 다음과 같다. 정부는 계약상대자가 정당한 이유없이 계약의 이행에 착수하지 않거나 계약상대자의 귀책사유로 인하여 계약의 이행을 완료하지 못하거나 완료할 가능성이 없는 경우 등에는 계약의 전부 또는 일부를 해제 또는 해지할 수 있고(국가계약법시행령 제75조 제1항 및 공사계약일반조건 제44조 제1항 등), 계약상대자가 납부한 계약보증금을 몰취할 수 있으며(국가계약법시행령 제51조 제1항 및 공사계약일반조건 제8조 제1항 등), 미정산 선금잔액이 있는 경우에는 이자를 가산한 금액을 상환하도록 할 수 있다(공사계약일반조건 제44조 제5항 등). 또한 정부는 계약상대자가 계약기간을 넘겨 이행을 완료하지 않은 경우에는 매 지체일수마다 계약금액에 계약에서 정한 지체상금율을 곱하여 산출한 지체상금을 징수할 수 있다(국가계약법시행령 제74조 제1항 및 공시계약일반조건 제25조 등). 나아가 계약상대자가 정당한 이유없이 계약을 이행하지 않은 경우에는 부정당업자에 해당되므로 정부는 입찰참가자격을 제한하여야 한다(국가계약법 제27조 제1항 및 국가계약법시행령 제76조 제1항 제6호). 지방계약법령에서도 위와 유사한 규정을 두고 있다.

601) 전현철, 행정조달계약에 있어서 공익(公益)을 위한 계약의 변경 및 해지에 관한 연구, 232면 및 233면.

행으로 인한 분쟁의 해결에는 법리적으로 큰 어려움이 없다.

문제는 정부조달계약의 이행으로 인한 경우이다. 즉, 당초 약정한 대로 계약이 이행될 경우 오히려 공익을 해하고 국민에게 지나친 부담이 되는 경우이다. 물론 여기에는 계약상대자의 계약위반 등의 귀책사유가 없음이 전제되어 있다. 정부조달계약 중에서 계약기간이 장기이고, 계약금액이 다액이며, 계약상대자에게 상대적으로 많은 역할이 부여되는 계약, 예를 들어, 설계·시공일괄(design-build)공사계약이나 전투기·함선 등의 무기구매계약 등에서 특히 이러한 문제가 발생할 여지가 크다. 이러한 계약에서는 계약이행 과정에서 공적 수요나 재정여건 등 주변 상황의 변화가 초래될 가능성이 상대적으로 크기 때문이다.

계약의 이행이 오히려 공익을 해하는 경우에는 공익의 보호를 위하여 계약의 변경 및 해지를 인정할 필요성이 있다. "계약은 지켜져야 한다(pacta sunt servanda)."는 것이 법의 기본원칙이다. 그러나 공익의 실현을 목적으로 하는 정부조달계약에 있어서 공익보호를 위한 계약의 변경 및 해지의 가능성을 부인하기는 어렵다. 그렇다고 공익을 핑계로 계약의 변경 및 해지가 자의적으로 이루어져서는 안 될 것이다. 공익을 위한 계약의 변경 및 해지의 요건과 효과를 정함에 있어서 충돌하는 양 이익, 즉 계약을 변경 또는 해지함으로써 얻어지는 이익으로서의 공익과 계약의 존속에 대한 계약상대자의 이익으로서의 사익 간의 조화로운 균형이 이루어져야 한다. 그리하여 정부조달계약의 이행으로 오히려 공익을 해치는 결과가 되는 경우 합리적이고 타당한 해결을 도모하기 위해서는 공익보호를 위한 계약의 변경 및 해지제도를 새롭게 확립할 필요가 있다.[601]

2. 현행 법령상의 문제점

공익보호를 위한 계약의 변경 및 해지와 관련하여 기획재정부 계약예규 또는 행정안전부 예규인 공사계약일반조건 등에서 발주기관에 의한 설계변경과 계약해지를 규정하고 있다. 발주기관은 필요한 경우 언제든지 설계변경을 요구함으로써 계약의 내용을 변경할 수 있고(공사계약일반조건 제19조의5), 객관적으로 명백한 불가피한 사정이 발생한 때에는 계약을 해제 또는 해지할 수 있다(공사계약일반조건 제45조 제1항, 물품구매(제조)계약일반조건 제27조 제1항, 용역계약일반조건 제30조 제1항). 그러나 설계변경은 설계서의 변경이나 수량 증감 등의 사유가 발생한 경우 형평의 원칙상 그에 상응하여 계약금액을 조정하는 제도라는 점에서는 공익을 위한 계약변경과는 그 취지나 목적을 달리하고 있다. 설계변경 등으로 인한 계약금액조정제도가 공익보호를 위한 계약변경의 한 수단으로 활용될 여지는 있지만, 설계서의 변경이나 수량 증감 등이 수반되지 않는 경우에는 비록 공익적 필요에 의한 계약변경의 요구가 아무리 크다고 하더라도 설계변경 등을 통하여 해결할 수 없다는 점에서 그 활용의 폭은 제한적일 수밖에 없다.

또한 발주기관에 의한 사정변경으로 인한 계약해지의 경우에도 문제가 있다. 먼저 해지요건이 불분명하다는 점이다. 공익을 위한 계약해지에 있어서 그 해지요건으로 불확정개념이 사용될 수밖에 없는 입법기술상의 한계를 고려하더라도 '객관적으로 명백한 불가피한 사정'이라는 요건은 지나치게 추상적이라고 하지 않을 수 없다. 자의적이

---

602) 대법원 2007. 1. 25. 선고 2004다51825 판결; 2002. 6. 11. 선고 2002다2539 판결.

603) 다만, 이를 초과하여 지출된 비용은 특별한 사정으로 인한 손해로서 상대방이 이를 알았거나 알 수 있었던 경우에 한하여 그 배상을 구할 수 있다(대법원 2002. 6. 11. 선고 2002다2539 판결).

아닌 모든 경우가 여기에 해당되는 것으로 이해하면 그 범위가 너무 넓어지고, 엄격히 해석하여 천재지변 등 불가항력적인 사유로 한정하면 그 범위가 지나치게 좁게 된다. 적어도 계약상대자가 어떤 경우에 계약이 해지될 수 있는지 대강이나마 예측할 수 있을 정도로 해지요건을 구체적으로 규정할 필요가 있다. 그 다음은 계약해지로 인한 이행이익의 배상에 관하여 아무런 규정을 두고 있지 않다는 점이다. 미정산 선금 잔액의 반환, 기성부분에 대한 미지급 대가의 지급, 철수비용의 보전에 관하여만 규정하고, 그 이외에 다른 손해배상에 관하여는 언급이 없다. 민법상 채무불이행으로 인한 손해배상의 종류에는 신뢰이익의 배상과 이행이익의 배상이 있다. 신뢰이익이란 계약이 이행되리라고 믿고 채권자가 지출한 비용 상당의 이익을 말하고, 이행이익이란 계약이 이행되었다면 채권자가 얻었을 이익을 말한다.[602] 신뢰이익으로는 계약의 체결과 이행을 위하여 통상적으로 지출한 비용이 여기에 해당되고,[603] 이행이익은 미이행 부분의 계약금액에 당초 계약으로 약정한 이윤율을 곱하거나 또는 계약금액에서 계약의 이행에 실제 투입된 비용을 뺀 금액으로 산출한다. 계약상대자의 귀책사유가 없음에도 정부의 사정으로 인하여 일방적으로 계약을 해지한 경우 민법에 의하면 계약상대자는 이행이익의 배상을 청구할 수 있는 것이 원칙이다.[604] 그럼에도 불구하고 위 예규에서는 이행이익의 배상 등에 관하여 아무런 규정을 두고 있지 않아 논란의 소지가 있다. 정부가 공익보호를 위하여 계약을 해지한 경우에 계약상대자에게 이행이익의 전부를 배상하여야 한다면, 공익을 위한 계약해지의 효과는 반감될 수밖에 없다.

604) 대법원 2011. 11. 10. 선고 2011다41659 판결.

마지막으로 덧붙이고자 하는 것은 발주기관의 필요에 의한 설계변경과 계약해지 모두 법령이 아닌 예규로 규정되어 있다는 점이다. 국가계약법령 등에서는 발주기관의 필요에 의한 설계변경의 요건과 계약의 해제 및 해지에 관하여는 아무런 규정을 두고 있지 않다. 정부조달계약에서 설계변경으로 인한 계약금액조정과 계약의 해제 및 해지가 갖는 중요성에 비추어 발주기관의 필요에 의한 설계변경과 계약해지를 포함한 설계변경사유별 요건과 계약의 해제 및 해지에 관한 상세한 규정을 법령에 명시할 필요가 있다고 본다. 통설 및 판례는 전술한 바와 같이 정부조달계약의 법적 성격을 사법상 계약으로 이해하고 국가계약법령 등은 계약담당공무원이 지켜야할 내부규범에 불과한 것으로 보고 있다.[605] 이러한 통설 및 판례의 입장에 의하면 법령으로 정하든 예규로 정하든 법적 효과에 있어서 큰 차이는 없다고 할 수 있다. 그러나 법령에 규정된 경우 계약담당공무원이나 계약상대자에게 미치는 구속력의 정도가 예규에 비할 바가 아니라는 점에서 법령으로 정할 충분한 실익이 있다고 할 것이다.

3. 공익을 위한 계약제도의 확립을 위한 개선방안

3-1. 행정상 손실보상의 법리 적용

공익을 위한 계약제도가 올바로 확립되기 위해서는 먼저 정부조달계약의 법적 성격을 분명히 할 필요가 있다. 정부조달계약은 공익의 실현을 목적으로 하는 계약이다. 그로 인하여 사법상 계약과는 다른

605) 대법원 2006. 6. 19. 자 2006마117 결정; 2006. 4. 28. 선고 2004다50129 판결; 2001. 11. 21. 선고 2001다33604 판결; 2001. 11. 15. 자 2001마3373 결정; 홍성필외 3인, 앞의 논문, 2008, 68면; 이영동, 앞의 논문, 97면.

법적 특성이 인정되고 있다. 공법과 사법을 구별하지 않는 일원적 법체계를 취하고 있는 미국에서도 정부조달계약에 있어서는 일방적 계약변경권이나 편의적 계약해지 등 일반 계약법이론과 구별되는 법적 특성을 인정하고 있다. 이와 같이 미국의 정부조달계약에서 사인들 사이의 일반 거래계약과는 구별되는 특수한 취급을 하는 이유는 정부재정 내지 납세자의 보호, 즉 공익의 보호를 위해서이다. 따라서 정부조달계약은 그 법적 성격을 공법상 계약으로 이해함이 타당하다.

정부조달계약의 법적 성격을 공법상 계약으로 이해하는 경우 공익을 위한 계약의 변경 및 해지에 있어서 그 요건 및 효과를 사법상 계약의 법리에 의하여 규율할 것이 아니라 공공필요에 의한 재산권 침해, 즉 공용침해 및 그에 대한 보상이라는 관점에서 규율하여야 할 것이다. 공용침해로 인한 보상이란 적법한 공권력의 행사로 인하여 사인의 재산권이 특별히 희생된 경우에 사유재산권의 보장과 공평부담이라는 차원에서 행해지는 조절적인 재산적 보상을 말한다. 정부조달계약의 변경 및 해지가 공권력의 행사에 해당하지는 않지만 공익을 위하여 개인의 재산권에 특별한 희생을 요구하는 것이라는 점에서 공용침해에 따른 보상의 법리가 유추적용된다고 할 것이다. 미국의 정부조달계약에서도 편의적 계약해지로 인한 보상에 관하여 계약법의 법리가 아니라 공공필요에 의한 재산권 침해에 따른 정당한 보상의 법리를 적용하고 있다.

3-2. 공익을 위한 계약의 변경 및 해지의 요건

공익을 위한 계약의 변경 및 해지가 허용되기 위해서는 정부조달계약의 변경 및 해지가 공익적 필요에 의한 재산권 침해에 해당되어야 한다. 여기서 공익적 필요가 있는지 여부는 계약을 변경 또는 해지함으로써 얻어지는 이익으로서의 공익과 계약의 존속에 대한 계약상대자의 이익으로서의 사익 간의 이익형량을 통하여 결정되어야 할 것이다. 이 경우 비례의 원칙이 정부의 이익과 계약상대자의 이익을 형량하기 위한 척도가 될 수 있다. 그러나 정부조달계약의 변경 및 해지를 위한 공익적 필요를 일반적인 공용침해에 있어서와 같이 엄격하게 해석할 것은 아니다. 미국의 경우 편의적 계약해지를 위한 정부의 이익을 비교적 폭넓게 인정하고 있다. 계약의 이행으로 인한 정부의 불필요한 지출이나 손실을 방지하거나 경쟁입찰에서의 흠결을 구제하기 위한 경우 또는 예산절감을 위한 사업의 철회 등 계약체결 이후 정부정책이 변경된 경우 등에도 편의적 계약해지를 인정하고 있다. 이러한 경우에도 공익적 필요를 인정함이 옳다고 본다. 또한 공익을 위하여 계약을 변경하거나 해지하는 것이 개인의 재산권에 대한 특별한 희생에 해당되어야 한다. 계약상대자의 귀책사유가 없음에도 정부가 일방적으로 계약을 변경하거나 해지함으로써 계약상대자의 계약상 권리를 불리하게 변경하거나 상실하게 하는 것은 재산권의 사회적 한계를 넘는 특별한 희생에 해당된다고 할 수 있다. 따라서 공익을 위하여 계약을 변경하거나 해지하는 것은 보상을 요하는 공용침해의 일종이라고 할 수 있다.

공익적 필요가 인정되는 경우 공익을 위한 계약의 변경과 해지가 허용되지만, 공익적 필요라는 요건은 매우 추상적이고 광범위한 개념이어서 자칫 공익을 위한 계약의 변경 및 해지가 남용될 우려가 있다. 따라서 계약당사자가 어떤 경우에 공익을 위한 계약의 변경 및 해지가 허용될 수 있는지 그 대강이나마 예측할 수 있을 정도로 그 요건을 구체화할 필요가 있다. 공익을 위한 계약의 변경 및 해지가 허용되는 범위를 구체적으로 살펴보면 다음과 같다.

(1) 당초 계약의 기초가 된 사정이 현저히 변경된 경우

당초 계약의 기초가 된 사정이 현저히 변경된 경우에는 공익을 위한 계약의 변경 및 해지가 허용된다고 할 것이다. 당초 계약의 기초가 된 사정이 변경된 경우란 당초 계약의 기초가 된 사실관계나 법령 또는 정책 등이 변경된 경우를 말한다. 사실관계의 변경이란 당초 예측했던 계약의 사실적인 여건이나 상태가 계약 이후 드러난 실제의 여건이나 상태와 차이가 있는 경우를 말한다. 나아가 계약의 기초가 된 사정이 현저히 변경되어야 한다. 여기서 현저히 변경되었다고 함은 계약이 당초 약정한 대로 이행된다면 공익에 대한 중대한 불이익을 초래할 우려가 있을 정도로 변경된 경우를 말한다. 공익에 대한 중대한 불이익을 초래할 우려가 있는지 여부는 구체적인 경우 계약의 존속으로 인하여 계약당사자가 얻는 이익과 계약의 변경이나 해지로 인하여 얻게 되는 공익을 비교형량하여 결정하여야 한다. 이익을 비교형량함에 있어서 계약의 기간이나 규모, 계약 내용의 성질 등이 중요한 고려 요소가 된다. 예를 들어, 계약기간이 장기이고 계약금액이 다액이거나 계약의 내용이 복잡할수록 계약의 변경이나 해지로 인하여 얻게 되는 공익이 계약상대자의 이익보다 우위에 있을 가능성이 더 크다고 할 수 있다.

당초 계약의 기초가 되었던 사정이 변경된 이유는 불문한다. 계약당사자들이 당초 예상하지 못한 특별한 사정이 발생한 경우는 물론이고 발주기관이 과실로 공적 수요를 잘못 예측한 경우에도 공익을 위한 계약의 변경 및 해지가 허용된다고 할 것이다. 만일 이러한 경우에 공익을 현저히 해하는 결과가 초래됨에도 계약담당공무원의 과실이 있다는 이유로 계약해지를 하지 못한다면 공익을 위한 계약해지제도가 유명무실해질 우려가 있다. 계약담당공무원의 과실이 있는 경우에도 공익을 위한 계약의 변경 및 해지를 인정하게 되면 계약상대자에게 예상하지 못한 불이익을 강요하는 것이라는 비판이 제기될 수 있다. 그러나 정부조달계약의 법적 성격을 공법상 계약으로 이해하면, 국가계약법령이나 계약예규 등은 직접 국민의 권리의무를 규율하는 효력을 가지므로 계약상대자는 국가계약법령이나 계약예규 등이 계약조건이 아닐지라도 숙지하여야 한다. 그리하여 만일 국가계약법령 등에 공익을 위한 계약의 변경 및 해지가 규정되어 있다고 한다면, 계약상대자는 계약체결 당시 발주기관이 일방적으로 계약을 변경 또는 해지할 수 있고, 그로 인하여 약정한 이익을 보상받지 못할 수 있다는 점을 염두에 두어야 하므로 계약체결 이후 공익을 위하여 계약을 변경 또는 해지하더라도 계약상대자에게 예상하지 못한 불이익을 주는 것은 아니라고 할 것이다. 미국에서 편의적 계약해지가 폭넓게 인정되는 이유도 정부가 일방적으로 계약을 해지하고, 그로 인하여 약정한 이익을 보상받지 못하더라도 이는 계약상대자의 예견 하에 있다는 점이다. 즉, 편의적 계약해지조항은 강행규정으로서 자동적으로 계약에 편입되므로 계약상대자는 편의적 계약해지를 염두에 두고 계약을 체결하게 된다는 것이다. 오히려 계약상대자 측에서 공익을 위한 계약의 변경 및 해지를 당하지 않으려면 계약담당공무원이 제시한 입찰정보가 정확한 것인지 여부를 발주기관에 문의하는 등 적극적으로 확인하는 노력이 요구된다고 할 것이다.

계약담당공무원의 과실이 있는 경우에도 공익을 위한 계약의 변경 및 해지를 허용함이 타당하지만, 만일 계약담당공무원이 계약의 기초가 된 사정이 잘못되었음을 계약체결 당시 명확하게 인식하고 있었음에도 불구하고 계약을 체결하였거나 또는 계약상대자가 계약담당공무원이 제시한 입찰정보의 정확 여부를 문의하였는데 아무런 하자가 없다는 발주기관의 회신이 있었고 이를 믿고 계약을 체결한 경우

---

606) Kelleher etc., supra note 14, at 440.

607) Roin, op. cit., at 287.

608) 전현철, 행정조달계약에 있어서 공익(公益)을 위한 계약의 변경 및 해지에 관한 연구, 255면 내지 259면.

등에도 계약의 변경 및 해지가 허용된다고 할 수 있을지 의문이 든다. 이러한 경우 행정상 신뢰보호의 원칙에 따른다면 계약의 변경 및 해지를 허용하기 어려울 것이다. 그러나 계약을 변경하거나 해지하지 않는다면 공익에 대한 중대한 불이익이 초래된다는 점에서 이러한 경우에는 사정재결이나 사정판결의 법리를 원용하여 계약의 변경이나 해지는 허용하되, 이행이익에 대한 보상은 주어지는 것으로 이론 구성함이 타당하다고 본다. 미국에서도 편의적 계약해지가 비록 신의성실 위반으로 이루어졌다고 하더라도 일단 해지된 계약은 원상회복될 수 없으며,[606] 계약위반에 따른 보통법(common law)상의 손해배상, 즉 기대이익(anticipatory profits)의 배상이 주어지는 것으로 보고 있다.[607]

(2) 천재지변 등 불가항력적인 사유가 발생한 경우

천재지변 등 불가항력적인 사유가 발생한 경우에도 공익을 위한 계약의 변경 및 해지를 인정할 수 있을 것이다. 불가항력적인 사유로는 천재지변이나 전쟁은 물론이고, 폭동이나 테러, 전국적인 파업, 국가신용도·이자율·환율 등의 급격한 변동, 사업환경의 급격한 악화로 자금차입계약의 체결이 불가능한 경우 등도 여기에 포함된다. 이러한 불가항력적인 사유로 인하여 당초 계약 내용에 따른 이행이 어려운 경우에는 공익을 위한 계약의 변경 및 해지가 고려될 수 있다.[608]

3-3. 공익을 위한 계약의 변경 및 해지의 효과

공익을 위한 계약의 변경 및 해지가 허용되는 경우에도 비례의 원칙상 계약의 변경을 우선 고려하고 계약해지는 마지막 수단으로 사용되어야 할 것이다. 따라서 정부는 먼저 계약당사자에게 계약 내용의 변경을 요구하여야 하고, 만일 계약 내용의 변경이 불가능하거나 기대하기 어려운 경우에는 해당 계약을 해지할 수 있다.

공익을 위하여 계약을 변경하거나 해지한 경우에 계약상대자에게 그로 인하여 입은 손실을 보상해 주어야 한다. 헌법은 공용침해에 대한 보상에 관하여 보상은 법률로서 하되, 정당한 보상이 지급되어야 한다고 규정하고 있다(동법 제23조 제3항). 여기서 정당한 보상의 구체적인 내용을 살펴볼 필요가 있다. 일반적인 공용침해에 있어서 정당한 보상의 의미에 관하여 완전보상설과 상당보상설이 주장되고 있다. 완전보상설은 공용침해로 인하여 발생한 객관적 손실 전부를 보상하여야 한다는 견해이고, 상당보상설은 피해이익의 성질과 정도, 침해행위의 공공성, 사회·경제적 상황 등을 고려하여 사회통념상 객관적으로 타당한 보상이 주어지면 되므로 완전보상을 원칙으로 하되, 합리적 이유가 있으면 이를 하회하거나 상회할 수 있다는 견해이다.[609] 재산권 행사의 사회적 구속성, 재산권의 공공법리적합의무, 헌법상 사회국가원리 등을 고려할 때 상당보상설이 타당하다고 본다.[610] 따라서 원칙적으로는 피해재산의 객관적 가치를 완전히 보상해 주는 것이어야 하지만, 합리적인 이유가 있는 경우에는 이를 하회하여도 정당한 보상에 해당하는 것으로 볼 수 있다.

계약의 변경을 요구하는 경우에는 큰 문제가 없다. 당사자 사이의 합의로 계약금액을 조정하면 된다. 예를 들어, 계약의 규모가 축소되는 경우에는 그 축소 규모에 맞추어 계약금액을 감액 조정하게 될 것이고, 계약상대자의 이윤이 과다계상된 경우에는 합리적인 범위 내로 축소 조정하게 될 것이다. 계약상대자가 계약의 변경에 응하지 않으면 정부는 계약해지를 할 것이므로 계약상대자는 계약의 변

609) 박균성, 앞의 책, 850면; 홍정선, 앞의 책, 563면.
610) 홍정선, 앞의 책, 563면.

경에 응하는 것이 유리한지 아니면 계약해지를 당하는 것이 유리한지 판단하여 결정하게 한다. 미국 정부조달계약에서 정부로부터 중대한 변경(cardinal change)을 요구받은 계약상대자가 중대한 변경을 수용할지 아니면 편의적 계약해지를 당할지 여부를 두고 선택의 상황에 처하는 것과 유사하다고 할 수 있다. 따라서 공익을 위한 계약해지는 계약변경의 협상에 있어서 정부에게 유리한 협상의 지렛대(bargaining leverage)가 될 수 있다.

문제는 계약의 변경에 합의하지 못하고 계약을 해지한 경우이다. 계약을 해지한 경우 그 보상 범위가 논란이 된다. 특히, 계약의 이행을 완료하였다면 얻을 수 있었을 이익, 즉 이행이익을 보상해 주어야 하는지 여부가 문제된다. 계약상대자에게 아무런 귀책사유가 없음에도 공익적 필요에 의하여 계약을 해지하는 경우 이행이익을 보상하는 것이 피해재산의 객관적인 가치를 완전히 보상해 주는 것이라고 할 수 있다. 그러나 이행이익을 보상하게 되면 공익을 위한 계약해지는 사실상 아무런 실익이 없게 된다. 따라서 공익을 위한 계약해지에서는 해지 당시까지 이미 이행된 계약부분에 대한 비용과 이윤에 대해서만 보상을 하면 정당한 보상에 해당되는 것으로 보아야 할 것이다. 미국의 편의적 계약해지에 있어서도 계약 해지 당시 그 계약의 현재 가치에 따른 보상이 주어질 뿐이고[611] 장래 계약이 완전히 이행되었다면 얻을 수 있었을 기대이익(anticipatory profits)에 대한 보상은 주어지지 않는다.[612] 공익을 위한 계약해지는 계약상대방의 계약의 이행으로 인한 이익을 넘어서는 공익을 위하여 계약해지가 허용되는 경우이

611) Russell Motor Car Co. v. United States, 261 U.S. at 523.
612) Page, op. cit., at 6.

다. 따라서 합리적인 이유가 인정되므로 완전한 보상을 하회하는 보상이 주어지더라도 정당한 보상에 해당된다고 할 수 있다. 구체적으로는 계약의 체결을 위하여 소요된 비용, 기성부분에 대한 비용과 이윤, 계약해지의 협상을 위하여 소요된 비용, 계약해지일 이전에 현장에 투입된 자재 및 장비의 철수비용 등만 보상해 주면 되고, 장래의 이행이익은 보상의 범위에서 제외된다고 할 것이다.[613)]

---

613) 전현철, 행정조달계약에 있어서 공익(公益)을 위한 계약의 변경 및 해지에 관한 연구, 259면 내지 261면.

02 Chapter 정부조달계약의 법적 구제절차

1절 우리나라의 법적 구제절차

I. 행정적(行政的) 구제절차

1. 국가계약법상 구제절차

국가계약법에서는 정부조달계약에서 발생하는 분쟁에 대한 행정적 구제절차로 발주기관에 대한 이의신청 및 국가계약분쟁조정위원회에 대한 심사·조정제도를 두고 있다(국가계약법 제28조 내지 제31조).

1-1. 발주기관에 대한 이의신청

국제입찰 또는 일정한 금액 이상의 정부조달계약 과정에서 국제입찰에 의한 정부조달계약의 범위, 입찰참가자격, 입찰공고, 낙찰자 결정, 입찰보증금 및 계약보증금의 국고귀속, 계약금액 조정, 개산계약과 사후원가검토조건부 계약에 따른 정산, 지체상금과 지체일수 산입범위, 계약의 해제·해지와 관련된 사항에 해당하는 행위로 인하여 불이익을 받은 사람은 해당 발주기관의 장에게 그 행위의 취소 또는 시정을 위한 이의신청을 할 수 있다(국가계약법 제28조 제1항). 이의신청의 대상이 되는 금액은 공사계약의 경우 종합공사계약은 추정가격 10억원 이상, 전문공사계약은 추정가격 1억원 이상이고, 물품계약 및 용역계약은 추정가격 5천만원 이상이다(국가계약법 시행령 제110조 제1항).

종전에는 이의신청의 대상을 정부조달협정에 근거한 국제입찰로 인한 분쟁으로 한정하였고, 그리하여 국내입찰에 의한 분쟁과 계약이행단계에서의 분쟁은 그 대상에서 제외되었다. 그러나 이후 법 개정을 통하여 일정한 금액 이상의 국내입찰에 의한 분쟁 및 계약이행단계에서의 분쟁 중 입찰참가자격 등에 관한 분쟁을 그 대상에 포함시킴으로써 이의신청의 대상을 확대하였다. 이의신청은 이의신청의 원인이 되는 행위가 있었던 날부터 20일 이내 또는 그 행위가 있음을 안 날부터 15일 이내에 발주기관의 장에게 하여야 한다(국가계약법 제28조 제2항). 해당 발주기관의 장은 이의신청을 받은 날부터 15일 이내에 심사하여 시정 등 필요한 조치를 하고 그 결과를 신청인에게 통지하여야 한다(동조 제3항). 발주기관의 장의 조치에 이의가 있는 사람은 통지를 받은 날부터 20일 이내에 국가계약분쟁조정위원회에 조정을 위한 재심을 청구할 수 있다(동조 제4항).

1-2. 국가계약분쟁조정위원회의 심사 · 조정

국가계약분쟁조정위원회는 국가를 당사자로 하는 계약에서 발생하는 분쟁을 심사·조정하기 위하여 기획재정부에 설치한 위원회이다(국가계약법 제29조 제1항). 종전에는 국제계약분쟁조정위원회라는 명칭을 사용하였으나, 그 적용대상을 일정한 금액 이상의 국내입찰로 인한 분쟁까지 포함하는 것으로 확대하면서 그 명칭을 국가계약분쟁조정위원회로 변경하였다.

국가계약분쟁조정위원회는 위원장 1인을 포함한 당연직 위원 9인과 위촉직 위원 6인을 합한 총 15인의 위원으로 구성되어 있다. 위원장은 기획재정부 재정업무관리관이 맡고, 당연직 위원은 기획재정부 재정업무관리관, 기획재정부 국고국장, 국토교통부 건설정책관, 조달청 시설사업국장 등 일정한 직에 있는 공무원[614]이 겸직하며, 위촉직 위원은 교수·변호사 등 일정한 자격을 가진 사람[615] 중에서 기획재정부 장관이 위촉한 사람으로 한다(국가계약법 제29조 제2항 및 제3항, 동법 시행령 제111조, 기획재정부훈령 「국가계약분쟁조정위원회 운영규정」 제3조). 계약상대자의 이의신청에 대한 해당 발주기관의 장의 조치에 대하여 이의가 있는 경우 그 조치를 통지받은 날부터 15일 이내에 위원회에 조정을 위한 재심을 청구할 수 있다(동법 제28조 제4항). 또한 정부조달계약의 체결 당시 당사자 사이에 계약에서 발생한 분쟁의 해결방법으로 위원회의 조정에 의하기로 합의한 경우에는 곧바로 위원회에 조정을 신청할 수 있다(동법 제28조의2).

계약분쟁조정위원회는 심사·조정을 개시하는 경우 청구인 및 해당 발주기관의 장에게 그 사실을 통지하여야 하고(국가계약법 제30조 제1항), 조정청구를 통지받은 해당 발주기관의 장은 그 통지를 받은 날부터 14일 이내에 이에 대한 의견을 서면으로 위원회에 제출하여야 한다(동법 시행령 제112조 제1항). 위원회는 해당 발주기관의 장의 의견을 고려하여 필요하다고 인정하면 조정이 완료될 때까지 해당 입찰절차의 연기 또

614) 기획재정부 재정업무관리관, 기획재정부 국고국장, 국방부 계획예산관, 미래창조과학부 국제협력관, 행정자치부 지방재정정책관, 산업통상자원부 무역정책관, 국토교통부 건설정책관, 조달청 시설사업국장, 방사청 계획지원부장이 당연직 위원이 된다.

615) 국가계약법 시행령 제111조 제2항에서는 고등교육법에 의한 대학에서 법학 · 재정학 · 무역학 · 회계학의 부교수이상의 직에 5년 이상 재직한 자, 변호사의 자격을 가진 사람으로서 그 자격과 관련된 업무에 5년 이상 재직 중이거나 재직한 자, 정부의 회계 및 조달계약업무에 관한 학식과 경험이 풍부한 자로 규정하고 있다.

는 계약체결의 중지를 명할 수 있다(동법 제30조 제2항). 위원회는 심사·조정의 완료 전에 청구인 및 해당 발주기관의 장과 그 대리인에게 의견을 진술할 기회를 주어야 하며, 필요한 경우에는 청구인 및 해당 발주기관의 장과 그 대리인, 증인 또는 관계 전문가로 하여금 위원회에 출석하게 하여 그 의견을 들을 수 있다(동법 제31조 제2항). 위원회는 조정청구된 것과 같은 사안에 대하여 법원의 소송이 진행 중인 경우에는 심사·조정을 중지할 수 있다(국가계약법 시행령 제114조).

계약분쟁조정위원회는 특별한 사유가 없으면 심사·조정청구를 받은 날부터 50일 이내에 심사조정을 하여야 한다(국가계약법 제31조 제1항). 위원회는 조정청구의 심사 결과에 대하여 조정안을 작성하여 이를 청구인 및 해당 발주기관의 장에게 알려야 한다(동법 시행령 제113조 제1항). 청구인이 불이익을 받았다고 인정되는 경우에는 해당 발주기관의 장 또는 계약담당공무원이 행한 행위의 취소·시정 또는 그에 따른 손해배상이나 손실보상을 인정하는 내용이 조정안에 포함되어야 하고(동조 제2항), 손해배상 또는 손실보상은 입찰준비와 조정청구과정에서 소요된 비용으로 한정할 수 있다(동조 제3항). 청구인과 해당 발주기관의 장 사이에 별도의 약정이 없는 한, 위원회의 심사·조정과 관련한 비용은 청구인의 부담으로 한다(동법 시행령 제115조 제1항). 조정은 청구인과 해당 중앙관서의 장이 조정이 완료된 후 15일 이내에 이의를 제기하지 않는 경우에는 재판상 화해와 같은 효력을 갖는다(국가계약법 제31조 제3항). 따라서 당사자 사이의 분쟁은 종료되고, 이후 당사자는 조정된 내용과 모순되는 주장을 하거나 이를 다시 다툴 수 없으며, 조정내용에 구체적인 이행의무, 특히 금전지급의무가 포함되어 있는 경우에는 집행력이 인정되므로 그 의무의 이행을 강제할 수 있다.

2. 지방계약법상 분쟁해결절차

2-1. 발주기관에 대한 이의신청

국제입찰에 의하는 지방자치단체의 계약 또는 일정한 규모 이상의 입찰에 의한 계약과정에서 국제입찰에 의한 지방자치단체 계약의 범위, 입찰참가자격, 입찰공고, 낙찰자 결정, 국제입찰에 있어서 정부가 가입하거나 체결한 다자간 또는 양자간 정부조달협정에 위배된 사항, 계약의 원칙을 위반하여 계약상대자의 계약상 이익을 부당하게 제한하는 특약이나 조건을 정한 사항, 계약금액의 조정, 지연배상금, 계약기간의 연장과 관련된 사항에 해당하는 행위로 인하여 불이익을 받은 사람은 해당 지방자치단체의 장에게 그 행위의 취소 또는 시정을 위한 이의신청을 할 수 있다(지방계약법 제34조 제1항 및 동법 시행령 제110조 제2항). 이의신청의 대상이 되는 금액은 공사계약의 경우 종합공사계약은 추정가격 10억원 이상, 전문공사계약은 추정가격 1억원 이상, 그 밖의 다른 공사계약은 추정가격 8천만원 이상이고, 물품계약 및 용역계약은 추정가격 5천만원 이상이다(지방계약법 시행령 제110조 제1항).

이의신청은 이의신청의 원인이 되는 행위가 있었던 날부터 15일 이내 또는 그 행위가 있음을 안 날부터 10일 이내에 발주기관의 장에게 하여야 한다(지방계약법 제34조 제2항). 해당 발주기관의 장은 이의신청을 받은 날부터 10일 이내에 심사하여 시정 등 필요한 조치를 하고 그 결과를 신청인에게 통지하여야 한다(동조 제3항). 발주기관의 장의 조치에 이의가 있는 사람은 통지를 받은 날부터 15일 이내에 지방자치단체 계약분쟁조정위원회에 조정을 위한 재심을 청구할 수 있다(동조 제4항).

2-2. 지방자치단체 계약분쟁조정위원회의 심사 · 조정

지방자치단체 계약분쟁조정위원회는 지방자치단체를 당사자로 하는 계약에서 발생하는 분쟁을 심사·조정하기 위하여 행정안전부에 설치한 위원회이다(지방계약법 제35조 제1항). 위원회는 위원장 1인을 포함한 당연직 위원 7인과 위촉직 위원 8인을 합한 총 15인의 위원으로 구성되어 있다. 위원장은 행정안전부 지방재정경제실장이 맡고, 당연직 위원은 행정안전부 지방재정경제실장을 비롯한 중앙부처 및 광역지방자치단체 관련 부서 과장 등 일정한 직에 있는 공무원이 겸직하며, 위촉직 위원은 공무원, 교수, 변호사 등 일정 자격을 가진 사람[616] 중에서 행정안전부장관이 위촉한 사람으로 한다(동법 시행령 제112조).[617] 계약상대자의 이의신청에 대한 해당 지방자치단체의 장의 조치에 대하여 이의가 있는 경우 그 조치를 통지받은 날부터 15일 이내에 위원회에 조정을 위한 재심을 청구할 수 있다(동법 제34조 제4항). 또한 정부조달계약을 체결할 때에 당사자 사이에 계약에서 발생한 분쟁의 해결방법으로 위원회의 조정에 의하기로 합의한 경우에는 곧바로 위원회에 조정을 신청할 수 있다(동법 제34조의2).

지방자치단체 계약분쟁조정위원회는 심사·조정을 시작하는 경우 청구인 및 해당 지방자치단체의 장에게 그 사실을 통지하여야 하고(지방계약법 제36조 제1항), 조정청구를 통지받은 해당 지방자치단체의 장은 그 통지를 받은 날부터 14일 이내에 이에 대한 의견을 서면으로 위원회에 제출하여야 한다(동법 시행령 제118조 제1항). 위원회는 해당 지방자치단체의 장의 의견을 고려하여 필요하다고 인정하면 조정이 완료될 때까지 해당 입찰절차의 연기 또는 계약체결의 중지를 명할 수 있다(동법 제30조 제2항). 위원회는 심사·조정의 완료 전에 청구인 및 해당 지방자치단체의 장과 그 대리인에게 의견을 진술할 기회를 주어야 하며, 필요한 경우에는 청구인 및 해당 발주기관의 장과 그 대리인, 증인 또는 관계 전문가로 하여금 위원회에 출석하게 하여 그 의견을 들을 수 있다(동법 시행령 제118조 제3항). 위원회는 조정청구된 것과 같은 사안에 대하여 법원의 소송이 진행 중인 경우에는 심사·조정을 중지할 수 있다(동법 시행령 제119조).

지방자치단체 계약분쟁조정위원회는 특별한 사유가 없으면 심사·조정청구를 받은 날부터 50일 이내에 심사조정을 하여야 한다(지방계약법 제37조 제1항). 위원회는 조정청구의 심사 결과에 대하여 조정안을 작성하여 이를 청구인 및 해당 지방자치단체의 장에게 알려야 한다(동법 시행령 제120조 제1항). 청구인이 불이익을 받았다고 인정되는 경우에는 해당 지방자치단체의 장 또는 계약담당공무원이 행한 행위를 취소하거나 시정하도록 하여야 한다(동조 제2항). 청구인과 해당 지방자치단체의 장 사이에 별도의 약정이 없는 한, 위원회의 심사·조정과 관련한 비용은 청구인의 부담으로 한다(동법 시행령 제122조 제1항). 조정은 청구인과 해당 중앙관서의 장이 조정이 완료된 후 15일 이내에 이의를 제기하지 않는 경우에는 재판상 화해와 같은 효력을 갖는다(지방계약법 제37조 제3항).

3. 예규 등에 규정된 구제절차

기획재정부 계약예규, 행정안전부 예규, 조달청 집행기준 등으로 정한 입찰참가자격사전심사요령, 적격심사기준, 조달청 물품구매적격심

616) 지방계약법 시행령 제112조에서는 '고등교육법에 의한 대학에서 법학 · 재정학 · 무역학 · 회계학의 부교수이상의 직에 5년 이상 재직한 자', '변호사의 자격이 있는 자로서 법률업무에 종사한 경력이 10년 이상인 자', '정부의 회계 및 조달계약업무에 관한 학식과 경험이 풍부한 자'로 규정하고 있다.

617) 행정자치부 소관 위원회 현황 및 활동내역서(2015년 2월말 기준) 36면.

사 세부기준, 조달청 건설기술용역 종합심사낙찰제 세부심사기준 등에서 일정한 기간 내에 계약담당공무원에게 재심사를 요청하거나 이의신청을 할 수 있도록 규정하고 있다.[618] 예를 들어, 기획재정부 계약예규인 입찰참가자격사전심사요령에서는 입찰참가자격사전심사 결과를 통보받은 사람은 현장설명일부터 3일 이내에 심사결과에 대하여 계약담당공무원에게 재심사를 요청할 수 있고, 계약담당공무원은 요청을 받은 날부터 3일 이내 그 결과를 통지해 주도록 규정하고 있다.[619] 예규 등으로 정한 계약담당공무원 등 발주기관에 대한 재심사나 이의신청은 절차상 명백한 오류가 있지 않는 한 받아들여지는 경우가 거의 없어 실효적인 권리구제절차로 보기는 어렵다.

4. 행정심판법상 행정심판

정부조달계약의 공법적 성격을 긍정하는 경우에는 「행정심판법」상 행정심판도 정부조달계약 관련 분쟁에 있어서 행정적 구제절차의 하나가 될 수 있다. 행정청의 처분이나 부작위에 대하여는 행정심판법에 따른 행정심판을 청구할 수 있다(행정심판법 제3조 제1항). 그러나 행정심판법은 항고심판만을 규정하고 당사자심판은 규정하고 있지 않으므로 처분 이외의 행정작용은 행정심판법상 행정심판의 대상이 되지 않는다.

정부조달계약에 있어서 처분성이 논의되는 경우로는 낙찰자결정, 부정당업자에 대한 입찰참가자격제한 등이 있다. 이 가운데 낙찰자결

618) 입찰참가자격사전심사요령 제10조 제1항, 적격심사기준 제9조, 조달청 물품구매적격심사 세부기준 제10조, 조달청 건설기술용역 종합심사낙찰제 세부심사기준 제16조 등.
619) 입찰참가자격사전심사요령 제10조 제1항.

정의 처분성에 관하여는 견해가 나뉘고 있는데, 정부조달계약에 있어서 낙찰자결정의 처분성을 긍정하는 경우에는 행정심판법상 행정심판에 의할 수 있지만, 처분성을 부정하는 경우에는 행정심판에 의할 수 없고, 앞서 살펴본 발주기관에 대한 이의신청 및 국가계약분쟁조정위원회 또는 지방자치단체 계약분쟁조정위원회에 대한 심사·조정제도에 의할 수밖에 없을 것이다. 부정당업자에 대한 입찰참가자격제한의 법적 성격에 관하여는 처분성을 긍정하는 것이 일반적이고,[620] 행정심판의 대상이 된다는 점에는 큰 논란이 없다. 그러나 입찰참가자격제한처분에 대하여도 처분의 발령 이전 단계인 의견진술절차에서 주로 다투어지고 있고, 처분이 발령되면 바로 항고소송을 제기하는 것이 일반적이어서 행정심판은 그다지 활용되고 있지 않다.[621]

Ⅱ. 사법적(司法的) 구제절차

1. 사법상(私法上) 계약설

통설 및 판례는 정부조달계약의 법적 성격을 사법상 계약으로 보고 있다. 사법상 계약으로 이해하는 경우 정부조달의 입찰 및 계약의 단계별로 적용되는 사법적(司法的) 구제절차의 모습을 살펴보면 다음과 같다.

---

620) 대법원 1983. 6. 28. 선고 82누362 판결; 1979. 6. 26. 선고 79누34 판결; 서울고등법원 1979. 2. 20. 선고 78구445 판결.

621) 전현철, 행정조달계약에 있어서 법적 구제수단에 관한 고찰로, 412면 및 413면.

1-1. 계약체결 이전의 입찰단계

계약체결 이전의 입찰단계에서 입찰자의 권리가 침해된 경우로는, 예를 들어 적격심사에서 심사오류로 경쟁자가 1순위 적격자가 되고 자신은 2순위로 밀려나게 되어 낙찰자로 결정되지 못한 경우, 설계·시공일괄입찰에서 설계평가가 잘못되어 부당하게 낮은 점수를 받았거나 또는 경쟁자가 부당하게 높은 점수를 받음으로써 낙찰자로 결정되지 못한 경우 등이 있다. 이러한 경우에 낙찰자로 결정되지 못한 입찰자가 취할 수 있는 민사적(民事的) 구제방법은 먼저 임시적으로 낙찰자의 지위를 정하는 가처분을 하고, 본안 소송으로 낙찰자의 지위확인을 구하는 소송을 제기하는 것이다.

낙찰자로 결정되지 못한 입찰자에게는 적격심사절차의 이행을 구하거나 계약의 체결을 요구할 권리가 없고, 단지 적격심사대상자 또는 낙찰자 지위라는 현재의 법률관계에 관한 불안·위험이 존재할 뿐이어서 적격심사대상자 또는 낙찰자라는 지위에 대한 확인을 구할 수 있는데 그친다고 한다. 입찰공고는 청약의 유인에 불과하고 입찰에 참가하는 행위가 청약이라 할 것이므로 입찰자가 입찰에 참가하였다는 이유만으로 그 어떤 예약상의 권리를 갖는 것은 아니며 낙찰자로 결정된 이후에야 비로소 발주기관에 대하여 계약의 체결을 요구할 예약상의 권리를 갖게 된다는 점에서 낙찰자로 결정되지 못한 입찰자에게는 발주기관에 대하여 그 어떤 적극적인 이행을 청구할 권리가 인정되지 않고, 또한 우리나라에서는 독일에서와 같이 법률에서 입찰자에게 발주자에 대해 발주절차에 관한 규정을 준수할 것을 요구할 수 있는 청구권이 인정되고 있지도 않다는 점을 논거로 한다.

그러나 국가계약법령 등의 입찰절차에 관한 규정을 국가 등의 내부규범으로 본다고 하더라도 입찰절차에 관한 규정이 입찰의 조건에 반영됨으로써 입찰조건으로 정부와 입찰참가자들 사이에 효력을 미칠 수 있다. 전술한 바와 같이 정부는 입찰공고를 통하여 입찰참가자들에게 입찰 관련 법령 및 규정을 숙지하도록 요구하고 입찰 관련 서류인 예규로 정한 각종 입찰유의서에서도 입찰절차에 관한 법령 및 규정을 숙지하지 못한 책임은 입찰참가자에게 있다고 명시하고 있다. 그렇다면 국가계약법령 등의 입찰절차에 관한 규정은 정부와 입찰참가자들 사이에 규범적 효력을 갖는다고 할 것이므로 정부와 입찰참가자는 국가계약법령 등의 입찰절차에 관한 규정을 준수할 의무가 있고 그러한 규정의 준수를 요구할 권리가 있다. 따라서 정부가 국가계약법령 등의 입찰절차에 관한 규정을 위반함으로써 낙찰자로 결정되지 못한 입찰자는 계약의 체결은 요구할 수 없어도 입찰절차의 적법한 이행을 구하는 적극적인 내용의 가처분이나 소송, 예를 들어 적격심사절차의 이행을 구하거나 낙찰자로 결정해 달라는 내용의 가처분이나 소송을 제기할 수 있는 것으로 이해함이 타당할 것이다.

판례는 확인의 소로써 불안·위험을 제거하려는 법률상 지위는 반드시 구체적 권리로 뒷받침될 것을 요하지 않고 그 법률상 지위에 터잡은 구체적 권리의 발생이 조건 또는 기한에 걸려 있거나 법률관계가 형성 과정에 있는 등의 원인으로 불확정적이라고 하더라도 보호할 가치 있는 법적 이익에 해당하는 경우에는 확인의 이익이 인정될 수 있다고 하면서,[622] 국가나 지방자치단체가 실시하는 입찰에서 적격심사과정의 하자로 인하여 낙찰자결정이 무효이고, 따라서 하자 없는 적격심사에 따른다면 정당한 낙찰자가 된다고 주장하는 사람은 낙찰자로서의 지위에 대한 확인을 구할 수 있다고 한다.[623] 그리고 이러한

622) 대법원 2000. 5. 12. 선고 2000다2429 판결.
623) 대법원 2004. 9. 13. 선고 2002다50057 판결; 2000. 5. 12. 선고 2000다2429 판결.

법리는 위 입찰에 터 잡아 낙찰자와 계약이 체결된 경우에도 동일하지만, 나아가 낙찰자와 체결된 계약에 의하여 이미 그 이행까지 완료된 경우에는 더 이상 낙찰자결정이 무효임을 주장하여 낙찰자지위에 대한 확인을 구할 이익은 존재하지 않는다고 한다.[624)]

그리하여 먼저 입찰집행자를 상대로 자신이 적격심사대상자 또는 낙찰자의 지위에 있음을 임시로 정하는 가처분을 하고, 본안 소송으로 적격심대상자 또는 낙찰자의 지위 확인을 구하는 내용의 소송을 제기하게 된다. 적격심사대상자 또는 낙찰자의 지위에 있음을 임시로 정하는 가처분에는 후속하는 계약의 체결이나 이행을 금지하는 내용이 포함된다. 입찰집행자가 제3자와 계약을 체결하여 이행을 완료한 경우에는 적격심사대상자 또는 낙찰자의 지위 확인을 구할 이익이 부인되기 때문에 계약의 체결이나 이행의 금지를 구하는 내용의 가처분을 해 둘 필요가 있다. 그러나 실무에서 이러한 내용의 가처분이나 본안 소송이 인용된 사례는 거의 없다. 그 이유는 판례가 입찰절차의 무효사유를 엄격하게 해석하고 있기 때문이다. 판례는 입찰절차를 위반한 하자가 입찰절차의 공공성과 공정성을 현저히 침해할 정도로 중대할 뿐만 아니라 누가 보더라도 낙찰자의 결정 및 계약체결이 선량한 풍속 기타 사회질서에 반하는 행위에 의하여 이루어진 것임이 분명한 경우 등 특별한 사정이 있는 경우에 한하여 무효라고 한다.[625)] 결국 사법상 계약설에 의하면 피보전권리와 원고적격의 인정 범위가 지나치게 협소하고 입찰절차의 무효사유를 엄격하게 인정하고 있어서

---

624) 대법원 2004. 9. 13. 선고 2002다50057 판결.
625) 대법원 2006. 6. 19. 자 2006마117 결정; 2001. 11. 21. 선고 2001다33604 판결; 2001. 11. 15. 자 2001마3373 결정.
626) 대법원 1983. 6. 28. 선고 82누362 판결; 1979. 6. 26. 선고 79누34 판결; 서울고등법원 1979. 2. 20. 선고 78구445 판결.

낙찰자 결정의 처분성을 긍정하고 항고소송의 대상으로 하는 것과 비교하여 입찰자의 권리구제에 미흡하다는 비판을 면하기 어렵다.

1-2. 계약체결 이후의 계약이행단계

계약체결 이후의 이행단계에서의 민사적 구제방법에는 특별한 제한이 없다. 계약상의 이행청구권에 근거한 가압류나 이행소송의 제기가 가능하고, 경우에 따라 확인의 이익이 있다면 확인소송의 제기도 가능할 것이다.

1-3. 부정당업자에 대한 입찰참가자격제한

부정당업자에 대한 입찰참가자격제한은 항고소송의 대상이 된다. 항고소송은 처분을 대상으로 하는데(행정소송법 제3조 제1호), 정부조달의 입찰이나 계약에 있어서 부정당업자에 대한 입찰참가자격제한은 그 법적 성질을 처분으로 보는데 별 이견이 없다. 판례는 오래 전부터 처분성을 긍정하여 왔고,[626] 학설도 처분성을 긍정하는 입장이 지배적이다. 정부조달계약의 원활한 수행이라는 국가계약법이나 지방계약법의 목적을 실현하기 위하여 발주기관의 장이 우월적 지위에서 입찰의 공정한 집행과 계약의 적정한 이행을 해하는 부정당업자에 대하여 일방적으로 특정기간 동안 정부가 시행하는 입찰에 참가할 자격을 박탈하는 불이익을 가하는 행위라는 점에서 이는 행정청이 구체적 사실에 관한 법집행으로서 하는 권력적 단독행위라 할 것이므로 처분으로서의 법적 성질을 인정할 수 있다고 할 것이다.

한편, 항고소송의 원고적격이 인정되려면 처분의 효력을 다툴 법률상 이익이 있어야 한다(행정소송법 제12조, 제32조). 원고적격의 요건인 법률상 이익의 의미에 관하여 '권리'라는 견해, '법에 의하여 보호되는 이익'이라는 견해, '소송을 통하여 보호할 가치있는 이익'이라는 견해, '당해 처분을 다투는데 있어서 가장 적합한 이익'이라는 견해 등이 주장되고 있으나, 통설 및 판례는 법에 의하여 보호되는 이익으로 이해하고 있다. 입찰참가자격이 제한됨으로 인하여 침해되는 이익은 국가계약법이나 지방계약법에 따른 경쟁입찰을 통한 정부와의 계약체결이라는 이익이고, 이는 법에 의하여 보호되는 이익이라 할 것이므로 입찰참가자격제한처분의 상대방은 그 처분의 효력을 다툴 원고적격이 인정된다고 할 것이다.

입찰참가자격제한처분이 그 처분에서 정한 제한기간의 경과로 소멸한 경우에도 항고소송으로 처분의 효력을 다툴 수 있는지 논란이 있다. 행정소송법은 처분이 기간의 경과로 인하여 소멸된 뒤에도 그 처분의 취소로 인하여 회복되는 법률상 이익이 있는 경우에는 이를 긍정하고 있다(행정소송법 제12조 후문). 판례는 제재적 행정처분이 그 기간의 경과로 소멸한 후에는 그 처분의 효력을 다툴 소의 이익이 없으나, 그러한 처분을 받은 전력이 장래 제재적 행정처분의 가중사유나 전제요건으로 규정되어 있는 경우에는 선행처분의 효력을 다툴 소의 이익이 있다고 한다.[627] 판례는 선행처분의 존재를 장래 후행처분의 가중사유나 전제요건으로 정한 규정의 형식이 법규명령인 경우는 물론이고 행정규칙인 경우에도 부령인 시행규칙 또는 지방자치단체의 규칙으로 정해진 경우에는 선행처분의 효력을 다툴 소의 이익이 있다고 한다. 부령인 시행규칙이나 지방자치단체의 규칙으로 정한 행정처

627) 대법원 2005. 3. 25. 선고 2004두14106 판결; 1990. 10. 23. 선고 90누3119 판결.

628) 대법원 2006. 6. 22. 선고 2003두1684 전원합의체 판결(부령인 시행규칙의 법적 성질을 법규명령으로 보는 전제 하에 선행처분의 취소를 구할 법률상 이익을 인정함이 타당하다는 별개의견이 있다).

629) 대법원 1999. 2. 23. 선고 98두14471 판결; 1999. 2. 23. 선고 98두14471 판결.

분의 기준은 행정규칙의 성질을 갖고 있지만, 이러한 규칙이 법령에 근거를 두고 있는 이상 관할 행정청이나 담당공무원은 이를 준수할 의무가 있으므로 이들이 그 규칙에 정해진 바에 따라 행정작용을 할 것이 당연히 예견되고, 그 결과 행정작용의 상대방인 국민으로서는 그 규칙의 영향을 받을 수밖에 없으므로 선행처분을 받은 상대방이 그 처분의 존재로 인하여 장래에 받을 불이익은 구체적이고 현실적인 것이라고 한다.[628]

그러나 기획재정부 계약예규나 행정안전부 예규 또는 조달청 집행기준에서 가중 처분하도록 규정한 경우에는 선행처분의 존재로 인하여 장래 받을 불이익은 사실상·경제상의 불이익에 불과하여 선행처분의 효력을 다툴 이익이 없다고 한다. 그리하여 예를 들어, 기획재정부 계약예규나 행정안전부 예규 또는 조달청 집행기준에서 부정당업자로 제재를 받은 사업자에게 일정 기간 계약상대자로서 선금을 지급받을 수 없도록 하거나 일정 기간 신인도 감점의 불이익을 받도록 규정하고 있더라도 이는 사실상·경제상의 불이익에 불과할 뿐이어서 선행처분의 효력을 다툴 소의 이익이 없다고 한다.[629] 그런데 공법상 계약설에서는 기획재정부 계약예규나 행정안전부 예규 또는 조달청 집행기준을 법령보충적 행정규칙으로 이해하고 있다. 만일 공법상 계약설과 마찬가지로 기획재정부 계약예규 등을 법령보충적 행정규칙으로 이해한다면 이러한 예규 등에서 가중 처분하도록 규정한 경우에도 선행처분인 입찰참가자격제한처분의 효력을 다툴 소의 이익이 긍정될 수 있을 것이다.

1-4. 대체적 분쟁해결절차(ADR, Alternative Dispute Resolution)

대체적 분쟁해결절차(ADR)란 전통적인 분쟁해결수단인 소송절차에 의하지 않고 분쟁을 해결하는 비소송적 분쟁해결수단을 말한다.

화해, 조정, 중재 등이 여기에 해당된다. 대체적 분쟁해결절차에 의하는 경우 신속하고 저렴한 비용에 의한 분쟁해결이 가능한 점, 분쟁처리 과정에서 법원의 개입이 가급적 배제되고 당사자 본인의 의사결정이 존중되는 점, 최소한의 비형식적인 절차에 의하여 분쟁을 해결하고, 원칙적으로 비공개 절차에 의하는 점 등의 이점이 있다.

국가계약법과 지방계약법에서는 정부조달계약의 체결 당시 계약당사자 간에 합의로 국가계약분쟁조정위원회 또는 지방자치단체 계약분쟁조정위원회의 조정과 「중재법」에 따른 중재 중 어느 하나를 분쟁의 해결방법으로 정할 수 있도록 하고 있다(국가계약법 제28조의2, 지방계약법 제34조의2). 따라서 계약당사자는 계약체결 당시 정한 분쟁의 해결방법에 따라 국가계약분쟁조정위원회 또는 지방자치단체 계약분쟁조정위원회에 조정을 신청하든지 「중재법」에 따른 중재를 청구할 수 있다.

그런데 더 나아가 정부조달계약 관련 분쟁을 소송상 화해 또는 「민사조정법」에 의한 조정에 의하여 해결할 수 있는지 여부는 논란의 소지가 있다. 정부조달계약의 법적 성격을 사법상 계약으로 이해하는 경우에는 이를 부정할 이유가 없다. 사법상 계약설에 의하면 정부조달계약 관련 분쟁은 민사소송의 대상이 되므로 소송상 화해 또는 「민사조정법」에 의한 조정에 의하여 분쟁을 해결할 수 있을 것이다. 그런데 정부조달계약의 법적 성격을 공법상 계약으로 이해하는 경우에는 정부조달계약 관련 분쟁은 행정소송의 대상이 되므로 달리 이해하게 된다. 「민사조정법」에 의한 조정은 그 대상이 민사에 관한 분쟁에 한정되므로 행정소송에 대상이 되는 분쟁에 대하여는 적용될 여지가 없다. 따라서 소송상 화해의 허용 여부만이 문제되는데, 당사자소송의 대상이 되는 경우에는 소송상 화해를 부정할 이유가 없으나, 항고소송의 대상이 되는 경우에는 논란의 소지가 있다. 예를 들어, 낙찰자 결정이나 입찰참가자격제한처분 등은 행정처분에 해당하고 항고소송의 대상이 되는데, 이러한 처분에 대한 항고소송에서 소송상 화해가 성립할 수 있는지 문제가 되는 것이다. 사법상 계약설에서도 입찰참가자격제한처분에 대하여는 처분성을 긍정하고 항고소송의 대상이 된다고 보고 있으므로 마찬가지의 문제가 생긴다.

항고소송에 있어서 소송상 화해가 성립할 수 있는지 여부에 관하여 학설은 나뉘고 있다. 이를 부정하는 견해는 항고소송의 심리에는 직권탐지주의가 적용된다는 점, 항고소송의 대상인 처분은 일방적 행위에 의하여 권리관계가 형성되고 확정되는 것이기 때문에 사인(私人)과의 합의에 의하여 권리관계가 정해지는 것은 부적합하고 행정의 법률적합성의 원칙이 침해될 우려가 있다는 점, 소송상 화해가 성립하면 확정판결과 동일한 효력을 갖는데, 항고소송의 확정판결은 대세효를 갖기 때문에 소송상 화해 등을 허용하면 당사자 간의 합의만으로 대세적 효력을 부여하는 결과가 되어 부당하다는 점 등을 논거로 한다.[630] 이에 대하여 긍정하는 견해는 직권탐지주의는 재판자료의 수집·제출에 관한 것인 반면 화해는 소송물에 관한 처분권주의의 표현으로 직권탐지주의와 화해 등이 양립할 수 없는 것은 아니라는 점, 행정의 법률적합성은 내용적 적법성을 화해 등의 실질적 요건으로 함으로써 충분히 확보할 수 있다는 점, 화해가 제3자의 권리에 영향을 미치거나 그 대상인 처분에 관하여 관계행정청의 동의·협의 등이 요구될 때에는 그 제3자 또는 관계행정청의 동의를 화해나 조정의 실질적 요건으로 삼으면 된다는 점 등을 논거로 한다.[631]

현재 법원실무에서는 화해권고 후 소 취하라는 우회적인 방법을 통하여 사실상 화해가 이루어지고 있다. 즉, 법원이 화해권고를 하고

---

630) 김남진, 행정소송상의 화해 및 조정-그의 허용성을 중심으로, 고시연구, 2006. 3., 17면.
631) 위의 논문, 17면 내지 18면.

쌍방 당사자가 이를 수락하면 피고인 행정청이 먼저 처분을 직권으로 취소하거나 변경하고 그 후에 원고가 소를 취하하는 방식으로 행해지고 있다. 이러한 사실상 화해는 행정소송 실무의 한 부분을 확고하게 차지하고 있으며, 1999년부터 2009년까지 11년 동안 전체 행정사건 가운데 약 15퍼센트가 화해권고 후 소 취하의 방식으로 종결되었다고 한다.[632] 생각건대, 소송상 화해를 통하여 보다 신속하고 경제적인 권리구제가 가능한 점, 실무상으로 사실상 화해가 행해지고 있는 점, 행정소송법이 행정소송에 관하여 동법에 특별한 규정이 없는 사항에 대하여는 민사소송법의 규정을 준용하도록 규정(동법 제8조 제2항)하고 있는 점에 비추어 행정소송에서도 민사소송법상 화해규정을 준용하여 소송상 화해를 허용함이 타당하다고 본다. 하지만 법적 논란을 잠재우고 행정소송에 있어서 대체적 분쟁해결절차의 활성화를 위하여 법률개정을 통해 대체적 분쟁해결절차에 관한 명시적인 법적 근거를 마련할 필요가 있을 것이다.

2. 공법상 계약설

정부조달계약이 갖는 사법상 계약과 구별되는 특성에 주목하여 그 법적 성격을 공법상 계약으로 이해하는 견해이다. 공법상 계약으로 이해하는 경우 그 사법적(司法的) 권리구제절차를 살펴보면 다음과 같다.

---

632) 최계영, 행정소송에서의 조정-비교법적 고찰을 중심으로, 행정법연구, 제27호, 2010., 198면
633) 박정훈, 앞의 책, 231면; 김대인, 공공조달계약 관련 법제의 개혁에 대한 고찰, 48면.
634) 박정훈, 앞의 책, 227면.

2-1. 계약체결 이전의 입찰단계

공법상 계약설에서는 낙찰자결정의 처분성을 긍정하고 있다. 계약상대방을 국가계약법이나 지방계약법의 절차와 기준에 따라 선정하는 낙찰자결정은 국가계약법 등이 행정청에게 특별히 부여한 결정권한을 행사하는 것으로서 공권력의 행사에 해당되고, 따라서 낙찰자결정의 법적 성격을 처분으로 볼 수 있다고 한다.[633] 그리하여 낙찰자결정은 항고소송의 대상이 된다고 한다.

이 견해에서는 항고소송에 의하는 경우 법률상 이익만 있으면 원고적격이 인정되므로 민사소송에 의하는 경우와 비교하여 피보전권리 또는 원고적격의 인정 범위가 확대된다고 한다. 또한 공법상 계약설에서는 국가계약법령 또는 지방계약법령과 그에 근거한 예규, 고시 등 세부심사기준에 대하여 법규적 효력을 인정함으로써, 낙찰자결정이 국가계약법령 등이나 세부심사기준에 위반하기만 하면 위법하게 되므로 전통적인 견해에 비하여 위법성 인정이 용이하다고 한다. 그 결과 민사소송에 의하는 것보다 권리구제의 범위가 넓어진다고 한다.

2-2. 계약체결 이후의 계약이행단계

정부조달계약을 공법상 계약으로 이해하는 경우, 특히 계약이행단계에서의 분쟁은 당사자소송에 의하게 된다. 그런데 정부조달계약의 공법적 성격을 인정한다고 하여 그 사법적(私法的) 성격이 부정되는 것은 아니며 정부조달계약의 성립과 이행, 소멸에 관하여 대부분 사법적(私法的) 규율이 적용되고, 따라서 정부조달계약은 공법과 사법의 접점영역으로서, 양자는 상호보완관계에 있다는 견해가 있다.[634]

이 견해에서는 낙찰자 결정 등 계약의 체결과 집행에 관한 행정청의 결정은 처분으로서 항고소송의 대상이 되고, 정부조달계약의 효력과 채무불이행에 관한 것은 공법상 법률관계에 관한 분쟁으로서 당사자소송의 대상이 되는 것으로 보아야 하지만, 실제적인 관점에서 후자의 경우에는 계약법의 법리가 전면적으로 적용될 뿐만 아니라 우리나라 행정법원의 구성과 규모에 비추어 아직 이를 당사자소송으로 전담시킬 사항이 못 된다는 점 등에서 민사법원의 관할로 하더라도 무방하다고 한다.[635]

생각건대, 정부조달계약의 공법적 성격을 인정한다면, 이에 대하여 공법적으로 규율하여야 하고, 그 구제절차 역시 공법적 수단에 의하여야 할 것이다. 공법과 사법을 구별하는 법체계를 취하고 있는 이상 공법상 계약에 관한 분쟁은 마땅히 당사자소송에 의하여야 한다. 정부조달계약의 공법적 성격을 인정하면서 민사소송에 의하여도 무방하다는 견해는 민사소송과 당사자소송이 별반 차이가 없다는 점을 전제한 것으로 보인다. 그러나 양자 간에는 다음과 같이 간과할 수 없는 차이점이 엄연히 존재한다. 당사자소송과 항고소송 간에는 소의 변경이 가능하지만 민사소송과 항고소송 간에는 허용되지 않는다는 점, 당사자소송에는 관련 민사소송을 병합할 수 있지만 민사소송에는 관련 당사자소송을 병합할 수 없다는 점, 당사자소송에는 행정청이 참가할 수 있지만 민사소송에는 허용되지 않는다는 점, 당사자소송에서는 직권탐지주의가 적용되는 반면 민사소송에는 변론주의가 적용된다는 점, 당사자소송의 판결의 기속력은 관계 행정청에도 미치지만 민사소송에서는 당사자에게만 판결의 효력이 미친다는 점 등에서 차이가 있다.[636] 오늘날 공법상 계약 등 비권력적 행정작용의 비중이 점차 확대되고 있고, 비권력적 행정작용에 대한 통제수단으로서 당사자소송의 중요성이 강조되고 있는 상황임에도 실무계의 잘못된 관행으로 인하여 당사자소송이 고사(枯死)상태에 이른 것으로 참으로 안타까운 일이다. 당사자소송의 활성화라는 차원에서도 공법상 계약에 관한 분쟁 중 공법상 법률관계에 관한 분쟁은 당사자소송에 의하여야 할 것이다.

2절 미국 정부조달계약의 법적 구제절차

미국 정부조달계약에 있어서 법적 구제절차로는 입찰이의신청(bid protest)과 계약분쟁법(CDA)에 의한 계약분쟁(contracts disputes) 절차가 있다. 입찰이의신청은 입찰요청이나 낙찰자 결정에서의 위법이나 부당함을 다투는 절차이고, 계약분쟁절차는 계약에 의하거나 계약과 관련된 클레임 및 분쟁을 해결하는 절차이다.

Ⅰ. 입찰이의신청

1. 개관

1-1. 의의

정부조달을 위한 입찰절차에서 연방기관의 행위에 대하여 이의를 제기하는 것을 입찰이의신청(bid protest)이라고 한다. 대표적인 이의신청사유로는 입찰요청(solicitation)이나 낙찰자 결정이 법령에 위반된 경우, 정부기관이 이의신청인을 부당하게 경쟁적 범위(competitive range)에서 제외한 경우, 정부기관이 다른 제안자와 부당한 논의(discussion)를 하거나 중요한 사항에 관한 논의를 하지 않은 경우, 낙찰자 결정이 비합리적이거나 자의적인 경우 또는 입찰

635) 위의 책, 229면 및 230면
636) 김남진, 앞의 논문, 26면

요청에 부합하지 않는 경우, 낙찰자가 계약이행자격이나 적격이 없는 경우 또는 그의 제안이 입찰요청의 요구조건을 충족하지 못한 경우 등이 있다.[637)]

입찰이의신청은 발주기관이나 감사원 또는 연방청구법원에 제기될 수 있다. 이의신청의 성질과 시기에 따라서 세 개의 기관 중 하나 이상의 기관에 이의신청을 할 수 있다.[638)] 기관별 이의신청 건수를 보면, 세 개의 기관 중 감사원에 대한 이의신청이 월등히 많고, 최근 증가하는 추세에 있다고 한다. 감사원의 의회보고서에 의하면, 입찰이의신청 건수가 2001년 1,146건에서, 2006년 1,327건으로, 2009년 1,989건으로 대폭 증가하였다고 한다. 이에 비하여 연방청구법원에 대한 입찰이의신청 건수는 2008년 91건으로 급증한 예외가 있으나, 매년 평균 63건 정도 제기되고 있다고 한다. 또한 이의신청이 인용된 비율을 살펴보면, 2001년부터 2009년까지 감사원에 이의신청된 12,922건 가운데 21퍼센트에 해당하는 2,718건이 본안에 관한 판단을 받았고, 이 중 21퍼센트가 넘는 583건에서 이의신청자의 주장이 받아들여졌다고 한다. 연방청구법원의 경우에는 같은 기간 이의신청된 563건 중 41퍼센트에 해당하는 230건이 본안에 관한 판단을 받았고, 이 중 27퍼센트에 해당하는 230건에서 이의신청자에게 어떤 형태로든 구제가 주어졌다고 한다.[639)]

1-2. 신청인적격

이의신청인은 신청인적격(standing to protest)이 있어야 한다. 신

637) Keyes, op. cit., at 371.
638) Kelleher etc., supra note 14, at 124-127.
639) Webber, op. cit., at 9-11.

청인적격은 이해관계인(interested party)에게 인정되는데, 여기서 이해관계인이란 낙찰의 성공 또는 실패에 의하여 영향을 받게 되는 직접적인 경제적 이해관계를 갖고 있는 사람으로서 실제 입찰에 참가하였거나 또는 입찰참가가 예정된 사람을 말한다.[640] 따라서 이의신청을 하려면 이의신청인은 자신이 실제 입찰자 또는 입찰예정자이고, 조달에 있어서 직접적인 경제적 이익을 가지고 있음을 증명하여야 한다.[641]

실제 입찰자 또는 입찰참가예정자란 적시에 입찰서나 제안서를 제출한 사람 또는 입찰요청의 마감일 전에 입찰서나 제안서를 제출할 수 있었을 것으로 예견된 사람을 말하고,[642] 입찰요청의 마감일 당시를 기준으로 계약을 이행할 능력이 있어야 한다.[643] 따라서 실제 입찰에 응한 사람뿐만 아니라 입찰요청에 응하여 입찰서나 제안서를 제출하지 못한 사람도 이해관계인이 될 수 있다. 예를 들어, 부당하게 짧은 입찰기간(response time) 또는 과도하게 제한적인 요구조건(requirement)이나 사양(specification) 때문에 입찰서나 제안서를 제출하지 못했거나 경쟁할 기회를 박탈당한 사람에게도 신청인적격이 인정된다.[644]

그리고 직접적인 경제적 이익은 이의신청인이 조달절차에서 잘못된 정부기관의 행위 등으로 인하여 손해가 야기되었음을 증명한 경우에 인정된다.[645] 여기서 손해란 사법적(司法的) 구제절차에 의하여 복구

640) 31 U.S.C.A. § 3551(2)(A) and FAR 33.101.

641) Bilfinger Berger AG Sede Secondaria Italiana v. United States., 97 Fed. Cl. 96(2010); Assessment and Training Solutions Consulting Corp. v. United States., 92 Fed. Cl. 722(2010).

642) McRae Industries, Inc. v. United States., 53 Fed. Cl. 177(2002).

643) Rex Serv. Corp. v. United States, 448 F.3d 1305(Fed. Cir. 2006).

644) Kelleher etc., supra note 14, at 127.

645) Dow Elec., Inc. v. United States., 98 Fed. Cl. 688(2011); Hi-Tech Bed Systems, Corp. v. United States., 97 Fed. Cl. 349(2011); Linc Government Services, LLC v. United States., 96 Fed. Cl. 672(2010); Google, Inc. v. United States., 95 Fed. Cl. 661(2011).

될 수 있는 중대한 경쟁 침해(non-trivial competitive injury)를 의미하고,[646] 손해는 입찰이의사건의 본안 전에 발생한 것이어야 한다.[647] 낙찰 후 이의신청에 있어서는 이의신청인이 만일 주장된 잘못이 없었다면 낙찰 받을 수 있는 실질적 기회(substantial chance)가 있었음을 입증하면 손해요건이 충족된 것으로 본다.[648]

1-3. 심사기준

입찰이의신청의 심사에 있어서는 「행정절차법(APA, Administrative Procedure Act)」에 의한 심사기준이 적용된다.[649] 행정절차법에서는 심사기준으로 실질적 증거(substantial evidence), 자의(arbitrary)와 변덕(capricious), 전면적 재심사(de novo review)를 규정하고 있다.[650] 행정기관의 판단이 실질적 증거(substantial evidence)에 의하여 뒷받침되는 경우에는 그러한 행정기관의 판단은 존중되어야 한다. 여기서 실질적 증거란 합리적인 사람이라면 그러한 결론을 받아들이기에 합당한 증거를 말한다.[651] 그러나 행정기관의 행위가 자의적(arbitrary)이거나 변덕스러운(capricious) 경우 또는 재량의 남용이 있는 경우에는 위법하고 취소될 수 있는데, 이때 행정기관이 자신의 행위를 뒷받침하는 증거나 이유를 제시할 필요는 없고, 오히려 이의신청자가 행정기관의 행위를 뒷받침할 타당한 이유나 사

---

646) CW Government Travel, Inc. v. U.S., 99 Fed. Cl. 666(2011).

647) Defense Technology, Inc. v. U.S., 99 Fed. Cl. 103(2011).

648) Assessment and Training Solutions Consulting Corp. v. United States., 92 Fed. Cl. 722(2010); Information Technology & Applications Corp. v. United States., 316 F.3d 1312(Fed. Cir. 2003); L&#56194;&#56335;3 Communications Corp. v. United States., 99 Fed. Cl. 283(2011); Google, Inc. v. United States., 95 Fed. Cl. 661(2011); Red River Service Corp. v. United States., 60 Fed. Cl. 532(2004)('실질적 기회'라는 신청인적격의 심사기준은 낙찰 전 이의신청에는 적용되지 않는다).

실이 없다는 점을 증명하여야 한다.[652] 또한 정부기관의 행위에 대한 심사는 극히 예외적인 경우를 제외하고 법원에 처음으로 제출된 새로운 기록이 아니라 기존의 행정기록(administrative record already in existence)에 근거하여 제한적으로 심사된다.[653]

행정절차법에 의한 심사는 위와 같이 실질적 증거, 자의와 변덕의 기준에 의하고, 기존의 행정기록에 의하여 제한적으로 심사되는 것이 원칙이지만, 예외적으로 전면적 재심사(de novo review)가 행해지기도 한다. 전면적 재심사란 행정기관의 행위를 처음부터 새로이 다시 심사하는 것을 말하는데, 여기서는 행정기관의 결정이 존중되지 않으며, 행정기관의 결정은 다른 증거자료와 동등하게 고려되고, 당사자들은 백지상태에서 출발한다. 행정절차법의 심사기준은 낙찰에 실패한 입찰자로 하여금 발주기관의 행위가 합리적인 근거(rational basis)가 없다거나 발주기관의 행위에 명백하고 편파적인 법령위반(clear and prejudicial violation of applicable statutes or regulations)이 포함되었다든지 또는 발주기관이 신의성실 위반(bad faith)으로 행위하였음을 증명하도록 요구하고 있다. 이는 법원으로 하여금 조달법령의 적용과 해석에 있어서 그리고 낙찰자결정에 있어서 발주기관이 행한 판단에 따라야 한다는 관점을 반영한 것이다. 그러나 법에서 별도로 전면적 재심사를 하도록 규정한 경우 또는 발주기관의 행위가 신의성실 위반이나 부적절하게 이루어졌음을 증명할 강력한 증거(powerful evidence)가 법원에 제출된 경우에는 전면적 재심사가 이루어진다[654]

---

649) 28 U.S.C.A. § 1491(b)(4).
650) 5 U.S.C.A. § 706(2).
651) Pierce., op. cit., at 40-41.
652) ***Id***, at 42-43
653) ***Id***, at 46.
654) ***Id***, at 47.

2. 발주기관에 대한 이의신청

2-1. 서면에 의한 신청

발주기관(contracting agency)에 대한 이의신청은 계약관 또는 입찰요청서에 기재된 담당자에게 서면으로 하여야 한다. 이의신청에는 기간의 제한이 있다. 이의신청이 입찰요청(solicitation)에 있어서 명백한 부당성(apparent improprieties)을 주장하는 경우에는 개찰일 또는 제안서접수마감일 전에 제기되어야 한다.[655] 그 밖의 경우에는 이의신청사유를 알게 된 날 또는 알 수 있었던 날 중 먼저 도래한 날로부터 10일 이내에 제기되어야 한다.[656] 그러나 만일 이의신청이 발주기관의 조달시스템에 대한 중대한 문제를 제기하는 것이라고 판단되는 경우에는 시기에 늦은 이의신청도 심사 대상이 될 수 있다.[657] 이의신청인은 계약관보다 높은 직위를 갖는 공무원으로 하여금 자신의 이의신청을 독립적으로 심사해 줄 것을 요청할 수 있다.[658] 발주기관은 이의신청이 제기된 후 35일 이내에 이의신청이 해결되도록 최선을 다하여야 한다.[659]

2-2. 해명

낙찰에 실패한 입찰자나 제안자는 낙찰에서 배제된 이유에 대한 해명(debriefing)를 요구할 권리가 있다. 낙찰 전 해명(preaward

---

655) FAR 33.103(e).

656) ***Id.***

657) ***Id.***

658) Keyes, op. cit., at 372.

659) FAR 33.103(g).

briefing)이든 낙찰 후 해명(postaward briefing)이든 발주기관의 불리한 조치(agency's adverse action)를 통지받은 날로부터 3일 이내에 계약관에게 서면으로 해명을 요구하여야 한다.[660] 다만, 낙찰 전 해명에 있어서는 그 시점에서 해명을 하게 되면 정부에게 가장 이익이 되지 않는다는 설득력있는 이유가 있는 경우에는 발주기관은 낙찰 전 해명을 거절할 수 있다.[661] 입찰자나 제안자는 발주기관의 해명을 통하여 이의신청의 근거가 될 중요한 정보를 얻을 수 있다.

2-3. 절차의 중단

낙찰 전에 이의신청이 접수된 때에는 이의신청에 대한 발주기관의 절차가 진행되는 동안은 낙찰을 할 수 없고, 낙찰 후 10일 이내 또는 해명 후 5일 이내에 이의신청이 접수된 때에는 이에 대한 절차가 진행되는 동안 후속행위의 이행을 중단하여야 한다. 다만, 긴급하고 부득이한 사유로 인하여 낙찰이나 후속행위의 이행이 정당화되거나 또는 낙찰이나 후속행위의 이행이 정부에게 최상의 이익이 된다는 결정이 있는 경우에는 그렇지 않다.[662] 이러한 정당화 내지 결정은 서면으로 이루어져야 하고 계약관보다 높은 직위를 가진 공무원 또는 해당 기관의 절차에 따른 다른 담당자에 의하여 승인되어야 한다.[663]

2-4. 구제의 신속성

감사원이나 연방청구법원에 대한 이의신청의 경우에는 중립적인 제

---

660) FAR 15.506(a)(1).
661) FAR 15.505(b) and 15.506(a)(1).
662) FAR 33.103(f)(1)(3).
663) *Id.*

3자에 의한 심사가 이루어지지만, 발주기관에 대한 이의신청의 경우에는 발주기관이 자신의 고용인의 행위에 대하여 평가한다는 점에서 이의신청의 사유가 특이한 쟁점 또는 명백하고 직접적인 법령위반이 아니라면 발주기관은 자신의 고용인의 행위를 승인할 가능성이 높기 때문에 감사원이나 연방청구법원에 대한 이의신청에 비하여 성공할 가능성이 낮다고 할 수 있다. 그러나 상황에 따라서는 발주기관에 대한 이의신청이 입찰자에게 유리할 수도 있다. 발주기관에 대한 이의신청이 감사원이나 연방청구법원에 대한 것과 비교하여 시간과 비용이 덜 소모되고, 또한 발주기관이 직접 자신의 잘못을 시정한다는 점에서 이의신청인에게 가장 신속한 구제절차가 될 수 있기 때문이다.[664)]

3. 감사원[665)]에 대한 이의신청

3-1. 법적 권한

감사원(GAO, Government Accountability Office)[666)]에서는 1921년 이래로 「예산회계법(Budget and Accounting Act)」에 근거

664) Kelleher etc., supra note 14, at 129–130.

665) 미국 감사원은 우리나라와는 달리 연방의회에 소속된 기관이다. 감사원은 연방의회의 조사기관으로서 연방의회에 대하여 헌법적 책임과 미국 국민의 이익을 위하여 연방정부의 집행과 책임에 대하여 개선하도록 지원하는 것을 임무로 하고 있다. 감사원은 연방의회에 공공자금 사용에 대한 조사 보고와 연방정부의 활동에 대한 평가를 권고하는 업무를 수행하고 있으며, 연방의회는 연방정부의 공공자금 집행과 연방정부 활동에 대한 조사 및 평가를 통한 대안제시를 위하여 감사원을 적극 활용하고 있다(허전 · 송석록, 헌법상 기관으로서 감사원의 독립성 제고방안, 공법학연구, 제10권 제4호, 2009, 181면 및 182면).

666) 감사원(GAO)는 1921년 「예산회계법(Budget and Accounting Act)」에 의하여 'General Accounting Office'라는 명칭으로 설치되었는데, 2004년 「감사원 인재개혁법(GAO Human Capital Reform Act)」에 의하여 그 명칭이 'Government Accountability Office'로 변경되었다.

하여 정부계약사건을 처리해 왔다. 그러나 예산회계법은 감사원장(Comptroller General)에게 미국 정부에 의하거나 미국 정부에 대한 클레임(claims)이나 요구(demands), 미국 정부가 채무자 또는 채권자로서 관여하고 있는 회계에 대하여 해결하고 조정할 권한만을 규정하고 있을 뿐이고 입찰이의신청(bid protests)에 대하여 어떠한 결정을 할 권한을 명시적으로 규정하고 있지는 않았다.

그 후 1984년 「경쟁계약법(CICA)」에서 처음으로 입찰이의신청에 대한 감사원의 법적 권한이 명시적으로 규정되었다. 경쟁계약법에서는 감사원장에게 입찰이의신청을 심리(hearing)하고 결정(deciding)하며, 입찰이의신청에 관한 규정(regulations)을 수정하도록 지시할 권한을 부여하고 있다. 1996년 「클린저-코헨법(Clinger-Cohen Act)」에 의하여 이의신청에 대한 연방조달청 계약소청심사위원회(General Services Board of Contract Appeals)의 권한이 상실되었고, 그리하여 감사원이 이의신청에 대한 유일한 범정부적인 행정심판기구로 남게 되었다.[667]

3-2. 이의신청에 대한 관할

감사원의 이의신청에 대한 관할(jurisdiction)에는 일정한 한계가 있다.

첫째, 감사원은 반독점법(antitrust law) 위반에 대하여는 심사하지 않는다. 이는 계약관에게 감당하기 어려운 부담을 지울 수 있고, 조달절차의 과도한 지연을 초래할 수 있기 때문이다.

둘째, 감사원은 낙찰받은 사람(grantee award)에 대한 이의신

667) Keyes, op. cit., at 370-73.

청의 경우에는 이의신청인이 행정적인 구제절차(administrative remedies)을 다 거친 후가 아니면 심사하지 않는다.

셋째, 감사원은 법원에 현재 계속 중이거나 과거에 계속되었던 쟁점(issues)에 대하여는 판단하지 않는다.

넷째, 감사원은 특허침해 쟁점에 대하여도 심사하지 않는다. 정부에 의하거나 또는 정부의 동의나 수권에 따라 행위를 한 계약상대자에 의하여 특허권이 침해된 경우에 특허권자를 위한 유일한 구제절차는 정부를 상대로 연방청구법원에 소송을 제기하는 것이기 때문이다.[668]

3-3. 이의신청의 제기

감사원(GAO)에 대한 이의신청에서도 발주기관에 대한 이의신청에서와 유사한 기간 제한이 있다. 즉, 입찰요청(solicitation)이 부당하다고 주장하는 이의신청은 개찰일 또는 제안서접수마감일 전에 제기하여야 하고, 그 밖의 경우에는 이의신청사유를 알게 된 날 또는 알 수 있었던 날 중 먼저 도래한 날로부터 10일 이내에 제기하여야 한다.[669]

입찰이의신청을 접수한 후 감사원장은 1일 이내에 발주기관에게 이의신청이 제기된 사실을 통지하여야 한다.[670] 만일 낙찰이 되었다면 낙찰자에게 즉시 통지하여야 하고, 낙찰이 이루어지지 않았다면 모든 입찰자나 제안자에게 통지하여야 한다. 이의신청을 통지받은 발주기관은 이의신청 계속 중에는 낙찰을 할 수 없고, 만일 그 전에 낙찰이 되었다면 후속행위의 이행을 중단하여야 한다. 다만, 발주기관에 대한 이의신청에 있어서와 유사한 예외가 인정된다.[671]

---

668) *Id.* at 375–376.
669) 4 C.F.R. § 21.2(a)(1)(2).
670) 31 U.S.C.A. § 3553(b)(1).

발주기관은 감사원장으로부터 이의신청의 통지를 받고 30일 이내에 이의신청의 근거에 대하여 자신의 의견을 밝힌 정부기관 보고서(agency report)를 제출하여야 한다.[672] 이의신청인은 보고서를 수령한 후 10일 이내에 정부기관 보고서에 대한 의견서(comments)를 감사원장과 이의신청에 참여한 다른 당사자들에게 제출하여야 하고, 그렇지 않으면 이의신청은 자동적으로 각하된다.[673]

3-4. 이의신청에 대한 결정

감사원장은 이의신청이 제기된 후 100일 이내에 결정을 하여야 한다.[674] 만일 심사결과 이의신청된 입찰요청이나 낙찰자 결정이 법령에 위반된다는 점이 인정되면, 감사원장은 발주기관에게 잘못을 수정하는 내용의 시정조치를 권고할 수 있다. 감사원장이 권고하는 시정조치의 내용에는 발주기관에게 낙찰이나 계약이행의 중단, 계약의 파기, 법에 따른 새로운 입찰요청이나 낙찰의 실시 등이 있다.[675] 나아가 이의신청이 이유 있는 때에는 감사원장은 합리적인 변호사보수와 입찰이나 제안서 준비비용을 포함한 이의신청 소요 비용을 이의신청자가 지급받아야 함을 선언할 수 있다.[676]

감사원장의 결정은 단지 권고적인 것에 불과하므로 발주기관은 그것에 따를 의무가 없다.[677] 그러나 감사원장의 결정에 따르지 않을 경

671) 31 U.S.C.A. § 3553(c)(d).
672) 31 U.S.C.A. § 3553(2)(A).
673) 4 C.F.R. § 21.3(i)..
674) 31 U.S.C.A. § 3554(a)(1).
675) 31 U.S.C.A. § 3554(b)
676) 31 U.S.C.A. § 3554(c).
677) Ameron, Inc. v. U.S. Army Corps of Eng'rs, 809 F.2d 979, 995(3d Cir. 1986).

우 경쟁계약법은 발주기관으로 하여금 그 거절이유를 설명하는 보고서를 의회에 제출하도록 요구하고 있다.[678] 그로 인해 감사원의 결정이 연방기관에 의하여 실시되지 않는 예는 거의 없다고 한다.[679]

4. 연방청구법원에 대한 소송 제기

4-1. 이의신청에 대한 관할

연방청구법원은 이의신청에 대한 전속관할권(exclusive judicial jurisdiction)을 갖고 있다. 따라서 연방청구법원은 이의신청에 관한 유일한 사법적(司法的) 구제기관이다. 연방청구법원은 대통령이 상원(senate)의 승인을 받아 임명한 16명의 판사로 구성되고, 판사의 임기는 15년이다.[680] 연방청구법원의 판사는 계약소청심사위원회의 행정판사와는 달리 정부계약 관련 경력이 요구되지 않는다. 연방청구법원의 재판은 단독판사(single judge)가 심리하고 판결한다.[681] 연방청구법원은 대법원, 연방순회항소법원, 구(舊) 청구법원(U.S. Court of Claims), 관세특허항소법원(U.S. Court of Customs and Patent Appeals)의 판결에 법적으로 구속되지만, 연방청구법원의 다른 판사의 판결에 구속되지는 않는다.[682]

---

678) 31 U.S.C.A. § 3554(e)(1).
679) Kelleher etc., supra note 14, at 134.
680) 28 U.S.C.A. §§ 171(a), 172(a).
681) 28 U.S.C.A. § 174(a).
682) Schaengold, op. cit., at 290.
683) Blue & Gold Fleet, L.P. v. United States, 492 F.3d 1308(Fed. Cir. 2007).
684) 28 U.S.C.A. § 2501.

4-2. 이의신청의 제기

연방청구법원에 대한 이의신청에 있어서는 기간 제한이 없다. 그런데 연방순회항소법원은 Blue & Gold Fleet, L.P. v. United States 사건에서 입찰요청의 요구조건이 잠재적으로 또는 명백히 잘못되었거나 애매모호한 경우에 계약상대자가 이의를 제기할 기회가 있었음에도 입찰절차의 종료(close of the bidding process) 전까지 제기하지 않았다면 계약상대자는 연방청구법원에 대한 입찰이의신청을 포기한 것이 된다고 판시하였다.[683] 따라서 입찰요청(solicitation)의 부당함, 애매모호함 또는 불완전함을 주장하는 이의신청은 입찰절차가 종료되기 전에 연방청구법원에 제기되어야 하는 것으로 이해되고 있다. 그러나 그 밖의 이의신청에 대하여는 아무런 기간 제한이 없으므로 연방정부를 상대로 한 소송에 있어서 법률상 요구되는 일반적인 제소기간 내에 제기하면 된다. 연방정부를 상대로 한 법률상 일반적인 제소기간은 6년이다.[684] 다만, 다른 법률에서 이보다 더 짧은 기간을 정하고 있는 경우에는 그 기간에 의한다. 그러나 연방청구법원에 대한 이의신청은 신속히 제기될수록 이의신청인에게 유리한 구제절차, 예를 들어 낙찰이나 계약의 이행을 금지하는 명령적 구제(injunctive relief)가 주어질 가능성이 높아진다는 점에서 가급적 빠르게 이의신청을 할 필요가 있다.

4-3. 이의신청에 대한 구제

이의신청인에게 주어지는 구제절차에는 금전적인 구제절차와 비금전적인 구제절차가 있다. 비금전적인 구제절차에는 예비적 금지명령(preliminary injunction), 임시적 제한명령(temporary restraining order), 영구적 금지명령(permanent injunction),

선언적 구제(declaratory relief) 등이 있다. 예비적 금지명령(preliminary injunction)은 본안심리에 대한 예비단계에서 행해지는 금지명령으로서 분쟁에 대한 종국결정이 있을 때까지 임시적으로 효력을 갖는다. 여기에는 임시적으로 특정행위를 금지하는 임시적 제한명령(temporary restraining order)과 임시적 금지명령(temporary injunction)이 있고, 임시적으로 특정행위를 이행하게 하는 임시적 이행명령(temporary mandatory injunction)이 있다.[685] 임시적 제한명령(temporary restraining order)과 임시적 금지명령(temporary injunction)은 전자는 10일 이내의 기간 동안만 부여되지만, 후자는 법원에 의하여 필요하다는 인정되는 기간 동안 부여된다는 점에서 차이가 있다. 또한 임시적 제한명령(temporary restraining order)의 경우에는 담보를 위한 보증(bond for security)이 부가될 수 있다.[686] 영구적 금지명령(permanent injunction)은 본안의 종국심리에 의하여만 부여될 수 있고, 그 효력이 영구적이다. 여기에는 특정행위를 금지하는 금지적 금지명령과 특정행위를 이행하게 하는 이행적 금지명령(mandatory injunction)이 있다.[687] 그리고 선언적 구제(declaratory relief)는 법원이 계약이나 법에 따른 당사자의 권리를 확인해 주는 방법으로 법적 권리의 존재를 신속히 확정하여 그로 인하여 야기된 관련 문제들을 일거에 해결하도록 하는 구제절차이다. 법원은 이 가운데 하나 또는 둘 이상을 함께 사용하여 정부기관에게 낙찰이나 계약이행의 중단, 계약의 해지,

---

685) 심민석, 미국 행정법상 금지명령에 대한 연구, 미국헌법연구, 제21권 제2호, 2010. 8., 224면 내지 229면.

686) Kelleher etc., supra note 14, at 135-136.

687) 심민석, 앞의 논문, 214면 및 215면.

688) Kelleher etc., supra note 14, at 135.

법에 따른 새로운 입찰요청이나 낙찰의 실시 등을 명령할 수 있다.[688]

금전적인 구제절차로는 손해배상(damage)이 주어질 수 있다. 이의 신청인은 입찰이나 제안서를 준비하는데 소요된 비용의 배상을 청구할 수 있을 뿐이고 기대이익(anticipated profits)에 대한 배상청구는 허용되지 않는다. 손해배상을 받기 위해서는 정부의 신의성실 위반(bad faith)을 입증하여야 한다. 예를 들어, 최저가를 제시한 적격을 갖춘 입찰자(lowest responsible bidder)는 자신의 제안이 받아들여지지 않은 경우 계약관이 신의성실 위반으로 자의적인 행위를 했음을 주장하여 손해배상을 청구할 수 있다. 그러나 정부가 신의성실(good faith)로 사업을 더 이상 진행하지 않기로 결정한 경우에는 모든 입찰을 거절할 수 있고, 따라서 이러한 경우에는 정부 측의 신의성실 위반이 인정되지 않아 준비비용의 보전을 청구할 수 없다.[689]

Ⅱ. 계약분쟁절차

1. 법적 근거

1-1. 계약분쟁법

「계약분쟁법(CDA, Contract Disputes Act)」[690]은 재산의 처분, 용역, 공사, 개·보수, 부동산의 관리나 복구 등에 관하여 정부기관과 체결한 명시적 또는 묵시적 계약을 그 적용대상으로 하고 있다. 계약분

689) Keyes, op. cit., at 384-385.
690) 41 U.S.C.A. §§ 7105-7109.

쟁법은 계약상대자와 정부 양자의 협상력을 대등하게 하고, 계약상대자와 정부기관 양자를 위한 공정하고 공평한 취급을 보장하고자 하는데 그 목적을 두고 있다.[691] 계약분쟁법(CDA)은 정부조달계약과 관련된 분쟁의 해결절차에 관하여 규율하고 있다. 계약분쟁법은 계약관에 대한 클레임(claim)의 제기, 계약관의 최종 결정에 대한 계약소청심사위원회(Board of Contract Appeals)에의 심사청구 또는 연방청구법원(Court of Federal Claims)에의 소송 제기 등 클레임의 제기부터 최종적인 분쟁처리에 이르기까지의 과정을 규율하고 있다.

1-2. 연방조달규정의 분쟁조항

연방조달규정에서는 정부조달계약 관련 분쟁을 해결하기 위한 분쟁조항(dispute clause)을 두고 있다. 분쟁조항의 주요 내용은 다음과 같다.

첫째, 정부조달계약에 근거하거나 관련된 분쟁은 계약분쟁법에 의하여 해결한다. 그러나 동법에 규정된 경우를 제외하고, 정부조달계약에 근거하거나 관련된 모든 분쟁은 이 분쟁조항에 의하여 해결되어야 한다.

둘째, 이 분쟁조항에서 사용하는 클레임이란 계약당사자 일방이 계약에 근거하거나 계약과 관련하여 권리로서 특정 금액의 지급, 계약조건의 조정이나 해석 또는 다른 구제절차를 얻기 위한 서면에 의한 요구 또는 주장을 의미한다.

셋째, 계약상대자에 의한 클레임은 서면으로 제기되어야 하고, 이

691) Darst, op. cit., at 32.
692) FAR 33.211.

계약에서 달리 정하지 않는 한 그 서면은 클레임이 발생한 때로부터 6년 이내에 서면 결정을 할 계약관에게 제출되어야 한다. 계약상대자는 10만 달러를 초과하는 클레임을 제기할 때에는 이 조항에서 정한 보증(certification)을 제공하여야 한다.

넷째, 계약관은 계약상대자의 클레임에 대하여 일정 기간 내에 결정을 하여야 하는데, 10만 달러 이하의 클레임에 대하여는 계약상대자의 신청으로부터 60일 이내에 결정을 하여야 하고, 10만 달러를 초과하고 계약상대자에 의하여 보증된 클레임에 대하여는 60일 이내에 결정을 하든지 또는 결정을 할 일자를 계약상대자에게 통지하여야 한다.

다섯째, 계약관의 결정은 계약상대자가 법에 규정된 대로 불복신청을 하거나 소송을 제기하지 않는 한 최종적이다. 계약상대자는 계약관의 결정문을 받은 날로부터 90일 이내에 계약소청심사위원회에 불복하거나 또는 이와 선택적으로 계약관의 결정문을 받은 날로부터 12개월 이내에 연방청구법원에 소송을 제기할 수 있다.[692)]

여섯째, 계약상대자에 의한 클레임이 계약관에게 제기되거나 또는 정부에 의한 클레임이 계약상대자에게 제기되었다면, 당사자는 상호 합의에 의하여 대체적 분쟁해결절차(ADR)을 사용할 것에 동의할 수 있다. 만일 계약상대자가 대체적 분쟁해결절차의 제안을 거절한다면, 계약상대자는 제안을 거절하는 구체적 이유를 서면으로 계약관에게 통지하여야 한다.

일곱째, 계약상대자는 계약에 근거하거나 관련된 구제요청, 클레임, 불복신청 또는 소송에 대한 최종적인 해결이 있을 때까지 성실히 계약을 계속 이행하여야 하고, 계약관의 결정에 따라야 한다.

1-3. 계약분쟁법상 클레임의 개념

정부조달계약에 근거하거나 또는 정부조달계약과 관련하여 야기된 분쟁은 계약분쟁법(CDA)에 의하여 규율된다. 계약분쟁법은 계약관에 대한 클레임의 제기, 계약관의 결정에 대한 계약소청심사위원회 또는 연방청구법원에의 불복 제기 등 클레임의 시작부터 최종적인 분쟁처리에 이르기까지의 과정을 규율하고 있다. 계약분쟁법에서는 클레임의 개념에 관하여 정의하고 있지 않으며, 연방조달규정에서 클레임의 개념에 관하여 정의하고 있다. 연방조달규정에서는 클레임이란 계약당사자 일방이 계약에 근거하거나 계약과 관련하여 권리로서 특정금액의 지급, 계약조건의 조정이나 해석 또는 다른 구제절차를 얻기 위한 서면에 의한 요구 또는 주장이라고 정의하고 있다.[693] 따라서 연방조달규정에 의하면, 클레임은 서면으로 요구되어야 하고, 권리로서 주장되어야 하며, 금전클레임의 경우 특정한 금액의 지급을 구하는 것이어야 한다.

계약분쟁법이 적용되는 클레임은 계약에 근거하여(under a contract) 발생한 것에 한정되지 않으며, 계약과 관련된(related to a contract) 것도 포함된다. 따라서 계약위반 클레임(breach of contract claim)도 여기에 포함된다. 그러나 계약분쟁법은 문자 그대로 계약분쟁(contract disputes)에 대하여만 적용되고, 불법행위 클레임(tort claim)이나 특정한 이행을 요구하는 클레임은 계약분쟁법에 의하여 규율되지 않는다.[694] 클레임은 금전적인 것일 수도 있고, 계약조건의 변경이나 다른 구제절차의 요구 등 비금전적인 것일 수도 있다.

일상적인(routine) 의견개진은 클레임이 아니다. 예를 들어, 완성된 일에 대한 청구서(invoices)의 제출, 예정된 기성금(progress payment)의 지급 요구 등은 일상적인 의견개진으로서 클레임이 되

693) FAR 52.233-1(c).
694) Malnak Assoc. v. United States, 223 Cl. Ct. 783(1980).

지 않는다.[695] 그러나 비일상적인(non routine) 의견개진, 예를 들어, 계약금액의 조정 요구, 계약해지에 있어서 협상의 제안, 연방정부에 의한 계약위반의 주장 등이 당연히 클레임이 되는 것은 아니며, 클레임이 되려면 서면으로 하여야 하고 최종 결정을 요구하는 것이어야 한다. 따라서 비일상적인 의견개진이더라도 최종 결정에 대한 명시적인 요구가 없는 경우에는 클레임이 되지 못한다. 예를 들어, 계약관에게 단순히 합의의사를 표시하거나 또는 문제된 사안을 회계감사관에게 회부할 것을 요구하는 서신을 보낸 것만으로는 계약관에게 최종 결정을 요구하는 것이 아니어서 유효한 클레임이 되지 못한다.[696] 이는 결국 계약상대자는 불특정한 금액으로 클레임을 제기할 수 없음을 의미한다. 금전클레임에서는 특정한 금액으로 요구되거나 계약상대자가 제공한 정보나 간단한 수학 계산에 의하여 결정될 수 있는 금액으로 요구되었을 때에만 유효한 클레임이라고 할 수 있다.[697]

최종 결정에 대한 명시적인 요구가 없더라도 당사자들 사이의 협상이 교착(impasse)상태에 빠진 경우에는 묵시적으로 최종 결정을 요구한 것으로 보이 계약분쟁법상 클레임이 될 수 있다. 예를 들어, 편의적 계약해지에서의 해지협상(termination settlement)의 제안, 계약변경의 제안, 계약금액조정의 요구 등은 비일상적인 의견개진이지만 최종 결정을 요구하는 것이 아니라면 계약분쟁법상 클레임이 되지 못한다. 그러나 계약해지협상의 제안 등에 대하여 당사자가 합리적인 기간 내에 어떠한 행위도 하지 않고 자격요건이나 정해진 금액을 다

695) Reflectone, Inc. v. United States, 60 F.3d 1572(Fed. Cir. 1995).

696) Hoffman Constr. Co. v. United States, 7 Cl. Ct. 518, 525(1985); Technassociates, Inc. v. United States, 14 Cl. Ct. 200, 209-10(1988); GPA-I, LP v. United States, 46 Fed. Cl. 762(2000).

697) Metric Constr. Co. v. United States, 1 Cl. Ct. 383, 392(1983).

투는 등 당사자들 사이의 협상이 교착상태에 이르렀을 때에는 계약분쟁법상 클레임으로 성숙하게 된다.[698] 결론적으로 일상적인 의견개진은 계약분쟁법상 클레임이 되지 못하고, 비일상적인 의견개진은 서면으로 최종 결정을 요구하는 것이라면 계약분쟁법상 클레임이 될 수 있지만, 최종 결정에 대한 명시적인 요구가 없는 경우에는 당사자들 사이의 협상이 교착(impasse)상태에 이르렀을 때 계약분쟁법상 클레임이 될 수 있다.

2. 클레임의 제기 및 불복

2-1. 계약관에 대한 클레임의 제기

계약상대자는 결정권한이 있는 계약관을 상대로 서면으로 클레임을 제기하여야 한다.[699] 클레임이 제기되기 전에는 계약관은 최종 결정을 할 의무가 없고, 계약상대자도 계약소청심사위원회나 연방청구법원에 불복하여 다툴 권리가 없다. 계약상대자가 계약관에 대한 클레임의 제기에 앞서 계약소청심사위원회에 심사청구를 하거나 연방청구법원에 소송을 제기하는 경우에는 해당 절차는 각하되거나 중단된다.[700] 각하되는 경우 계약상대자는 결정권한을 가진 계약관에 대한 적정한 클레임 제기를 통하여 절차를 다시 시작하여야 한다.[701]

계약상대자는 클레임이 발생한 때로부터 6년 이내에 서면으로 계

698) Ellett Construction Co. v. United States, 93 F.3d 1537(Fed. Cir. 1996).

699) 41 U.S.C.A. § 7103(a)(1)(2).

700) Kelleher etc., supra note 14, at 574.

701) Skelly and Loy. v. United States, 685 F.2d 414, 419(1982); Technassociates, Inc. v. United States, 14 Cl. Ct. 200, 212(1988); T.J.D. Servs., Inc. v. United States, 6 Cl. Ct. 257, 260(1984).

약관에게 클레임을 제기하여야 한다.[702] 여기서 클레임이 발생한 때란 정부 또는 계약상대자의 법적 책임이 확정되고,[703] 클레임의 제기가 허용된다는 사실을 알았거나 알 수 있었던 날을 말한다.[704] 확정된 법적 책임으로 인하여 어떤 피해(injury)가 발생해야 하지만, 금전적인 손해(monetary damage)가 발생해야 하는 것은 아니다.[705] 연방조달간소화법에 의한 6년이라는 법적 제한은 계약상대자에게 부과된 유일한 시간적 제한은 아니며, 만일 계약상대자가 최종 대가의 지급 전 또는 계약에서 정한 기간 내에 클레임을 제기하지 않는다면, 계약상대자의 클레임 제기나 불복신청이 허용되지 않거나 또는 그 배상액이 대폭 감액될 수 있다.

계약분쟁법은 10만불을 초과하는 금전적 클레임에 대하여는 계약상대자의 보증(certification)을 요구하고 있다.[706] 보증을 요구하는 이유는 계약상대자의 부당한 클레임 제기를 막고, 당사자 사이의 원만한 합의를 유도하기 위한 것이다. 만일 이러한 보증 요건을 충족하지 못한다면, 그 클레임에 대한 최종 결정은 무효(nullity)가 되고 불복신청이나 소송은 각하(dismissal)된다.[707] 한편 정부계약의 당사자가 아닌 하수급인(subcontractor)은 정부를 상대로 클레임을 제기할 수 없다. 따라서 정부와 계약관계가 없는 하수급인은 비록 정부계약으로 인하여 이익을 얻고 있더라도 정부를 상대로 클레임을 제기할 수 없다. 그러나 예외적으로 정부계약에서 하수급인에게 직접 정부를 상대로

702) 41 U.S.C.A. § 7103 (a)(1)(2) and (a)(4)(A).
703) FAR 52.233-1(d)(1).
704) FAR 33.201.
705) *Id.*
706) 41 U.S.C.A. § 7103(b) and FAR 52.233-1(d)(2).
707) Kelleher etc., supra note 14, at 591.

클레임을 제기할 수 있도록 약정한 경우, 계약상대자가 정부의 구매대리인(purchasing agent)으로서 하수급인과 구매계약을 체결한 경우에는 하수급인도 정부를 상대로 클레임을 제기할 수 있다.[708]

계약관은 계약상대자로부터 클레임의 제기를 받은 후 60일 이내에 그 클레임에 대한 결정을 하여야 한다. 10만불을 초과하는 클레임에 있어서는 보증요건을 갖춘 클레임의 제기를 받은 후 60일 이내에 결정을 하거나 또는 언제까지 결정을 할지 그 기간을 계약상대자에게 통지하여야 한다.[709] 보증요건에 하자가 있는 경우에는 비록 클레임이 제기되었다고 하더라도 계약관은 그에 대한 결정을 할 의무가 없다. 이러한 경우 계약관은 클레임의 제기를 받은 후 60일 이내에 보증에 하자가 있다고 판단한 근거를 서면으로 계약상대자에게 통지하여야 한다.[710]

계약관이 클레임의 제기를 받은 후 60일 이내에 결정을 하지 않으면, 클레임을 거부하는 결정을 한 것으로 간주된다.[711] 따라서 계약관이 법정된 기간 내에 결정을 하지 않는 경우에는 계약상대자는 최종결정을 위한 마감시한(deadline)을 설정해 줄 것을 계약소청심사위원회 또는 연방청구법원에 신청하든지 아니면 클레임에 대하여 거부결정을 한 것으로 간주하고 이에 대하여 불복할 수 있다.[712] 계약소청심사위원회나 연방청구법원이 지정한 결정일자까지 계약관이 결정을 하지 않는 경우에도 거부결정을 한 것으로 간주하고 불복을 제기할 수 있다.[713] 정부기관은 해결을 위한 최종적인 결정이 있기까지 계약상대

708) Schaengold, op. cit., at 296.
709) FAR 52.233-1(e).
710) FAR 33.211(e).
711) FAR 33.211(g).
712) Kelleher etc., supra note 14, at 608-609.
713) Id, at 609.

자에게 계약관의 결정에 따라서 계약이행을 계속해 줄 것을 요구할 수 있고, 계약상대자는 자신이 제기한 클레임을 이유로 계약이행을 중단할 수 없다.[714)]

2-2. 선택적 불복청구

계약상대자는 계약관의 결정문을 받은 날로부터 90일 이내에 계약소청심사위원회에 소청심사를 청구하거나 또는 이와 선택적으로 계약관의 결정문을 받은 날로부터 12개월 이내에 연방청구법원(U.S. Court of Federal Claims)에 소송을 제기할 수 있다.[715)] 다만, 테네시강유역개발공사를 상대로 한 경우에는 연방청구법원이 아닌 연방지방법원(United States district court)에 소송을 제기하여야 한다.[716)] 계약소청심사위원회에 대한 소청심사와 연방청구법원에 대한 소송 제기는 선택적인 관계에 있고 양자 모두에 불복하는 것은 허용되지 않는다. 계약상대자가 이 가운데 어느 하나를 재판기관(forum)으로 선택하면, 그러한 선택은 법적 구속력을 갖게 되고 계약상대자는 더 이상 다른 재판기관에 불복을 제기할 수 없다. 그리하여 만일 계약소청심사위원회에 불복신청을 하고 다시 법원에도 소송을 제기한 경우에는 후에 제기된 소송은 각하된다. 그러나 계약상대자의 선택은 선택된 재판기관이 적법한 관할권을 갖는 경우에만 법적 구속력을 갖는다. 따라서 계약상대자가 90일이 경과한 후 계약소청심사위원회에 소청심사를 청구한 경우에 계약소청심사위원회는 그 소청심사에 대한 관할권이 없으므로 계약상대자는 연방청구법원에 제소

---

714) FAR 33.213(a), 52.233-1(i).
715) 41 U.S.C.A. § 7104 (a) and (b)(1)(3).
716) 41 U.S.C.A. § 7104 (b)(2).

할 수 있다.[717] 하나의 계약으로부터 발생한 두 개 이상의 사건이 연방청구법원과 계약소청심사위원회에 각각 불복이 제기된 경우에 연방청구법원은 사건의 병합을 명하거나 또는 사건을 계약소청심사위원회로 이송할 수 있다.[718]

3. 계약소청심사위원회에 대한 심사청구

3-1. 계약소청심사위원회의 설치 및 관할

(1) 계약소청심사위원회의 설치

계약소청심사위원회(Board of Contract Appeals)는 계약분쟁법에 근거하여 정부계약 관련 분쟁을 심리하고 판단하는 행정부 내에 설치된 행정심판기관(administrative tribunal)이다. 계약분쟁법에서는 국방부(DOD, Department of Defense), 연방조달청(GSA, General Services Administration), 테네시강유역개발공사(Tennessee Valley Authority), 미국우정공사(United States Postal Service) 내에 계약소청심사위원회를 설치할 수 있도록 규정하고 있다.[719] 그리하여 연방정부 소속 계약소청심사위원회로 국방부(DOD) 내에 「군수계약소청심사위원회(ASBCA, Armed Services Board of Contract Appeals)」, 연방조달청(GSA) 내에 「일반계약소청심사위원회(CBCA, Civilian Board of Contract Appeals)」, 미국우정공사(United States Postal Service) 내에 「우편사무계약소청심

717) Schaengold, op. cit., at 312.
718) 41 U.S.C.A. § 7107 (d).
719) 41 U.S.C.A. § 7105 (a)(1), (b)(1), (c)(1) and (d)(1).

사위원회(PSBCA, Postal Service Board of Contract Appeals)」, 테네시강유역개발공사 내에 「테네시강유역개발공사계약소청심사위원회(TVABCA, Tennessee Valley Authority Board of Contract Appeals)」가 각각 설치되어 있다. 그러나 계약소청심사위원회가 계약분쟁법에 의하여 비로소 설치된 기관은 아니다. 계약분쟁법 이전부터 여러 연방기관에서는 계약소청심사위원회를 설치하여 운영하고 있었다. 하지만 계약분쟁법에 의하여 후술하는 바와 같이 계약소청심사위원회는 각자의 소속 행정기관과는 완전히 별개의 독립된 준 사법적 재판기관(independent quasi-judicial forum)이 되었다.[720]

계약소청심사위원회는 군(軍)에서 먼저 설치되었고 이후 일반 행정기관(civil agency)에 설치되었다. 군(軍)에서는 제1차 세계대전 중인 1918년 전쟁부(War Department) 내에 전쟁부계약조정위원회(War Department Board of Contract Adjustment)가 설치되었고, 전쟁이 끝나자 1920년 전쟁부클레임위원회(War Department Claims Board)로 변경되어 전쟁 기간 중의 계약클레임 사건을 담당하였다. 그 후 제2차 세계대전 중인 1942년 전쟁부계약소청심사위원회(WDBCA, War Department Board of Contract Appeals)가 설치되었고, 전쟁이 끝난 후 「국가안전법(National Security Act of 1947)」에 의하여 전쟁부(War Department)가 폐지되고 육군성(Department of the Army)과 공군성(Department of the Air Force)이 창설되자 전쟁부계약소청심사위원회는 육군계약소청심사위원회(Army Board of Contract Appeals)로 변경되었다. 그 후 1949년 육군, 해군, 공군을 모두 포괄하는 군수계약소청심사위원회

720) Schaengold, op. cit., at 283–284.

(Armed Services Board of Contract Appeals)가 설치되었고 오늘날에 이르고 있다.[721)]

한편 일반 행정기관(civil agency)에서는 1946년 농무부의 상품융자공사(Commodity Credit Corporation of the Department of Agriculture) 내에 처음으로 계약소청심사위원회가 설치되었다. 1950년에는 연방조달청(GSA)과 핵자원위원회(Atomic Energy Commission) 내에 설치되었고, 이후 여러 행정기관에 계약소청심사위원회가 설치되었다. 그리하여 1966년에는 무려 16개의 계약소청심사위원회가 설치되기에 이르렀다.[722)] 이와 같이 계약소청심사위원회가 여러 행정기관에 설치되면서 계약소청심사위원회의 효율성 제고를 위한 통합 논의가 대두되었다. 일부 계약소청심사위원회는 담당 사건 수의 감소로 인하여 그 구성원인 행정판사(AJs, Administrative Judges)의 수를 줄이거나 또는 자기 관할 사건을 다른 행정기관 소속 계약소청심사위원회에 위임하기도 하였고, 일부 행정기관의 경우에는 관련 계약소청심사위원회를 하나로 통합하기도 하였다. 그리하여 국립항공우주국(NASA, National Aeronautics and Space Administration) 계약소청심사위원회와 공병단(Corps of Engineers) 계약소청심사위원회가 1993년과 2000년에 각각 군수계약소청심사위원회(ASBCA)로 통합되었다.[723)]

이러한 통합 노력이 결실을 맺어 「2006년 예산회계를 위한 국방수권법(National Defense Authorization Act for Fiscal Year 2006)」에 따라 여러 곳의 일반 행정기관(civilian agencies)에 소속

---

721) Somers, Jeri Kaylene, The boards of Contract Appeals: A Historical Perspective, American University Law Review (April, 2011), at 750–752.

722) ***Id***, at 753.

723) Keyes, op. cit, § 33.28(a).

된 계약소청심사위원회가 일반계약소청심사위원회(CBCA)로 통합되었다. 새로 구성된 일반계약소청심사위원회는 농무부(Department of Agriculture), 자원부(Department of Energy), 주택도시개발부(Department of Housing and Urban Development), 내무부(Department of Interior), 노동부(Department of Labor), 교통부(Department of Transportation), 재향군인회(Veterans Affairs), 연방조달청(GSA) 등 8개 계약소청심사위원회의 기능을 1개의 조직으로 통합한 것으로 2007년 연방조달청 내에 설치되었다. 그리하여 종전에 연방기관 내에 산재해 있던 여러 개의 계약소청심사위원회가 군수계약소청심사위원회와 일반계약소청심사위원회의 2개의 계약소청심사위원회로 통합되었다. 다만, 테네시강유역개발공사계약소청심사위원회(이하 '테네시계약소청심사위원회'라고 한다)와 우편사무계약소청심사위원회는 일반계약소청심사위원회에 통합되지 않고 여전히 존속되었다.[724)]

(2) 계약소청심사위원회의 관할

계약소청심사위원회는 계약분쟁법의 규정에 근거하여 정부조달계약과 관련된 분쟁을 심판한다. 군수계약소청심사위원회는 국방부(DOD), 육군, 해군, 공군, 국립항공우주국(NASA)에서 체결한 계약과 관련하여 해당 기관의 계약관(contracting officer)이 한 결정에 대한 소청심사를 관할한다.[725)] 우편사무계약소청심사위원회는 미국우정공사와 우편규제위원회(Postal Regulatory Commission)의 계약관이 한 결정

724) 전현철, 미국 계약소청심사위원회에 관한 고찰, 이화여대 법학논집, 제19권 제3호, 2015. 3, 67면 및 68면.

725) 41 U.S.C.A. § 7105 (e)(1)(A).

에 대한 소청심사를 관할하고, 테네시계약소청심사위원회는 테네시강유역개발공사의 계약관이 한 결정에 대한 소청심사를 관할한다.[726)]

한편 일반계약소청심사위원회는 일반 행정기관과 계약상대방 사이의 계약 관련 분쟁을 심판한다. 일반계약소청심사위원회는 국방부와 그에 소속된 행정기관, 국립항공우주국(NASA), 미국우정공사, 우편규제위원회, 테네시강유역개발공사를 제외한 모든 행정기관의 계약관이 한 결정에 대한 소청심사를 관할한다.[727)] 그런데 일반계약소청심사위원회의 경우에는 계약분쟁법에 의한 소청심사(appeal)사건 이외의 다른 사건들도 관할한다.[728)] 이는 일반계약소청심사위원회로 통합되기 이전에 여러 행정기관 소속의 계약소청심사위원회가 각각 책임졌던 사건들이 일반계약소청심사위원회로 통합되면서 넘어 온 것이다.[729)] 그리하여 일반계약소청심사위원회는 계약소청심사사건 이외에도 「인디언자치법(Indian Self-Determination Act)」에 근거하여 야기된 사건,[730)] 연방곡물보험회사(Federal Crop Insurance Corporation)의 조치를 포함한 농무부의 위험관리청(Risk Management Agency)과 보험회사 간의 분쟁(disputes),[731)] 새로운 근무지의 재배치와 관련하여 또는 공적인 임시파견근무 기간 중에 야기된 비용변상에 대한 연방고용인(federal employees)의 클레임(claims),[732)] 교통요금과 관련된 연방조달청의 조치를 포함한 화물운송업자 또는 운송회사의 클레임,[733)] 「평등사법접근법(Equal Access to Justice Act)」에 따른 연방정부를 상대로 한 소송에서 승소가 유력한 당사자의 소송비용 보상신청,[734)] 허리케

---

726) 41 U.S.C.A. § 7105 (e)(1)(C) and (D).
727) 41 U.S.C.A. § 7105 (e)(1)(B).
728) 41 U.S.C.A. § 7105 (b)(4)(B).
729) Somers, op. cit., at 756.
730) 25 U.S.C.A. §§ 450m et seq.
731) 7 U.S.C.A. §§ 1501 et seq.

인 카타리나와 리타로 야기된 공적 지원 자금에 관한 신청자와 연방재난관리청(Federal Emergency Management Administration) 간의 분쟁을 해결하기 위한 중재(arbitration) 요구[735] 등도 관할한다.[736]

3-2. 계약소청심사위원회의 구성

계약소청심사위원회는 소속 행정기관 내에 설치된다. 일반계약소청심사위원회는 연방조달청, 군수계약소청심사위원회는 국방부, 우편사무계약소청심사위원회는 미국우정공사, 테네시계약소청심사위원회는 테네시강유역개발공사 내에 설치된다. 계약소청심사위원회는 상설위원회(full-time board)로서 3인 이상의 행정판사(AJs, Administrative Judges)로 구성된 합의부(panel)에서 사건을 심리하고, 그 중 과반수의 동의로 결정을 한다.[737] 다만, 테네시계약소청심사위원회는 비상설위원회(part-time board)이며, 단독 청문관(single hearing officer)이 심사하고 결정한다.[738]

계약소청심사위원회는 행정판사(Administrative Judges)로 구성된다. 다만, 테네시계약소청심사위원회의 구성원은 청문관(hearing officer)이다. 행정판사는 상근직(full-time judge)으로서 겸직이 금지된다.[739] 행정판사는 변호사 자격을 가진 사람으로서 최소한 합계 5

---

732) 31 U.S.C.A. § 3702.
733) 331 U.S.C.A. § 3726 (i)(1).
734) 5 U.S.C.A. § 504.
735) 44 C.F.R. § 206.209.
736) 전현철, 미국 계약소청심사위원회에 관한 고찰, 68면 및 69면.
737) 전현철, 미국 계약소청심사위원회에 관한 고찰, 68면 및 69면.
738) 41 U.S.C.A. § 7105 (a)(1).
739) 18 C.F.R. 1308.21 (b)(c), 1308.23.

년 이상의 공공계약법(public contract law) 경력을 갖고 있어야 한다.[740] 테네시계약소청심사위원회의 청문관은 비상근직이고 변호사자격이 있어야 하지만, 행정판사와 같이 5년 이상의 공공계약법 경력이 요구되지는 않는다.[741]

테네시계약소청심사위원회를 제외한 나머지 계약소청심사위원회에서는 행정판사 가운데 의장(chairperson)과 부의장(vice-chairperson)을 선임한다. 의장은 사건을 배당할 권한이 있고, 고위공무원단(Senior Executive Service)에 설정된 것과 유사한 기준을 적용하여 행정판사에 대한 근무평가(appraisals)를 매년 실시한다. 그러나 이러한 근무평가에 대하여 행정기관의 장이 다시 평가하지는 못한다.[742] 행정판사(AJs, administrative judges)는 행정법판사(ALJ, Administrative Law Judges)와 같은 방법으로 임명되고 해임된다.[743]

3-3. 행정판사

(1) 법적 지위

행정판사(AJs, administrative judges)는 기능적으로 법원의 사실심 판사(trial judges)와 유사하다. 행정판사는 기일지정, 증거신청의 채택, 증거조사, 증인신문을 위한 소환장(subpoenas)의 발부, 증인신문(depositions), 각종 신청에 대한 판단 등의 권한을 행사하며, 이를 바탕으로 사실을 확정하고 법을 적용하여 사건에 대한 결정

740) 41 U.S.C.A. § 7105(a)(1); 18 C.F.R. 1308.21 (b)(c), 1308.23.
741) 41 U.S.C.A. § 7105 (a)(2), (b)(2), (c)(2) and (d)(2).
742) 41 U.S.C.A. § 7105 (c)(2).
743) Keyes, op. cit., § 33.28 (a).

(decisions)을 한다.[744] 이는 명백히 사법적(judicial) 기능에 속하는 것이다. 나아가 행정판사는 조정(mediation), 중재(arbitration) 등 대체적 분쟁해결절차를 알선하거나 주재하는 권한을 갖고 있다.[745] 계약분쟁법에서는 행정판사(AJs)는 행정법판사(ALJ, Administrative Law Judges)와 같은 방법으로 임명되고 해임된다고 규정하고 있다.[746] 따라서 행정판사의 법적 지위를 제대로 이해하기 위해서는 행정법판사에 관하여 먼저 살펴볼 필요가 있다.

1) 행정법판사

행정법판사는 「행정절차법(APA, administrative procedure act)」에 의하여 청문(hearing)을 주재하고 그 청문의 결과에 따른 결정(decision)을 행하는 행정부 소속의 공무원이다.[747] 행정절차법에서는 청문절차의 주재자로서 의사결정의 독립성을 보장해 주기 위한 여러 규정을 두고 있다. 먼저, 행정법판사의 임명과 해임에 있어서 행정기관의 권한이 상당히 제한되어 있다. 행정법판사의 임명은 인사관리국(OPM, Office of Personnel Management)에서 실적을 기준으로 한 경쟁절차를 통하여 선정한 후보자 중에서 순위에 따라 임명하여야 하고,[748] 행정법판사를 해임하기 위해서는 기록에 근거하여 실적제보호위원회(Merit System Protection Board)[749]에서 결정하고 설

744) 41 U.S.C.A. § 7105 (a)(2), (b)(2)(B), (b)(3) and (d)(2).
745) 41 U.S.C.A. § 7105 (e)(f)(g).
746) 48 C.F.R § 6101.54.
747) 41 U.S.C.A. § 7105 (a)(2), (b)(2)(B), (b)(3) and (d)(2).
748) 5 U.S.C.A. § 556.
749) 5 U.S.C.A. § 3105.

정한 정당한 이유(good cause)가 있어야 하며, 동위원회에서 충분한 청문(hearing)의 기회가 보장되어야 한다.[750]

행정법판사는 다른 연방공무원과는 달리 공무원근무평가(performance appraisals)의 대상이 되지 않는다.[751] 「공무원개혁법(Civil Service Reform Act)」에서는 명시적으로 행정법판사를 공무원근무평가에서 제외하고 있다.[752]. 행정법판사에 대하여는 시보기간(probationary period)이 적용되지 않으며,[753] 행정법판사의 보수는 소속 행정기관의 의사와 독립적으로 인사관리국(OPM)에 의하여 법정된 절차에 따라 정해진다.[754] 행정법판사에 대한 사건 배당은 처리 가능한 범위 내에서 순번에 따라 이루어져야 하고, 행정법판사로서의 직책에 부합하지 않는 직무는 부여되어서는 안 된다.[755] 또한 행정법판사는 행정기관의 조사나 소추기능을 수행하는 그 어떠한 사람의 감독이나 지시를 받지 않는다.[756] 나아가 연방대법원(U.S. Supreme Court)은 행정법판사의 사법적 행위(judicial action)에 대하여 절대적 책임면제(absolute immunity)를 인정하고 있다.[757]

행정법판사에게 이러한 독립성이 부여되는 목적은 공평한 결정(decisional impartiality)을 보장하기 위한 것이다. 그렇다고 행정법판사의 독립성을 헌법적 개념의 사법적(司法的) 독립으로 의제할 수는 없다. 헌법적으로 행정법판사는 행정부의 공무원이다. 행정

750) 실적제보호위원회(MSPB)는 정치적인 당파성과 잘못된 인사관행으로부터 연방실적제를 보호하고 행정기관의 직권남용으로부터 연방고용인에 대한 적절한 보호를 확보하기 위하여 설립된 독립적인 준사법기관(quasi-judicial agency)이다.

751) 5 U.S.C.A. § 7521 (a).

752) Lubbers, Jeffrey S., The Federal Administrative Judiciary: Establishing an Appropriate System of Performance Evaluation for Aljs, Administrative Law Journal of The American University, (Fall 1993/Winter 1994), at 589.

753) 5 U.S.C.A. § 7521 (a).

754) 5 U.S.C.A. § 5372.

법판사의 결정은 최종적인 것이 아니며 소속 행정기관에 의하여 번복될 수 있다.[758] 행정법판사가 한 최초 결정(initial decision)은 대체될 수 있는 권고일 뿐이므로 독립된 수준의 사법적 판단(judicial decisionmaking)으로 볼 수는 없다.[759] 또한 행정법판사는 법률의 합헌성이나 행정기관이 정립한 규칙의 합법성을 검토할 권한이 없다. 따라서 입법부와 행정부의 권한을 감시할 필수적 사법장치로서의 사법부의 독립은 행정법판사의 권한과는 무관하다.[760] 사법부 독립의 목적은 행정부와 입법부를 감시하기 위한 제3의 정부부처로서의 사법부의 청렴성(integrity)을 유지하기 위한 것과 판결의 공평성을 확보하기 위한 수단으로서 외부의 압력을 배제하기 위한 것이지만, 행정법판사의 독립성은 제3의 정부부처로서의 청렴성을 유지하기 위한 것이 아니라 공평한 결정이라는 목적을 위한 것일 뿐이다.[761] 즉, 행정법판사의 지위는 헌법적으로 보장된 지위는 아니며, 의회의 입법의 산물일 뿐이다. 따라서 행정법판사는 연방판사와는 다른 반독립적인(semi-independent) 특별한 종류의 판사라고 할 수 있다.[762] 연방대법원도 행정법판사가 법원의 판사와 동등한 것은 아니며, 단지 연방행정조직 내에서 특별한 종류의 반독립적인(semi-independent) 종속

755) 5 U.S.C.A. § 3105.

756) 5 U.S.C.A. § 554 (d)(2).

757) Butz v. Economou, 438 U.S. 478, 512 (1978).

758) 5 U.S.C.A. § 557 (b).

759) Lewis, Karen S., Administrative Law Judges and the Code Of Judicial Conduct: a Need for Regulated Ethics, Dickinson Law Review, (Summer 1990), at 947.

760) Pillai, K.G. Jan, Rethinking Judicial Immunity for the Twenty-First Century, Howard Law Journal, (Fall 1995), at 126.

761) Moliterno, James E., The Administrative Judiciary's Independence Myth, Journal of the National Association of the Administrative Law Judiciary, (Spring, 2007), § IV.

762) Pillai, op. cit., at 126.

된 청문관(hearing officers)으로 이해하고 있다.[763] 다만, 행정법판사는 기능적으로 판사의 그것과 비견될 수 있다는 점에서 절대적 책임면제를 통하여 행정법판사의 재판의 독립성을 보장할 필요가 있다고 한다.[764]

2) 행정법판사가 아닌 행정심판관

행정심판절차(administrative adjudicatory process)의 주재자로는 행정절차법에 의한 행정법판사(APA ALJs)와 행정절차법이 적용되지 않는 행정심판관(non-APA adjudicators)이 있다. 양자는 근무조건, 보수, 독립성 등에서 현저한 차이가 있다. 행정법판사가 아닌 행정심판관(Non-ALJ adjudicators)은 행정절차법에 의한 행정법판사에 비하여 덜 독립적이고 보수가 낮으며 직업의 안정성이 떨어진다. 행정법판사가 아닌 행정심판관의 선정 및 임명은 소속 행정기관에 의하여 통제된다.[765] 행정법판사(ALJ)의 수는 2009년을 기준으로 대략 30개 정도의 행정기관에 1,422명이 고용되어 있으나,[766] 행정법판사가 아닌 행정심판관(Non-ALJ)은 이미 1996년에 거의 3천명에 이르고 있다고 한다.[767] 대부분의 행정기관들이 행정법판사가 아닌 행정심판관을 선호하는 이유는 행정법판사의 높은 보수, 행정법판사의 임명이나 해임에 있어서의 엄격한 제한, 행정법판사에 대한 근무관리의 어려움 등을 회피하고자 하는 데 있다고 한다.[768]

---

763) Moliterno, op. cit., § IV. C.

764) Butz v. Economou, 438 U.S. 478, 512 (1978).

765) Schwartz, Bernard, Adjudication and the Administrative Procedure Act, Tulsa Law Journal, (Winter 1996), at 217.

766) Burrow, Vanessa K., Administrative Law Judges: An Overview, Cong. Research Serv., (April 13, 2010), at 2.

767) Lubbers, Jeffrey S., Apa-Adjudication: Is the Quest for Uniformity Faltering?, Administrative Law Journal of The American University, (Spring 1996), at 70.

행정법판사가 아닌 행정심판관(Non-ALJ adjudicators)은 청문관(hearing officers), 청문조사관(hearing examiner), 변호사조사관(attorney examiner), 행정판사(administrative judges) 등으로 불리는데, 그들의 직무와 권한은 아주 다양하다. 계약소청심사위원회의 구성원인 행정판사(AJs, administrative judges)도 행정법판사가 아닌 행정심판관(Non-ALJ)의 하나이다. 따라서 계약소청심사위원회의 행정판사에는 행정절차법이 적용되지 않는다. 행정판사의 독립성은 행정법판사와 마찬가지로 헌법적 개념은 아니며, 의회에서 제정한 법률에 의하여 보장되는 것이다. 행정판사의 근거법률은 계약분쟁법이다. 따라서 행정판사의 독립성은 계약분쟁법에 의하여 규율된다. 구체적인 내용은 소속 계약소청심사위원회별로 차이가 있다. 이하에서 행정판사의 임명과 해임, 직무의 독립성 등에 관하여 살펴보기로 한다.

(2) 행정판사의 임명과 해임

1) 행정판사의 임명

행정판사는 행정법판사(ALJ)와 같은 방법으로 선정되고 임명된다.[769] 행정법판사의 임명절차를 살펴보면, 행정법판사는 실적을 기준으로 한 경쟁적 선정절차를 통하여 인사관리국(OPM)에 의하여 선정되고, 행정기관의 장이 임명한다. 행정법판사가 되기 위한 최소한의 자격요건은 변호사 자격을 가진 사람으로서 최소한 7년 이상 연방정

768) *Id.*, at 72.

769) 41 U.S.C.A. § 7105 (a)(2), (b)(2) and (d)(2); 다만, 테네시계약소청심사위원회의 경우 그 구성원인 청문관(hearing officer)의 임명은 이사회(Board of Directors)가 설정한 기준에 의한다(41 U.S.C.A. § 7105 (c)(2)).

부나 주정부, 지방정부에서 행정법, 소송, 청문절차에 관여한 실무경력이 있어야 한다. 인사관리국에서는 이러한 최소한의 자격요건을 갖춘 지원자를 상대로 경력평가, 필기시험, 면접 등을 통하여 적합한 지원자를 선정하고 순위를 정하여 후보자 명부를 작성한다.[770] 행정기관에서는 인사관리국에서 제공한 후보자명부에 기재된 순위에 따라 행정법판사를 임명하여야 한다. 그리하여 행정기관이 자신들이 원하는 지원자를 행정법판사로 고용하는 것이 쉽지 않다고 한다.[771]

행정판사는 행정법판사의 자격요건에 추가하여 최소한 합계 5년 이상의 공공계약법(public contract law) 경력을 갖추고 있어야 한다.[772] 여기서 공공계약법 경력이란 연방기관의 계약소청심사위원회 또는 이와 대등한 정도의 연방기관이나 주(State) 또는 지방(local) 행정기관을 상대로 한 절차에서 변호사 또는 판사(judge)로 근무한 경력, 계약소청심사위원회 또는 이와 대등한 정도의 연방기관이나 주 또는 지방 행정기관을 상대로 한 절차에서의 그것과 완전히 같은 정도의 공공계약쟁점(public contract issue)이 포함되어 있는 소송에서 변호사 또는 판사로 근무한 경력, 공공계약에 대한 자문 또는 공공계약법을 주제로 한 강의나 저술을 한 경력을 말하고 이에 한정된다. 공공계약법 경력을 갖추었는지 여부는 공공계약법 실무를 수행하면서 일반적으로 다루었던 사건의 주제와 요구된 경력의 주제를 직접적으로 비교하여 판단한다.[773]

일반적으로 행정판사는 계약소청심사위원회 의장(chairperson)의 추천을 받아 소속 행정기관의 장이 임명한다. 예를 들어, 일반계약소

770) Burrow, op. cit., at 2.
771) Lubbers, op. cit., at 73.
772) 41 U.S.C.A. § 7105 (a)(2), (b)(2), (c)(2) and (d)(2).
773) http://www.cbca.gsa.gov/cbca/board/judgeselection.html(last visited January 29, 2015).
774) 41 U.S.C.A. § 7105 (b)(2)(A).

청심사위원회에서의 행정판사의 임명절차를 살펴보면 다음과 같다. 행정판사가 되고자 하는 사람은 이력서, 변호사협회가 발급한 경력증명서, 지원자가 임용요건을 충족했다는 설명서, 지원자가 상대했던 판사나 상대방 변호사 또는 동료 변호사 등 지원자의 경력과 전문적 능력을 알고 있는 4명 이상의 명단 등을 제출하여야 한다. 지원자가 경력요건 등 최소한의 요구조건을 충족한 경우 지원자의 근무경력과 업적에 대한 추가검토에 들어가고, 지원자의 경력과 전문적 능력을 알고 있는 사람들을 대상으로 한 신용조회와 지원자들에 대한 개인면접이 이루어진다. 이러한 추가검토와 신용조회, 개입면접은 일반계약소청심사위원회의 행정판사 가운데 의장에 의하여 선임된 3인의 심사위원회(panel)에 의하여 수행된다. 심사위원회는 지원자들에 대한 평가결과에 따라 적합한 지원자들의 순위를 보통(average), 보통이상(above average), 탁월함(outstanding)으로 매긴다. 각 지원자에게는 그들의 적합성 평가순위가 통보되고, 2년 동안 적합자 명부(register of eligibles)에 등재된다. 2년 기간이 경과한 후 명부에 다시 2년 더 등재되기 위하여 지원자는 추가 이력서를 제출할 수 있다. 일반계약소청심사위원회는 언제든지 그 재량으로 지원자를 다시 면접할 수 있고 서면질의를 실시할 수 있다. 일반계약소청심사위원회 의장은 심사위원회의 평가를 검토하고, 지원자를 행정판사에 임명하도록 연방조달청장(Administrator of General Services)에게 추천할 수 있다. 연방조달청장이 추천된 지원자를 임명하지 않은 경우 의장은 절차에 따라 다시 추천할 수 있다. 연방조달청장은 의장이 추천한 지원자를 연방조달청책청장(Administrator for Federal Procurement Policy)과 협의하여 행정판사로 임명한다. 연방조달청장은 정치적인 연관성은 고려하지 않고 오로지 행정판사으로서의 책임과 임무를 수행하는데 요구되는 전문적인 자격을 갖추었는지 여부만을 근거로 행정판사를 임명하여야 한다.[774)]

2) 행정판사의 해임

일반계약소청심사위원회의 행정판사는 행정법판사와 같은 방법으로 해임된다.[775] 그러나 군수계약소청심사위원회의 행정판사에 대하여는 이러한 제한이 없다. 행정법판사는 실적제보호위원회(MSPB)에 의하여 정당한 이유(good cause)가 인정되는 경우에 한하여 해임된다.[776] 따라서 일반계약소청심사위원회의 행정판사를 해임하기 위해서는 정당한 이유(good cause)가 인정되어야 한다. 구체적으로 어떠한 경우에 정당한 이유가 인정되는지 행정법판사의 사례에 비추어 살펴보기로 한다.[777]

행정법판사의 해임사유인 정당한 이유는 개인적 행위(personal conduct), 비행(misconduct), 불복종(insubordination), 직업적 무능력(professional incompetence) 등 크게 4가지 범주로 구분할 수 있다. 개인적 행위는 연방공무원 또는 판사로서의 임무와 무관한 해임사유이다. 예를 들어, 채무변제의 실패와 같은 재정적 무능력(financial irresponsibility)을 들 수 있다.[778] 비행은 연방공무원 또는 판사로서의 행위와 연관되는 해임사유이다. 예를 들어, 동료 공무원에 대한 성적 학대(sexual harassment)[779]나 폭력적이고 공격적인 행위 또는 반복되는 중대한 정부재산의 개인적인 사용[780]이나 서류의 위·변조 등이 여기에 해당된다.[781] 불복종은 행정법판사의 관리

775) 41 U.S.C.A. § 7105 (b)(3).

776) 5 U.S.C.A. § 7521 (a).

777) 행정법판사의 해임사유인 정당한 이유(good cause)의 기준은 연방판사의 해임사유인 선행(good Behaviour)의 기준보다 덜 엄격한 것으로 이해되고 있다. 연방헌법에서는 연방판사는 선행(good Behaviour)을 하는 동안 그 직책을 유지하고, 의회의 탄핵에 의하여 해임된다고 규정하고 있다. 그리하여 연방판사는 선행(good Behaviour)이라는 기준을 충족하지 못하는 경우에 탄핵심판(impeachment process)에 의하여만 해임될 수 있는 것으로 이해되고 있다(Gardner G., Charles, Highlighting a Low Point on a High Court: Some Thoughts on the Removal of Pennsylvania Supreme Court Justice Rolf Larsen and the Limits of Judicial Self-Regulation, Temple Law Review, (1995), at 1054).

자(supervisors) 또는 상급자(superiors)를 상대로 한 행위와 관련된 해임사유이다. 행정법판사는 소속 행정기관의 일반적인 행정지시에 따라야 한다.[782] 따라서 관리자나 상급자의 중요한 명령이나 지시에 대한 고의적인 불복종(deliberate disobedience)은 해임사유가 된다.[783] 관리자나 상급자를 상대로 무례하거나 폭력적인 행위가 수반되는 경우[784]에는 해임사유로서 불복종과 비행이 중첩적으로 적용될 수 있다.[785] 끝으로 직업적 무능력이란 판사로서의 임무를 수행할 능력이 없는 경우를 말하는데, 예를 들어, 장기간의 중대한 장애(disabilities)로 인하여 행정법판사의 임무를 수행할 수 없는 경우 등이 여기에 해당된다.[786]

직업적 무능력과 관련하여 사건처리에 있어서 저조한 업무실적(low productivity)이나 비효율성(inefficiency)이 정당한 이유에 해당되는지 논란이 있다. 실적제보호위원회는 SSA v. Glover 사건에서 행정기관이 행정판사의 업무실적이 저조하다는 이유로 해임하기 위해서는 용납하기 어려운 저조한 업무실적(unacceptably low

---

778) McEachern v. Macy, 233 F. Supp. 516 (W.D. S.C. 1964); Morell E. Mullins, Manual for Administrative Law Judges, Journal of the National Association of Administrative Law Judges, (2004), at 116.

779) SSA v. Davis, 19 M.S.P.R. 279 (1984).

780) SSA v. Givens, 27 M.S.P.R. 360 (1985).

781) Mullins, op. cit., at 117-118.

782) 행정법판사에 관한 인사관리국(OPM)의 편람에 의하면, 행정법판사는 근무시간, 출장, 주차공간, 사무실공간, 사무절차, 직원지원, 조직구조 등 재판외적인 문제에 관한 행정기관의 행정지시에 따르도록 규정하고 있다(Lubbers, op. cit., at 598).

783) SSA v. Boham, 38 M.S.P.R. 540 (1988); Brennan v. DHHS, 787 F.2d 1559(Fed. Cir. 1986); SSA v. Manion, 19 M.S.P.R. 298 (1984); Office of Hearings and Appeals, SSA v. Whittlesey, 59 M.S.P.R. 684 (1993).

784) SSA v. Glover, 23 M.S.P.R. 57 (1984).

785) Mullins, op. cit., at 118-119.

786) *Id.*, at 120.

productivity)에 관한 증거를 제시하여야 한다고 하면서, 사회보장국(SSA, Social Security Administration)에서 행정판사의 해임을 요구하며 소속 판사의 1개월 당 처리 사건의 수가 평균 30건에서 32건인데 비하여 해당 판사는 15건에서 16건에 불과하고 계속 중인 사건의 수도 다른 판사가 평균 178건인데 비하여 64건에 불과하다는 증거를 제시하였으나, 실적제보호위원회는 사회보장국(SSA)이 제시한 해당 판사의 처리 사건의 수가 평균의 절반이라는 증거는 용납하기 어려운 저조한 업무실적을 증명하기에 충분하지 않다고 결정하였다.[787] 행정법판사에 의하여 수행된 특정한 사건들에 대한 심도있는 분석없이 처리 사건의 수를 기준으로 몇 년간 평균의 절반 정도라는 통계자료만으로는 정당한 이유가 인정되지 않는다.[788]

(3) 행정판사의 독립성

행정판사는 행정법판사와 같은 방법으로 임명되고, 일반계약소청심사위원회의 행정판사는 행정법판사와 같은 방법으로 해임된다.[789] 또한 계약분쟁법에서는 행정판사의 보수를 행정법판사와 비교하여 결코 낮지 않는 수준으로 정하고 있다.[790] 행정법판사의 보수는 AL-1, 2, 3 등급으로 구분되고, 이중 AL-3 등급은 고위직보수표(Executive Schedule) 4등급의 65퍼센트 이상의 수준에서 결정되며, AL-1 등급은 고위직보수표 4등급을 초과하지 못한다.[791] 이에 비하여 행정판사의 보수는 의장은 고위직보수표 4등급의 수준에서 결정되고, 부의

787) SSA v. Goodman, 19 M.S.P.R. 321(1984) at 231.

788) SSA v. Goodman, 19 M.S.P.R. 321 (1984) at 331; Brennan, 19 M.S.P.R. 335 (1984) at 335; Balaban, 20 M.S.P.R. 675 (1984) at 675.

789) 41 U.S.C.A. § 7105 (a)(2), (b)(2)(B), (b)(3) and (d)(2).

790) 41 U.S.C.A. § 7105 (a)(2), (b)(2)(B), (c)(2) and (d)(3); 5 U.S.C.A. § 5372a.

791) 5 U.S.C.A. § 5372 (b).

장은 의장의 97퍼센트 수준에서, 그 밖의 행정판사는 의장의 94퍼센트 수준에서 각각 결정된다.[792]

한편 행정판사는 소속 행정기관의 행정지시에는 따라야 하지만, 재판에 관한 지시나 통제를 받지는 않는다.[793] 나아가 연방대법원은 행정판사에 대한 절대적 책임면제를 인정하고 있다. 절대적 책임면제이론(doctrine of absolute immunity)은 판사의 사법적 행위(judicial acts)가 재판권을 남용하여 행해졌고 그것이 악의적이고 부패한 것이라고 주장되더라도 판사를 금전적인 배상책임(monetary liability)으로부터 보호하기 위한 것이다.[794] 만일 개인적인 배상책임으로부터 보호되지 않는다면, 판사의 판결에 불만을 가진 소송당사자에 의한 소송제기의 두려움으로 인하여 판사가 그의 신념에 따른 행위를 주저할 수 있다는 점을 그 논거로 한다.[795] 연방대법원은 사법부의 판사뿐만 아니라 준사법적 공무원(quasi-judicial)에 대하여도 절대적 책임면제를 인정하고 있다. 연방대법원은 행정심판절차(administrative adjudicatory process)는 사법절차(judicial process)의 성격을 충분히 공유하고 있다는 점에서 행정부의 행정법판사 또는 청문조사관(hearing examiners)에 대하여도 절대적 책임면제가 인정된다고 판시하였다.[796] 이와 같이 행정판사는 그 소속 행정기관의 공무원이지만 직무상 독립성이 인정되고 있으며, 계약소청심사위원회는 그 소속 행정기관과는 별개의 독립된 준 사법적 재판기관(independent quasi-

792) 5 U.S.C.A. § 5372a (b).
793) Schaengold, op. cit., at 284.
794) Bradley v. Fisher, 80 U.S. (13 Wall.) 351 (1871).
795) Pillai, op. cit., at 97.
796) Butz v. Economou, 438 U.S. 478 (1978)..

judicial forum)로서의 지위[797]를 갖고 있다.[798]

3-4. 소청심사의 심판절차

(1) 소청심사의 대상

계약소청심사위원회의 소청심사는 계약상대자의 클레임(claim)에 대한 계약관의 최종 결정(final decision)을 그 대상으로 한다. 따라서 소청심사를 제기하기 위해서는 계약상대자의 클레임 제기가 있어야 하고, 이에 대한 계약관의 최종 결정이 있어야 한다. 계약분쟁법이 적용되는 클레임은 계약에 근거하여 발생한 것에 한정되지 않으며, 계약과 관련된 것도 포함된다. 따라서 계약위반 클레임(breach of contract claim)도 여기에 포함된다. 그러나 불법행위 클레임(tort claim)이나 특정한 이행을 요구하는 클레임은 계약분쟁법에 의하여 규율되지 않는다.[799] 클레임은 금전적인 것일 수도 있고, 계약조건의 변경이나 다른 구제절차의 요구 등 비금전적인 것일 수도 있다.

(2) 소청심사의 결정

계약관의 결정에 대한 소청심사는 결정문을 받은 날로부터 90일 이내에 하여야 한다.[800] 계약소청심사위원회는 사건을 처음부터 새로이(de novo) 다시 심사한다.[801] 처음부터 새로이 다시 심사한다는 것은 계약관이 한 사실적 또는 법적 판단에 대하여 옳다고 추정하거나 구

---

797) Schaengold, op. cit., at 283-284.
798) 전현철, 미국 계약소청심사위원회에 관한 고찰, 71면 내지 79면.
799) Malnak Assoc. v. United States, 223 Cl. Ct. 783(1980).
800) 41 U.S.C.A. § 7104(a).
801) Kelleher etc., supra note 14, at 611.
802) FAR 6101.1(e); 39 C.F.R 955.1(b)(2).

속당하지 않는다는 의미이다. 계약소청심사위원회의 결정은 대개는 3명의 행정판사로 구성된 합의부(panel)에서 행한다. 합의부의 결정은 구성원 과반수의 동의에 의한다.[802] 그러나 신속절차(accelerated procedure)[803]나 소규모클레임절차(Small Claims procedure)[804] 또는 대체적 분쟁해결절차에 의하는 경우에는 단독 판사(single board judge)에 의할 수 있다.[805]

계약소청심사위원회는 연방대법원, 연방순회항소법원 등의 판결에 법적으로 구속된다. 그러나 연방청구법원이나 다른 계약소청심사위원회의 결정에 구속되지 않는다.[806] 행정결정(administrative decisions)에는 선례구속성(the doctrine of stare decisis)의 원칙이 적용되지 않는다고 보는 것이 일반적이다. 따라서 행정판사는 앞선 계약소청심사위원회의 결정에 구속되지 않는 것이 원칙이다.[807] 그러나 대부분의 경우 앞선 계약소청심사위원회의 결정에 따르고 있으며, 일반계약소청심사위원회의 전원합의체에서는 앞선 일반계약소청심사위원회의 판단은 선례로써 구속력을 갖는다고 결정하였다.[808]

(3) 심사결정에 대한 불복

계약소청심사위원회의 결정에 대하여 소청심사의 당사자들은 연방순회항소법원(United States Court of Appeals for the Federal Circuit)에 항소할 수 있다.[809] 다만, 테네시계약소청심사위원회의 결

803) 41 U.S.C.A. § 7106(a).
804) 41 U.S.C.A. § 7106(b).
805) Schaengold, op. cit., at 286.
806) *Id.*
807) Moliterno, op. cit, § II.
808) Schaengold, op. cit., at 286.
809) 28 U.S.C.A. § 1295 (a)(3), (10).

정에 대하여는 연방지방법원(United States district court)에 항소하여야 한다.[810] 항소기간은 계약소청심사위원회의 결정문을 영수한 날로부터 120일 이내이다.[811]

(4) 특수한 절차

계약분쟁법에서는 10만달러 이하의 클레임에 대한 불복심사에 있어서 신속절차(accelerated procedure)를 규정하고 있다. 이 절차는 계약상대자가 선택한 경우에 적용할 수 있고, 선택을 한 날로부터 180일 이내에 분쟁이 종결되어야 한다.[812] 계약상대자가 신속절차를 선택하였으나 나중에 클레임 금액이 증가하여 10만달러를 초과한 경우에는 더 이상 신속절차에 의할 수 없다.[813] 한편 5만달러 이하의 클레임 또는 「소규모거래법(Small Business Act)」에서 정한 소규모거래의 경우에는 간이화된 소규모클레임절차(Small Claims procedure)에 의하도록 하고 있다. 이 절차 역시 계약상대자가 선택한 경우에 사용할 수 있고, 선택한 날로부터 120일 이내에 분쟁이 종결되어야 한다.[814]

4. 연방청구법원에 대한 소송 제기

4-1. 연방청구법원의 전속관할

1887년 「터커법(Tucker Act)」에 의하여 헌법, 법률, 규칙 또는 명시적이거나 묵시적인 계약에 근거한 연방정부를 상대로 한 클레임에 대한 사물관할권이 구(舊) 청구법원(U.S. Court of Claims)에 부여되었다.[815] 연방정부에게는 주권자면책(sovereign immunity)이 인정되므로 연방정부를 상대로 금전적인 클레임(claim)을 법원에 청구하는 것은 허용되지 않으며 의회에 그러한 클레임을 위한 자금지출을 승인하는 입법을 청원할 수 있을 뿐이었다. 그러나 주권자면책은 정부의 동의 또는 헌법 조항이나 법률에 의하여 포기될 수 있다. 터커법은 클레임에 대한 연방정부의 주권자면책을 포기한 재판관할에 관한 법률이다.[816] 이후 1978년 「계약분쟁법(CDA, Contract Disputes Act)」에 의하여 정부조달계약과 관련된 계약관의 최종 결정(final decision)에 대한 불복을 심판할 관할권이 구 청구법원에 부여되었다.[817]

1982년 「연방법원개선법(FCIA, Federal Court Improvement Act)」에 의하여 청구법원(U.S. Claims Court)이 설치되었는데, 종전 구 청구법원(U.S. Court of Claims)의 관할권이 그대로 청구법원에 승계되었고 나아가 낙찰 전 이의신청(pre-award bid protest)에 대한 관할권까지 부여되었다.[818] 청구법원(U.S. Claims Court)은 1992년 「연방법원행정법(Federal Court Administrative Act)」에 의하여 그 명칭이 연방청구법원(U.S. Court of Federal Claims)으로 변경되었고,[819] 1996년 「행성분쟁해결법(ADRA, Administrative Dispute Resolution Act)」에 의하여 이의신청에 대한 연방청구법원의 관할권

810) 41 U.S.C.A. § 7107 (a)(2).
811) 41 U.S.C.A. § 7107 (a)(1).
812) 41 U.S.C.A. § 7106(a).
813) Keyes, op. cit., at 406.
814) 41 U.S.C.A. § 7106(b).
815) 28 U.S.C.A. § 1491(a)(1)
816) Matthew Chow, Tara L. Ward, Amy Bryan, Theodore Richard, Court of Federal Claims Task Order Bid Protest Jurisdiction and Expectation Damages: The 2009 Mckenna Long & Aldridge "Gilbert A. Cuneo" Government Contracts Moot Court Competition, 38 Pub. Cont. L.J. 975 (2009).
817) 41 U.S.C.A. § 7104(b).
818) Steven W. Feldman, Government Contract Guidebook, November 2011. § 21:2 : Thomas A. Lemmer, Government Contract Disputes, February 2011. § 6:3; Schaengold, Michael J. & Robert S. Brams, Choice of Forum for Government Contract Claims: Court of Federal Claims vs. Board of Contract Appeals, Federal Circuit Bar Journal, 2008. at 281.
819) Brian A. Darst & Andrew D. Irwin, Fundamentals of Government Contracting, Federal Publications LLC, 2007. at 32; Feldman, op. cit., § 21:2.

이 낙찰 이후의 이의신청(postaward protests)까지 확대되었으며 이의신청에 대한 지방법원의 관할권이 폐지되었다. 이로써 연방청구법원이 이의신청에 대한 유일한 사법적(司法的) 구제기관이 되었다.[820)]

오랜 기간에 걸친 여러 차례의 입법을 통하여 연방청구법원은 입찰이의신청과 정부조달계약 관련 분쟁에 대한 전속관할권(exclusive judicial jurisdiction)을 갖게 되었다. 정부를 상대로 한 클레임(claim)에서 가능한 유일한 구제수단은 전보적 손해배상(compensatory damages)[821)]이다.[822)] 정부를 상대로 특정한 계약의 이행을 구하는 것은 허용되지 않는다.[823)] 연방청구법원의 판결에 대하여는 연방순회항소법원(Court of Appeals for the Federal Circuit)에 항소할 수 있다.[824)]

4-2. 계약관의 최종결정에 대한 소송 제기

계약분쟁법은 계약상대자에게 연방청구법원에 직접 소송을 제기하는 방법으로 불리한 계약관의 최종 결정에 불복할 권리를 부여하였다.[825)] 그리하여 계약당사자는 계약관으로부터 최종 결정을 통보받은 후 12개월 이내에 연방청구법원에 소를 제기할 수 있다.[826)] 연방청

---

820) Lemmer, op. cit., § 6:3; Schaengold, op. cit., at 281.

821) 금전적 손해배상에는 전보적 손해배상(compensatory damages)과 징벌적 손해배상(punitive damages)이 있다. 전보적 손해배상은 실제 입은 손해에 상응하는 액수만큼을 배상받는 것이고, 징벌적 손해배상은 가해자에게 징벌을 가할 목적으로 부과하는 손해배상으로 실제 손해액을 훨씬 넘어선 고액의 배상을 부과한다. 전보적 손해배싱만으로는 예방적 효과가 충분하지 않기 때문에 고액의 배상을 치르게 함으로써 장래 똑같은 불법행위를 반복하지 못하도록 하기 위하여 부과하는 것이 징벌적 손해배상이다.

822) Richardson v. Morris, 409 U.S. 464 (1973).

823) Eckland, op. cit., at 5.

824) 28 U.S.C.A. § 1295(a)(3), (10).

825) 41 U.S.C.A. § 7104(b).

구법원은 사건을 처음부터 새로이(de novo) 심사한다. 입찰이의신청에 대하여는 행정절차법의 심사기준이 적용되지만, 계약분쟁법상 클레임에 대하여는 전면적 재심사(de novo review)기준이 적용된다.[827] 계약분쟁법에 의한 재판에 있어서는 행정청의 결정에 대한 다른 재판에 있어서와 달리 계약관의 결정이 존중되지 않는다. 계약관의 결정은 다른 증거자료와 동등하게 고려되고, 당사자들은 백지상태에서 출발한다.[828] 정부나 계약상대자는 클레임이 처음 제기되었을 때 인식하지 못했던 새로운 증거를 제출할 수 있다. 그러나 계약상대자가 계약관에게 제기하지 않았던 새로운 클레임을 주장할 수는 없다.[829] 정부나 계약상대자는 클레임을 증명하고 그 법적 책임을 다투는 또 한 번의 기회를 갖게 된다.[830]

연방청구법원의 판사는 상원(Senate)의 동의를 얻어 대통령이 임명하고, 임기는 15년이지만 연임이 가능하다.[831] 연방청구법원은 단독판사(single judge)에 의하여 재판이 진행된다.[832] 연방청구법원과 계약소청심사위원회를 비교하면 다음과 같은 차이가 있다. 첫째, 연방청구법원의 판사는 공공계약법 관련 경력이 요구되지 않으나, 계약소청심사위원회의 행정판사는 최소한 5년 이상 공공계약법(public contract law) 경력을 갖고 있을 것이 요구된다.[833] 둘째, 연방청구법원은 단독판사에 의하여 재판이 진행되나, 계약소청심사위원회는 원칙적으로 3

826) 41 U.S.C.A. § 7104(b)(3).
827) 41 U.S.C.A. § 7104(b)(4).
828) Wilner v. United States., 24 F.3d 1397(Fed. Cir. 1994).
829) Metric Constructors, Inc. v. U.S., 44 Fed. Cl. 513, 518(1999).
830) Kelleher etc., supra note 14, at 618.
831) 28 U.S.C.A. §§ 171 (a), 172 (a)
832) Schaengold, op. cit., at 282.
833) 41 U.S.C.A. § 7105.

명으로 구성된 합의부에서 결정을 한다.[834] 셋째, 대체적 분쟁해결절차(ADR, Alternative Dispute Resolution)를 이용한 분쟁해결가능성이 계약소청심사위원회가 법원에 비하여 상대적으로 더 크다. 이와 같이 계약소청심사위원회는 연방청구법원과 비교하여 합의부에서 사건을 심판하므로 사건에 대한 신중한 검토가 가능하고 공공계약법의 전문가에 의하여 심판된다는 장점이 있다. 이러한 점으로 인하여 연방청구법원에 소송을 제기하는 것보다 계약소청심사위원회에 대한 소청심사를 더 선호하고 있다.[835] 2013년과 2014년 계약소청심사위원회와 연방청구법원에서 각각 처리한 사건(disposed cases)의 수를 비교해 보면, 소청심사 건수(appeal cases)는 군수계약소청심사위원회가 각각 459건과 535건이고,[836] 일반계약소청심사위원회는 각각 147건과 204건인데 비하여,[837] 연방청구법원에서 처리한 계약분쟁 건수(contract disputes cases)는 각각 127건과 137건에 불과하였다.[838]

5. 연방순회항소법원에의 항소

계약소청심사위원회의 결정 또는 연방청구법원의 판결에 대하여 연방순회항소법원(U.S. Court of Appeals for the Federal Circuit)

---

834) Schaengold, op. cit., at 290.
835) Webber, op. cit., at 36.
836) http://www.asbca.mil/Reports/FY2014%20Reports/FY2014_annual.pdf(last visited January 29, 2015).
837) http://www.cbca.gsa.gov/decisions/appeals.html(last visited January 29, 2015).
838) http://www.uscfc.uscourts.gov/sites/default/files/AO2014Stats.pdf and AO2013Stats.pdf(last visited January 29, 2015).
839) 28 U.S.C.A. § 1295 (a)(3), (10).
840) 41 U.S.C.A. § 7107 (a)(1).
841) 28 U.S.C.A. §§ 2107 (b), 2522.

에 항소할 수 있다.[839] 소청심사의 당사자들은 계약소청심사위원회의 결정문을 영수한 날로부터 120일 이내,[840] 소송의 당사자들은 연방청구법원의 판결문을 송달받고 60일 이내[841]에 각각 연방순회항소법원에 항소할 수 있다. 다만, 테네시계약소청심사위원회의 결정에 대하여는 연방지방법원(U.S. district court)에 항소하여야 한다.[842] 연방순회항소법원(U.S. Court of Appeals for the Federal Circuit)은 1982년 「연방법원개선법(FCIA)」에 의하여 설치되었다. 동 법원은 다른 항소법원과는 달리 3인 이상의 합의부(panels) 또는 전원합의체(en banc)로 재판부가 구성되는데, 합의부의 의견은 법적 구속력이 있으며 전원합의체에 의하여 판결을 번복할 수 있다.[843]

연방순회항소법원은 계약소청심사위원회 또는 연방청구법원의 법적 판단에 대하여 자유롭게 심사할 수 있다. 즉, 계약소청심사위원회 또는 연방청구법원의 법적 문제에 대한 판단은 최종적이거나 종국적인 것이 아니며, 항소심에서 자유롭게 다시 심사할 수 있다.[844] 그러나 사실판단에 대하여는 항소심에서 자유롭게 심사할 수 없으며, 계약소청심사위원회 또는 연방청구법원의 사실판단에 구속된다. 그런데 연방순회항소법원은 사실판단에 대한 심사에 있어서 계약소청심사위원회와 연방청구법원의 판단에 대하여 각기 다른 이중기준(double standard)을 적용하고 있다. 계약소청심사위원회의 사실판단에 대한 심사에는 계약분쟁법에 근거하여 실질적 증거(substantial evidence) 기준을 적용하지만, 연방청구법원의 사실판단에 대한 심사에는 법에 별도의 규정이 없어 덜 엄격하고 좀 더 주관적인 명백한 오류(clearly erroneous) 기준을 적용하고 있다.[845] 실질적 증거란 이성적인 사람

842) 41 U.S.C.A. § 7107 (a)(2).
844) Keyes, op. cit., at 413-414.
845) 41 U.S.C.A. § 7107(b)(1).

이라면 결론을 지지할 정도로 정확하다고 받아들여지는 증거를 말한다. 그런데 명백한 오류 기준에 의하면, 판단을 뒷받침하는 증거가 있음에도 불구하고 모든 증거를 검토한 결과 잘못이 저질러졌다는 분명하고 확고한 확신이 있다면 그 판단에는 명백한 오류가 인정된다.[846] 즉, 실질적 증거가 있더라도 명백한 오류가 인정될 수 있다. 따라서 명백한 오류의 기준이 실질적 증거의 기준에 비하여 주관적이고 번복가능성이 더 높은 기준이라고 할 수 있다.[847] 그리하여 연방청구법원의 사실판단은 계약소청심사위원회의 그것과 비교하여 연방순회항소법원에서 번복될 가능성이 상대적으로 더 높다고 한다.[848]

6. 대체적 분쟁해결절차

6-1. 대체적 분쟁해결절차의 이용

정부계약 관련 분쟁을 해결하는데 있어서 전통적인 분쟁해결절차인 소송에 갈음하는 대체적 분쟁해결절차(ADR, Alternative Dispute Resolution)의 필요성은 오래전부터 제기되어왔다. 대체적 분쟁해결절차를 이용하는 목적은 상대적으로 저렴한 비용으로 분쟁을 신속하게 해결하기 위한 것이다. 연방조달규정은 대체적 분쟁해결절차(ADR)의 필수적인 요소로 다음과 같은 것을 들고 있다. 논쟁 중인 쟁점(issue in controversy)이 존재하여야 하고, 대체적 분쟁해결절차의 이용에 대한 양 당사자의 자발적인 선택이 있어야 하며, 소송에

846) Statistica, Inc. v. Christopher, 102 F.3d 1577, 1581(Fed. Cir. 1996); Tandon Corp. v. Int'l Trade Comm'n, 831 F.2d 1017, 1019(Fed. Cir. 1987); SSIH Equip. S.A. v. Int'l Trade Comm'n, 718 F.2d 365, 380-83(Fed. Cir. 1983).

847) *Id.*, § 33.28 (j); Schaengold, op. cit., at 338.

848) 전현철, 미국 계약소청심사위원회에 관한 고찰, 79면 내지 86면.

대신할 대체적 절차와 조건에 대하여 합의하여야 하고, 절차에 참여한 양 당사자의 관계인이 논쟁 중인 쟁점을 해결할 권한을 갖고 있어야 한다.[849]

계약관과 계약상대자는 클레임의 전부 또는 일부를 해결하는데 대체적 분쟁해결절차에 의할 수 있다. 계약관이 대체적 분쟁해결절차를 이용하자는 계약상대자의 요청을 거부하는 경우에는 계약관은 해당 분쟁을 해결하는데 대체적 분쟁해결절차가 부적절한 사유를 기재한 서면으로 된 설명서를 계약상대자에게 교부하여야 하고, 계약상대자가 거부하는 경우에도 계약상대자는 서면으로 그 거부사유를 정부기관에게 통지하여야 한다.[850] 계약관이 최종 결정을 한 이후에도 대체적 분쟁해결절차를 이용할 수 있지만, 그로 인하여 계약관의 최종결정에 대한 불복을 제기하기 위한 시간적 제한과 절차적 요건이 변경되는 것은 아니나.[851] 대체적 분쟁해결절차로 중재를 사용하기로 한 경우에는 그 중재합의는 서면으로 이루어져야 하고, 중재자가 제시할 수 있는 최대 낙찰범위와 중재로 가능한 결과의 범위를 제한하는 조건들을 정하여야 한다. 중재가 법에 의하여 요구되지 않는 한, 입찰요청서에서 낙찰의 조건으로 중재합의를 요구하여서는 안 된다.[852]

6-2. 계약소청심사위원회에서의 대체적 분쟁해결절차

계약소청심사위원회는 대체적 분쟁해결절차의 이용에 적극적이다. 계약관의 결정이 있기 이전이나 계약이 체결되기 이전의 문제는 물론이고 심지어는 관할권이 미치지 않는 행정기관에 관한 것이어도 당사

---

849) FAR 33.214(a).
850) FAR 33.214(b).
851) FAR 33.214(c).
852) FAR 33.214(f).

자들은 공동으로 계약소청심사위원회에 대체적 분쟁해결절차의 이용을 신청할 수 있다.[853] 계약관의 결정에 대한 소청심사가 제기된 이후에도 어느 단계에서든지 대체적 분쟁해결절차의 사용이 적극 권장된다.[854] 계약소청심사위원회는 통상적으로 양당사자에게 사건통지(docketing notice)를 할 때 위원회의 절차규칙 사본과 함께 대체적 분쟁해결절차를 이용할 수 있음을 서면으로 통지하고 있다.[855] 만일, 당사자 일방이 상대방의 대체적 분쟁해결절차의 요청을 거절하는 경우에는 구체적인 거절이유가 기재된 서면을 제출하여야 한다.[856]

당사자들은 행정판사를 대체적 분쟁해결절차의 주재자로 선임해 줄 것을 신청할 수 있다. 만일 원한다면 특정한 행정판사를 주재자로 임명해 줄 것을 요청할 수 있다. 계약소청심사위원회에 소청심사가 계속 중인 경우에는 주심판사(presiding judge)를 주재자로 해 줄 것을 요청할 수도 있다.[857] 물론 당사자들은 행정판사가 아닌 사람을 대체적 분쟁해결절차의 주재자로 선임해 줄 것을 신청할 수도 있다. 당사자들이 주재자로 특정한 행정판사를 명시하지 않은 경우에는 계약소청심사위원회의 의장은 행정판사 중에서 주재자를 선정할 수 있다.

대체적 분쟁해결절차가 개시되기 위해서는 당사자들이 서면으로 된 합의서를 작성하여야 한다. 이 합의서에는 대체적 분쟁해결절차 주재자의 신분, 주재자의 권한과 지위, 사용될 대체적 분쟁해결절차의 기법, 대체적 분쟁해결절차와 관련된 증거개시의 범위 및 정도, 대체적 분쟁해결절차가 열릴 일정 및 장소, 비밀유지를 위한 대체적 분쟁해결의 대화 범위 등이 포함되어 있어야 한다.[858] 계약소청심사위

853) FAR 6101.54 (a)(1).
854) FAR 6101.54 (a)(2).
855) Kelleher etc.,supra note 14, at 619.
856) 41 U.S.C.A. § 7103 (h)(3).
857) FAR 6101.54 (b)(1).

원회에서 사용되는 대체적 분쟁해결절차의 유형으로는 촉진적 조정(facilitative mediation), 평가적 조정(evaluative mediation), 간이재판(mini trials), 비구속적 권고의견(non binding advisory opinion), 구속적 약식결정(summary binding decision) 등이 있으나, 이에 한정되지 않으며 당사자들은 다른 유형의 대체적 분쟁해결절차을 선택할 수 있다.[859] 위에서 언급한 전형적인 대체적 분쟁해결절차의 유형을 구체적으로 살펴보면 다음과 같다.

촉진적 조정(Facilitative mediation)과 평가적 조정(Evaluative mediation)은 조정인의 역할 차이에 따른 구분이다. 촉진적 조정에서는 조정인이 당사자들에게 사건의 결과에 관한 자신의 의견을 제시하거나 권고하지 않으며 계약소청심사위원회나 법원에서 장차 어떻게 판단할지 예상하지 않는다. 조정인은 질문하고, 당사자들의 주장을 확인하고 조정하며, 당사사들로 하여금 해결을 위한 선택을 분석하고 찾는 것을 도와줄 뿐이다. 조정인들은 대부분의 경우 당사자들 모두와 합동회의를 열고 당사자들로 하여금 그들 각자의 의견을 들을 수 있도록 한다. 이에 비하여 평가적인 조정에서는 조정인이 당사자들의 약점을 지적하고 판사나 배심원이 어떻게 판단하고자 하는지를 예상함으로써 해결점에 이르도록 당사자들을 지원한다. 평가적 조정인은 쟁점의 결과에 관하여 당사자들에게 공식적으로나 비공식적으로 권고를 한다. 평가적 조정인은 당사자들과 각자 따로 분리하여 회의를 가지며, 이른바 왕복외교(shuttle diplomacy)를 한다.[860] 간이재판(mini-trial)은 당사자들이 대체적 분쟁해결절차 주재자를 상

858) FAR 6101.54 (b)(2).
859) FAR 6101.54 ⓒ.
860) Zumeta, Zena D., Styles of Mediation: Facilitative, Evaluative, and Transformative Mediation, (Sept. 2000), at http://www.mediate.com/articles/zumeta.cfm(last visited January 29, 2015).

대로 약식제출(abbreviated presentations)에 의하는 다소 정형적인 절차이다. 간이재판에서 주재자는 당사자들이 지정한 대표자들(representatives)과 함께 간이재판합의부(mini-trial panel)를 구성하고 논쟁 중인 쟁점과 관련된 증거를 평가하고 심리한다.[861)]

한편 비구속적 권고의견(Non-Binding Advisory Opinion)은 당사자들이 주재자에게 자료를 제출하고 주재자는 그 자료에 근거하여 사건의 본안에 관한 비구속적 권고의견을 제시하는 유형의 절차이다.[862)] 이에 비하여 구속적 약식결정(Summary Binding Decision)은 구속적 중재(binding arbitration)와 유사한 구속력이 있는 대체적 분쟁해결절차이다. 이 결정을 하려면 앞서 당사자들의 동의가 있어야 한다. 주재자는 간결한 서면의 결정을 내리고, 이것이 구속력을 가진다. 결정은 선례(precedential)는 아니지만, 이에 대하여 불복할 수 없다.[863)]

당사자들이 선택한 대체적 분쟁해결절차에서 분쟁해결에 실패한 경우 해당 사건은 그 사건을 주재하는 계약소청심사위원회의 행정판사에게 반송된다. 그런데 주재자가 행정판사였던 경우에는 특칙이 있다. 만일 행정판사인 주재자와 일방 당사자 사이에 사적인 의사소통(private communications)이 있었다면, 주재자인 행정판사는 당사자들이 동의하지 않는 한 이후 그 사건에 관여할 수 없다. 그러나 일방 당사자와 사적인 의사소통이 없었다면, 예를 들어 행정판사와의

---

861) FAR 6101.54 (c)(3).
862) FAR 6101.54 (c)(4).
863) FAR 6101.54 (c)(5)
864) FAR 6101.54 (b)(1); Schaengold, op. cit., at 319-320.
865) 5 U.S.C.A. § 574.
866) FAR 6101.54 (b)(3).

모든 정보교환이 당사자들이 모두 참석한 합동회의에서 이루어진 경우에는 그 주재자는 사건에 계속 관여할지 여부를 재량으로 판단할 수 있다.[864] 대체적 분쟁해결절차에서 사용하기 위하여 준비한 서면자료와 대체적 분쟁해결절차에서의 구술진술을 비롯한 대체적 분쟁해결절차에서 이루어진 논의는 비밀이 유지되어야 한다.[865] 따라서 당사자들이 특별히 동의하지 않는 한 현재 계속 중이거나 장래 청구될 소청심사에서 증거로 사용될 수 없다.[866]

6-3. 연방청구법원에서의 대체적 분쟁해결절차

연방청구법원은 공식적으로 대체적 분쟁해결절차의 자발적인 사용을 승인하고 있다. 대체적 분쟁해결절차는 자발적(voluntary)이어야 하고, 양당사자가 합의하지 않는 한 대체적 분쟁해결절차는 개시되지 않는다. 양당사자가 대체적 분쟁해결절차를 이용하기로 합의를 한 때에는 가능한 빠른 시일 내에 사건 담당 판사(assigned judge)에게 통지하여야 하고, 만일 담당 판사가 동의하면 해당 사건은 분쟁해결판사(settlement judge) 또는 양 당사자가 선성한 중립적인 제3자에게 배당된다.

분쟁해결수단의 유형이 정해져 있는 것은 아니며, 양당사자가 합의하고 분쟁해결판사 또는 중립적인 제3자가 채택한 수단은 그 어떤 것이든 사용될 수 있다. 대체적 분쟁해결절차로 조정(mediation), 간이재판(mini trials), 비구속적 중재(non binding arbitration) 등이 있으나, 이에 한정되지 않는다. 대체적 분쟁해결절차는 분쟁해결판사 또는 중립적인 제3자에 의하여 주재된다. 분쟁해결판사는 무작위로 선정되며, 당초 사건을 담당한 판사는 분쟁해결판사가 될 수 없다. 분쟁해결판사는 양당사자와 협의를 통하여 얻은 정보를 기초로 자신이 공평하게 판단한 내용을 양당사자에게 설명하고 분쟁해결을 도모한다. 분쟁해결판사에게 제시된 모든 정보는 비밀이며, 사건 내용에 관하여 사건 담당 판사와 논의하는 것은 허용되지 않는다.[867] 만일 당사자들에 의하여 선택된 대체적 분쟁해결절차를 통하여 원만한 해결을 이끌어내지 못한 경우에는 해당 사건은 종전의 사건 담당 판사에게 반송된다. 앞선 대체적 분쟁해결절차의 진행 과정 중에 있었던 모든 진술은 뒤이은 소송에서 어떠한 이유로든 사용될 수 없다.[868]

3절 법적 구제절차에 관한 새로운 이해

Ⅰ. 미국 법제와의 비교

미국에서는 정부조달계약 관련 분쟁을 입찰단계와 계약의 이행단계로 구분하여 각 단계별로 별개의 구제절차를 마련하여 운영하고 있다. 입찰이의신청(bid protest)은 입찰단계에서의 분쟁을 해결하는 절차이고, 계약분쟁(contracts disputes)절차는 계약의 이행단계에서의 분쟁을 해결하는 절차이다. 우리나라의 경우에도 정부조달계약의 법적 성격을 공법적으로 이해하고 낙찰자 결정의 처분성을 긍정한다면, 입찰단계에서 낙찰자결정과 관련된 분쟁은 항고소송에 의하여 다투고, 계약의 이행단계에서의 분쟁은 당사자소송에 의하게 될 것이다.

미국에서 입찰이의신청은 발주기관, 감사원, 연방청구법원에 제기

867) ***Id.***, at 317–318.
868) Kelleher etc., supra note 14, at 620.

할 수 있고, 계약의 이행단계에서의 분쟁에 대하여는 계약소청심사위원회와 연방청구법원 중 어느 하나에서 다툴 수 있다. 이 가운데 발주기관과 감사원에 대한 입찰이의신청과 계약소청심사위원회에 대한 심사청구는 행정적(行政的) 구제절차에 해당된다. 우리나라의 경우 정부조달계약에 특유한 행정적 구제절차로 발주기관에 대한 이의신청 및 국가계약분쟁조정위원회 또는 지방자치단체 계약분쟁조정위원회에 대한 심사·조정제도(국가계약법 제28조 내지 제31조, 지방계약법 제34조 내지 제35조의2)가 있다.

우리나라의 행정적 구제절차는 그다지 활발히 운영되고 있지 못한 실정이다. 그러나 미국의 경우에는 행정적 구제절차가 매우 활발히 운영되고 있다. 입찰이의신청에 있어서 세 개의 기관 중 감사원에 대한 이의신청 건수가 월등히 많고, 특히 계약의 이행단계에서의 행정구제기관인 계약소청심사위원회의 경우에는 그 독립성과 전문성으로 인하여 대단히 활성화되어 있다. 계약소청심사위원회는 소속 행정기관으로부터 독립된 준 사법적 재판기관(quas-judicial forum)으로서의 지위를 갖고 있으며, 계약소청심사위원회의 구성원인 행정판사는 상근직(full-time judge)으로 최소 5년 이상의 공공계약법(public contract law) 경력이 있는 변호사 자격이 있는 사람 중에서 실적을 기준으로 한 경쟁절차를 통하여 임명되고, 소속 행정기관으로부터 재판에 관한 지시나 통제를 받지 않으며 사법적(司法的) 행위에 대하여 절대적인 책임면제가 인정되는 등 법원의 판사와 비견할 만한 독립성과 전문성이 부여되어 있다.

사법적(司法的) 구제절차로는 미국의 경우 정부계약 관련 분쟁을 처리하기 위한 특별법원으로 연방청구법원이 설치되어 운영되고 있다. 연방청구법원은 입찰단계에서의 분쟁은 물론이고 계약의 이행단계에서의 분쟁까지 그 관할로 하고 있다. 우리나라의 경우 통설 및 판례는 정부조달계약의 법적 성격을 사법상 계약으로 이해하여 그 사법적 구제절차도 민사소송에 의하고 있다. 민사소송에 의하는 경우 원고적격의 인정범위가 협소하고 위법성 인정이 지나치게 엄격하여 권리구제에 미흡하다는 문제점이 있다. 그러나 정부조달계약의 공법적 성격을 인정하여 항고소송의 대상으로 하는 경우에는 원고적격의 인정범위가 넓어지고 위법성의 인정이 용이하여 권리구제의 범위가 확대되는 이점이 있다.

Ⅱ. 현행 법적 구제절차의 문제점

우리나라의 현행 법적 구제절차의 문제점을 살펴보면 다음과 같다.

1. 행정적 구제절차의 활용 저조

1-1. 행정심판법상 행정심판절차

행정심판법은 항고심판만을 규정하고 당사자심판은 규정하고 있지 않으므로 처분 이외의 행정작용은 행정심판법상 행정심판의 대상이 되지 않는다. 따라서 계약이행단계에서의 분쟁에 대하여는 실효적인 권리구제가 어렵다는 문제점이 있다. 처분 이외의 행정작용은 그 심판대상이 되지 않으므로 정부조달계약의 법적 성격을 사법상 계약으로 이해하는 통설 및 판례에 의하면 낙찰자결정의 처분성이 인정되지 않아 행정심판의 대상이 되지 않고, 처분성이 긍정되는 입찰참가자격제한처분 등의 경우에도 처분의 발령 이전 단계인 의견진술절차에서 주로 다투어지고 처분이 발령되면 바로 행정소송을 제기하는 것이 일반적이어서 그다지 활용되고 있지 않다.

1-2. 이의신청 및 심사 · 조정청구

(1) 적용범위의 협소

국가계약법과 지방계약법에서는 정부조달계약에 특유한 행정적 구제절차로서 발주기관에 대한 이의신청, 국가계약분쟁조정위원회 또는 지방자치단체 계약분쟁조정위원회의 심사·조정제도를 두고 있으나, 그 적용범위가 지나치게 제한적이어서 활성화를 저해하고 있다. 이의신청의 경우 일정한 금액 이상인 계약만을 그 대상으로 하고 있으며,[869] 계약이행단계에서는 그 적용범위를 계약금액조정, 지체상금 등에 관한 분쟁으로 제한적으로 열거하고 있다(국가계약법 제28조 제1항, 지방계약법 제34조 제1항). 계약분쟁조정위원회의 심사·조정제도의 경우에도 이의신청에 대한 재심을 위한 조정청구를 제외하고 계약 체결 당시에 당사자가 합의하여 위원회의 조정을 분쟁의 해결방법으로 정한 경우에 한하여 조정을 청구할 수 있도록 제한하고 있다(국가계약법 제28조의2, 지방계약법 제34조의2).

(2) 위원회의 독립성과 전문성의 흠결

국가계약분쟁조정위원회와 지방자치단체 계약분쟁조정위원회의 구성과 운영에 있어서 공정성과 독립성이 확보되어 있지 않다. 위원회의 구성에 있어서 기획재정부 재정업무관리관 또는 행정안전부 지방재정세제국장이 당연직 위원장이 되고, 일정한 직에 있는 공무원이 당연직 위원으로 겸직하고 있으며, 공무원이 위원의 과반수를 차지하고

869) 이의신청의 대상이 되는 일정한 금액은 공사계약의 경우 종합공사계약은 추정가격 10억원, 전문공사계약은 추정가격 1억원이고, 물품계약 및 용역계약은 추정가격 5천만원이다(국가계약법 시행령 제110조 제1항, 지방계약법 시행령 제110조 제1항).

있다. 이러한 위원회의 구성으로는 그 소속 행정기관인 기획재정부 또는 행정안전부로부터 독립된 공정한 운영을 기대하기는 지극히 어렵다. 또한 위원들의 전문성과 책임성도 담보되어 있지 않다. 미국 행정판사의 경우에는 5년 이상의 공공계약법 경력을 갖춘 변호사자격이 있는 사람으로 그 자격기준이 구체적으로 정해져 있으며, 행정판사는 상근직으로 겸직이 금지되어 있다. 그러나 우리나라의 경우에는 위원의 자격으로 직무의 구체적인 내용을 묻지 않고 일정한 직책에 있는 공무원 또는 일정한 직종에 종사한 재직 연수만을 요구하고 있어 전문성을 담보하기 어렵고, 비상근의 겸직위원만으로 위원회를 구성하는 것은 책임감의 확보와는 거리가 멀다.

(3) 법적 강제력의 미흡

국가계약분쟁조정위원회와 지방자치단체 계약분쟁위원회 결정의 법적 강제력이 매우 미흡하다. 위원회는 재결 권한이 없으며, 조정 권한만 인정되고 있다. 더구나 그 구제방법도 입찰절차의 연기, 낙찰의 취소, 계약체결의 중지, 그로 인한 손해배상 등 소극적인 방법에 그치고 있어 권리구제의 실효성이 현저히 떨어지고 있다.

1-3. 계약분쟁조정위원회의 저조한 활동 내역

국가계약분쟁조정위원회의 경우 그 전신(前身)인 국제계약분쟁조정위원회가 1997년 구성되었지만 그 활동이 전무하다시피 하였고, 이후

---

870) 기획재정부 홈페이지(http://www.mosf.go.kr)에 게재된 '기획재정부 소관 정부위원회 운영 현황 및 활동내역서(2015. 12. 31. 기준)' 참조.

871) 행정자치부 홈페이지(http://www.mogaha.go.kr)에 게재된 '행정자치부 소관 위원회 현황 및 활동내역서' 참조.

조정대상을 확대하여 국가계약분쟁조정위원회로 개편하였으나, 이 역시 2013. 6. 설립이후 2014. 12. 31.까지 1년 6개월 동안 서면회의 1회를 개최하는 데 그쳤다. 2015년에는 12회 회의를 개최하였고, 그 중 서면회의가 11회 있었다.[870] 2016년 이후에는 몇 번 회의가 개최되었는지 공개하지 않고 있어 그 활동 내역을 파악이 어렵다. 그나마 지방자치단체 계약분쟁조정위원회의 경우에는 사정이 나은 편이다. 최근의 활동 내역을 살펴보면, 2018년 8회(출석회의 1회, 서면회의 7회), 2019년 15회(출석회의 3회, 서면회의 12회), 2020년 31회(출석회의 3회, 서면회의 28회), 2021년 1월부터 10월까지 16회(출석회의 1회, 서면회의 15회) 회의를 각각 개최하였다.[871]

계약분쟁조정위원회의 개최 횟수 자체가 적은 것도 문제이지만 거의 대부분 서면회의로 이루어지고 있어 당사자의 절차보장이나 충분한 사건 심리가 이루어질 수 있을지 극히 의문이다. 정부조달시장의 규모가 금액기준으로 연간 130조원에 이르는 점을 고려하면, 이러한 계약분쟁조정위원회의 활동 내역은 매우 실망스러운 수준이라고 하지 않을 수 없다. 정부조달작용이 국민경제 전반에 미치는 막대한 영향을 고려할 때 정부조달 관련 분쟁을 효율적으로 해결하기 위해서는 행정적 분쟁해결절차의 근본적인 개선이 필요하다고 할 것이다.

2. 민사적 구제절차의 비효율성

통설 및 판례는 정부조달계약의 법적 성격을 사법상 계약으로 보고, 그 구제절차는 민사소송에 의하여야 한다는 입장이다. 그러나 민사소송에 의하게 되면, 행정소송에 의하는 경우에 비하여 정부조달계약에 대한 사법적(司法的) 통제 내지 입찰자의 권리구제에 있어서 효율성을 도모하기 어렵다. 이하에서 입찰단계에서의 분쟁과 계약이행단계에서의 분쟁으로 구분하여, 각 단계별로 민사소송에 의하는 경우와 행정소송에 의하는 경우에 어떠한 차이가 있는지 살펴보겠다.

2-1. 입찰단계의 분쟁에서의 차이점

입찰단계의 분쟁에 있어서 통설 및 판례의 입장에 따라 민사소송에 의하는 경우와 공법상 계약설에서 주장하듯이 낙찰자결정의 처분성을 긍정하여 항고소송에 의하는 경우에는 다음과 같은 차이가 있다.

(1) 원고적격의 인정 범위

통설 및 판례에 의하면 낙찰받지 못한 입찰자의 권리구제는 낙찰자 또는 적격심사대상자의 지위 확인을 구하는 민사소송에 의하게 된다. 낙찰자로 결정되어야 비로소 국가에 대하여 계약의 체결을 요구할 예약상의 권리를 갖게 되므로 낙찰자로 결정되지 못한 입찰자에게는 발주기관에 대한 적극적인 이행청구권이 인정되지 않으며, 또한 국가계약법 등 조달법령을 내부규범에 불과한 것으로 이해하는 한 입찰자에게 발주기관에 대한 발주절차의 준수를 요구할 실체법상 권리를 인정하기도 어렵다. 따라서 낙찰자로 결정되지 못한 입찰자는 적격심사절차의 이행을 구하거나 또는 계약의 체결을 요구할 권리가 없고, 적격심사대상자 또는 낙찰자라는 지위에 대한 확인을 구할 수 있는데 그친다. 이러한 확인소송을 제기하기 위해서는 입찰자에게 확인의 이익이 있어야 하고, 확인의 이익은 법률상 지위에 대한 불안·위험이 현존하고, 그러한 불안·위험을 제거하는데 확인판결을 받는 것이 가장 유효·적절한 수단일 때 인정된다.[872)]

그러나 낙찰자결정의 처분성을 긍정하여 항고소송에 의하게 되면, 법률상 이익만 있으면 원고적격이 인정되므로 민사소송에서와 비교하여 원고적격의 인정범위가 넓어진다. 항고소송에서는 처분의 효력을 다툴 법률상 이익이 있으면, 항고소송의 원고적격이 인정된다(행정소송법 제12조, 제32조). 원고적격의 요건인 법률상 이익의 의미에 관하여 권리로 보는 견해, 법에 의하여 보호되는 이익이라는 견해, 소송을 통하여 보호할 가치있는 이익이라는 견해, 당해 처분을 다투는 데 있어서 가장 적합한 이익이라는 견해 등이 주장되고 있으나, 통설 및 판례는 법에 의하여 보호되는 이익으로 이해하고 있다.

항고소송의 원고적격에 관한 논의는 항고소송의 기능에 관한 논의와 밀접하게 관련되어 있다. 행정소송법은 항고소송의 기능에 관하여 주관소송과 객관소송의 어느 일방에 치우치지 않고 양자의 균형을 유지하고 있다.[873] 그 결과 원고적격으로 권리도 사실상의 이익도 아닌 법률상 이익을 요구하고 있는 것이다. 즉, 행정소송법은 주관소송과 객관소송의 절충적 입장에서 원고적격으로 법률상 이익을, 그에 대응하여 본안 판단의 요건으로 처분의 위법을 규정함으로써 균형적인 조화를 이루고 있다. 주관소송으로 규율되는 독일에서 원고적격으로 권리침해의 주장을, 본안 판단의 요건으로 위법한 처분으로 인한 권리침해의 사실을 요구하는 것과 비교하면 그 특징이 확연히 드러난다. 원고적격의 요건인 법률상 이익의 의미를 권리로 좁게 이해하거나 무

---

872) 이시윤, 「신민사소송법(제12판)」, 박영사, 2018, 239면.

873) 행정소송법은 제1조에서 행정소송의 기능이 주관소송임을 명시하고 있고, 제8조 제2항에서는 행정소송도 주관소송이라는 전제하에 민사소송법의 규정이 널리 준용되도록 규정하고 있다. 위 제1조와 제8조 제2항은 주관소송적 성격을 나타내는 규정이라고 할 수 있다. 이에 반하여, 행정소송법상 객관소송적 성격을 보여주는 규정으로는 제4조와 제26조가 있다. 행정소송법 제4조는 취소소송 또는 부작위위법확인소송에 있어서 본안 판단의 요건으로 처분의 위법함을 요구하는데 그치고, 권리침해까지 요구하고 있지 않다. 동조가 갖는 객관소송적 성격은, 항고소송을 주관소송으로 규율하는 독일에서는 본안 판단의 요건으로 위법한 처분으로 인한 권리침해를 요구하고 있는 점(독일 행정법원법 제113조 제1항 제1문)과 비교해 보면 분명해 진다. 또한 우리 행정소송법 제26조는 법원이 필요하면 직권으로 증거조사를 하거나 또는 당사자가 주장하지 않은 사실에 대하여도 판단할 수 있다고 하여 직권주의를 규정함으로써 적법성보장을 위한 법원의 역할을 강조하고 있다. 그렇다면, 우리 행정소송법은 주관소송과 객관소송의 어느 하나에 치중하고 있지 않으며, 항고소송의 기능에 관하여 절충적인 입장을 취하고 있다고 할 수 있다(전현철, 항고소송에 있어서 인근주민의 원고적격, 서울법학, 제19권 제1호, 2011. 5., 95면 및 96면).

리하게 사실상 이익까지 끌어들이려는 시도는 적절하지 않다. 법률상 이익은 문자 그대로 법에 의하여 보호되는 이익으로 이해하면 된다. 이와 같이 항고소송에 의하는 경우에는 권리가 아니더라도 법에 의하여 보호되는 이익이 침해되기만 하면 원고적격이 인정되므로 적극적인 이행청구권이 존재하거나 확인의 이익이 있어야 원고적격이 인정되는 민사소송에 비하여 원고적격의 인정범위가 확대된다.

(2) 위법성의 인정

통설 및 판례는 정부조달계약의 법적 성격을 사법상 계약으로 이해하여 민사소송의 대상이 된다고 하고, 그 근거법령인 국가계약법령이나 지방계약법령을 행정조직 내부에서만 구속력을 갖는 내부규범으로 이해하고 있다. 이러한 통설 및 판례의 입장에 의하면 낙찰자결정의 위법성을 인정하기가 매우 어렵다. 낙찰자결정이 단순히 국가계약법령이나 지방계약법령과 그에 기한 예규, 고시 등 세부심사기준을 위반하였다는 이유만으로는 위법한 것으로 되지 않으며, 나아가 그 하자가 입찰절차의 공공성과 공정성이 현저히 침해될 정도로 중대할 뿐만 아니라 누가 보더라도 낙찰자결정 및 계약체결이 선량한 풍속 기타 사회질서에 반하는 행위에 의하여 이루어진 것임이 분명한 경우 등 특별한 사정이 있는 경우에 한하여 위법하게 된다.

그러나 정부조달계약에서의 낙찰자결정의 처분성을 긍정하여 항고소송의 대상이 된다는 견해에서는 국가계약법령 등의 법규성을 긍정하고 있고, 동 법령에 근거하여 기획재정부장관 등이 정한 계약예규 등 세부심사기준에 대하여도 법령보충적 행정규칙으로서 법규적 효력을 인정하고 있다.[874] 그리하여 낙찰자결정이 국가계약법령 및 세부심사기준 등에 위반하면, 그러한 사실만으로 낙찰자결정은 위법한 것이 되므로 위법성 인정이 보다 용이해 진다.

결론적으로 통설 및 판례에 의하면 낙찰자결정이 국가계약법령이나 지방계약법령을 위반한 것만으로는 부족하고 나아가 특별한 사정이 존재하여야 위법하고, 여기서 특별한 사정의 유무는 선량한 풍속 기타 사회질서라는 추상적 기준에 의하게 되므로 위법성의 인정이 지나치게 엄격하고 그 기준이 불명확하다는 비판을 면하기 어렵다. 이에 비하여 공법상 계약설에 의하면, 국가계약법령 등 정부조달계약의 근거법령에 위반하면 일단 위법한 것이 되므로 위법성 인정의 기준이 상대적으로 단순하고 명확하다고 할 수 있다.

(3) 법원의 심리 범위

행정소송에서는 민사소송에서와는 달리 법원이 필요하면 직권으로 증거조사를 할 수 있고, 당사자가 주장하지 않은 사실에 대하여도 판단할 수 있다(행정소송법 제26조). 행정소송에서는 적법성 보장을 위한 법원의 역할이 강조되고, 그 결과 직권탐지주의가 적용되어 법원의 심리 범위가 확대되고 민소소송에 의하는 경우에 비하여 보다 용이하게 권리구제를 도모할 수 있게 된다.

(4) 탄력적인 법적 통제

민사소송에 의하는 경우에는 낙찰자결정의 효력 유무를 선량한 풍속 기타 사회 질서라는 일반조항에 의하여 판단한다. 그리하여 국가계약법령이나 지방계약법령에 위반하고 나아가 선량한 풍속 기타 사회질서에 반하는 특별한 사정이 존재하면 무효이고, 그렇지 않으면 유효한 것이 된다. 그 결과 법원은 선량한 풍속 기타 사회질서에 반하는 특별한 사정이 존재하는지 유무에 대한 판단에 집중하게 된다.

---

874) 박정훈, 앞의 책, 229면.

이에 비하여 낙찰자결정의 처분성을 긍정하여 항고소송의 대상이 된다는 견해에서는 낙찰자결정은 수익적 행정행위로서 광범위한 재량이 부여되어 있으므로 낙찰자결정의 위법 여부는 재량의 남용 또는 일탈 여부에 의존하게 된다. 또한 낙찰자결정에 있어서 행정청이 재량을 남용 또는 일탈하여 위법한 것이 된다고 하더라도 바로 무효가 되는 것은 아니며, 그 하자가 중대하고 명백하면 무효, 그렇지 않으면 취소할 수 있는데 그친다. 만일 낙찰자결정이 재량을 남용하여 위법하고 취소되어야 하지만, 낙찰자결정을 취소하는 것이 현저히 공공복리에 반한다고 판단되는 경우에는 사정판결을 통하여 공익과 사익 간의 균형을 도모할 수도 있다. 이와 같이 낙찰자결정의 처분성을 긍정하여 항고소송의 대상으로 하는 경우에는 낙찰자결정에 대하여 무효 또는 유효라는 일도양단적인 판단이 아니라 재량을 남용 또는 일탈했는지 여부, 그 하자가 중대하고 명백한 것인지 여부, 낙찰자결정을 취소하는 것이 현저히 공공복리에 반하는지 여부 등 다각적인 판단을 통하여 낙찰자결정에 대한 탄력적인 법적 통제가 가능해진다.

(5) 판결 집행의 실효성

민사소송으로 낙찰자의 지위 확인을 구하는 내용의 소송을 제기하는 경우에는 입찰자가 승소하더라도 확인판결은 집행력이 없기 때문에 판결의 내용을 강제할 수 없다. 그러나 항고소송에 의하는 경우에는 낙찰자결정이 무효이거나 취소되면 그 판결의 효력은 제3자에게도 미치고(행정소송법 제29조 제1항), 판결의 기속력으로 인하여 행정청과 관계 행정청은 판결의 취지에 따라 행동해야 할 실체법상 의무를 부담하며(제30조), 간접강제(제34조)를 통하여 이를 강제할 수 있으므로 판결의 실효적인 집행이 가능해진다.[875]

2-2. 계약이행단계의 분쟁에서의 차이점

계약이행단계의 분쟁에 있어서도 당사자소송에 의하는 것이 민사소송에 의하는 것과 비교하여 보다 효율적인 권리구제를 도모할 수 있다. 앞서 언급한 항고소송에 의할 경우에 얻을 수 있는 장점 가운데 국가계약법령 및 세부심사기준의 법규성 인정으로 위법성 인정이 용이한 점, 직권탐지주의의 적용으로 법원의 심리 범위가 확대되는 점, 판결의 기속력과 간접강제로 판결의 실효적인 집행이 가능한 점은 계약이행단계의 분쟁에 있어서 당사자소송에 의하는 경우에도 그대로 타당하다. 그 밖에 당사자소송과 항고소송 간에는 소의 변경이 가능하지만 민사소송과 항고소송 간에는 허용되지 않는다는 점, 당사자소송에는 관련 민사소송을 병합할 수 있지만 민사소송에는 관련 당사자소송을 병합할 수 없다는 점 등에서도 당사자소송에 의하는 것이 보다 효율적이라고 할 수 있다.

Ⅲ. 효율적인 법적 구제를 위한 개선방안

1. 정부조달계약의 특성에 따른 법적 구제절차

법적 구제절차에 관한 논의는 공익의 실현이라는 정부조달계약의 목적에 비추어, 그리고 계약상대자의 효율적인 권리구제라는 관점에서 접근할 필요가 있다. 정부조달계약은 공익의 실현을 목적으로 하

875) 전현철, 행정조달계약에 있어서 법적 구제수단에 관한 고찰, 425면 내지 428면.

는 계약이라는 점에서 일반 거래계약과 구별된다. 그로 인하여 정부조달계약의 경우 공익의 실현 내지 보호를 위하여 사법상 계약에서와는 다른 특수한 법적 규율이 행해지고 있다. 이는 정부조달계약의 공법적 성격을 보여주는 것이다. 따라서 그에 대응한 법적 구제절차 역시 정부조달계약의 공법적 특성에 맞추어 마련되고 운영되어야 할 것이다. 또한 민사소송에 의하는 것보다 정부조달계약의 공법적 성격을 인정하고 행정소송에 의하게 되면, 앞서 언급한 바와 같이 보다 효율적인 권리구제를 도모할 수 있는 이점이 있다. 결국 정부조달계약의 법적 성격을 공법상 계약으로 이해하고, 그에 대한 구제절차 역시 공법적 구제절차에 의하는 것이 정부조달계약의 법적 특성에 부합할 뿐만 아니라 효율적인 권리구제를 도모하는 길이 될 것이다.

그러나 정부조달계약의 법적 성격을 공법적인 것으로 이해하고, 그 구제절차로 행정심판이나 행정소송에 의하더라도 여기에도 일정한 한계가 있다. 행정심판법상의 행정심판은 처분만을 그 대상으로 하고 있어서 계약이행단계에서의 분쟁에 대하여 실효적인 권리구제를 기대하기 어렵고, 사법적(司法的) 구제수단으로서 행정소송에 의하는 경우에도 민사소송에 비하여 권리구제의 폭은 확대되지만, 소송유형과 권리구제의 수단이 제한적이어서 효율적인 권리구제를 도모하기 어렵다는 문제점이 있다. 따라서 이를 극복하고 권리구제의 효율성을 도모하기 위해서는 정부조달계약에 특성에 부합하는 독자적인 법적 구제절차를 마련할 필요가 있다. 특히 행정적 구제절차의 적극적인 활성화가 요구된다. 행정적 구제절차는 소송에 비하여 분쟁 해결에 소요되는 시간이나 비용 면에서 경제적이고, 그리하여 신속한 권리구제가 가능하다는 장점을 갖고 있다. 따라서 효율적인 분쟁해결을 위해서는 행정적 구제절차의 활성화가 절실히 요구된다.

현행법상 정부조달계약에 특유한 행정적 구제절차로 발주기관에 대한 이의신청과 계약분쟁조정위원회의 심사·조정제도가 있으나 전술한 바와 같이 그다지 활발히 운영되고 있지 못한 실정이다. 이에 비하여 미국의 경우에는 감사원에 대한 입찰이의신청(bid protest)과 계약소청심사위원회의 심사청구가 비교적 활발히 운영되고 있다. 행정적 구제절차가 활성화되었다는 것은 당사자들이 행정적 구제절차를 신뢰한다는 것이고, 이러한 신뢰는 분쟁해결의 실효성에서 찾을 수 있을 것이다. 우리나라의 경우에도 효율적인 분쟁해결을 도모할 수 있는, 그리하여 국민들의 신뢰를 얻을 수 있는 정부조달계약에 특유한 행정적 구제절차를 마련하여야 할 것이다.

2. 개선방안

민사적 구제절차의 비효율성, 행정적 구제절차의 부재라는 문제점을 식시하고, 정부조달계약의 특성에 부합하는 효율적인 구제절차의 확립을 위하여 다음과 같은 개선방안을 제시하고자 한다.

2-1. 행정적 구제절차의 활성화

법적 구제절차는 심판주체에 따라 행정적(行政的) 구제절차와 사법적(司法的) 구제절차로 구분할 수 있다. 전자는 행정기관이 심판주체인 구제절차이고, 후자는 법원이 심판주체인 구제절차이다. 행정적 구제절차는 사법적(司法的) 구제절차에 비하여 신속하고 경제적인 권리구제가 가능하다는 장점을 갖고 있으므로 효율적인 권리구제를 위해서는 행정적 구제절차를 활성화할 필요가 있다.

(1) 독립성과 전문성을 갖춘 행정구제기관의 설치

우리나라의 행정적 구제절차는 그 활용이 매우 저조한 실정인데 비하여 미국의 경우 행정적 구제절차가 매우 활성화되어 있다. 입찰이의신청에 있어서 감사원에 대한 이의신청 건수가 연방청구법원에 대한 이의신청 건수보다 월등히 많고,[876] 특히 계약의 이행단계에서의 행정구제기관인 계약소청심사위원회의 경우 연방청구법원보다 더 선호되고 있으며 아주 활발히 운영되고 있다.[877] 미국의 계약소청심사위원회가 활성화된 이유는 계약소청심사위원회의 준 사법적 성격과 그 구성원인 행정판사의 독립성과 전문성에서 찾을 수 있다. 계약소청심사위원회는 상설위원회(full-time board)이고, 3인 이상의 행정판사로 구성된 합의부에서 심판을 한다.[878] 계약소청심사위원회의 구성원인 행정판사는 상근직(full-time judge)으로서 겸직이 금지된다.[879] 행정판사는 변호사 자격을 가진 사람으로서 최소한 합계 5년 이상의 공공계약법(public contract law) 경력을 갖고 있어야 한다.[880] 행정판사의 임명 및 해임에 있어서 소속 행정기관의 권한은 상당히 제한적이다.[881] 행정판사는 실적을 기준으로 한 경쟁절차를 통하여 선정한 후보자 중에서 임명하여야 하고, 실적제보호위원회가 인정한 정당한 이유(good cause)가 인정되어야만 해임할 수 있다. 또한 행정판사는 소속 행정기관의 행정지시에 따라야 하지만, 재판에 관한 지시나 통제는 받지 않는다.[882] 나아가 연방대법원은 행정판사의 사법적 행위(judicial acts)에 대하여 절대적 책임면제(absolute immunity)를 인정하고 있다. 이와 같이 계약소청심사위원회의 구성원인 행정판사는 공공계약법의 전문가이고, 비록 소속 행정기관의 공무원이지만 직무상 독립성이 인정되고 있다. 그리하여 계약소청심사위원회는 그 소속 행정기관과는 별개의 독립된 준 사법적 재판기관(independent quasi-judicial forum)로서의 지위를 갖고 있다.[883]

효율적인 권리구제를 위해서는 미국의 계약소청심사위원회(Boards of Contract Appeal)와 같은 독립성과 전문성을 구비한 행정구제기관을 설치할 필요가 있다. 현재 우리나라의 국가계약분쟁조정위원회와 지방자치단체 계약분쟁조정위원회가 활발히 운영되지 않는 가장 큰 이유는 독립성과 전문성이 결여되어 있기 때문이다. 우리나라 계약분쟁조정위원회는 공무원이 위원의 과반수를 차지하고 있고 위원의 자격으로 직무의 구체적인 내용을 묻지 않고 일정한 직책에 있거나 일정한 재직 연수만을 요구하고 있으며 비상근의 겸직위원만으로 구성되어 있다. 이러한 위원회의 구성으로는 독립성과 전문성을 확보하기 어렵다. 행정적 구제절차를 활성화하기 위해서는 무엇보다도 행정구제기관의 독립성과 전문성이 확보되어야 한다. 그리하여 정부조달기관으로부터 독립된 심판기관으로 가칭 정부조달심판원 내지 정부계약심판원이라는 행정구제기관의 설립을 제안하고자 한다. 동 기관의 전문성을 제고하기 위하여 심판을 담당하는 심판관은 모두 상근직으로 하고, 그 자격을 일정기간 정부조달계약 관련 경력을 가진 변호사 자격이 있는 사람으로 한정하며, 그 사법적 판단에 대하여 법관에 준하는 독립성을 인정할 필요가 있다. 정부조달심판원 내지 정부계약심판원은 행정심판법상 행정심판에 갈음하는 행정구제기관으로서 항고심판은 물론 당사자심판의 기능까지 부여하고, 계약의 이행단계에서의 분쟁은 물론 입찰단계에서의 분쟁까지 그 관할로 함으로써 집중적이고 체계적인 권리구제가 가능하도록 하여야 할 것이다. 나아가 정부조달심판원 내지 정부계약심판원을 소송에 앞선 필요적 전치

---

876) 이에 관한 자세한 내용은 제3편 제2장 제2절의 'Ⅰ. 입찰이의신청' 중 '1. 개관' 참조.

877) 이에 관한 자세한 내용은 제3편 제2장 제2절의 'Ⅱ. 계약분쟁절차' 중 '4. 연방청구법원에 대한 소송 제기' 참조.

878) 41 U.S.C.A. § 7105 (a)(1); FAR 6101.1 (e); 39 C.F.R. 955.1 (b).

879) 41 U.S.C.A. § 7105(a)(1); 18 C.F.R. 1308.21 (b)(c), 1308.23.

880) 41 U.S.C.A. § 7105 (a)(2), (b)(2), (c)(2) and (d)(2).

881) 41 U.S.C.A. § 7105 (a)(2), (b)(2)(B), (b)(3) and (d)(2).

882) Schaengold, op. cit., at 284.

883) *Id.*, at 283–284.

기관으로 운영한다면, 행정구제기관의 활성화를 한층 제고하고 전문가에 의한 효율적인 권리구제를 담보할 수 있을 것이다.

(2) 법적 강제력의 강화 및 다양한 구제수단의 마련

현행 국가계약법이나 지방계약법에서는 계약분쟁조정위원회에 조정권한만 부여하고 있으나 효율적인 권리구제를 위해서는 재결 기능을 부여함으로써 법적 강제력을 강화할 필요가 있다. 또한 구체적인 구제수단에 있어서도 입찰절차의 연기나 계약체결의 중지, 낙찰자결정의 취소 등의 소극적인 권리구제에 그칠 것이 아니라, 새로운 입찰공고나 낙찰의 실시, 계약내용의 변경 등과 같은 적극적인 권리구제가 주어지도록 운영되어야 할 것이고, 미국에서와 같이 다양한 대체적 분쟁해결절차(ADR)를 개발하여 활용할 필요가 있다.

(3) 감사원의 활용

감사원을 적극 활용할 필요가 있다. 미국의 경우 입찰이의신청 건수 중 감사원에 대한 이의신청 건수가 다른 기관에 대한 것과 비교하여 월등히 많고, 감사원은 잘못을 시정하는 내용의 다양한 조치, 예를 들어 발주기관에 낙찰이나 계약이행의 중단, 계약의 파기, 법에 따른 새로운 입찰요청이나 낙찰의 실시 등의 권고를 통하여 효율적인 권리구제기관으로서 기능하고 있다고 한다. 우리나라의 경우에도 감사원은 광범위한 회계감사권과 직무감찰권을 갖고 있다(감사원법 제20조 내지 제24조). 이러한 권한에 근거하여 정부조달계약에 있어서 감사원이 분쟁해결의 주체로서 충분히 기능할 수 있다고 본다.

또한 감사원법에서는 감사원의 감사를 받는 사람의 직무에 관한 처분 등의 행위에 관하여 이해관계가 있는 사람으로 하여금 감사원에 그 심사를 청구할 수 있도록 하고 있으며(제43조 제1항), 심사 결과 심사청구가 이유가 있는 경우에는 관계기관의 장에게 시정이나 그 밖에 필요한 조치를 요구하도록 규정하고 있다(제46조 제2항). 따라서 정부조달의 입찰이나 계약이행의 과정에서 피해를 입은 사람은 감사원법상 심사청구제도를 이용하여 그 구제를 도모할 수 있을 것이다.[884] 만일 전술한 정부조달심판원 내지 정부계약심판원이 필요적 전치기관으로 설치되어 운영된다면, 감사원에 대한 심사청구제도를 이용한 경우에는 번거로움을 피하기 위하여 위 구제기관의 심판절차를 거친 것으로 의제함이 타당할 것이다.[885]

미국에서도 당초 감사원은 예산회계법상의 일반적인 회계감사권에 근거하여 입찰이의신청사건을 처리하였고, 입찰이의신청에 대한 법적 권한이 명시적으로 규정된 것은 1984년 경쟁계약법(CICA)에 이르러서였다. 우리나라의 경우에도 현행법상 회계감사권과 직무감찰권에 근거하여 감사원이 정부조달계약에 있어서 분쟁해결의 주체로써 기능하지 못할 바 아니지만, 법률개정을 통하여 이에 관한 명시적 권한을 규정할 필요가 있다고 본다.

2-2. 항고소송 유형의 다양화

항고소송의 유형을 다양화할 필요가 있다. 정부조달계약의 법적 성격을 공법상 계약으로 이해하고 항고소송의 대상으로 한다고 하더라도 현행법상 항고소송의 유형이 취소소송, 무효확인소송, 부작위위법확인소송으로 제한되어 있어 권리구제에 한계가 있다. 효율적인 권리구제를 위해서는 독일에서와 같이 의무이행소송(Verpflichtungsklage) 등 다양한 행정소송의 유형을 마련할 필요

---

884) *Id.*, at 283-284.
885) 전현철, 정부조달계약에 있어서 행정적 분쟁해결절차의 활성화를 위한 연구, 124면.

가 있다. 예를 들어, 낙찰자결정 등 처분성이 긍정되는 경우 취소소송의 형태로 처분의 효력을 다투는 것보다는 의무이행소송을 제기하는 것이 직접적인 권리구제수단이 될 수 있을 것이다.

2-3. 대체적 분쟁해결절차(ADR)의 활성화

정부조달계약 관련 분쟁의 신속하고 경제적인 해결을 위하여 대체적 분쟁해결절차를 적극적으로 활용할 필요가 있다. 이를 위하여 현재 화해, 조정에 한정되어 있는 대체적 분쟁해결절차의 유형을 좀 더 다양화할 필요가 있다. 또한 미국의 경우 계약소청심사위원회에서 사건통지를 할 때 대체적 분쟁해결절차에 관하여 그 유형 및 이용절차를 서면으로 통지하고 있는데, 우리나라에서도 행정구제기관이나 법원에서 사건통지를 할 때 대체적 분쟁해결절차의 유형과 그 이용절차를 서면으로 통지하게 하는 것도 대체적 분쟁해결절차의 활성화를 위한 좋은 방안이 될 수 있다.

한편 미국에서는 대체적 분쟁해결절차를 주재하는 행정판사나 분쟁해결판사는 이후 심판절차나 소송에서 배제되고 대체적 분쟁해결절차에서 이루어진 진술 등에 대하여 이후 심판절차나 소송에서 증거자료로 사용하지 못하도록 제한하고 있다. 만일 그렇지 않다면, 대체적 분쟁해결절차에서 한 진술 등이 재개된 소송이나 심판에서 불리하게 사용될 수 있고, 그로 인하여 당사자들이 대체적 분쟁해결절차에 소극적으로 응할 우려가 있기 때문이다. 당사자들로 하여금 대체적 분쟁해결절차에 진정성을 갖고 적극적으로 참여하도록 유도하기 위해서는 대체적 분쟁해결절차를 주재한 사람은 이후 소송이나 심판에 관여하는 것을 배제하고, 대체적 분쟁해결절차에서 행한 진술 등은 이후 소송이나 심판에서 증거자료로 사용할 수 없도록 엄격히 제한할 필요가 있다고 본다.

04 Part

결론

04 Chapter 결론

정부조달계약은 경제적 이익의 추구만을 목적으로 하는 계약이 아니라 공익의 실현을 목적으로 하는 계약이다. 그리하여 정부조달계약에서는 일반 거래계약에서와는 달리 효율성만을 추구할 수는 없으며 그와 함께 투명성, 공정성 등의 가치를 실현할 것이 요구된다. 그런데 현행 국가계약법령 등에서는 효율성보다는 계약의 투명성이나 공정성 등을 지나치게 강조하여 계약담당공무원의 부패와 비리의 위험을 줄이기 위한 경직적이고 획일적 규율에 치중하고 있다. 정부조달계약의 특성상 투명성, 공정성이 강조되어야 하지만, 그것 못지않게 효율성 역시 강조되어야 한다. 효율성이 발휘되지 않고서는 공익의 실현이라는 정부조달계약의 목적이 제대로 달성될 수 없다. 정부조달 계약절차의 효율성을 제고하기 위한 개선방안을 제시하면 다음과 같다.

첫째, 다양한 종류의 계약을 마련하여 정부조달의 유연성을 확보할 필요가 있다. 정부조달 계약절차의 효율성을 제고하기 위해서는 다양한 종류의 계약을 구비하고 계약당사자로 하여금 구체적인 조달상황에 따른 적합한 종류의 계약을 선택할 수 있게 하여야 한다. 미국의 성과급계약(incentive contracts)은 계약상대자에게 계약이행비용의 절감 및 효율적인 계약관리의 동기를 부여함으로써 정부와 계약상대자의 이익을 모두 극대화할 수 있다는 점에서 적극적으로 도입하여 운영할 필요가 있다. 미국의 성과급계약은 고정가계약(fixed-price contracts), 비용정산계약(cost-reimbursement contracts)과 결합되어 성과급조건부 고정가계약(fixed-price incentive contracts), 성과급조건부 비용정산계약(cost-reimbursement incentive contracts)의 형태로 운영되고 있다. 우리나라의 경우에도 확정계약, 개산계약과 결합되어 성과급조건부 확정계약, 성과급조건부 개산계약의 형태로 운영할 수 있을 것이다. 확정계약에 있어서도 계약금액이 고정된 확정계약뿐만 아니라 미국의 가격조정(economic price adjustment)조건부 고정가격계약과 유사하게 계약의 초기에 계약금액을 확정하기 어려운 사정이 있거나 계약의 이행단계에서 계약당사자의 통제범위를 벗어난 가격 변동 상황이 발생한 경우에 추후 계약금액을 조정하거나 재산정할 수 있는 확정계약을 마련하여 운영함으로써 정부조달의 유연성과 효율성을 도모할 필요가 있다.

둘째, 협상에 의한 계약절차를 적극적으로 활용할 필요가 있다. 정부조달계약은 원칙적으로 경쟁입찰에 의하여야 하지만, 경쟁입찰이 적절하지 않은 경우에는 협상에 의한 계약절차에 의하여야 할 것이다. 계약의 규모를 불문하고 계약의 내용이 단순하거나 정형적인 경우에는 경쟁입찰에 의하는 것이 정부조달의 투명성과 공정성은 물론이고 효율성까지 확보할 수 있지만, 계약의 전문성·기술성으로 인하여 계약조건을 미리 정하기 어려운 경우, 계약목적물의 내용이 복잡하거나 난이도가 높은 경우 등에는 협상에 의한 계약절차에 의함으로써 정부조달의 효율성을 도모하여야 할 것이다. 또한 다양한 종류의 계약을 구비하였다고 하더라도 경쟁입찰에 의하는 경우에는 그 선택의 여지가 좁을 수밖에 없으나 협상에 의한 계약에 의하는 경우에는 다양한 성과급(incentive) 약정 등을 통하여 정부와 계약상대자 모두의 이익을 최대화할 수 있는 최적의 계약조건을 정할 수 있다는 이점도 있다. 협상에 의한 계약절차를 적극적으로 활용하기 위해서는 국가계약법령 등 정부조달의 근거법령을 개정하여 계약의 내용이 단순하거나 정형적인 경우를 제외하고 협상에 의한 계약절차를 적극적으로 활용하여 계약을 체결하도록 명시할 필요가 있다.

셋째, 계약담당공무원제도를 개선하여 계약담당공무원으로 하여금 적극적이고 능동적으로 계약업무를 처리할 수 있도록 권한범위를 확대하고 책임을 적정한 수준으로 제한할 필요가 있다. 정부조달계약의 효율성을 도모하기 위해서는 다양한 종류의 계약을 구비하고 협상에 의한 계약절차를 적극적으로 활용하는 것 못지않게 계약담당공무원으로 하여금 개별적이고 구체적인 조달상황에 따른 시기적절하고 탄력적인 대응이 가능하도록 할 필요가 있다. 계약의 유형과 계약체결방법의 선택에 있어서, 그리고 계약상대자의 선정을 위한 협상이나 평가에 있어서 계약담당공무원에게 좀 더 광범위한 재량권을 부여함으로써 공적 수요에 부응하는 효율적인 절차운영이 이루어지도록 하여야 할 것이다. 그런데 계약담당공무원이 이러한 권한을 적절히 행사하려면, 그 전제로서 계약담당공무원에게 그에 합당한 능력과 자질이 있어야 한다. 이를 위해서는 계약담당공무원으로서의 능력과 자질을 향상시킬 수 있는 체계적인 양성시스템과 이를 충분히 검증할 수 있는 공신력 있는 자격증제도가 마련되어야 한다. 나아가 이러한 양성시스템과 자격증제도가 실효적으로 기능하려면 계약담당공무원의 업무 범위나 직책 등과 연계하여 운영하여야 한다. 예를 들어, 일정한 교육과 시험을 거쳐 자격증을 부여하고 그러한 자격증의 등급별로 계약담당공무원의 업무 범위를 획정하고 직책을 부여하는 방식으로 운영할 필요가 있다. 한편 계약업무처리에 따른 계약담당공무원의 책임은 적정한 수준의 것이어야 한다. 계약담당공무원의 책임이 과중한 경우 계약담당공무원의 적극적이고 능동적인 업무 수행을 기대하기 어렵기 때문이다. 계약담당공무원의 책임을 적정한 수준으로 제한함으로써 계약담당공무원으로 하여금 소신껏 자신의 업무를 처리할 수 있도록 하여야 할 것이다. 아무리 효율적인 정부조달계약제도를 갖추었다고 하더라도 계약담당공무원이 구체적인 상황에 맞추어 시기적절하고 탄력적으로 계약제도를 운영할 수 없다면 정부조달계약의 효율성은 기대하기 어렵다.

정부조달계약은 공익의 실현을 목적으로 하는 계약이고, 그에 따라 사인들 간의 계약에서와 다른 여러 가지 법적 특성이 인정되고 있다. 계약의 체결에 있어서 엄격한 요식성이 요구되고, 계약의 이행에 있어서 발주기관에게 일방적 계약변경권과 공익상 필요에 의한 계약해지권, 포괄적인 감독·명령권 및 제재권 등이 인정되고 있다. 정부조달계약에서의 이러한 법적 특성은 우리나라에만 특유한 것은 아니며, 미국에서도 정부계약의 체결 및 이행에 있어서 일반 계약법이론과 구별되는 여러 가지 특성이 인정되고 있다. 계약의 체결 및 이행에 있어서 신의성실의무(duty of good faith)의 수정, 표현권한이론(doctrine of apparent authority) 및 금반언(estoppel)의 적용 배제, 강행규정의 자동적 계약 편입, 일방적 계약변경(unilateral modification)과 편의적 계약해지(termination for convenience)의 인정 등이 그것이다. 미국에서 정부계약에 대하여 일반 계약법이론과 다른 특수한 취급을 하는 이유는 정부재정 내지 납세자의 보호, 즉 공익(public interest)의 보호를 위해서이다. 이러한 여러 가지 법적 특성은 정부조달계약의 공법적 성격을 보여주는 것이다. 따라서 정부조달계약의 법적 성격을 공법상 계약으로 이해하고, 그에 대한 권리구제는 공법적 구제절차에 의하는 것으로 이해하는 것이 타당하다고 본다. 더욱이 공법적 구제절차에 의하는 것이 정부조달계약의 법적 성격을 사법상 계약으로 이해하여 민사적 구제절차에 의하는 것보다 권리구제의 범위를 확대할 수 있는 이점이 있다. 예를 들어, 낙찰자 결정의 법적 성격을 처분으로 이해하고 항고소송에 의하게 되면 민사소송에 의하는 것보다 원고적격의 범위가 확대되고 위법성의 인정이 용이하게 되어 폭넓은 권리구제가 가능해진다.

그러나 정부조달계약의 법적 성격을 공법적인 것으로 이해하고, 그 구제절차로 행정심판이나 행정소송에 의하더라도 여기에도 일정한 한계가 있다. 행정심판법상의 행정심판은 처분만을 그 대상으로 하고 있어서 계약이행단계에서의 분쟁에 대하여 실효적인 권리구제를 기대하기 어렵고, 행정소송에 의하는 경우에도 민사소송에 비하여 권리구제의 폭은 확대되지만, 소송유형과 권리구제의 수단이 제한적이어서 효율적인 권리구제를 도모하기 어렵다는 문제점이 있다. 따라서 이를 극복하고 권리구제의 효율성을 도모하기 위해서는 정부조달계약에 특성에 부합하는 독자적인 법적 구제절차를 마련할 필요가 있다. 특히 행정적 구제절차의 적극적인 활성화가 요구된다. 행정적 구제절차는 소송에 비하여 분쟁 해결에 소요되는 시간이나 비용 면에서 경제적이고, 그리하여 신속한 권리구제가 가능하다는 장점을 갖고 있다. 따라서 효율적인 분쟁해결을 위해서는 행정적 구제절차의 활성화가 절실하다고 하겠다.

현행법상 정부조달계약에 특유한 행정적 구제절차로는 국가계약법과 지방계약법에 규정된 발주기관에 대한 이의신청, 국가계약분쟁조정위원회 또는 지방자치단체 계약분쟁조정위원회에 대한 심사·조정제도(국가계약법 제28조, 지방계약법 제34조)가 있으나, 그 이용이 매우 저조한 실정이다. 그러나 미국의 경우에는 행정적 구제절차가 아주 활성화되어 있다. 입찰이의신청에 있어서 감사원에 대한 이의신청 건수가 연방청구법원에 대한 이의신청 건수보다 월등히 많고, 특히 계약의 이행단계에서의 행정구제기관인 계약소청심사위원회의 경우 연방청구법원보다 더 선호되고 있으며 아주 활발히 운영되고 있다. 미국의 계약소청심사위원회가 활성화된 이유는 계약소청심사위원회의 준 사법적 성격과 그 구성원인 행정판사의 독립성과 전문성에서 찾을 수 있다. 계약소청심사위원회는 소속 행정기관으로부터 독립된 준 사법적 재판기관(independent quasi-judicial forum)으로서의 지위를 갖고 있으며, 계약소청심사위원회의 구성원인 행정판사는 상근직(full-time judge)으로 최소 5년 이상의 공공계약법(public contract law) 경력이 있는 변호사 자격이 있는 사람 중에서 실적을 기준으로 한 경쟁절차를 통하여 임명되고, 소속 행정기관으로부터 재판에 관한 지시나 통제를 받지 않으며 사법적(司法的) 행위에 대하여 절대적인 책임면제가 인정되는 등 법원의 판사와 비견할 만한 독립성과 전문성이 부여되어 있다.

효율적인 권리구제를 위해서는 미국의 계약소청심사위원회(Boards of Contract Appeal)와 같은 독립성과 전문성을 구비한 행정구제기관을 설치할 필요가 있다. 현재 우리나라의 국가계약분쟁조정위원회와 지방자치단체 계약분쟁조정위원회가 활발히 운영되지 않는 가장 큰 이유는 독립성과 전문성이 결여되어 있기 때문이다. 따라서 미국의 계약소청심사위원회의 행정판사와 같이 우리나라의 경우에도 위원회의 위원을 모두 상근직으로 하고 겸직을 금지하며, 그 자격을 일정기간 정부조달계약 관련 경력을 가진 변호사자격이 있는 사람으로 한정하고, 법관에 준하는 신분보장과 독립성이 부여된다면, 위원회의 활성화를 충분히 기대할 수 있을 것이다. 미국 계약소청심사위원회 못지않은 독립성과 전문성을 갖춘 행정구제기관이 조속히 마련되어 행정적 구제절차가 활성화되기를 기대해 본다.

참고문헌

Ⅰ. 국내 문헌

1. 단행본

김대인, 「행정계약법의 이해」, 경인문화사, 2007.

박균성, 「행정법강의(제14판)」, 박영사, 2017.

박정훈, 「행정법의 체계와 방법론(행정법연구Ⅰ)」, 박영사, 2005.

양 건, 「헌법강의(제2판)」, 법문사, 2011.

이시윤, 「신민사소송법(제12판)」, 박영사, 2018.

하명호, 「행정법」, 박영사, 2019.

홍정선, 「행정법특강(제13판)」, 박영사, 2014.

2. 논문

김남진, 행정소송상의 화해 및 조정-그의 허용성을 중심으로, 고시연구, 2006. 3.

김대인, 공공조달계약 관련 법제의 개혁에 대한 고찰-국가계약법을 중심으로, 강원법학, 제28권, 2009. 6.

_____, 정부조달계약에 있어서 투명성의 법적 의미, 행정법연구, 제13호, 2005.

_____, 민간투자사업관리법제 개선방안에 관한 연구[I]-정부계약법과의 관계정립을 중심으로, 한국법제연구원, 2009.

김진기, 공공조달계약 관련 법제의 개혁에 대한 고찰-국가계약법을 중심으로, 강원법학, 제28권, 2009. 6.

박종수, 공공조달계약 관련 법제의 개혁에 대한 고찰-국가계약법을 중심으로, 강원법학, 제28권, 2009. 6.

이광윤·김철우, 행정조달계약의 성질에 관한 연구, 성균관법학, 제28권 제2호, 2016. 6.

이순우, 민간투자사업관리법제 개선방안에 관한 연구[Ⅳ]-민관협력[PFI], 한국법제연구원, 2009.

이영동, 공공계약을 둘러싼 몇 가지 문제: 공공계약의 공법적 특성을 중심으로, 사법논집, 제44집, 2007.

이진열, 회계관계직원으로서 보조자의 판단기준 및 그 범위 등에 대한 고찰, 감사, 제120호, 2013. 10.

심민석, 미국 행정법상 금지명령에 대한 연구, 미국헌법연구, 제21권 제2호, 2010. 8.

전현철, 과세처분 무효확인소송에 있어서 소의 이익, 동아법학, 제44호, 2009. 8.

_____, 건설보증의 종류와 법률관계, 법학논총, 제22집, 2009. 8.

_____, 미국 연방정부 조달계약에 관한 법적 고찰, 미국헌법연구, 제23권 제1호, 2012. 4,

_____, 부정당업자제재제도의 적정한 운영을 위한 연구, 공법학연구, 제18권 제8호, 2017. 8.

_____, 항고소송에 있어서 인근주민의 원고적격, 서울법학, 제19권 제1호, 2011. 5.

_____, 정부시설공사 계약제도의 효율성 제고방안 연구, 공법연구, 제42집 제2호, 2013. 12.

_____, 정부조달계약에 있어서 계약담당공무원의 자격, 권한 및 책임에 관한 고찰- 미국 법제와의 비교를 중심으로, 부산대 법학연구, 제59권 제1호, 2018. 2.

_____, 정부조달계약에 있어서 행정적 분쟁해결절차의 활성화를 위한 연구, 한양대 법학논총, 제32집 제4호, 2015. 12.

_____, 행정조달계약에 있어서 공익(公益)을 위한 계약의 변경 및 해지에 관한 연구, 법학논문집, 제41집 제1호, 2017. 4.

_____, 행정조달계약에 있어서 법적 구제수단에 관한 고찰-입찰단계에서의 분쟁을 중심으로, 공법학연구, 제14권 제1호, 2013. 2.

최계영, 행정소송에서의 조정-비교법적 고찰을 중심으로, 행정법연구, 제27호, 2010.

홍성진, 행정조달계약의 법적 성격 재조명에 따른 입법적 통제 방안-주계약자 관리 방식을 중심으로, 공법학연구, 제19권 제1호, 2018. 2.

홍성필 외 3인, 민간투자사업에 있어 국가계약법의 적용에 관한 연구, KDI 공공투자관리센터, 2008.

홍종현, 회계관계직원의 변상책임에 대한 공법적 검토, 공법연구, 제45집 제2호, 2016. 12.

허전·송석록, 헌법상 기관으로서 감사원의 독립성 제고방안, 공법학연구, 제10권 제4호, 2009.

Ⅱ. 외국 문헌

1. 단행본

Kelleher Jr., Thomas J. etc., Federal Government Construction Contracts(2nd ed.), John Wiley & Son, Inc., 2010.

Keyes, W. Noel, Government Contracts in a nutshell(4th ed.), Thomson West., 2004.

Maurer|, Allgemeines Verwaltungsrecht, 17. Auflage., 2009.

Mazza, Pamela J., Winning Strategies for Contesting Government Contracts, Litigation Strategies for Government Contracts, aspatore, 2010.

Pierce, Jr., Richard J., Administrative Law, Tomson & West., 2008.

Worthington, Margaret M, Contracting with the Federal Government(4th ed.), John Wiley & Sons, Inc., 1998.

2. 논문

Brans, Robert S., Michael J. Schaengold & Rodney A. Grandon, "Best Value In Federal Construction Contracting", 19 Constr. Law. 25 (April. 1999).

Bianchi, Warren, Equality in Exclusion: Empowering Individuals in the Suspension and Debarment System, 45 Pub. Cont. L.J. 79, 84 (2015).

Burrow, Vanessa K., Administrative Law Judges: An Overview, Cong. Research Serv., (April 13, 2010).

Chassman, Mark B., Debra Tilson Lambeckp, Termination for Convenience—Costs Recoverable, 7-AUG Construction Law. 3 (1987).

Chow, Matthew, Tara L. Ward, Amy Bryan, Theodore Richard, Court of Federal Claims Task Order Bid Protest Jurisdiction and Expectation Damages: The 2009 Mckenna Long & Aldridge "Gilbert A. Cuneo" Government Contracts Moot Court Competition, 38 Pub. Cont. L.J. 975 (2009).

Cleveland, David R., Clear as Mud: How the Uncertain Precedential Status of Unpublished Opinions Muddles Qualified Immunity Determinations, 65 U. Miami L. Rev. 45, 56 (2010).

Darst, Brian A. & Andrew D. Irwin, Fundamentals of Government Contracting, Federal Publications LLC, 2007.

Davidson, Nestor M., Constitutional Mass Torts: Sovereign Immunity and the Human Radiation Experiments, 96 Colum. L. Rev. 1203, 1213 (1996).

Eckland, Jeff H., The Franconia Associates Line of "That was the Deal" Cases: A Roadmap for Suing Uncle Sam for Breach of Contract While Successfully Navigating the Rocky Shoals Of Sovereignty, Unmistakability, and other Unmentionables, Litigation Strategies for Government Contracts 2015 Edition at 2, 5 (2014).

Elias, Roni Adil Radi, How Good must the Government's Good Faith be? Defining the Boundaries of the Contractual Duty of Good Faith and Fair Dealing in Public Contracts, 10 Charleston L. Rev. 105, 107 (2016).

Feldman, Steven W., Government Contract Guidebook, November 2011.

Gardner G., Charles, Highlighting a Low Point on a High Court: Some Thoughts on the Removal of Pennsylvania Supreme Court Justice Rolf Larsen and the Limits of Judicial Self-Regulation, Temple Law Review, (1995).

Gordon, Steven D., Suspension and Debarment from Federal Programs, 23 Pub. Cont. L.J. 573, 581 (1994).

Hadfield, Gillian, Of Sovereignty and Contract: Damages for Breach of Contract by Government, 8 S. Cal.

Interdisc. L.J. 467, 523 (1999).

Hess, J.D., Stephen A., "Cardinal Change" Doctrine in Federal Contracts Law, 9 A.L.R. Fed. 2d 565 § 2 (2006).

Jones, J. Michael, Jr., A Mechanic's view of the Government's Procurement Suspension and Debarment System: Time for a Major Overhaul or a Little Tune-Up?, 2013-JUL Army Law. 32, 34 (2013).

Kelleher, Thomas J. Jr., Brian G. Corgan & William E. Dorris, Construction Disputes: Practice Guide with Forms § 2.01 (2011).

Kenneth J. Allen, Federal Grant Practice § 10:8 (2018).

Keyes, W. Noel, Government Contracts Under The Federal Acquisition Regulation § 1.23(a) (2018).

Kinsey, Megan A., Transparency in Government Procurement : an International Consensus?, 34 Pub. Cont. L.J. 160, 161, 170.

Korman, Phillip T., Balancing the Scales: Applying the Fair Compensation Principle to Determine Recovery for Commercial Item Contracts Terminated for the Government's Convenience, 220 Mil. L. Rev. 218, 222 (2014).

Larsen, Sonja, Donald R. Levy, Lucas Martin, Thomas Muskus & Carmela Pellegrino, United States, Corpus Juris Secundum, March 2012.

Lemmer, Thomas A., Government Contract Disputes, February 2011.

Lewis, Karen S., Administrative Law Judges and the Code

Of Judicial Conduct: a Need for Regulated Ethics, Dickinson Law Review, (Summer 1990).

Lubbers, Jeffrey S., Apa-Adjudication: Is the Quest for Uniformity Faltering?, Administrative Law Journal of The American University, (Spring 1996).

______, The Federal Administrative Judiciary: Establishing an Appropriate System of Performance Evaluation for Aljs, Administrative Law Journal of The American University, (Fall 1993/Winter 1994).

Madsen, Marcia G. & Luke Levasseur, Business and Commercial Litigation in Federal Courts(4th ed.) § 142:24 (2016).

Manos, Karen L., Government Contract Costs & Pricing § 3:1 (2011).

Meunier, Robert F., Trevor B. A. Nelson, Is it Time for a Single Federal Suspension and Debarment Rule?, 46 Pub. Cont. L.J. 553, 582-583 (2017).

Moliterno, James E., The Administrative Judiciary's Independence Myth, Journal of the National Association of the Administrative Law Judiciary, (Spring, 2007).

Morell E. Mullins, Manual for Administrative Law Judges, Journal of the National Association of Administrative Law Judges, (2004).

Nash, Ralph C., The Government Contract Decisions of The Federal Circuit, 78 Geo. Wash. L. Rev. 586, 598 (2010)

Nikles, Roland, "Is It Public, Or Is It Not?" What To Watch

For When Public And Private Become Entwined, and Why It Matters, 46-SPG Procurement Law. 5 (2011)

Page, Bruce D. Jr., When Reliance is Detrimental: Economic, Moral, and Policy Arguments for Expectation Damages in Contracts Terminated for the Convenience of the Government, 61 A.F. L. Rev. 1, 6 (2008).

Pederson, Marc A., Rethinking the Termination for Convenience Clause in Federal Contracts, 31 Pub. Cont. L.J. 83, 84 (2001).

Pillai, K.G. Jan, Rethinking Judicial Immunity for the Twenty-First Century, Howard Law Journal, (Fall 1995).

Pitou, Michael Cameron, Equitable Estoppel: Its Genesis, Development and Application in Government Contracting, 19 Pub. Cont. L.J. 606, 609 (1990).

Ponder, Anita, Navigating The Government Contracts Process Leading Lawyers On Understanding Timelines, Complying With Documentation Requirements, And Overcoming Common Challenges at 3 (2008).

Roin, Julie A., Public-private partnerships and termination for convenience clauses: time for a mandate, 63 Emory L.J. 283, 287 (2013).

Schaengold, Michael J. & Robert S. Brams, Choice of Forum for Government Contract Claims: Court of Federal Claims vs. Board of Contract Appeals, Federal Circuit Bar Journal, 2008.

Schooner, Steven L., Desiderata: Objectives for a System of

Government Contract Law, Pub. Procurement L. Rev. 109 (2002).

Schwartz, Bernard, Adjudication and the Administrative Procedure Act, Tulsa Law Journal, (Winter 1996).

Silberman, Aaron P., Beyond Changes: Abandonment and Cardinal Change, 22-FALL Construction Law. 5, 6 (Fall, 2002).

Somers, Jeri Kaylene, The boards of Contract Appeals: A Historical Perspective, American University Law Review (April, 2011).

Vladeck, Stephen I., The New National Security Canon, 61 Am. U. L. Rev. 1295, 1311 (2012).

Webber, Richard J., Litigating Federal Government Contract Disputes: Recent Trends and Proven Strategies, Litigation Strategies For Government Contracts, 2010.

Williams, John C., Qualifying Qualified Immunity, 65 Vand. L. Rev. 1295, 1298 (2012).

Willmeth, Roger E., Determining Whether Modifications are Within the Scope of the Contract, 29 A.F. L. Rev. 93, 94 (1988).

Wimberly, Gerard & Kristin Amerling, The Sovereign Acts Doctrine after Winstar, 6 Fed. Circuit B.J. 127, 130 (1996).

Yale Law Journal Company, Inc., Government Recovery of Indemnity from Negligent Employees: A New Federal Policy, 63 Yale LJ 570, 571-572 (1954).

Zoellner, Carl-Sebastian, Transparency : an Analysis of an Evolving Fundamental Principle in International Economic Law, 27 Mich. J. Int'l L. 584, 585.

Zumeta, Zena D., Styles of Mediation: Facilitative, Evaluative, and Transformative Mediation, (Sept. 2000).

| 저자 약력 |

• 학력

· 고려대학교 법과대학 법학과 졸업(법학사)
· 한양대학교 공학대학원 건설관리학과 졸업(공학석사)
· 고려대학교 대학원 법학과 졸업(법학박사, 행정법전공)

• 경력

· 조달청 근무
· 건설공제조합 근무
· 현(現) 한남대학교 법학부 교수
· 변호사

· 기계설비 건설공제조합 운영위원회 위원
· 대전광역시 행정심판위원회 위원
· 대전지방검찰청 형사상고심의위원회 위원
· 대전지방법원 헌법행정재판연구회 사문위원
· 대전지방변호사회 분쟁조정위원회 위원
· 법제처 법령해석심의위원회 위원

• 논문

· 「조세소송에 있어서 주장책임과 증명책임에 관한 고찰」, 원광법학, 2019.
· 「예비적·선택적 공동소송의 허용범위와 심판에 관한 고찰-판례를 중심으로」, 법학논총, 2019.
· 「정부조달계약에 있어서 계약담당공무원의 자격, 권한 및 책임에 관한 고찰-미국 법제와의 비교를 중심으로」, 법학연구, 2018.
· 「부정당업자제재제도의 적정한 운영을 위한 연구」, 공법학연구, 2017.
· 「행정조달계약에 있어서 공익(公益)을 위한 계약의 변경 및 해지에 관한 연구」, 법학논문집, 2017.
· 「도산절차의 유형 및 운영체계에 관한 고찰」, 법학논총, 2017.
· 「소청심사제도의 개선방안-미국 실적제보호위원회와의 비교를 중심으로」, 행정법연구, 2016.
· 「정부조달계약에 있어서 행정적 분쟁해결절차의 활성화를 위한 연구」, 법학논총, 2015.
· 「미국 계약소청심사위원회에 관한 고찰」, 법학논집, 2015.
· 「항고소송의 기능과 소의 이익」, 법학논총, 2014.
· 「정부시설공사 계약제도의 효율성 제고방안 연구」, 공법연구, 2013.
· 「행정조달계약에 있어서 법적 구제수단에 관한 고찰-입찰단계에서의 분쟁을 중심으로」, 공법학연구, 2013.
· 「미국 연방(聯邦)정부 조달계약에 관한 법적 고찰」, 미국헌법연구, 2012.
· 「항고소송에 있어서 인근주민의 원고적격」, 서울법학, 2011.
· 「건설보증의 종류와 법률관계」, 법학논총, 2009.
· 「과세처분 무효확인소송에 있어서 소의 이익」, 동아법학, 2009.
· 「공동주택의 하자담보책임」, 중앙법학, 2009.
· 「건축법상 건축허가의 법적 성질」, 과학기술법연구, 2009.

• 저서

· 「민사소송법」, 박영사, 2019.

정부조달계약법의 새로운 이해

–미국 법제와의 비교를 중심으로–

2022년 3월 31일 인쇄
2022년 3월 31일 발행

저　　자 | 전현철
발 행 자 | 이광섭
발 행 처 | 한남대학교 탈메이지교양 · 융합대학(글누리)
34430 대전광역시 대덕구 한남로 70(오정동)
Tel (042) 629-7722
hnupress@hnu.kr
인 쇄 처 | 바름
Tel (042) 628-2412

ISBN 978-89-7066-410-1 93360
가격 19,000원